鲍超文献整理研究

曾学军 著

西南大学出版社
国家一级出版社 全国百佳图书出版单位

图书在版编目(CIP)数据

鲍超文献整理研究/曾学军著．--重庆：西南大学出版社，2025.5
ISBN 978-7-5697-2183-6

Ⅰ.①鲍… Ⅱ.①曾… Ⅲ.①中国历史－研究－清后期 Ⅳ.①K209

中国国家版本馆CIP数据核字（2024）第026304号

鲍超文献整理研究
BAO CHAO WENXIAN ZHENGLI YANJIU

曾学军　著

责任编辑：	李晓瑞
责任校对：	畅　洁
装帧设计：	殳十堂_未　氓
出版发行：	西南大学出版社（原西南师范大学出版社）
	地址：重庆市北碚区天生路2号
	电话：023-68254353
	邮编：400715
印　刷：	重庆美惠彩色印刷有限公司
经　销：	全国新华书店
成品尺寸：	210 mm×285 mm
印　张：	22.5
字　数：	431千字
版　次：	2025年5月第1版
印　次：	2025年5月第1次印刷
书　号：	ISBN 978-7-5697-2183-6
定　价：	136.00元

前言

鸦片战争之后，清王朝衰退迹象已十分明显，吏治腐败、武备废弛、赋税繁重、灾荒不断，已是内忧外患、危机丛生之局面。当此危机之际，太平天国起义爆发。然而，曾经悍勇的八旗兵早已腐朽不堪，庞大的绿营兵也已形同散沙。清廷不得不准许地方兴办团练，依靠地方武装力量抵御、镇压。值此背景之下，深刻影响了中国近代历史的湘军应运而出。

虽然目前学界对于湘军的历史资料，已有前辈做过严谨的系统整理，并在此基础上产生了诸多研究成果。但相较于其对手太平军而言，湘军的研究却明显不足，其中一个很重要的原因，便是湘军历史资料中的珍稀史料寥寥无几。重庆中国三峡博物馆（重庆市博物馆）收藏有一百余份湘军的一支重要部队——霆军相关的公函书札档案资料，是20世纪80年代由霆军首领鲍超的后人捐献的。该批档案资料纪年最早为清咸丰六年（1856），最晚为清光绪十一年（1885），贯穿了鲍超军事生涯及霆军从组建到分解，再至后来两次短暂重组的全部历程，是弥足珍贵的原始文献资料。

鲍超（1827—1886），字春霆，晚清重庆奉节籍湘军名将。鲍超初从广西提督向荣，后转隶湘军水师，因搭救胡林翼有功，得其赏识。胡林翼将鲍超"视为布衣交，尝呼为弟""称其英鸷无匹，特取如雷如霆之义，改为字春霆"，并支持鲍超招兵募勇自成一军，以其字"春霆"而命名为霆军。霆军于咸丰六年（1856）成立，初建时分为五营，共约三千人，后扩充至二万人左右，因作战勇猛、战绩卓著，成为湘军的主干力量之一。鲍超率霆军同太平军作战，转战湖北、江西、安徽、江苏、浙江、广东、河南等省，后期还与淮军联合镇压捻军。当时有"北多南超，多龙鲍虎"之称，多龙系指多隆阿，鲍虎即指鲍超。鲍超官至提督，封子爵，卒谥"忠壮"。霆军的主要将领宋国永、娄云庆、唐仁廉、孙开华等，也大多官至提督。

目前学界关于鲍超相关的研究资料，主要包括以下几类。一是年谱。清人李叔璠编《鲍忠壮公（超）年谱》，介绍了鲍超的籍贯、家族，记述了其一生，特别是从军后的主要经历和事迹，是研究鲍超和霆军的重要资料。

二是评传。鲍超逝后，清国史馆为其立传，有《清国史·鲍超列传》，其中称其为勇敢之将，所向无敌，"中兴大业，得力于超者实多"。此外，《清史稿》卷四百九十有《鲍超传》，《中兴将帅别传》卷十一下收《鲍忠壮公别传》，蔡冠洛编《清代七百名人传》中有《鲍超传》，清光绪《奉节县志》卷三十六《艺文·文汇下》收《鲍忠壮公传》，清史编委会编《清代人物传稿》下编第六卷中有关于鲍超的记载。有关鲍超的传记众多，但都作为其中一篇收录于其他资料中，故而较为简略，仅对了解鲍超生平所为有一定帮助。

三是墓志。鲍超及其夫人罗氏合葬墓志《皇清太子少保谥忠壮鲍爵军门暨罗夫人合葬墓志》，于2005年被发现，现收藏于夔州博物馆鲍公馆内。只是原为两块，现仅存一块。志文补充了鲍超的生平和夫人罗氏相关信息，该部分内容不见于其他史料。此外，还有鲍超嗣父鲍昌元墓志《封振威将军浙江提督鲍公墓表》，生父鲍昌凤及生母刘太夫人墓志《封振威将军浙江提督鲍公暨封一品夫人鲍母刘夫人墓表》，以及其子鲍祖龄墓志《皇清诰授光禄大夫头品顶戴承袭一等子爵加一云骑尉世职原任浙江金衢严道鲍公祖龄之墓志》。这些墓志材料有助于了解鲍超的家世等信息。

四是史书。清人陈昌撰《霆军纪略》，编年体，凡十六卷，前十四卷记述了鲍超率霆军与太平军和捻军等作战的事迹，是研究鲍超治兵方略、霆军规模及编制和重要战事的主要史料。后二卷收录了光绪六年（1880）、七年（1881）鲍超所奉谕旨及所上奏疏。此外，鲍超幕僚金国均著《鲍爵军门战功纪略》，记述了鲍超在湘、楚、鄂、豫、皖等地与太平军、捻军作战的各大战役。鲍超作为湘军的重要将领，霆军作为湘军的一支主要部队，他们的相关资料也包含在有关湘军的史料中。清人王闿运撰《湘军志》，记述了湘军的建制、筹饷和军事等方面的情况，但因成书较早，所载不甚完备。其后，王定安著《湘军记》，详细记述了湘军与太平军、捻军等作战的情况，较《湘军志》更为完备。

此外，《曾国藩全集》中收录多篇与鲍超相关的奏稿及近百篇曾国藩与鲍超的往来书信，涉及的内容较多。《胡林翼集》收胡与鲍超往来书信多篇。上述资料为研究相关史实与人物关系提供了相当多有价值的史料。与太平军和捻军的战斗是鲍超及其所率霆军的主要事迹，因而，与此相关的史料也值得关注。这方面的史料有清朝官修文献《（钦定）平定七省方略》，其中的《剿平粤匪方略》收录了道光三十年（1850）五月至同治五年（1866）二月清政府与太平军之间的战争实录及帝谕、臣奏等，《剿平捻匪方略》内容为咸丰元年（1851）至同治七年（1868）清军与捻军之间的作战策略及与之相关的谕旨奏章。此外，《中国近代史资料丛刊》中有《太平天国》六册、《捻军》四册，其中收录私家著作、官方文牍众多，亦涉及一些外国方面的数据。

鲍超，既非儒业书生出身，亦非湖湘之人，且其统率的霆军士兵纪律在湘军中最为败坏，却能成为湘军集团中的统兵大将，在湘军将领群体中情况较为特殊，其中有许多问题值得研究。目前所见的有关鲍超的研究极少，且以论文为主，未见相关专著。现有的研究根据研究内容，主要有以下几个专题类别。

一类是鲍超与霆军。现有的关于鲍超的研究以此类研究为主，介绍鲍超其人及其生平，兼论霆军相关问题。这方面研究较早的是陈宝辉。他在《鲍超与霆军》[1]中概述了鲍超升迁、受知于曾国藩和胡林翼，以及与太平军相关的事迹，探讨了霆军中存在的军纪较差、欠饷与哗变等问题。对鲍超与霆军研究较为全面，最具代表性的是翁政其的《鲍超研究——清季军事人物个案探讨》[2]，论文中详细介绍了鲍超其人及其生平事迹，梳理了其与湘军各将领的关系，探讨了他的历史贡献。此外，还研究了霆军的招募方式、领导方式、营制、阵式、武器、训练方式、作战方式及管理等方面的问题。最后，透过鲍超及霆军探讨了清末湘、淮军的发展。奉节人李江在《晚清名将鲍超》[3]中介绍了鲍超建立霆军及经历的各类战事，以及鲍超的治军之法。认为鲍超在事业上的成功与曾、胡倚重有关，最后还介绍了鲍超建爵爷府的事迹及其身后事。这篇文章引用的野史较多，文学性大于史学性，但文章中收录了鲍超墓志、年表、鲍超传及鲍超奏折抄件，有一定可取之处。除上述几篇外，还有孙昌增的《曾国藩集团悍将——鲍超》[4]和杨飞、乔海东的《湘军第一猛将鲍超》[5]，但这两篇文章内容都较为简略，学术价值不高。

二是霆军相关问题的研究。对霆军相关问题研究较多的是尹广明。他在《鲍超与霆军——一个历史的考察》[6]中研究了霆军出现的社会背景、特色，及其兴衰历程。内容包括：霆军编制、战法特点及军纪，鲍超率霆军与太平军、捻军作战的相关问题，霆军的解散及两次重建。这篇文章对霆军相关问题的研究总体而言较为全面。其后，他在《霆军裁撤始末探析》[7]中重点研究了霆军裁撤的始末、缘由，认为尹隆河之战后，清廷有意借淮系之手敲打霆军，实际上是想进一步削弱曾国藩势力，此时清政府的政策重点已从军事问题转移到了如何稳定刚重建的秩序上。此外，龙永行在《中法战争中滇军的后继之师——霆军》[8]中论述了霆军在中法战争中的作为及相关问题。

三是对鲍超的人际关系研究。这方面研究的重点主要是鲍超与曾国藩、胡林翼的战时关系。

---

[1] 陈宝辉、马诤：《鲍超与霆军》，《社会科学研究》1986年第2期。
[2] 翁政其：《鲍超研究——清季军事人物个案探讨》，台湾佛光大学硕士学位论文，2008年。
[3] 李江：《晚清名将鲍超》，《夔史钩沉全集》，西南师范大学出版社，2018年。
[4] 孙昌增：《曾国藩集团悍将——鲍超》，《兰台世界》2014年第31期。
[5] 杨飞、乔海东：《湘军第一猛将鲍超》，《文史天地》2012年第8期。
[6] 尹广明：《鲍超与霆军——一个历史的考察》，东北师范大学硕士学位论文，2011年。
[7] 尹广明：《霆军裁撤始末探析》，《中南大学学报》（社会科学版）2016年第1期。
[8] 龙永行：《中法战争中滇军的后继之师——霆军》，《云南文史丛刊》1988年第3期。

相关内容在《鲍超与霆军》《鲍超研究——清季军事人物个案探讨》《晚清名将鲍超》中都有涉及，但都只作为其中一部分内容进行了简略的探讨。杨朗天在《清末战争中的将帅关系：曾国藩、胡林翼与鲍超》[1]中探讨了鲍超与胡林翼和曾国藩的战时关系，认为鲍超显赫的军事成就与曾、胡的培养密不可分。在曾、胡的培养、主持、保全下，鲍超不用为错综复杂的政局和人际关系忧心。曾、胡离开后，鲍超随即遇到政治挫折，军事生涯由此中止。这篇文章的观点有可取之处，但对其中一些问题的认识较为简单，理解也过于片面。李江在《曾国藩对鲍超的信赖、倚重和关爱》[2]中将曾对鲍的倚重归纳为五个方面：告诫不可骄矜；提醒正确处理人际关系；随时提示行军作战之法；严格要求，批评失误；时时关照，遇事勉慰。其中还收录了曾国藩致鲍超的部分书信。

四是关于尹隆河之役与霆军误期的研究。尹隆河之役是霆军参与的与捻军的重要一战，对平捻战局及清军内部湘、淮系力量的消长都有影响，这方面的研究主要有《尹隆河之役及其影响》[3]和《尹隆河之战中铭军先胜后挫原因探析——兼论霆军误期》[4]。关于霆军误期的问题，董丛林在《尹隆河之役及其影响》中认为不是霆军误期，是刘铭传为抢夺头功违约提前行动。尹隆河之战最后能反败为胜是霆军发挥了作用。《尹隆河之战中铭军先胜后挫原因探析——兼论霆军误期》中，作者认为，霆军误期是各种客观原因造成的，不是铭军为与霆军抢夺战功而主观设计的。

从上述研究中可以看出，目前关于鲍超及霆军的研究数量极其有限且结构单一，大都是泛泛而谈，至今没有出现一部专著。现有的研究成果在研究内容的深度和广度上都是远远不够的，还有不少空白需要研究者去填补，并且在研究角度和层次上还需要尝试予以拓宽。

以往学术界对近代历史人物研究多集中于中原地区的政治及文化精英，而对巴蜀人物研究关注不够，特别缺少对军功人物的考察。近代巴蜀军功人物的研究，是把握近代历史发展脉络的主要途径之一，是研究蜀地文化崛起与转型的关键一环。鲍超作为晚清巴蜀军功人物的杰出代表，其治军、为政不仅具有鲜明的地域文化特征，而且折射着浓厚的族籍关系网络。对其进行深入研究，不仅有利于揭示晚清川东地区的家族政治、仕宦关系，同时也为巴渝文化、三峡文化的研究提供了鲜活案例。

需要注意的是，鲍超及霆军在一定程度上还影响了中国近代化的进程。最先在鲍超所部霆军中大范围渗透的四川哥老会组织，不仅客观上造成了清同治四年（1865）的湖北金口哗变事件，继而影响了湘军多部的索饷哗变，还在湘军各部广泛传播，一定程度上促使了曾国藩决意裁撤湘军。而裁撤后的湘军士兵又将哥老会组织扩散至长江中下游，并在后来成了反清的中坚力量。

---

[1] 杨朗天：《清末战争中的将帅关系：曾国藩、胡林翼与鲍超》，《北京师范大学第十届世界史研究生冬季论坛论文集》，2015年。
[2] 李江：《曾国藩对鲍超的信赖、倚重和关爱》，《夔史钩沉全集》，西南师范大学出版社，2018年。
[3] 董丛林：《尹隆河之役及其影响》，《历史教学》1988年第9期。
[4] 李元鹏：《尹隆河之战中铭军先胜后挫原因探析——兼论霆军误期》，《军事历史》2017年第4期。

曾国藩裁撤湘军之初，原本想要最大限度保留霆军，但因尹隆河之战后，鲍超负气辞职回籍，无人有能力统带霆军而最终招致分解。原霆军部将唐仁廉、曹志忠、江自康、黄中元等人被李鸿章延揽进入了淮军，其中唐仁廉的"仁字营"后来成了淮军主力之一。[1]而李鸿章之后继承其衣钵的袁世凯，到辛亥革命后的北洋各路军阀，再到南京国民政府，无不留着湘军的历史烙印，[2]而其中霆军的痕迹尤为明显。

由此观之，鲍超及所部霆军无疑是曾国藩及湘军研究体系中非常重要的一部分。从这个角度讲，重庆中国三峡博物馆（重庆市博物馆）收藏的鲍超和霆军相关的公函书札档案资料，将为湘军研究史料增添新的光彩。

本次对重庆中国三峡博物馆（重庆市博物馆）所藏鲍超和霆军文献的整理研究，将各文献以时间顺序依次排序，并在整理过程中遵循如下原则：

1. 将文献原文录出，除一些专用名词外，一般异体字、俗体字、避讳字径改为通行正体。

2. 文中标点、句读，采用现代汉语通用的标点符号。

3. 撰写简单的内容提要，校注则采取简校、简注方式进行，可注可不注者，一律不注。校注以重要人物考证、消失地名考释为主。

4. 将文献图片尽可能清晰附入，将文献原文中缺漏的名字加"〈 〉"补充完善，以便读者参阅。

此次文献整理研究，力求为学界、读者提供真实、实用的原始研究材料，但是因水平有限，错讹甚至脱漏之处，仍在所难免，恳请诸同好指正。

校注者
二〇二二年十二月

---

[1] 尹广明：《鲍超与霆军——一个历史的考察》，东北师范大学硕士学位论文，2011年。
[2] 袁灿兴：《湘军征战史·前言》，团结出版社，2019年。

目 录

一、清咸丰六年三月初八日湖北提督杨载福致鲍超札	001
二、清咸丰六年四月二十四日湖北提督杨载福致鲍超札	004
三、清咸丰六年九月初二日湖南巡抚骆秉章致鲍超札	009
四、清咸丰六年十月初三日湖北巡抚移鲍超文	011
五、清咸丰六年十二月二十三日湖北巡抚移鲍超参将文	013
六、清咸丰七年七月初八日湖北巡抚移鲍超副将文	015
七、清咸丰七年十二月十九日福建水师提督致鲍超札	017
八、清咸丰七年十二月十九日福建水师提督致鲍超札	019
九、清咸丰八年二月二十日湖北巡抚移鲍超副将文	021
十、清咸丰八年三月二十四日湖广总督咨鲍超文	024
十一、清咸丰八年三月十七日湖北巡抚移鲍超副将文	028
十二、清咸丰八年四月十九日湖北巡抚移鲍超副将文	030
十三、清咸丰八年十二月二十五日湖北巡抚移鲍超总镇文	032
十四、清咸丰十年正月二十日湖北巡抚移鲍超副将文	036
十五、清咸丰十年五月初二日两江总督曾国藩照会鲍超文	040
十六、清咸丰十年五月十一日湖北巡抚移鲍超总镇文	042
十七、清咸丰十年八月二十五日两江总督曾国藩照会鲍超文	045
十八、清咸丰十年八月二十五日两江总督曾国藩照会鲍超文	047
十九、清咸丰十年九月十八日两江总督曾国藩照会鲍超文	049
二〇、清咸丰十年十月二十日两江总督曾国藩致鲍超公文	052

二一、清咸丰十年十一月初八日两江总督曾移鲍镇文	054
二二、清咸丰十年十一月十三日两江总督曾国藩照会鲍超文	057
二三、清咸丰十一年二月初八日两江总督曾国藩照会鲍超文	059
二四、清咸丰十一年三月二十六日襄办军务左宗棠移鲍超总镇公文	062
二五、清咸丰十一年三月三十日湖北巡抚移鲍超副将文	064
二六、清咸丰十一年四月初三日两江总督曾国藩照会鲍超文	068
二七、清咸丰十一年四月初四日两江总督曾国藩照会鲍超文	071
二八、清咸丰十一年四月初八日两江总督曾国藩照会鲍超文	073
二九、清咸丰十一年四月十四日两江总督曾国藩照会鲍超文	076
三〇、清咸丰十一年四月十五日两江总督曾国藩照会鲍超文	078
三一、清咸丰十一年四月二十七日湖北巡抚移鲍超总镇文	081
三二、清咸丰十一年四月二十九日湖北巡抚移鲍超总镇文	083
三三、清咸丰十一年五月初四日两江总督曾国藩照会鲍超文	085
三四、清咸丰十一年五月初七日两江总督曾国藩照会鲍超文	087
三五、清咸丰十一年六月二十一日两江总督曾国藩照会鲍超总镇文	089
三六、清咸丰十一年六月二十七日两江总督曾国藩照会鲍超文	091
三七、清咸丰十一年七月二十九日两江总督曾国藩照会鲍超文	094
三八、清咸丰十一年八月初三日两江总督曾国藩移鲍超总镇文	097
三九、清咸丰十一年八月二十八日两江总督曾国藩照会鲍超文	099
四〇、清咸丰十一年九月十二日两江总督曾国藩照会鲍超文	102
四一、清咸丰十一年九月二十八日两江总督曾国藩移鲍超总镇文	108
四二、清咸丰十一年十月十二日江西巡抚毓咨鲍超文	110
四三、清咸丰十一年十月二十八日安徽巡抚移鲍超总镇文	113
四四、清咸丰十一年十一月初十日两江总督曾国藩照会鲍超文	116
四五、清咸丰十一年十一月初十日两江总督曾国藩照会鲍超文	119
四六、清咸丰十一年十一月十四日两江总督曾国藩移鲍超文	121
四七、清咸丰十一年十二月初四日两江总督曾国藩移鲍超总镇文	123
四八、清咸丰十一年十二月初七日两江总督曾国藩照会鲍超文	126
四九、清咸丰十一年十二月初九日两江总督曾国藩照会鲍超文	129
五〇、清咸丰十一年十二月十四日两江总督曾国藩照会鲍超文	131
五一、清同治元年正月十九日两江总督曾国藩照会鲍超总镇文	133

五二、清同治元年四月二十二日两江总督曾国藩咨鲍超文	135
五三、清同治元年五月初七日两江总督曾国藩移鲍超文	138
五四、清同治元年七月二十七日两江总督曾国藩咨鲍超文	141
五五、清同治元年八月初五日两江总督曾国藩咨鲍超文	144
五六、清同治元年八月十八日两江总督曾国藩移鲍军门文	146
五七、清同治二年浙江提督鲍超告示	149
五八、清同治二年五月十六日两江总督曾国藩咨鲍超文	152
五九、清同治二年六月初一日浙江巡抚移鲍超爵军公文	155
六〇、清同治二年七月初九日两江总督曾国藩咨鲍超文	157
六一、清同治年间两江总督曾国藩咨鲍超文	162
六二、清同治二年七月二十四日浙江巡抚移鲍超提督文	164
六三、清同治二年七月十二日浙江巡抚移鲍超提督文	167
六四、清同治二年四月初七日两江总督曾国藩咨鲍超文	169
六五、清同治二年八月初三日两江总督曾国藩咨鲍超文	173
六六、清同治二年十一月二十日两江总督曾国藩移鲍超文	175
六七、清同治三年二月初二日两江总督曾国藩咨鲍超文	178
六八、清同治三年四月二十五日两江总督曾国藩咨鲍超文	180
六九、清同治三年五月初一日两江总督曾国藩咨鲍超文	184
七〇、清同治三年五月十二日闽浙总督左宗棠移鲍军门公文	186
七一、清同治三年六月二十九日浙江巡抚移鲍爵军公文	188
七二、清同治四年正月二十一日两江总督曾国藩咨鲍超文	192
七三、清同治四年四月二十八日湖南巡抚李鹤年移鲍军门公文	196
七四、清同治四年五月二十四日闽浙总督左宗棠移鲍超公文	198
七五、清同治四年九月二十二日闽浙总督左宗棠移鲍超公文	202
七六、清同治四年九月二十日两江总督曾国藩咨鲍超文	206
七七、清同治四年十一月初九日江西巡抚刘坤一咨鲍超文	208
七八、清同治四年十二月二十五日闽浙总督左宗棠移鲍军门公文	211
七九、清同治四年十二月二十九日闽浙总督左宗棠移鲍超公文	214
八〇、清同治五年二月二十六日闽浙总督左宗棠移鲍爵军公文	217
八一、清同治五年二月二十九日闽浙总督左宗棠移鲍军门公文	223
八二、清同治五年四月十三日两江总督李鸿章移鲍超爵文	225

八三、清同治五年六月初四日湖北巡抚部院移鲍爵军门公文	227
八四、清同治五年六月十三日湖北巡抚移鲍爵军公文	229
八五、清同治五年六月十四日闽浙总督左宗棠移鲍超公文	231
八六、清同治五年六月二十二日湖北巡抚移鲍爵军公文	233
八七、清同治五年七月十七日两江总督李鸿章移鲍超公文	236
八八、清同治五年八月初五日两江总督咨鲍超文	239
八九、清同治五年八月十一日德安行营移鲍爵军门公文	241
九〇、清同治五年八月十八日湖北巡抚移鲍爵军公文	243
九一、清同治五年八月初五日河南抚部院李鹤年移鲍爵军文	245
九二、清同治五年八月十九日两江总督咨鲍超文	248
九三、清同治五年八月二十八日湖北巡抚移鲍爵军公文	251
九四、清同治五年八月二十八日湖北巡抚移鲍爵军门公文	254
九五、清同治五年九月初三日两江总督曾国藩咨鲍超文	257
九六、清同治五年十月十八日湖北巡抚移鲍爵军公文	259
九七、清同治五年十月十九日两江总督曾国藩咨鲍超文	262
九八、清同治五年十月二十五日两江总督移鲍超文	266
九九、清同治五年十一月初四日两江总督曾国藩移鲍超文	271
一〇〇、清同治五年十一月初七日湖北巡抚移鲍爵军公文	275
一〇一、清同治五年十一月初八日两江总督李鸿章移鲍超爵公文	277
一〇二、清同治五年十一月十二日两江总督曾国藩咨鲍超文	278
一〇三、清同治五年十二月初七日德安行营移鲍爵军门公文	280
一〇四、清同治五年十二月初九日湖北巡抚移鲍爵军门公文	284
一〇五、清同治五年十二月二十一日湖北巡抚移鲍爵军门公文	289
一〇六、清同治五年十二月二十二日湖北巡抚移鲍爵军门公文	291
一〇七、清同治五年十二月二十三日德安行营、湖北巡抚曾国荃移鲍超公文	293
一〇八、清同治五年十二月二十四日两江总督李鸿章移鲍爵公文	296
一〇九、清同治五年十二月三十日两江总督李鸿章移鲍超文	299
一一〇、清同治六年正月初五日两江总督曾国藩移鲍超文	301
一一一、清同治六年二月二十一日湖北巡抚移鲍爵军公文	303
一一二、清同治六年二月二十八日湖北巡抚部院移鲍爵军门公文	305
一一三、清同治六年二月三十日湖广总督李鸿章移鲍超爵公文	307

一一四、清同治六年三月初一日陕甘总督左移鲍军门公文　309
一一五、清同治六年三月初六日陕甘总督移鲍超公文　311
一一六、清同治六年三月二十九日湖广总督李鸿章移鲍爵军公文　313
一一七、清同治六年五月初六日湖广总督李鸿章移鲍爵军公文　315
一一八、清同治六年六月十八日湖广总督李鸿章移鲍超爵文　317
一一九、清同治八年七月初一日四川总督吴棠咨鲍超文　320
一二〇、清同治八年七月初四日四川总督吴棠移鲍超文　322
一二一、清光绪六年六月初九日兵部给鲍超答复　325
一二二、清光绪十年六月三十日四川总督部堂丁宝桢咨鲍超文　327
一二三、清光绪十一年三月二十九日广东督办移鲍军门文　329
一二四、清张荫清致鲍超书信　331
一二五、清守廉致鲍超书信　333
一二六、清鲍超致刘晓岚书信　335
一二七、清鲍超致刘晓岚书信　337
一二八、清鲍超致刘晓岚书信　339
一二九、民国拓奉节白帝城鲍超对联石刻拓片　341
一三〇、民国拓清鲍超白帝城题画拓片　343
一三一、现代拓清鲍超凤凰碑拓片　345

清咸丰六年三月初八日 湖北提督杨载福致鲍超札

提要 因湖北水师兵营战船与民船混杂停泊、营规混乱，湖北提督杨载福在小军山设卡划界，知会下属各营官、哨官，将民船、民棚等驱逐至卡外，以整营规、以防奸细。时鲍超已自塔齐布麾下转入了湘军水师，隶属于杨载福麾下。

图片

札饬事照得战船湾泊之处自宜一律肃静方称齐整查现在水师营中民船错杂沿岸搭设棚厰互相勾连并有流娼土妓杂处其中不惟营规不整并恐奸细潜踪殊堪痛恨兹本军门於小军山下竖旗以为界限凡民船民棚尽驱逐至卡上湾泊搭设除出示晓谕各船户百姓外合行札饬札到该营官即

正中营鲍游击

录文

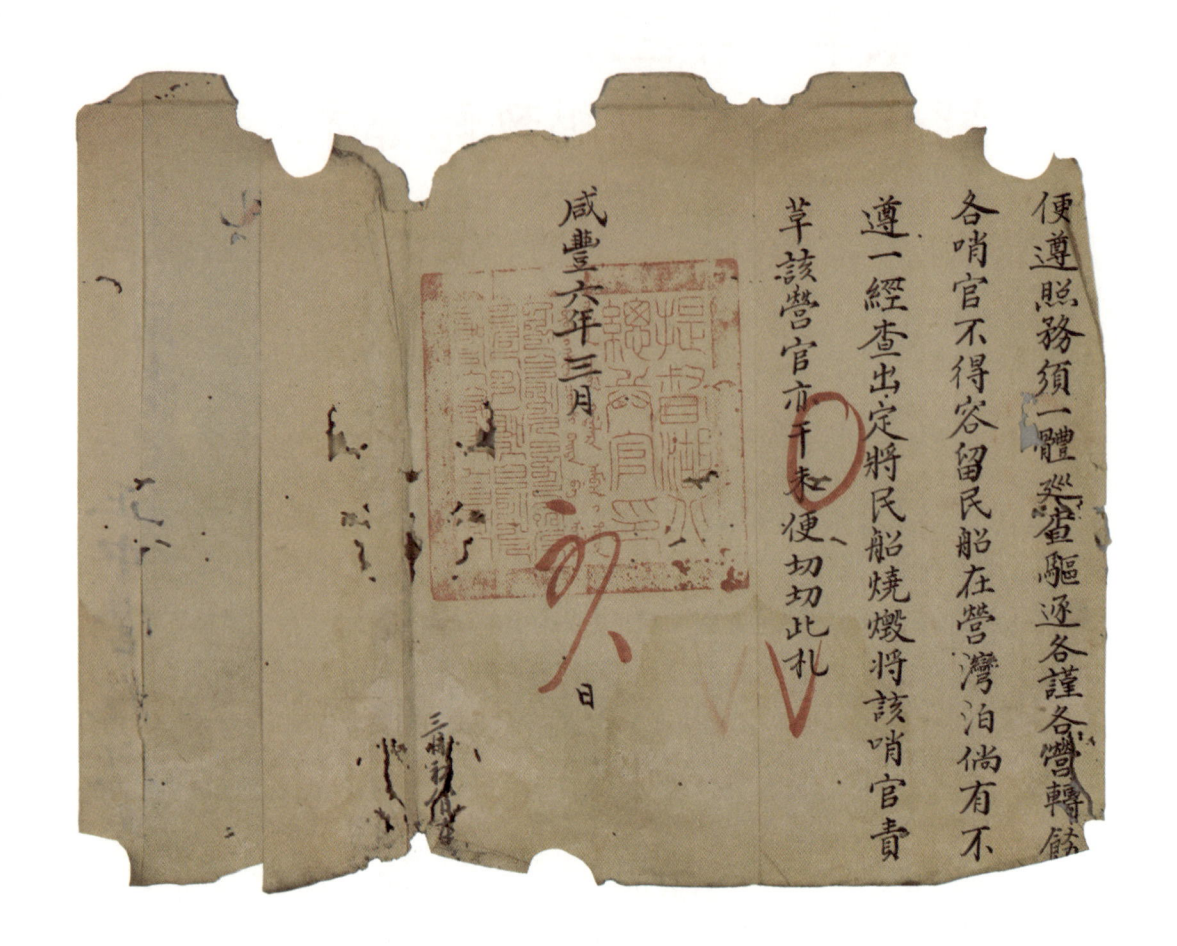

钦命署理提督湖北全省军门郧阳总镇彪勇巴图鲁杨〈载福〉[一]为札饬事。

照得战船湾泊之处，自宜一律肃静，方称齐整。查现在水师营中，民船错杂，沿岸搭设棚厂，互相勾连，并有流娼、土妓杂处其中，不唯营规不整，并恐奸细潜踪，殊堪痛恨。兹本军门于小军山[二]下设卡，竖旗以为界限，凡民船、民棚，尽驱至卡上湾泊搭设，除出示晓谕各船户百姓外，合行札饬，札到该营官即便遵照，务须一体巡查驱逐。各谨各营转饬各哨官，不得容留民船在营湾泊。倘有不遵，一经查出，定将民船烧毁，将该哨官责革，该营官亦干未便，切切。此札。

咸丰六年三月初八日。

注

[一]杨载福（1822—1890），即杨岳斌，字厚庵，因避同治帝（载淳）讳而改名，湖南善化（今长沙）人，湘军水师主将之一。初为湘军水师营官，咸丰五年（1855）因攻打武汉一役而被赏加提督衔。后官至陕甘总督，加太子少保衔。

[二]小军山，在旧汉阳县治西南五十里长江北岸，今属武汉市蔡甸区。民国《湖北通志》卷六："小军山，在（汉阳）县西南五十里。又十里为大军山……昔吴魏相持，陈兵于大小两山，故有大军小军之号。"曾国藩有奏议云："金口东有淮山，西有大军山、小军山，两岸对峙，关锁严谨，为长江水路必争之地。"

二 清咸丰六年四月二十四日 湖北提督杨载福致鲍超札

提要 咸丰五年（1855），太平军攻陷武昌城，巡抚陶恩培自杀，胡林翼受命署理湖北巡抚，主持军事，指挥水陆两军对武昌、汉阳发起攻击，屡屡获胜。胡林翼上奏，为出力员弁兵勇请奖。此札系杨载福要求麾下各部将所保各员弁兵勇的履历查核上报。

钦命署理提督湖北全省军门郧阳总镇彪勇巴图鲁杨〈载福〉为行文事。

本年四月二十一日准湖北抚部院胡〈林翼〉咨开：咸丰六年四月初八日准兵部咨开：武选司[一]案呈，咸丰五年十月初四日内阁抄出。初一日奉上谕：胡林翼奏：遵查进剿汉阳、汉镇出力员弁兵勇开单请奖一折。千总曾绍霖，着以守备尽先补用，并赏加都司衔。把总陈金鳌，着以千总尽先补用，并赏加守备衔。张向荣、马栢林、孙月栋，均着以千总遇缺拔补。刘连升、邓明贵、郑允谦，均着以千总拔补。外委姚合庵、萧以德、蒋雄，均着以把总尽先拔补。军功黎天才、向光德，均着

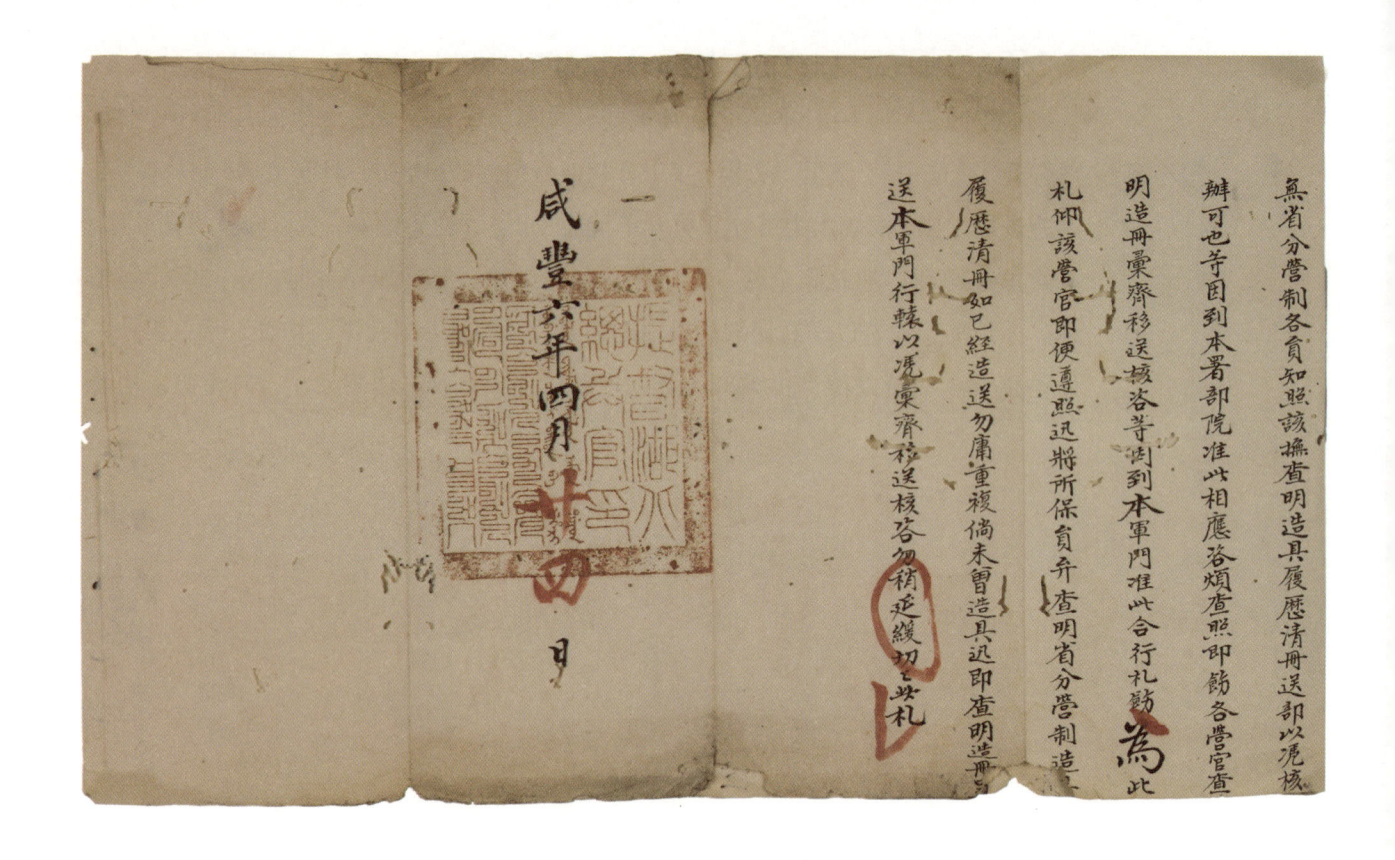

无省分营制各员知照该抚查明造具履历清册送部以凭核
办可也等因到本署部院准此相应咨照即饬各营营官查
明造册禀赍移送核咨等因到本军门准此合行札饬
札仰该营官即便遵照迅将所保员弁查明省分营制造
履历清册如已经造送勿庸重复倘未曾造具迅即查明造
送本军门行辕以凭禀赍移送核咨切勿稍延缓切此札

咸丰六年四月廿四日

以把总拔补。刘德亮、贺秉钧，均着以把总拔补，并赏戴蓝翎。把总赖洪兴，外委陶忠泰、赵祐龄、蔡国祥、谭复胜、陈元信，均着赏戴蓝翎。军功冯标、曹德明、刘世玉、彭胜才、蒋永庆、周耀南、刘利安、彭金贵、薛保光，均着以外委尽先拔补，并赏戴蓝翎。蓝翎升用都司曾秉忠，着以游击尽先升用，并赏换花翎。军功谭光福、冯世标、黄荣升，均着以外委尽先拔补。陈芝发、萧仪斌，均着以外委尽先补用。陈德懋、黄庆、刘吉五、邓德元，均着以外委补用。把总段清平，着以千总尽先补用，并赏加守备衔。把总左光培、陈明云、颜万和，均着以千总尽先补用。外委刘茂盛、彭志友、王景云、邹明贤、周全胜、周喜元、文春元，均着以把总尽先拔补。钟良保、杨名万，均着以把总尽先拔补，并赏戴蓝翎。军功王华科、额外外委李正友，均着以外委尽先拔补，并赏戴蓝翎。张其祥、李定胜、萧复胜、黎定忠、王得胜，军功姚万兴、文胜发、谭起发，均着赏戴蓝翎。军功杨明义、彭万里、戴洪亮，额外外委刘魁和，军功张清湘、唐连胜、江青云、任富贵、李定升、贺代发、吴裕泰，均着以外委尽先拔补。军功向三元、张名标、萧复泰、成镜云、杨万胜、杨有元、曹明友，均着以外委尽先补用。军功唐修己，着以外委补用。千总雷正绾，着以守备尽先补用。把总黄锡成，着以千总尽先升用。外委薛上品，着以把总尽先升用，并赏戴蓝翎。千总王才秀，着以守备尽先升用。候补千总方玺，着以守备尽先升用，并赏戴蓝翎。把总周占标，着以千总尽先升用。外委陈开胜、雷洪亮，均着以把总尽先升用，并赏戴蓝翎。外委杨光泽、杨朝林、王子升、文定邦、刘光裕，均着以把总尽先补用。军功魏天应，着以外委尽先拔补。四川兵丁刘定邦等五名、练勇袁殿春等十五名、云南兵丁李奏凯等三名，均着赏给六品翎顶。把总杨再祐，着以千总尽先补用，并赏加守备衔。武举刘遇霖，着以千总拔补，并赏加守备衔。把总周玉成，着以千总拔补。把总尽先千总任懋龄，着开缺，免升千总，以守备升用。军功姜祖玉、杨启彬，均着以把总拔补。王恒，着以把总拔补，并赏戴蓝翎。军功唐高银、董启隆、李酬兰，均着以外委拔补。向秀武，着以外委拔补，并赏戴蓝翎。答清源、萧荣春、江明昭，均着以把总拔补。军功杨运保，着以外委拔补。该部知道。单并发。钦此。除将把总任懋龄以守备升用、四川云南各兵丁练勇均着□赏戴六品翎顶另行办理外，查湖南把总杨再祐，该营官册内现无其名，以千总尽先补用，并赏加守备衔之处，应令查明声覆。至所保各员，并无省分、营制，以游击守备尽先升用，并以守备升衔、以千把总外委尽先拔补之外，本部碍难办理。相应将所保，并无省分、营制各员，知照该抚查明，造具履历清册，送部以凭核办。可也等因。到本署部院，准此。相应咨烦查照，即饬各营官查明造册，汇齐移送核咨等因。到本军门，准此，合行札饬。为此札仰该营官，即便遵照，迅将所保员弁查明省分、营制，造□履历清册。如已经造送，勿庸重复。倘未曾造具，迅即查明造册□送本军门行辕，以凭汇齐，移送核咨。勿稍延缓，切切。此札。

咸丰六年四月廿四日。

注

[一] 武选司，清代兵部武选清吏司之省称。《清史稿·选举志》五《推选》："武职隶兵部，八旗及营、卫官之选授，武选司掌之。"

清咸丰六年九月初二日 湖南巡抚骆秉章致鲍超札

三

提要 咸丰六年（1856）八月，鲍超奉胡林翼之命赴长沙增募勇丁，筹建新军。此札系湖南巡抚骆秉章接到湖北巡抚胡林翼照会文后，转饬李文盛将湖南桂阳州新募的勇丁尽快送往长沙，归入鲍超麾下统带。

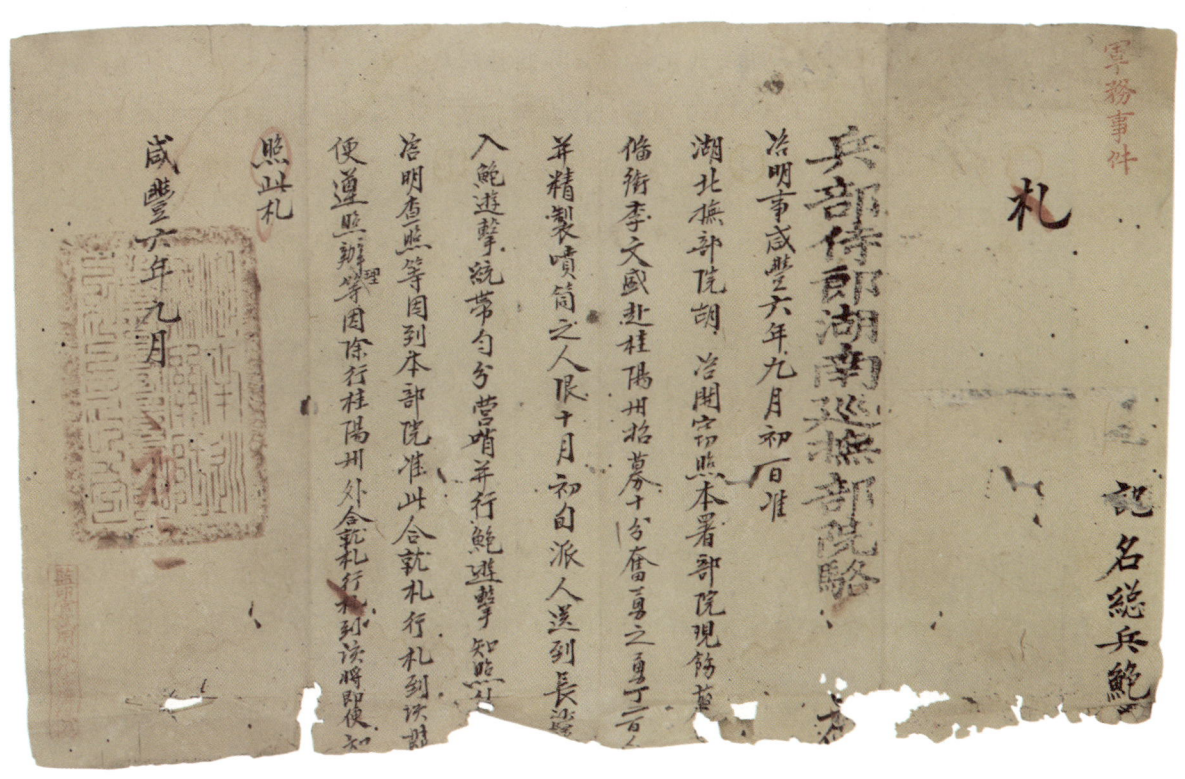

图片

录文

兵部侍郎湖南巡抚部院骆〈秉章〉[一]为咨明事。

咸丰六年九月初一日，准湖北抚部院胡〈林翼〉[二]咨开：窃照本署部院现饬□□备衔李文盛[三]，赴桂阳州[四]招募十分奋勇之勇丁二百人，并精制喷筒之人，限十月初旬派人送到长沙，归入鲍〈超〉游击统带，匀分营哨。并行鲍〈超〉游击知照□□咨明查照等因。到本部院，准此，合就札行。札到□□，即便遵照办理等因。除行桂阳州外，合就札行。札到，该将即便知照。此札。

咸丰六年九月初二日。

注

[一] 骆秉章（1793—1867），字籲门，号儒斋，广东广州府（今广州市花都区）人。道光十二年（1832）进士，咸丰三年（1853）任湖南巡抚，支持曾国藩创办湘军。咸丰十年（1860）调四川督办军务，后升四川总督，剿办太平军石达开部等。同治六年（1867）病卒。谥文忠。

[二] 胡林翼（1812—1861），字贶生，号润芝，湖南益阳人。道光十六年（1836）进士，咸丰五年（1855）升湖北布政使、署巡抚。咸丰十一年（1861）病卒。谥文忠。

[三] 李文盛，字虎臣，嘉禾人。咸丰中投湘军，在鄂、皖、豫诸省镇压太平军、捻军，累官至安徽总兵。所部桂字营以能战著称，曾率众救援鲍超脱险而与其结为兄弟。后于固始之役中被捻军击溃，未几而亡。著有《讲武新编》一卷。

[四] 桂阳州，明洪武元年（1368）改桂阳路为府，九年（1376）降为县，并省府治平阳县，十三年（1380）升为州，属衡州府，治今桂阳县。辖境相当今湖南桂阳、临武、蓝山、嘉禾等县地。清雍正十年（1732）升为直隶州，属湖南省。1913年废，改本州岛为桂阳县。

清咸丰六年十月初三日湖北巡抚移鲍超文

四

提要 咸丰六年（1856）十月，鲍超已招募湘勇三千余人，以六百人为一营，编为五营步队，每营分六哨，每哨分十队。起初，鲍超曾主张以哨为单位，一哨全用抬枪，一哨全用鸟枪。但这一主张遭到胡林翼的反对，改为按湘军制度以队为单位，一队抬枪、一队刀矛、一队鸟枪的相间之法进行训练。

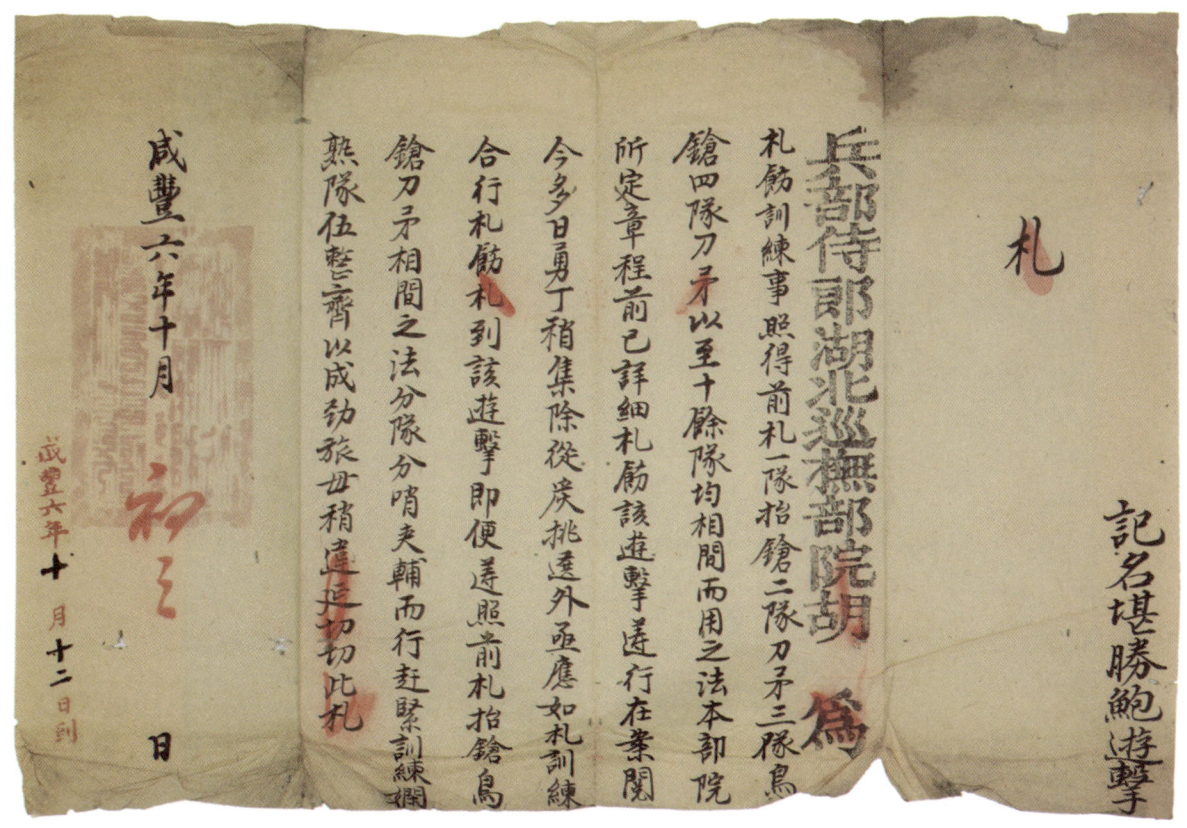

图片

兵部侍郎湖北巡抚部院胡　为

札饬训练事照得前札一队抬鎗二队刀矛三队鸟
鎗四队刀矛以至十余队均相间而用之法本部院
所定章程前已详细札饬该游击遵行在案阅
今多日尚未据集除从庆挑选外亟应如札训练
合行札饬札到该游击即便遵照前札抬鎗鸟
鎗刀矛相间之法分队分哨夹辅而行赶紧训练娴
熟队伍整齐以成劲旅毋稍违延切切此札

记名堪胜鲍游击

札

咸丰六年十月　　日

咸丰六年十月十二日到

录文

兵部侍郎湖北巡抚部院胡〈林翼〉为札饬训练事。

照得前札一队抬枪，二队刀矛，三队鸟枪，四队刀矛，以至十余队，均相间而用之法。本部院所定章程，前已详细札饬该游击遵行在案。阅今多日，勇丁稍集，除从众挑选外，亟应如札训练。合行札饬。札到该游击，即便遵照前札抬枪、鸟枪、刀矛相间之法，分队分哨[一]、夹辅而行，赶紧训练娴熟，队伍整齐，以成劲旅，毋稍违延。切切。此札。

咸丰六年十月初三日。

注

[一]队、哨，按霆军营制，每营六哨，每哨分十队。每营六百人，每哨一百人，每队十人。霆军营制是按湘军营制略加修改而成的，与之类似但略有区别，湘军营制每营五百人，分为四哨，每哨八队。

清咸丰六年十二月二十三日
湖北巡抚移鲍超参将文

提要

咸丰六年（1856）十二月，鲍超招募的湘勇训练已成，先是被派往荆州、随州一带堵剿太平军，但因军粮不济而沿途滋扰闹事，鲍超甚至因不能约束部属而一度被摘去顶戴花翎。为此，胡林翼告诫鲍超约束新军、严守纪律。时胡林翼再次占领了武昌，调兵东下围攻九江，派鲍超率部驰援，转攻小池口。

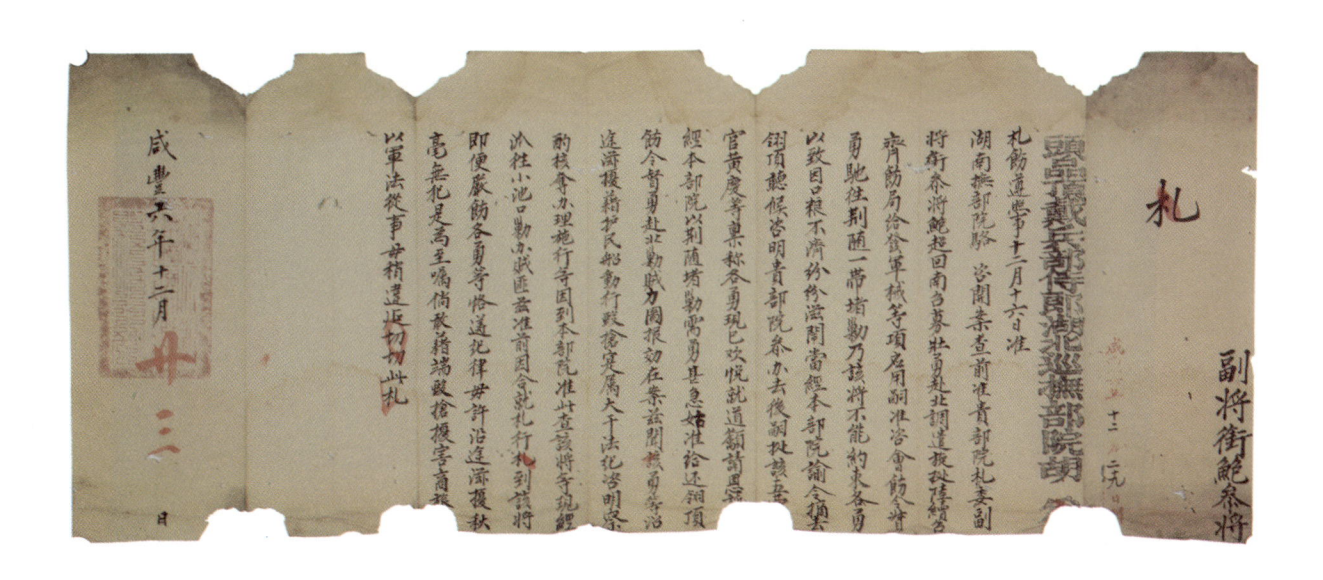

图片

录文

头品顶戴兵部侍郎湖北巡抚部院胡〈林翼〉为札饬遵照事。

十二月十六日准湖南抚部院骆〈秉章〉咨开：案查，前准贵部院札委副将衔参将鲍超回南召募壮勇，赴北调遣。旋据陆续召齐，饬局给发军械等项应用。嗣准咨会，饬令督勇驰往荆、随一带堵剿。乃该将不能约束各勇，以致因口粮不济，纷纷滋闹。当经本部院谕令，摘去翎顶，听候咨明贵部院参办去后。嗣据该五营□官黄庆[一]等禀称，各勇现已欢悦就道，吁请恩施。□经本部院以荆、随堵剿，需勇甚急，姑准给还翎顶，饬令督勇赴北剿贼，力图报效在案。兹闻该勇等沿途滋扰，借护民船动行殴抢，实属大干法纪。咨明察酌，核夺办理施行等因。到本部院，准此。查该将等现经派往小池口[二]剿办贼匪，兹准前因，合就札行。札到，该将即便严饬各勇等恪遵纪律，毋许沿途滋扰，秋毫无犯，是为至嘱。倘敢借端殴抢，扰害商旅，□以军法从事，毋稍违延。切切。此札。

咸丰六年十二月廿三日。

注

[一]黄庆（？—1861），字云举，湘阴人。咸丰四年（1854）加入鲍超水师，咸丰七年（1857）在安徽小池口之战后保举总兵。咸丰十一年（1861）参与了安庆之役，又随鲍超解抚州之围，进击太平军李秀成部，实授严州协副将。后转战宁国、青阳、泾县等地，记名提督。旋病死于宁国军中。

[二]小池口，在今江西省九江市以北，清时属德化县。

清咸丰七年七月初八日
湖北巡抚移鲍超副将文

提要

鲍超率霆军远征，缺少帐房，胡林翼紧急安排制造，并从行营粮台拨出二百架帐房，暂先拨付霆军使用。时鲍超与都兴阿、多隆阿在黄梅附近的亿生寺共同防御太平军陈玉成部。在王国才等数员将领被太平军陈玉成部击毙、都兴阿与多隆阿决定撤兵江边的情况下，鲍超亲率霆军攻克太平军营垒，逼迫陈玉成只身逃去。此战之后，霆军声名大震。

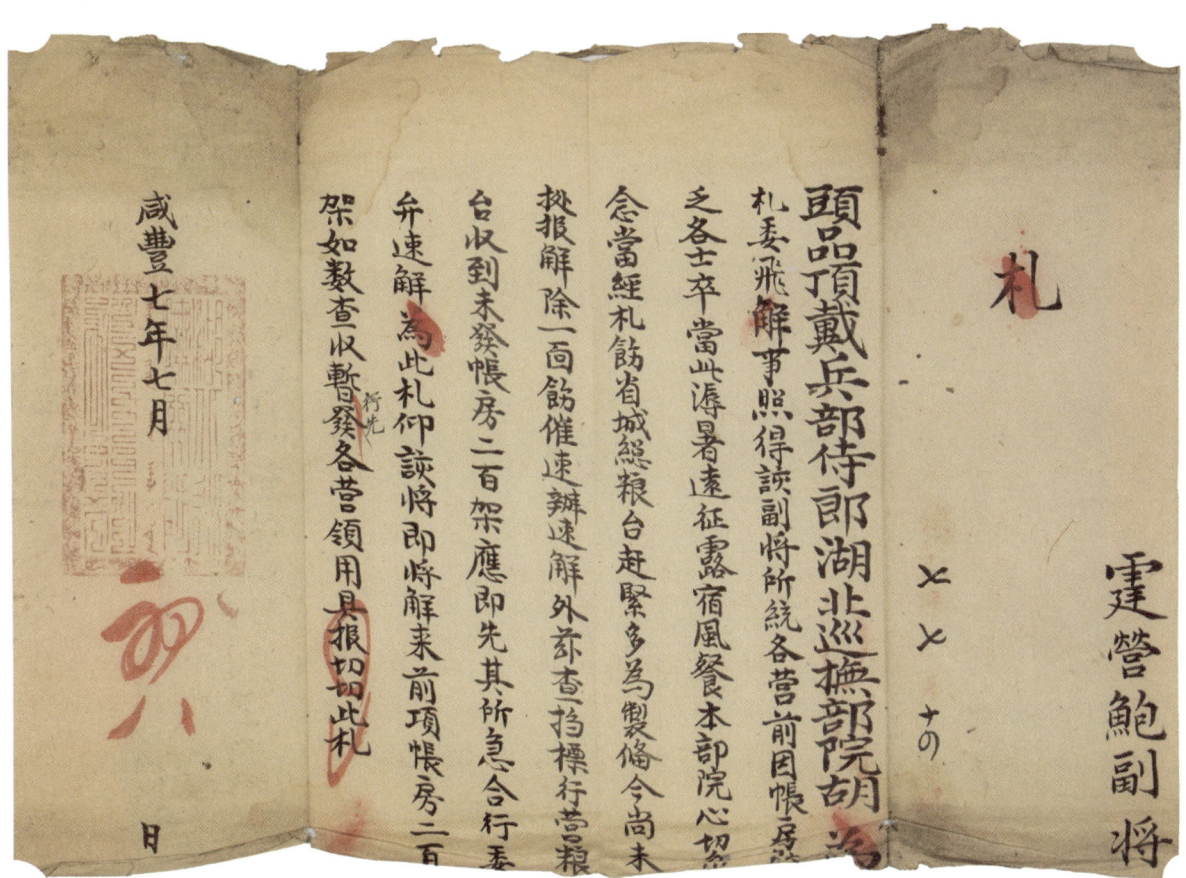

图片

录文

头品顶戴兵部侍郎湖北巡抚部院胡〈林翼〉为札委飞解事。

照得该副将所统各营，前因帐房□乏，各士卒当此溽暑远征，露宿风餐。本部院心切□念，当经札饬省城总粮台，赶紧多为制备。今尚未据报解除，一面饬催速办速解外，兹查挡标行营粮台[一]收到未发帐房二百架，应即先其所急，合行委弁速解。为此札，仰该将即将解来前项帐房二百架，如数查收，暂行先发各营领用具报。切切。此札。

咸丰七年七月初八日。

注

[一]行营粮台，又称支应粮台，主要负责前线各军的直接供应，一般随湘军大营行动。有时根据战争形势的需要，常于行营总粮台之外另设粮台或支应所，以就近解决前线部队的供应问题。除行营粮台外，湘军还设置有转运粮台和后路粮台，各有不同的任务和工作特点。

七　清咸丰七年十二月十九日
福建水师提督致鲍超札

提要

咸丰七年（1857），曾国藩回乡丁忧，杨载福总领湘军水师，与彭玉麟内外夹攻湖口，使得原被分隔于鄱阳湖的内湖水师和外江水师汇合，又乘胜夺取小孤山、彭泽、望江、铜陵等地。为此，清廷任命杨载福为福建陆路提督，即日起在军营任理副将陆路提督事务，并晓谕湖广总督等知照。

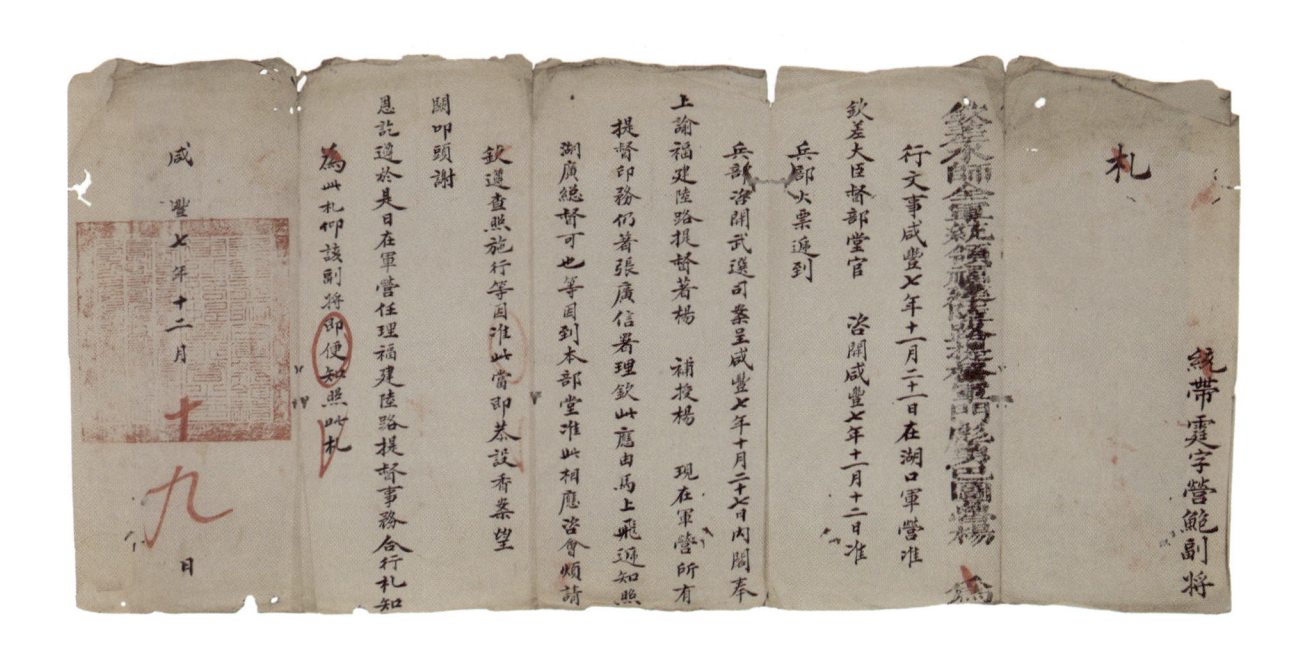

图片

录文

钦差水师全军统领福建陆路提督军门彪勇巴图鲁杨〈载福〉为行文事。

咸丰七年十一月二十一日，在湖口军营准钦差大臣督部堂官〈文〉[一]咨开：咸丰七年十一月十二日，准兵部火票递到兵部咨开武选司案呈，咸丰七年十月二十七日内阁奉上谕：福建陆路提督着杨〈载福〉补授，杨〈载福〉现在军营所有提督印务仍着张广信署理。钦此。应由马上飞递，知照湖广总督，可也等因。到本部堂，准此。相应咨会，烦请钦遵查照施行等因。准此，当即恭设香案，望阙叩头，谢恩讫。遵于是日，在军营任理福建陆路提督事务，合行札知。为此札，仰该副将即便知照。此札。

咸丰七年十二月十九日。

注

[一]官文（1798—1871），又名俊，王佳氏，满洲正白旗人。出身军人世家，咸丰五年（1855）调任湖广总督，任内领导八旗绿营，与曾国藩湘军共同平定太平天国。初期掣肘排挤曾国藩。

八　清咸丰七年十二月十九日福建水师提督致鲍超札

提要　咸丰七年（1857）十二月，杨载福任理福建陆路提督事务当日，销毁旧印章，刊刻启用"钦差水师全军统领福建陆路提督行营"新印章，札知属下副将知照。

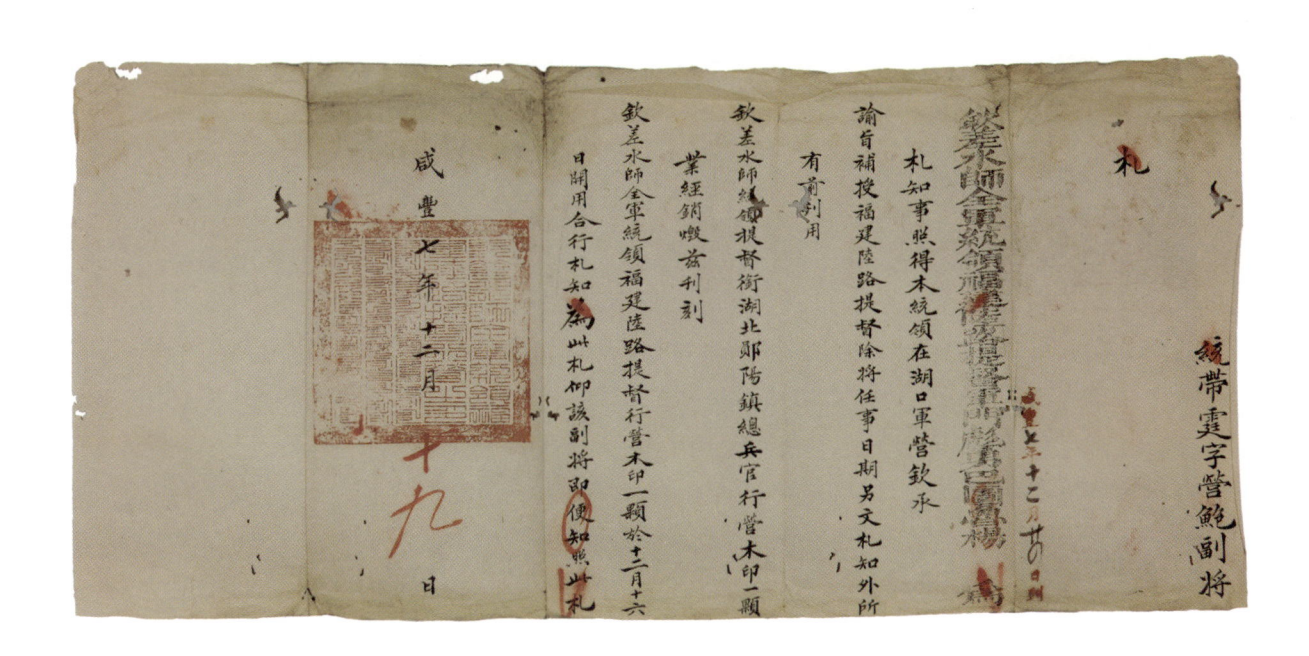

图片

录文

钦差水师全军统领福建陆路提督军门彪勇巴图鲁杨〈载福〉为札知事。

照得本统领在湖口[一]军营钦承谕旨，补授福建陆路提督，除将任事日期另文札知外，所有前刊用"钦差水师统领提督衔湖北郧阳镇总兵官行营"木印一颗，业经销毁。兹刊刻"钦差水师全军统领福建陆路提督行营"木印一颗，于十二月十六日开用，合行札知。为此札，仰该副将即便知照。此札。

咸丰七年十二月十九日。

注

[一] 湖口，今江西省九江市湖口县，因地处长江与鄱阳湖交汇口而得名，素有"江湖锁钥，三省通衢"之称。

清咸丰八年二月二十日
湖北巡抚移鲍超副将文

提要 咸丰八年（1858）二月，太平军陈玉成等部与捻军进犯安徽、湖北交界的蕲州、黄州一带，湖北巡抚胡林翼札调各部将迅速截击，严密堵剿。

图片

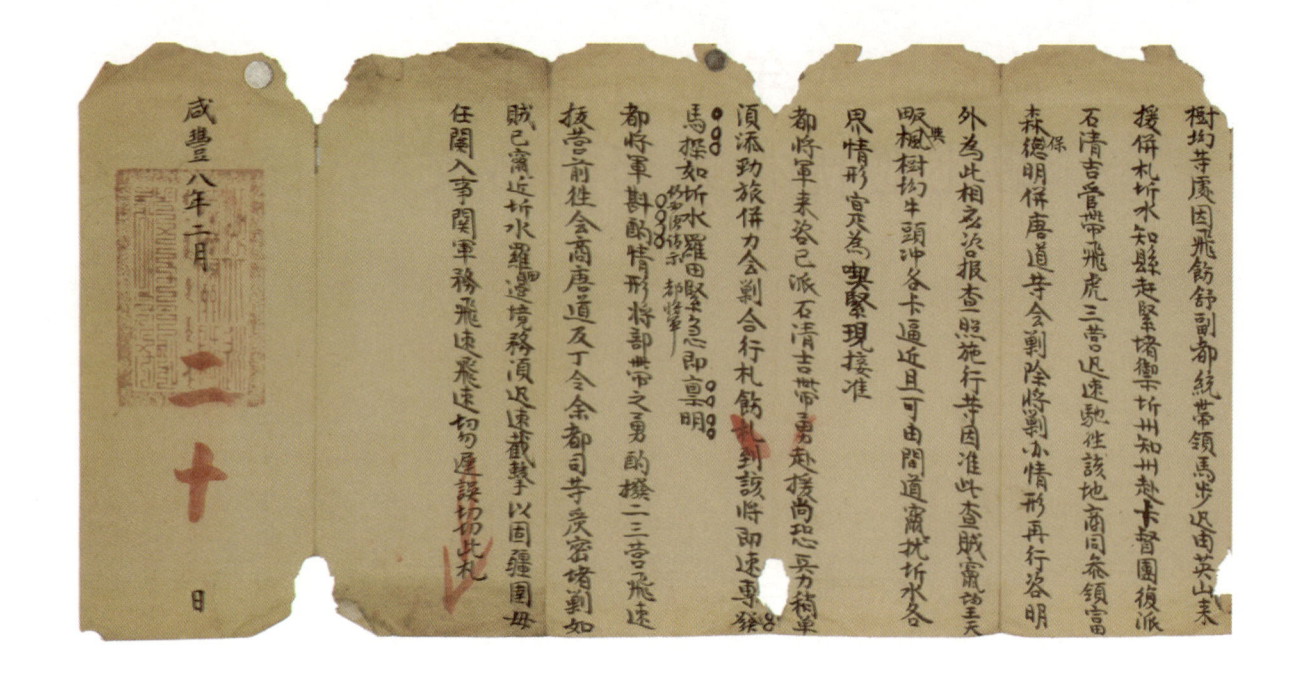

头品顶戴兵部侍郎湖北巡抚部院胡〈林翼〉为札调事。

本年二月十九日准都〈兴阿〉将军咨开：昨将贼匪窜扰枫香驿、仙田铺一带，又因陈德园等处紧急，当派参领富森保[一]、德明等，带领马队前往确探，斟酌缓急办理。又据唐道[二]报：十一日，大获胜仗，因声明缘由，转为请奖各等情，前后咨明在案。顷据探报，枫香驿、它龙山等处贼匪回窜太湖，现又有伪地官燕[三]带贼众数千，由安庆窜踞它龙山等处。又，南阳河贼众，弃垒分窜望天畈、珍珠庙一带，及各卡附近山内。伪成天豫[四]等贼目数名，亦扎珍珠庙等。称据此查，贼据望天畈，距枫树坳、牛头冲各卡，均仅数十里，且可由英山窜扰圻州、圻水之打虎厂、杨树坳等处。因飞饬舒副都统[五]，带领马步，迅由英山来援。并札圻水知县，赶紧堵御。圻州知州赴卡督团，复派石清吉[六]管带飞虎三营，迅速驰往该地，商同参领富森保、德明并唐道等会剿。除将剿办情形再行咨明外，为此相应咨报，查照施行等因。准此，查贼窜望天畈与枫树坳、牛头冲各卡逼近，且可由间道窜扰圻水各界，情形实为吃紧。现接准都将军来咨，已派石清吉带勇赴援，尚恐兵力稍单，须添劲旅，并力会剿。合行札饬。札到该将，即速专发马探，如圻水、罗田紧急，即禀明都〈兴阿〉将军，斟酌情形，将部带之勇酌拨二三营，飞速拔营前往会商。唐道及丁令余都司等严密堵剿，如贼已窜近圻水、罗田边境，务须迅速截击，以固疆围，毋任阑入。事关军务，飞速飞速，切勿迟误。切切。此札。

咸丰八年二月二十日。

注

[一] 富森保（？—1873），额尔库勒氏，满洲正蓝旗人。袭恩骑尉，世管佐领。咸丰五年（1855）入楚，咸丰八年（1858）升协领，累官成都副都统。

[二] 唐道，即唐训方（？—1877），字义渠，湖南常宁人。道光二十年（1840）中举，咸丰五年（1855）随罗泽南援江西，次年任襄阳知府。咸丰七年（1857），加按察使衔，授湖北督粮道。咸丰十年（1860），升湖北按察使，擢湖北布政使。官至直隶布政使，光绪三年（1877）卒。事迹载《清史稿·列传第二百十九》。

[三] 地官燕，即张善超，广西平南人。燕，太平天国的官爵名称。太平天国后期在"王"下设义、安、福、燕、豫、侯六等爵位，燕爵位源自燕王秦日纲被革王爵后所封顶天燕。

[四] 成天豫，即太平天国后期将领陈玉成（1837—1862），清咸丰七年（1857）受封。豫，太平天国的官爵名称，源自豫王胡以晃被革王爵后所封护天豫。

[五] 舒副都统，即舒保（？—1864），字辅廷，舒穆鲁氏，满洲正黄旗人。咸丰四年（1854）从僧格林沁与太平天国北伐军鏖战，加副都统衔。咸丰八年（1858）升镶黄旗汉军副都统，同治三年（1864）被捻军击毙，谥贞恪。

[六] 石清吉（？—1864），字祥瑞，直隶沙河人。道光间武进士，咸丰初任湖北郧阳镇守备，以功升参领。同治元年（1862）升总兵，加提督衔，赐号千勇巴图鲁。同治三年（1864）在蕲水被太平军所杀，谥威毅。

清咸丰八年三月二十四日 湖广总督咨鲍超文

提要 咸丰七年（1857）十一月，清军再占镇江后，和春等人重建江南大营，同时在天京（南京）城西、南、东一带挖掘长壕、坚筑高垒，意图围困。湖广总督官文附以咸丰帝批折，要求鲍超带兵前去进剿金陵。

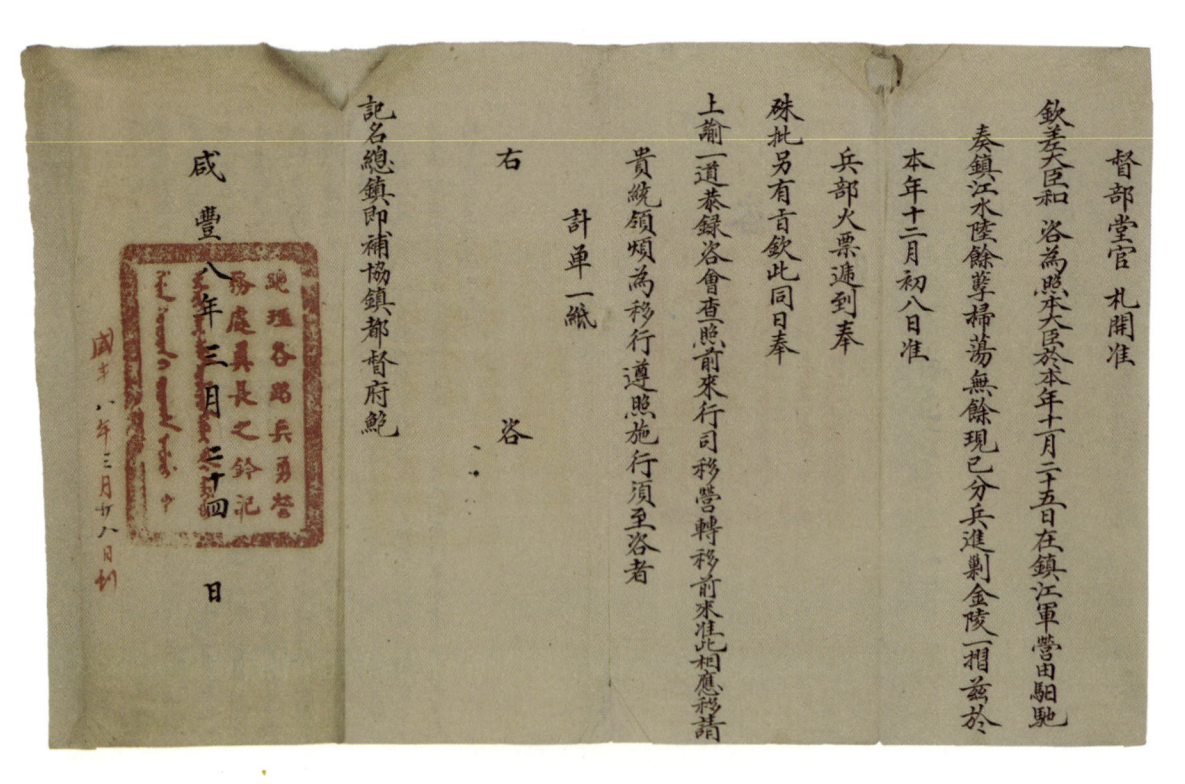

图片

录文

钦差大臣湖广总督部堂武营务处〈官〉文为恭录咨会事。

本年三月二十二日准文营务处咨准，北藩司马〈秀儒〉[一]咨开：本年二月初五日奉督部堂官〈文〉札开：准钦差大臣和〈春〉[二]咨为照：本大臣于本年十一月二十五日在镇江军营，由驿驰奏：镇江水陆余孽扫荡无余，现已分兵进剿金陵一折。兹于本年十二月初八日，准兵部火票递到，奉朱批：另有旨。钦此。同日奉上谕一道，恭录咨会查照前来，行司移营转移前来，准此。相应移请贵统领烦为移行，遵照施行。须至咨者。计单一纸。右咨记名总镇即补协镇都督府鲍〈超〉。

咸丰八年三月二十四日。

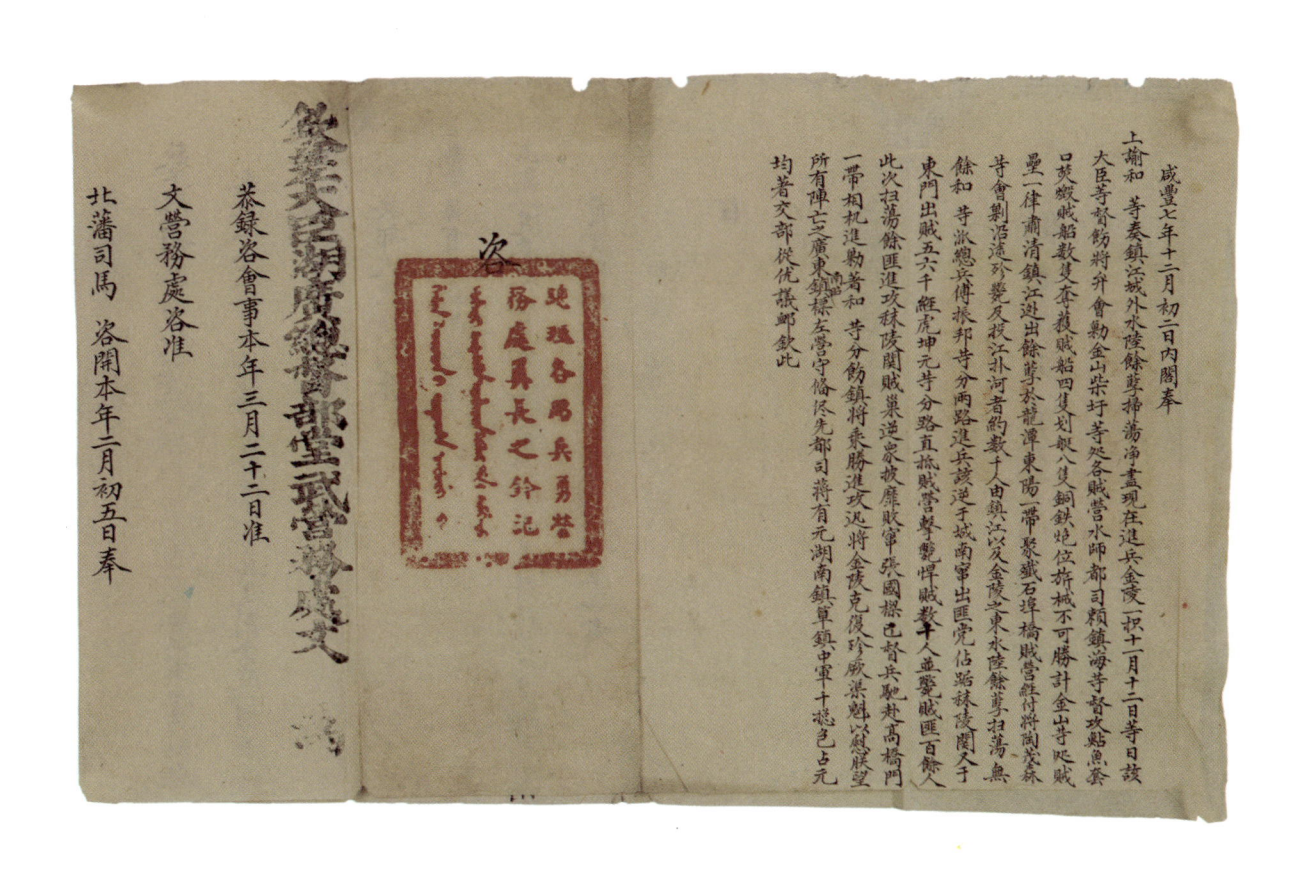

附抄单：

咸丰七年十二月初二日内阁奉上谕：和〈春〉等奏：镇江城外水陆余孽扫荡净尽，现在进兵金陵一折。十一月十二日等日，该大臣等督饬将弁会剿金山、柴圩等处各贼营。水师都司赖镇海[三]等督攻鲇鱼套口，焚毁贼船数只，夺获贼船四只、划艇八只，铜铁炮位旗械不可胜计。金山等处贼垒一律肃清。镇江逃出余孽于龙潭、东阳一带聚歼。石埠桥贼营经副将陶茂森等会剿，沿途殄毙及投江扑河者约数千人。由镇江以及金陵之东水陆余孽扫荡无余。和〈春〉等派总兵傅振邦[四]等，分两路进兵，该逆于城南窜出，匪党占踞秣陵关[五]，又于东门出贼五六千，经虎坤元[六]等分路直抵贼营，击毙悍贼数十人，并毙贼匪百余人。此次扫荡余匪，进攻秣陵关贼巢，逆众披靡败窜，张国梁[七]已督兵驰赴高桥门一带相机进剿，着和〈春〉等分饬镇将乘胜进攻，迅将金陵克复，殄厥渠魁，以慰朕望。所有阵亡之广东南昭镇标左营守备、尽先都司蒋有元、湖南镇筸镇中军千总包占元，均着交部从优议恤。钦此。

注

[一]北藩司，湖北布政使之别称。马秀儒（1788—1864），字艺林，山东安丘人。道光十五年（1835）进士，历建平知县、开封府同知，咸丰五年（1855）任湖北布政使。咸丰六年（1856）白莲教朱中立在襄、樊一带造反，马秀儒督师保卫襄阳城，七年（1857）曾暂摄湖北巡抚，八年（1858）因病辞归。著有《晚香堂诗集》四卷等。

[二]和春（？—1860），字雨亭，赫舍里氏，满洲正黄旗人。初为向荣部将，咸丰三年（1853）随向荣到南京孝陵卫建立江南大营，任江南提督。咸丰六年（1856）太平军攻破江南大营，向荣自缢死，和春继任钦差大臣，与张国梁重建江南大营，授江宁将军。八年（1858）三月率兵进至秣陵关，掘长壕围困南京。九年（1859）德兴阿被革职后奉命节制江北军务。十年（1860）江南大营再次被太平军攻破，逃至苏州浒墅关，自缢死。

[三]赖镇海，字盘洲，广东东莞人。民国《东莞县志》卷七二有传。

[四]傅振邦（1814—1883），字维屏，号梅村，山东昌邑人。道光间武进士出身，咸丰三年（1853）随向荣同太平军作战，同治二年（1863）后随僧格林沁同捻军作战。官至直隶提督、湖北提督。

[五]秣陵关，在今江苏省南京市南，太平天国时为天京南路要隘。

[六]虎坤元，字子厚，四川成都人。官通永镇总兵。在秣陵关与太平军战死，谥忠壮。

[七]张国梁（1823—1860），原名嘉祥，字殿臣，广东高要人。曾参加天地会，后受招抚收编，改名国梁。随向荣同太平军作战，官至湖南提督。咸丰十年（1860）江南大营被攻破后逃至丹阳，落水溺死。

清咸丰八年三月十七日
湖北巡抚移鲍超副将文

提要　咸丰八年（1858）三月，安徽境内太平军、捻军进犯湖北黄冈、罗田等地，巡抚胡林翼紧急会商都兴阿和唐训方拨军会剿，并要求各军迅速赶赴罗田、黄冈堵剿。

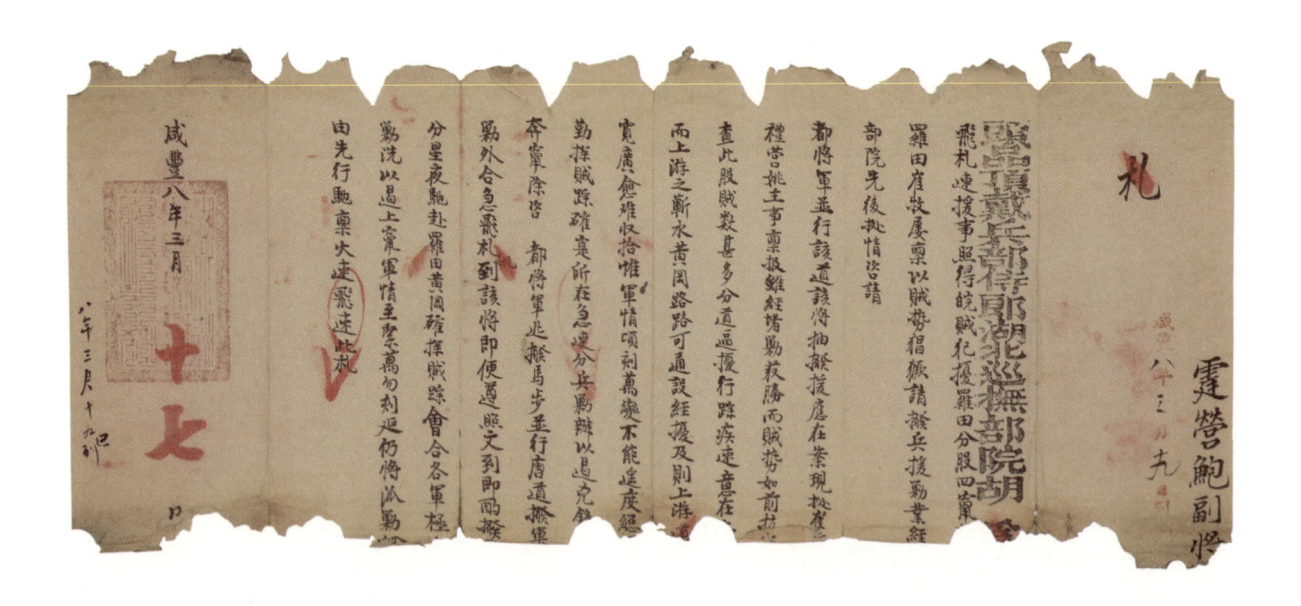

图片

录文

头品顶戴兵部侍郎湖北巡抚部院胡〈林翼〉为飞札速援事。

照得皖贼犯扰罗田,分股四窜□□罗田崔牧[一]屡禀,以贼势猖獗,请拨兵援剿。业经□部院先后据情咨请都将军[二],并行该道、该将,抽拨援应在案。现据崔□□礼营姚主事[三]禀报:虽经堵剿获胜,而贼势如前。□查此股贼数甚多,分道逼扰,行踪疾速,意在□□而上游之蕲水、黄冈,路路可通。设经扰及,则上游道宽广,愈难收拾。惟军情顷刻万变,不能遥度。总□勤探贼踪,确实所在,急速分兵,剿办以遏凶锋,□□奔窜。除咨都将军迅拨马步,并行唐道拨军□剿外,合急飞札,札到,该将即便遵照,文到即酌拨□分星夜驰赴罗田、黄冈,确探贼踪,会合各军,极□剿洗,以遏上窜。军情至紧,万勿刻延,仍将派剿□由先行驰禀,火速飞速。此札。

咸丰八年三月十七日。

注

[一]罗田崔牧,是时任罗田县知县崔兰馨。

[二]都将军,即都兴阿(?—1875),字直夫,满洲正白旗人。咸丰六年(1856)擢江宁将军,咸丰八年(1858)授荆州将军。

[三]礼营姚主事,即姚敦礼。《胡林翼集·奏疏》"咸丰八年":"罗田紧接英山,另股贼匪分七路窜入该处,仅有候选主事姚敦礼一营,众寡之势太悬。该处团勇历年杀贼,颇著战功,臣(胡林翼)等札饬署罗田县知县崔兰馨集团协剿。"

清咸丰八年四月十九日湖北巡抚移鲍超副将文

十二

提要

咸丰八年（1858）四月，湖北巡抚胡林翼调遣鲍超霆营驻扎麻城，并派遣舒保等所统军队赶赴黄安，要求沿路各地方官配合负责各军粮饷、军火等转运事宜。随后五月，鲍超攻克黄安、麻城。

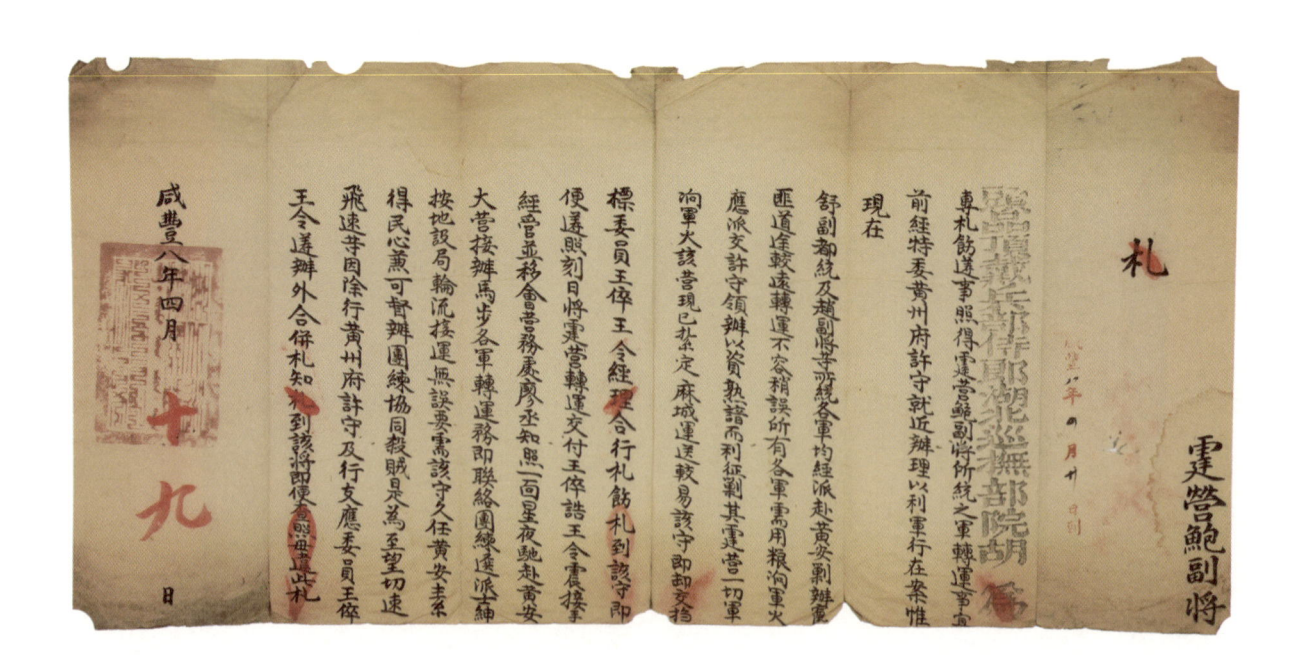

图片

录文

头品顶戴兵部侍郎湖北巡抚部院胡〈林翼〉为专札饬遵事。

照得霆营鲍〈超〉副将所统之军转运事宜，前经特委黄州府许守[一]就近办理，以利军行在案。惟现在舒副都统[二]及赵副将[三]等所统各军，均经派赴黄安剿办窜匪，道途较远，转运不容稍误，所有各军需用粮饷、军火应派交许守领办，以资熟谙而利征剿。其霆营一切军饷、军火，该营现已扎定麻城，运送较易。该守即卸交挡标委员王倅、王令经理。合行札饬，札到该守，即便遵照，刻日将霆营转运交付王倅诰、王令震接手经管，并移会营务处廖丞知照，一面星夜驰赴黄安大营接办马步各军转运务，即联络团练，选派士绅，按地设局，轮流接运，无误。要需该守久任黄安，素得民心，兼可督办团练，协同杀贼，是为至望。切速飞速等因。除行黄州府许守及行支应委员王倅、王令遵办外，合并札知。札到，该将即便查照。毋违。此札。

咸丰八年四月十九日。

注

[一] 黄州府许守，即黄州府知府许赓藻，字枚卿，浙江孝丰人。举人，历署罗田、黄梅、黄冈等县，咸丰六年（1856）擢守黄州，督办团练、筹办军需。同治《孝丰县志》、光绪《荆州府志》等有载。

[二] 舒副都统，即舒保（？—1864），字辅廷，舒穆鲁氏，满洲正黄旗人。咸丰四年（1854）从僧格林沁与太平天国北伐军作战，加副都统衔。后入楚。咸丰八年（1858）升镶黄旗汉军副都统，同太平军陈玉成部战于麻城，克黄安。同治三年（1864）同捻军作战，在应山陷围而死，谥贞恪。

[三] 赵副将，即赵克彰，字国香，湖南湘乡人。李续宾三河遇险时，驻守桐城的赵克彰违抗指令，未予救援。后被撤职，免死。

十三　清咸丰八年十二月二十五日湖北巡抚移鲍超总镇文

提要

咸丰八年（1858）十二月，胡林翼根据探报所得太平军的驻地、兵马、粮草以及动向等情报，要求各部严加防范、一体堵剿，以防太平军分股四窜。此时，湘军刚刚经历了三河之战惨败，受严重打击，士气低落。

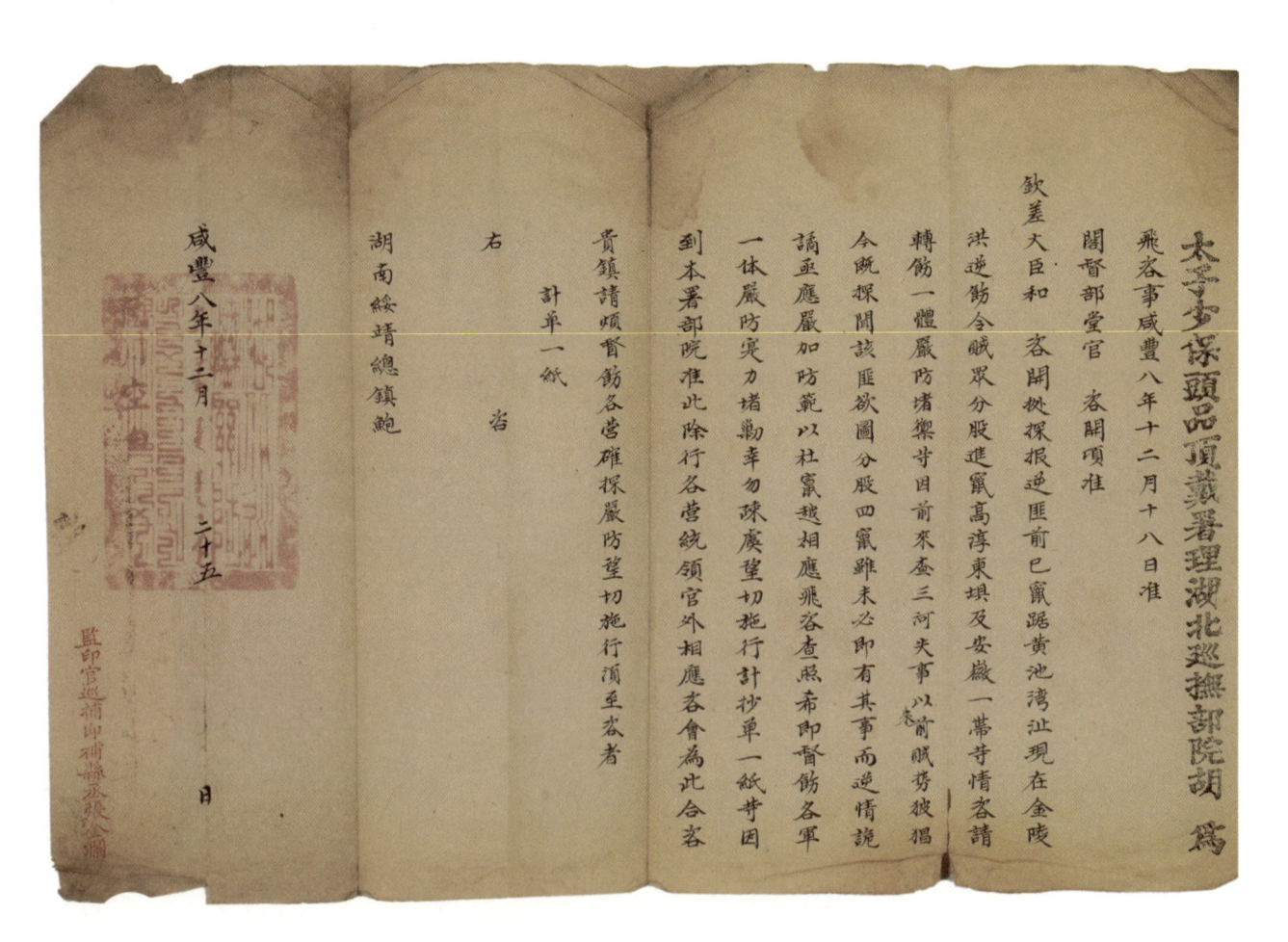

图片

太子少保头品顶戴署理湖北巡抚部院胡　为

飞咨事咸豐八年十二月十八日准

闽督部堂官　咨开项准

钦差大臣和　咨开挞探报逆匪前已鼠踞黄池芜湖现在金陵
洪逆饬令贼众分股进窜高淳东垻及安徽一带守情等请
转饬一体严防堵禦守日前本爻三河失事以前贼势披猖
今晚探闻该匪跃欲圆分股四窜雖未必即有其事而逆情
譎亞應嚴加防範以杜竄越相應飛咨查照希即督飭各軍
一體嚴防寔力堵勦幸勿踈虞望切拖行計抄單一紙等因
到本署部院準此除行各營統領官外相應咨會為此合咨
貴鎮請煩督飭各營確探嚴防望切拖行須至咨者

計單一紙

右　咨

湖南绥靖总镇鲍

咸豐八年十二月二十五日

太子少保头品顶戴署理湖北巡抚部院胡〈林翼〉为飞咨事。

咸丰八年十二月十八日准阁督部堂官〈文〉咨开：顷准钦差大臣和〈春〉咨开：据探报，逆匪前已窜踞黄池、湾沚，现在金陵。洪逆饬令贼众分股进窜高淳、东坝及安徽一带等情，咨请转饬，一体严防堵御等因前来。查三河失事[一]以来，前贼势狓猖，今既探闻该匪欲图分股四窜，虽未必即有其事，而逆情诡谲，亟应严加防范，以杜窜越，相应飞咨查照。希即督饬各军一体严防，实力堵剿，幸勿疏虞。望切施行。计抄单一纸等因。到本署部院，准此除行各营统领官外，相应咨会，为此合咨贵镇，请烦督饬各营，确探严防，望切施行。须至咨者。计单一纸。右咨湖南绥靖总镇鲍〈超〉[二]。

咸丰八年十二月二十五日。

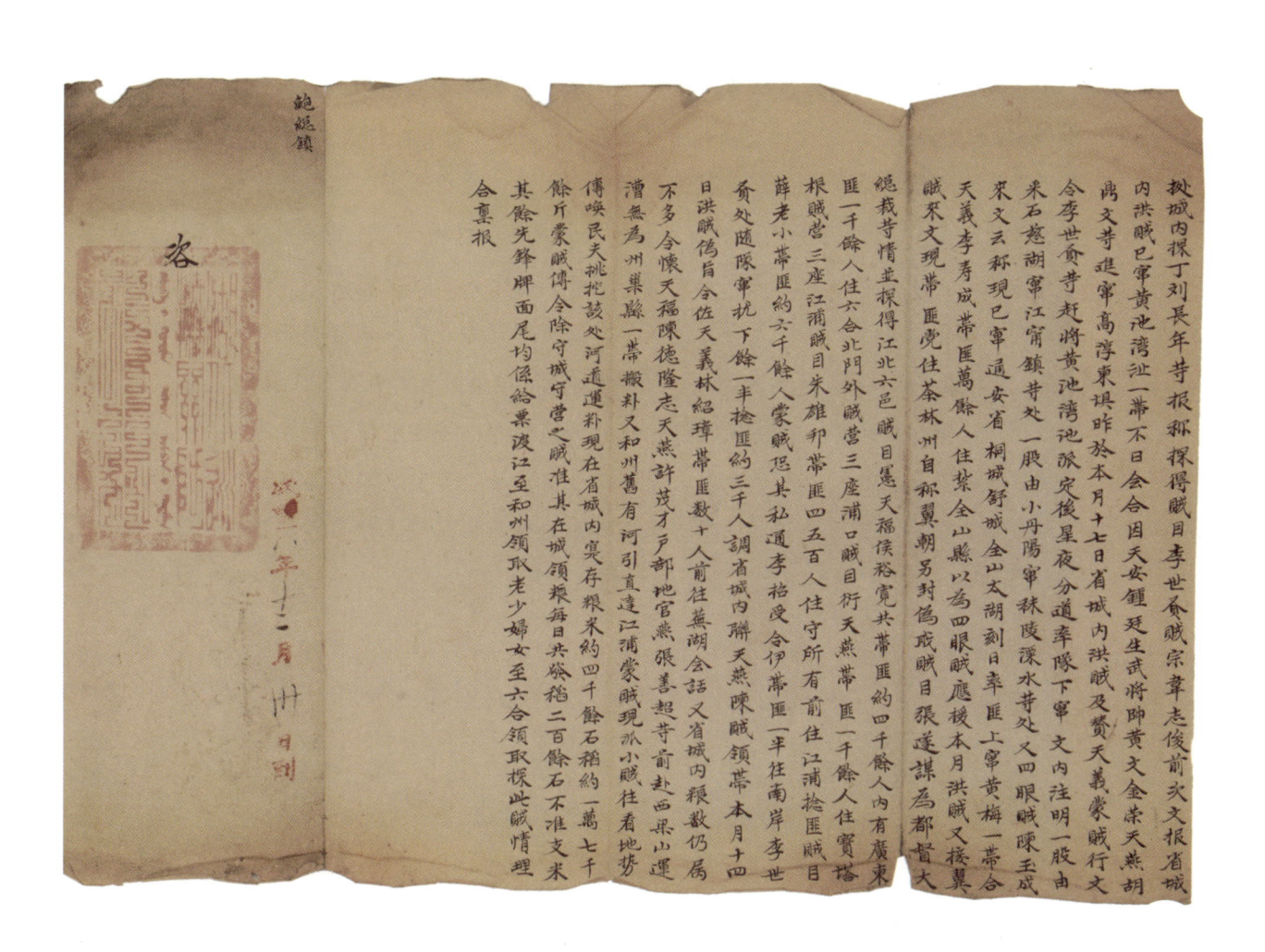

（抄单）

据城内探丁刘长年等报称，探得：贼目李世贤[三]、贼宗韦志俊[四]，前次文报省城内洪贼已窜黄池、湾沚一带，不日会合。因天安钟廷生、武将帅黄文金[五]、荣天燕胡鼎文[六]等进窜高淳、东坝，昨于本月十七日省城内洪贼及赞天义蒙贼[七]行文，令李世贤等赶将黄池、湾池派定后，星夜分道，率队下窜。文内注明，一股由采石、慈湖窜江宁镇等处，一股由小丹阳窜秣陵、溧水等处。又，四眼贼陈玉成，来文云称：现已窜通安省桐城、舒城、全山、太湖，刻日率匪上窜黄梅一带。合天义李寿成[八]带匪万余人住扎全山县，以为四眼贼应援。本月，洪贼又接翼贼来文，现带匪党住茶林州，自称"翼朝"，另封伪职，贼目张遂谋[九]为都督大总裁等情。并探得江北六邑贼目宪天福侯裕宽共带匪约四千余人，内有广东匪一千余人，住六合北门外，贼营三座。浦口贼目衍天燕带匪一千余人，住宝塔根，贼营三座。江浦贼目朱雄邦带匪四五百人，住守所有前住江浦捻匪。贼目薛老小带匪约六千余人，蒙贼恐其私通李招受，令伊带匪一半往南岸李世贤处，随队窜扰，下余一半捻匪约三千人，调省城内联天燕陈贼领带。本月十四日，洪贼伪旨令佐天义林绍璋[十]带匪数十人前往芜湖会话，又省城内粮数仍属不多，令怀天福陈德隆、志天燕许茂才、户部地官燕张善超等，前赴西梁山运漕、无为州巢县一带搬粮。又，和州旧有河引直达江浦，蒙贼现派小贼往看地势，传唤民夫挑挖该处河道运粮。现在省城内实存粮米约四千余石，稻约一万七千余斤，蒙贼传令除守城、守营之贼准其在城领粮，每日共发稻二百余石，不准支米，其余先锋牌面尾均系给票渡江，至和州领取。老少妇女至六合领取。探此贼情，理合禀报。

注

[一]三河失事,指的是咸丰八年(1858)十月,湘军李续宾部六千精锐部队在安徽三河城(今属安徽肥西)与太平军陈玉成、李秀成等部的战斗中全部战死,名将李续宾及曾国藩六弟曾国华同时战死。三河城大败是湘军成军以来损失最为惨重的一战,不但损失众多精兵悍将,更使湘军在安徽处于守势。

[二]咸丰八年(1858)八月,鲍超在雷公埠大败太平军,因战绩得授"湖南绥靖镇总兵"。

[三]李世贤(1834—1865),广西藤县人。咸丰元年(1851)参加太平军,咸丰八年(1858)升左军主将,驻军芜湖,与陈玉成等攻克庐州。咸丰十年(1860)与陈玉成等攻破江南大营,封侍王。同治三年(1864)天京陷落后,率部转战福建漳州,次年在广东被杀。

[四]韦志俊(约1826—?),亦作韦俊、韦十二,韦昌辉弟,广西桂平人。咸丰三年(1853)封国宗。咸丰九年(1859)十月叛降湘军。

[五]黄文金(1832—1864),广西博白人。参加金田起义,咸丰九年(1859)任定南主将,与李秀成等攻破江南大营。同治元年(1862)封为堵王。同治三年(1864)天京陷落后,护卫幼天王洪天贵赴江西,遭截击后受伤不治死亡。

[六]胡鼎文(?—1863),广西人。咸丰八年(1858)升敬天福,旋升美天义。同治元年(1862)封孝王,次年战死。

[七]赞天义蒙贼,即太平天国将领蒙得恩(1806—1861)。赞天义,爵名,咸丰七年(1857),洪秀全在"侯""王"封爵之间增加了"义"爵,蒙得恩即被封赐为"赞天义"。

[八]合天义李寿成,即太平天国将领李秀成(1823—1864)。合天义,爵名,咸丰七年(1857)洪秀全封赐李秀成为"合天义"。

[九]张遂谋,隶太平军石达开部,咸丰六年(1856)九月随石达开回天京,险遭韦昌辉谋害。咸丰七年(1857)随石达开独立行动。

[十]林绍璋(约1826—1864),广西人。参加金田起义,咸丰八年(1858)任地官又副丞相,十年(1860)封章王。同治元年(1862)代洪仁玕办理太平天国外交事务,三年(1864)天京陷落后,护卫幼天王洪天贵突围时战死。

十四 清咸丰十年正月二十日湖北巡抚移鲍超副将文

提要　咸丰九年（1859），骆秉章据曾国藩等人奏请朝廷，获准在长沙建立专祠、书院，用以表彰湘军死难将帅，激劝该省阵亡人员的后嗣子弟读书。

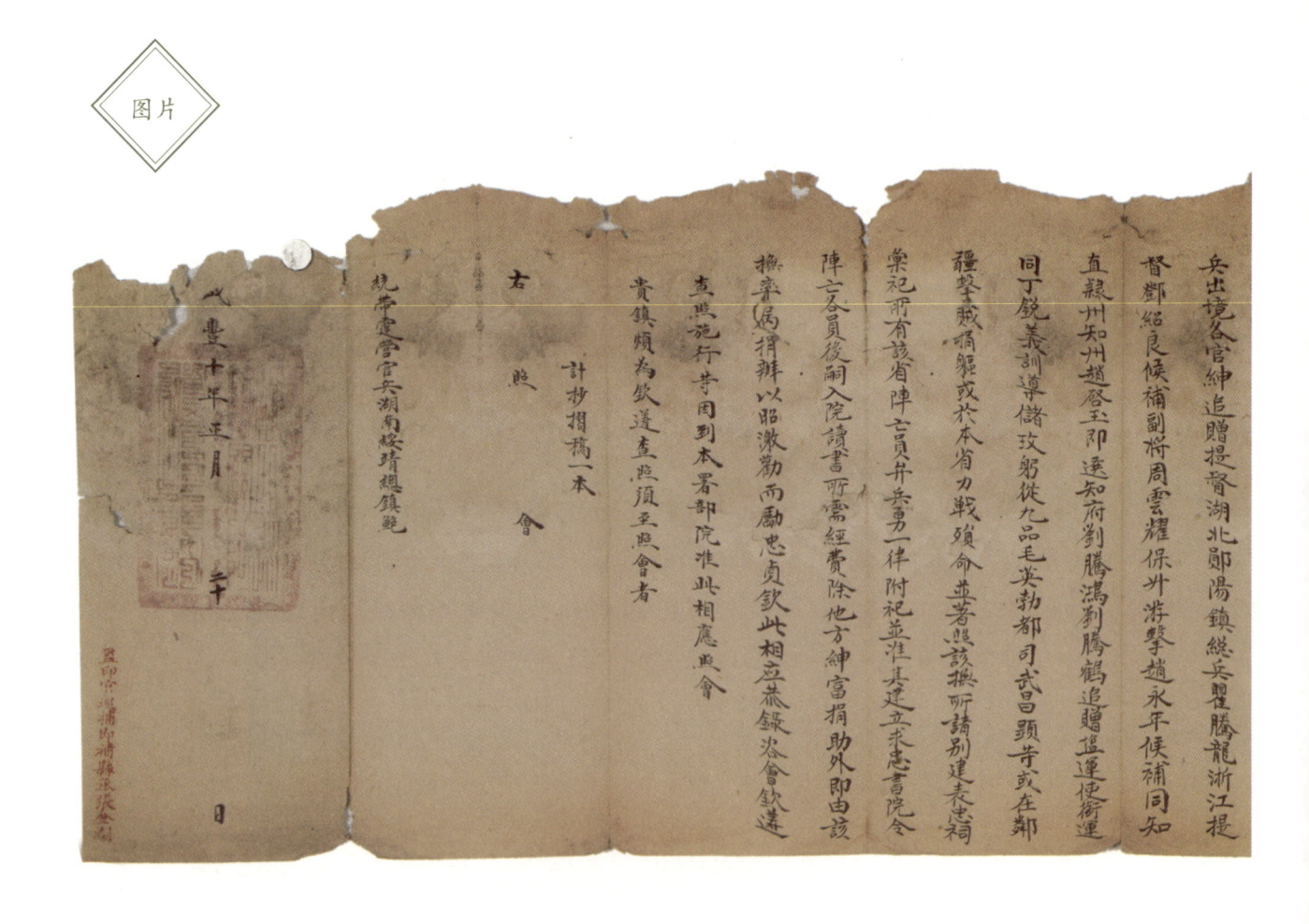

图片

照會

太子太保頭品頂戴督理兩江總都無部堂胡　為

恭錄事咸豐十年正月初十日准

督部堂附馹恭摺具　奏達

湖北部院駱　咨開咨本部院於咸豐九年十二月初六日會同

曾部堂附馹恭摺具　奏達

昔建立專祠並請建立表忠祠彙俟湖南先後死事諸臣建立表忠書

院戒藝訓謀死事官紳各男子弟以勵忠義而裨風化一摺除

摺稿前已恭送外蒸於咸豐九年十二月三十日奏到

奉批另有旨欽此同日奉到咸豐九年十二月十六日內閣奉

上諭駱　奏建立專祠書院表揚忠義一摺湖南省自江忠源羅

澤南王𨦂塔齊布李續賓等先後募勇訓練兵丁百戰奧鄂江

鄂之間卷威勁放其部曲疆場效命者尤不乏人忠義之風昭耀

區宇江忠源芛業經優加卹典儁子孫荣並准其建立專祠用

彰盖郎此次著駱　所請准其於長沙省城內再行建祠其部

下員升卒男曾經賜卹者並准其一律附祀以慰忠魂至該省帶

录文

太子少保头品顶戴署理湖北巡抚部院胡〈林翼〉为恭录事。

咸丰十年正月初十日准湖北抚部院骆〈秉章〉咨开：窃照本部院于咸丰九年十二月初六日会同督曾部堂附驿恭折具奏：遵旨建立专祠，并请建立表忠祠，汇俟湖南先后死事诸臣，建立求忠书院义塾训课死事官绅兵勇子弟，以励忠义而裨风化一折，除折稿前已咨送外，兹于咸丰九年十二月三十日奉到朱批"另有旨"，钦此。同日奉到咸丰九年十二月十六日内阁奉上谕骆〈秉章〉奏建立专祠、书院表扬忠义一折。湖南省自江忠源[一]、罗泽南[二]、王鑫[三]、塔齐布[四]、李续宾[五]等先后募勇，训练兵丁，百战粤、黔、江、鄂之间，悉成劲旅。其部曲疆场效命者，尤不乏人，忠义之风，照耀区宇。江忠源等业经优加恤典，备予褒荣，并准其建立专祠，用彰荩节。此次着照骆〈秉章〉所请，准其于长沙省城内再行建祠，其部下员弁兵勇曾经赐恤者，并准其一律附祀，以慰忠魂。至该省带兵出境各官绅，追赠提督湖北郧阳镇总兵瞿腾龙[六]、浙江提督邓绍良[七]、候补副将周云耀、保升游击赵永年、候补同知直隶州知州赵启玉、即选知府刘腾鸿[八]、刘腾鹤[九]、追赠盐运使衔运同丁锐义[十]、训导储玫躬[十一]、从九品毛英勃、都司武昌显等，或在邻疆击贼捐躯，或于本省力战殒命，并着照该抚所请，别建表忠祠汇祀，所有该省阵亡员弁兵勇一律附祀。并准其建立求忠书院，令阵亡各员后嗣入院读书，所需经费，除地方绅富捐助外，即由该抚率属捐办，以昭激劝而励忠贞。钦此。相应恭录咨会，钦遵查照施行等因。到本署部院，准此。相应照会贵镇烦为钦遵查照须至照会者。计抄折稿一本。右照会统带霆营官兵湖南绥靖总镇鲍〈超〉。

咸丰十年正月二十日。

注

[一] 江忠源（1812—1854），字常孺，号岷樵，湖南新宁人。道光十七年（1837）举人，咸丰元年（1851）组建楚勇，随赛尚阿赴广西镇压太平军，次年在蓑衣渡之战中击毙南王冯云山。咸丰三年（1853）在庐州陷入太平军包围，同年十二月庐州城破，江忠源投水自尽。追赠总督，谥忠烈。

[二] 罗泽南（1807—1856），字仲岳，号罗山，湖南湘乡人，理学家、文学家。咸丰二年（1852）倡办团练，次年协助曾国藩编练湘军，此后率湘军转战湖南、江西、湖北三省，因功升知县、同知、道员，加按察使衔。咸丰六年（1856）在进攻武昌之战中负伤而亡。谥忠节。

[三] 王鑫（1825—1857），字璞山，湖南湘乡人，湘中理学家罗泽南的门生。初从罗泽南办团练，后转战湖南、江西、湖北，因功赐号"给什兰巴图鲁"，升知府、

道员，加按察使衔。咸丰七年（1857）卒于军中。谥壮武。

[四] 塔齐布（1817—1855），字智亭，满洲镶黄旗人。出身清军火器营，后为湖南绿营都司，辅佐曾国藩创建湘军。咸丰四年（1854）收复湘潭，升湖南提督，赐号"喀屯巴图鲁"。咸丰五年（1855）率部围攻九江，屡败，愤恨呕血死。谥忠武。

[五] 李续宾（1818—1858），字克惠，又字迪庵，湖南湘乡人。贡生，初随罗泽南、曾国藩办团练，后随罗泽南转战湖南、江西、湖北，咸丰六年（1856）罗泽南战死后接掌其军，因功升知府、道员、浙江布政使，加巡抚衔。咸丰八年（1858）在三河之战中遭陈玉成、李秀成等合力围攻，所部尽覆，战死。追赠总督，谥忠武。

[六] 瞿腾龙（1791—1854），字在田，湖南善化（今湖南长沙）人。咸丰四年（1854）在瓜洲（今属江苏扬州邗江区）阻击太平军北伐的战斗中战死。谥威壮。

[七] 邓绍良（1801—1858），字若臣，湖南干州（今湖南吉首）人。兵勇出身，从向荣与太平军作战，因功升浙江提督。咸丰八年（1858）在湾沚镇（今芜湖市）战死。谥忠武。

[八] 刘腾鸿（1819—1857），字峙衡，湖南涟源人，刘腾鹤之兄。咸丰三年（1853）入清军，随骆秉章、罗泽南与太平军作战，因功升知县、知州。咸丰七年（1857）在瑞州（今高安市）战死。谥武烈。

[九] 刘腾鹤（1832—1859），字杰人，湖南涟源人，刘腾鸿之弟。初随兄转战湖南、江西各地，其兄刘腾鸿战死后接统其军。累功至知府。咸丰九年（1859）在浙江建德战死。附祀兄祠。

[十] 丁锐义（？—1858），字伯冕，湖南长沙人。咸丰四年（1854）从胡林翼援湖北，后募兵千人，号义字营。因功升知县、运同。咸丰八年（1858）在三河之战中战死。

[十一] 储玫躬（？—1854），字石友，湖南靖州人。廪生，选授武陵县训导，后投入湘军。咸丰四年（1854）在湖南宁乡战死。

十五　清咸丰十年五月初二日两江总督曾国藩照会鲍超文

提要　咸丰十年（1860）二月，鲍超请假回籍养伤省亲。二三月间，太平军先奔袭杭州，再破江南大营，又连攻苏、常。湘军不敷应对，胡林翼、曾国藩先后于四月十三日、五月初二日多次催促鲍超回营，以统率霆军渡江作战。

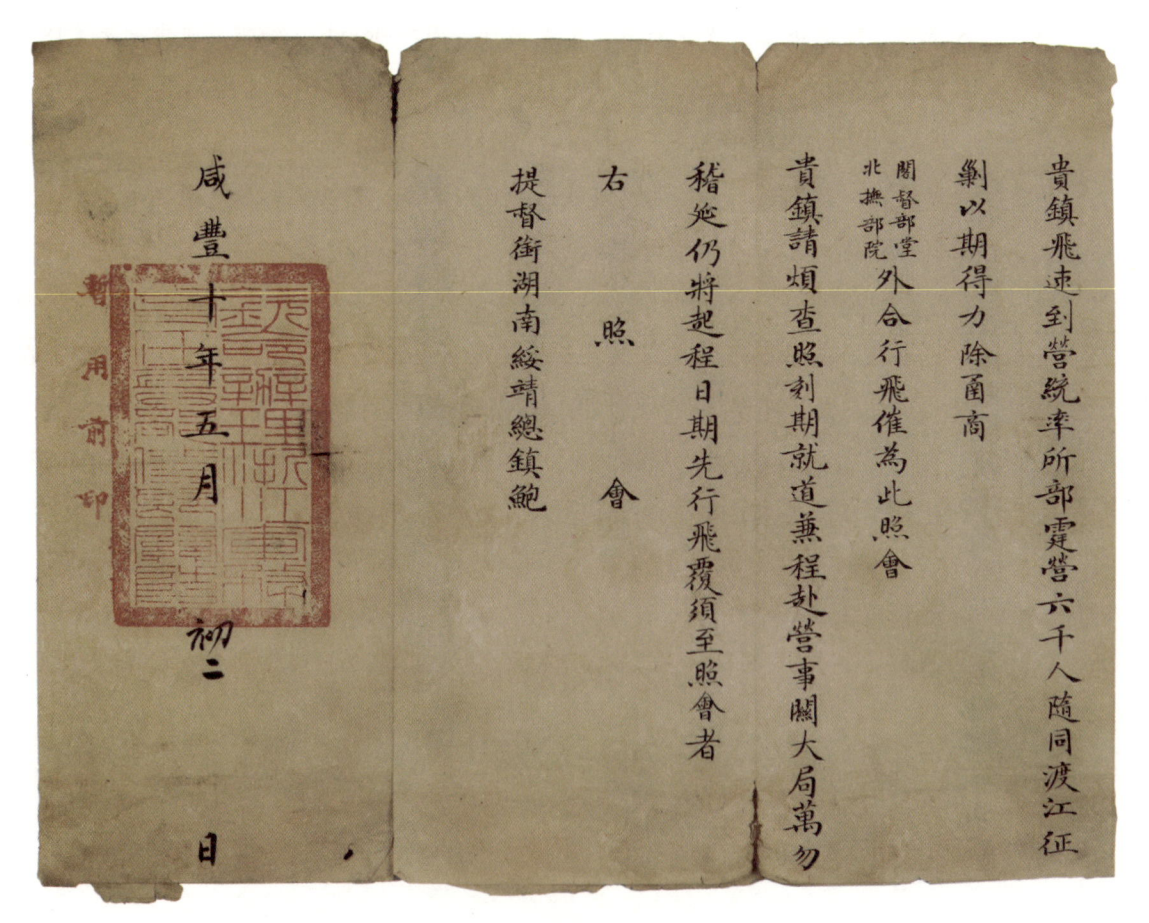

图片

贵镇飞速到营统率所部霆营六千人随同渡江征剿以期得力除匪商

阁督部堂
北抚部院

外合行飞催为此照会

贵镇烦查照刻期就道兼程赴营事关大局万勿
稽延仍将起程日期先行飞覆须至照会者
右照会

提督衔湖南绥靖总镇鲍

咸丰十年五月初二日

录文

兵部尚书衔署两江总督部堂曾〈国藩〉为照会飞催事。

照得贵镇请假三月回籍养伤省亲，于二月二十四日由营启行，计自离营迄今已逾三月之久。前月十三日接准北抚部院咨开：业经照催贵镇星速来营在案。现在苏、常失陷，贼势猖獗，本署部堂东征之师不敷调派，急盼贵镇飞速到营，统率所部霆营六千人随同渡江征剿，以期得力。除函商阁督部堂北抚部院外，合行飞催，为此照会贵镇，请烦查照，刻期就道，兼程赴营。事关大局，万勿稽延，仍将起程日期先行飞覆。须至照会者。右照会提督衔湖南绥靖总镇鲍〈超〉。

咸丰十年五月初二日。

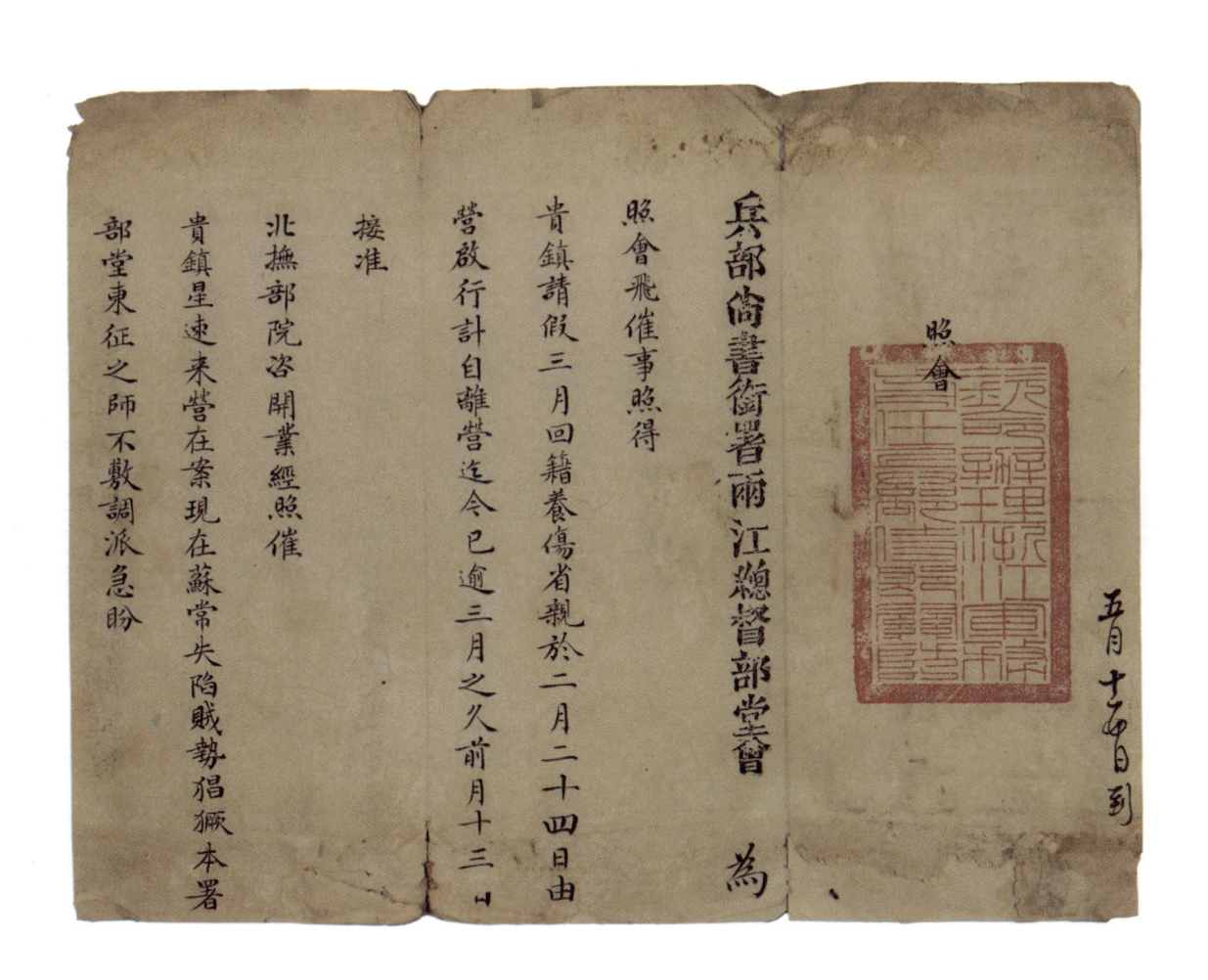

十六 清咸丰十年五月十一日 湖北巡抚移鲍超总镇文

提要 曾国藩定于咸丰十年（1860）五月十五日启程南渡，霆营全军也由陆路前进，同时第五次飞催鲍超回营统率霆军。因多次诏催而鲍超仍久未返回，曾国藩遂弹劾鲍超迁延军机，以示惩戒。朝廷便革除了鲍超勇号，责令鲍超力图克复。时江南大营再次被击溃，局势发生巨大变化，湘军各路将帅在安徽宿松的曾国藩大营商讨对策后，确定了以安庆为中心的军事战略。

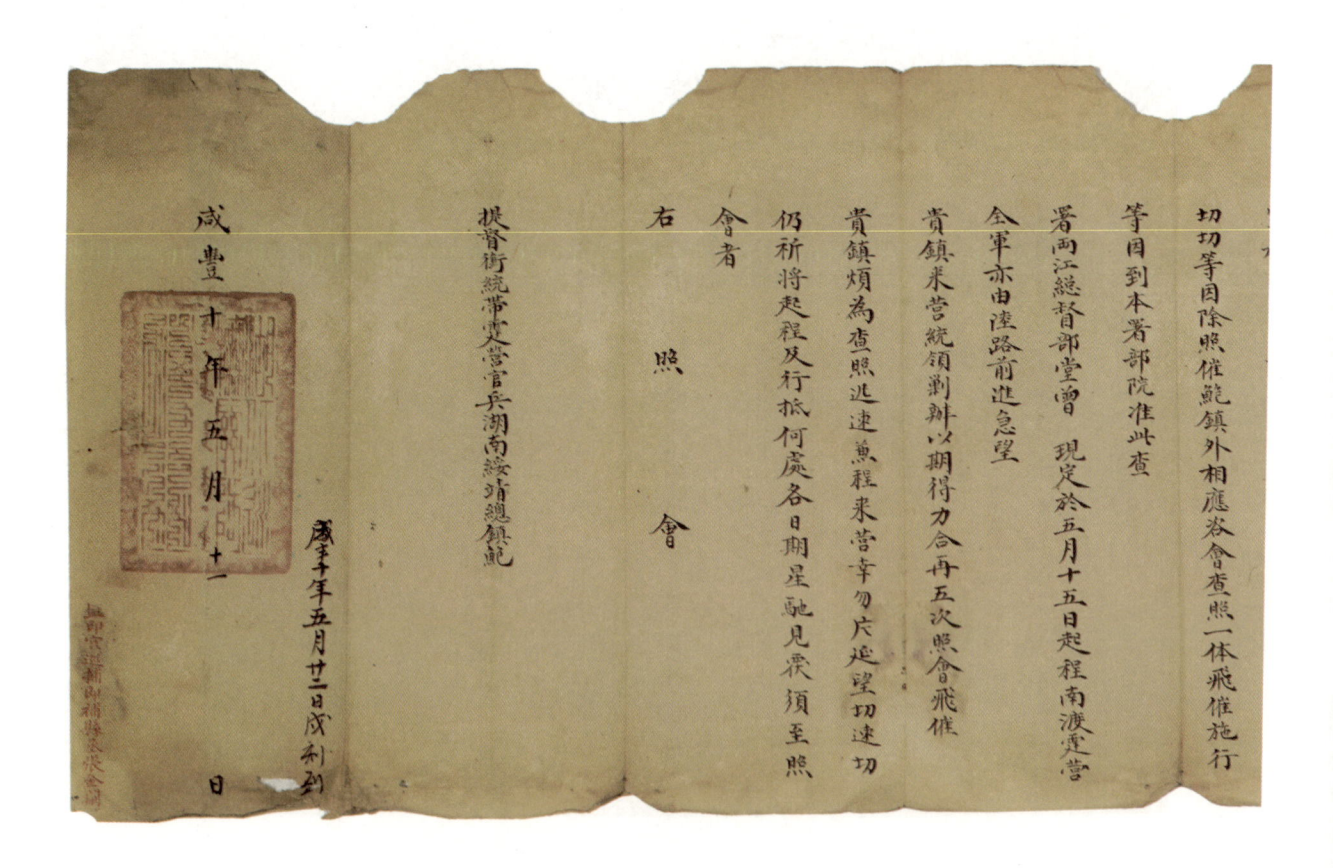

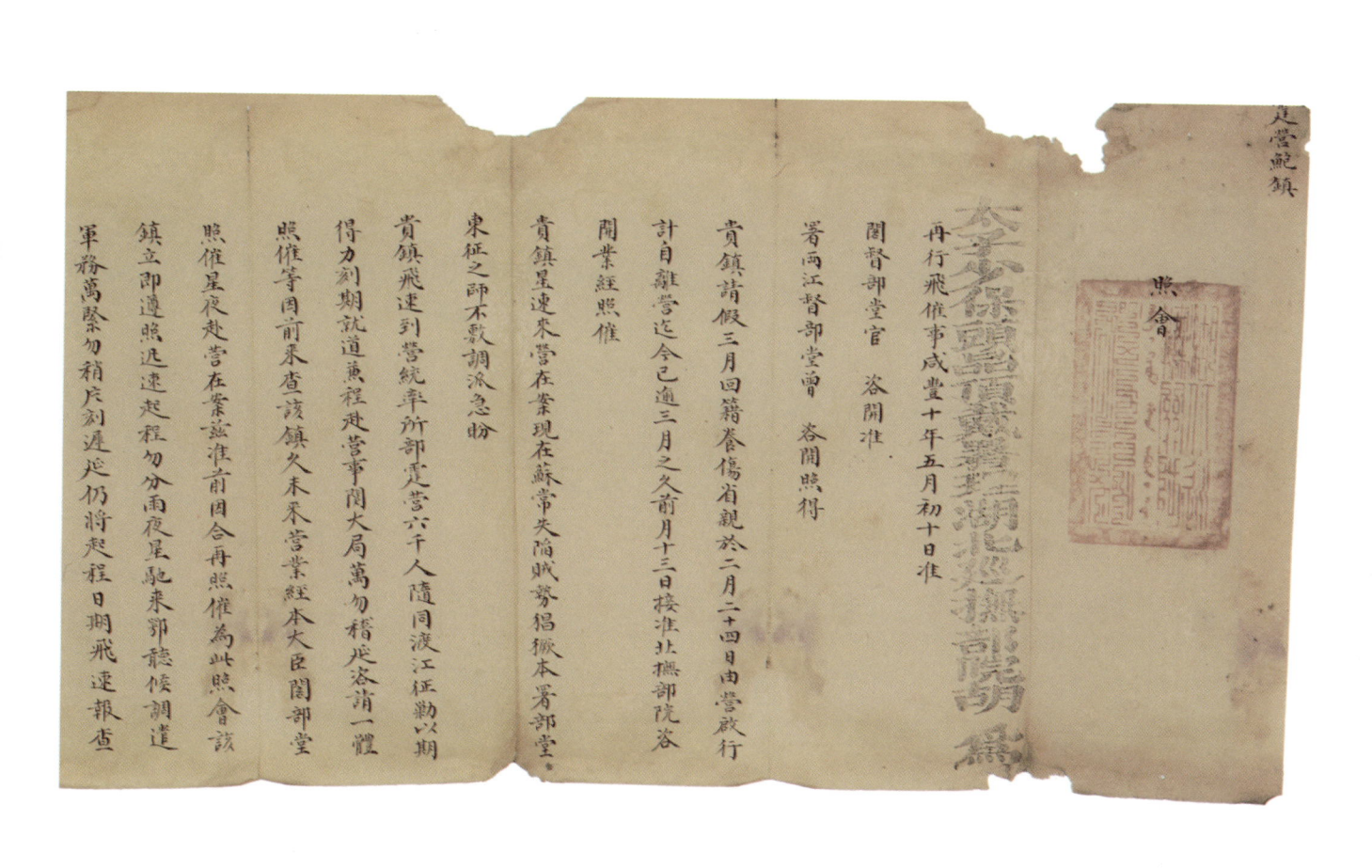

太子少保頭品頂戴兵部侍郎兼都察院右副都御史巡撫湖北等處地方提督軍務節制各鎮胡　為

再行飛催事咸豐十年五月初十日准

閩督部堂官　咨開准

署兩江督部堂曾　咨開照得

貴鎮請假三月回籍養傷省覲於二月二十四日由營啟行計自離營迄今已逾三月之久前月十三日接准北撫部院咨開業經照催

貴鎮星速來營在案現在蘇常失陷賊勢猖獗本部堂

東征之師不敷調派急盼

貴鎮飛速到營統率所部定營六千人隨同渡江征勦以期得力刻期就道萬程赴營事關大局萬勿稽延咨請一體照催等因前來查該鎮久未來營業經本大臣閩部堂照催星夜起程勿分兩夜星馳來鄂聽候調遣鎮立即遵照迅速起程勿稍片刻遲延仍將起程日期飛速報查軍務萬緊勿稍片刻遲延仍將起程日期飛速報查

录文

太子少保头品顶戴署理湖北巡抚部院胡〈林翼〉为再行飞催事。

咸丰十年五月初十日准阁督部堂官〈文〉咨开、准署两江督部堂曾〈国藩〉咨开：照得贵镇请假三月回籍养伤省亲，于二月二十四日由营启行，计自离营迄今已逾三月之久。前月十三日接准北抚部院咨开：业经照催贵镇星速来营在案。现在苏、常失陷，贼势猖獗，本署部堂东征之师不敷调派，急盼贵镇飞速到营，统率所部霆营六千人随同渡江征剿，以期得力，刻期就道，兼程赴营，事关大局，万勿稽延。咨请一体照催等因。前来查该镇久未来营，业经本大臣阁部堂照催星夜赴营在案，咨准前因，合再照催。为此照会。该镇立即遵照，迅速起程，勿分雨夜，星驰来鄂，听候调遣。军务万紧，勿稍片刻迟延，仍将起程日期飞速报查。切切等因。除照催鲍镇外，相应咨会查照一体，飞催施行等因。到本署部院，准此。查署两江总督部堂曾〈国藩〉现定于五月十五日起程南渡，霆营全军亦由陆路前进，急望贵镇来营统领剿办，以期得力。合再五次照会飞催贵镇，烦为查照，迅速兼程来营，幸勿片延。望切速切，仍祈将起程及行抵何处各日期星驰见复。须至照会者。右照会提督衔统带霆营官兵湖南绥靖总镇鲍〈超〉。

咸丰十年五月十一日。

清咸丰十年八月二十五日两江总督曾国藩照会鲍超文

十七

提要 咸丰十年（1860）八月，李秀成突入皖南，围攻徽州城，逼近祁门大营。曾国藩急命张运兰、鲍超相互照应，前来救援。札文中，"休宁"二字被划去，添改为"许村"。札文后添"此文系第三次送去"等语。

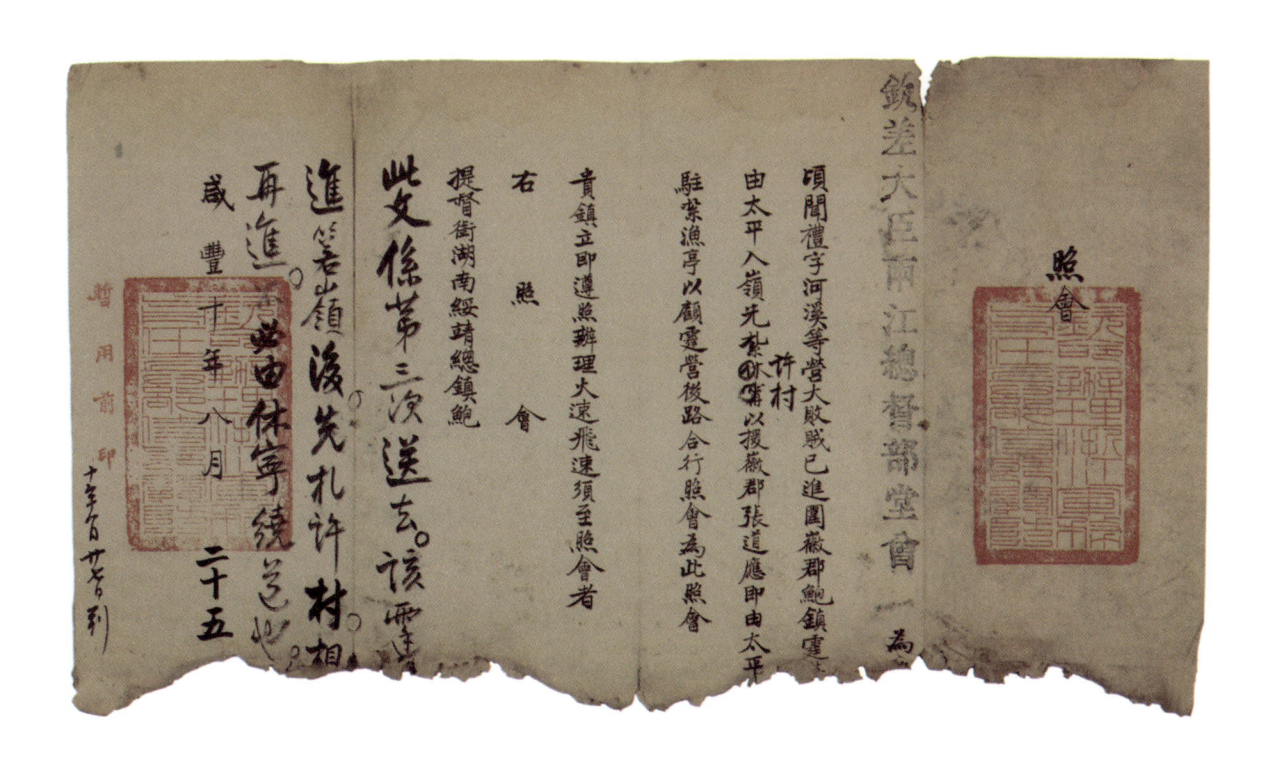

图片

录文

钦差大臣两江总督部堂曾〈国藩〉为□□□。

顷闻礼字、河溪等营大败，贼已进围徽郡。鲍镇霆□由太平入岭，先扎休宁（许村），以援徽郡。张道[一]应即由太平驻扎渔亭[二]，以顾霆营后路。合行照会，为此照会贵镇，立即遵照办理，火速飞速。须至照会者。右照会提督衔湖南绥靖总镇鲍〈超〉。

咸丰十年八月二十五日。

此文系第三次送去。该霆□进箬岭[三]后，先扎许村，相□再进。不必由休宁绕道也。

注

[一] 张道，即张运兰（？—1864），字凯章，湖南湘乡人。咸丰初，从王鑫转战湖南、江西等地。王鑫病死后，与王开化分统其军，所部称凯字老湘营。

[二] 渔亭，在安徽黟县东南，滨东港水，为往来要道。

[三] 箬岭，在安徽旌德县西南。

清咸丰十年八月二十五日
两江总督曾国藩照会鲍超文

十八

提要　此札内容与上文内容相同,唯添"或驻太平"四字,札文后添"此文系第四次所发"等语。

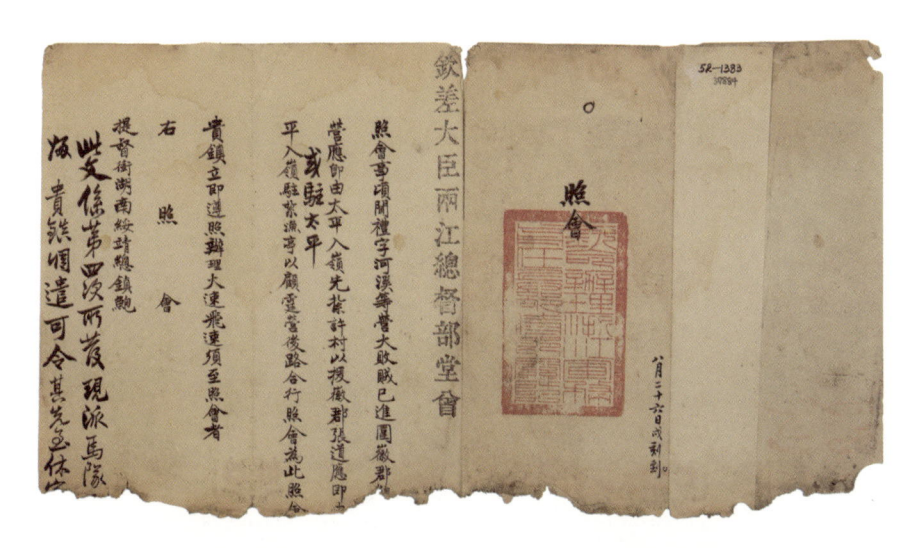

图片

录文

钦差大臣两江总督部堂曾〈国藩〉为照会事。

顷闻礼字、河溪等营大败，贼已进围徽郡□□营应即由太平入岭，先扎许村，以援徽郡。张道应即□□平入岭，驻扎渔亭（或驻太平），以顾霆营后路。合行照会，为此照会贵镇，立即遵照办理，火速飞速。须至照会者。右照会提督衔湖南绥靖总镇鲍〈超〉。

咸丰十年八月二十五日。

此文系第四次所发。现派马队□□，烦贵镇调遣，可令其先至休□□，贵军入岭（进箬岭）即可会合也。又请翰林为贵军办米。

清咸丰十年九月十八日
两江总督曾国藩照会鲍超文

十九

提要　咸丰十年（1860）九月，曾国藩据探报所得太平军兵力及驻扎地等情报，对所属各部的驻防和兵力作出相应安排部署。

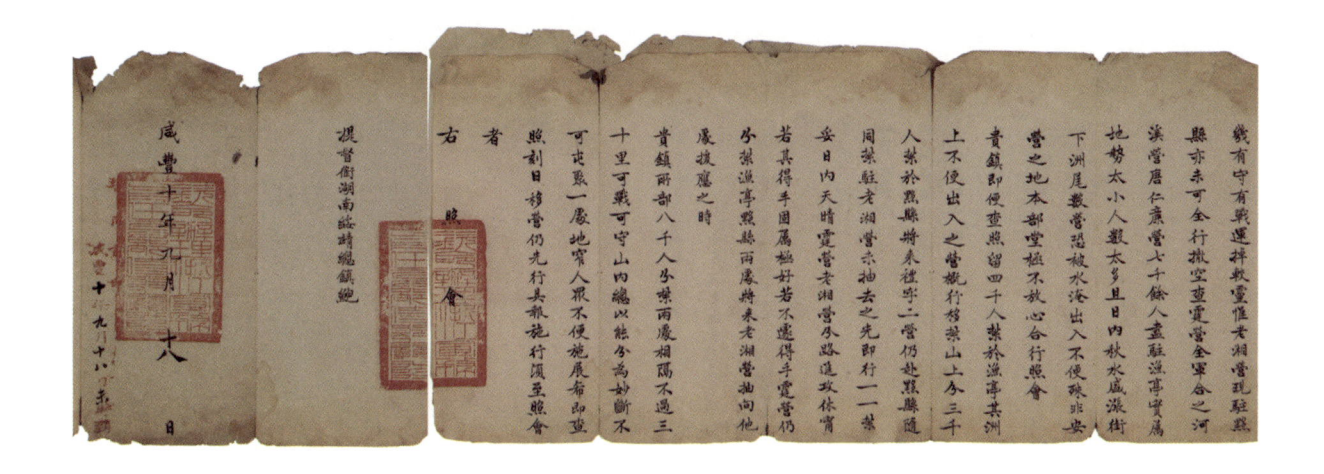

图片

录文

钦差大臣两江总督部堂曾〈国藩〉为照会事。

顷据探报：伪英王陈四眼狗[一]由六安州霍山上犯鄂境，伪格天义陈时永[二]由庐江上犯桐城，均图解安庆之围。又探称：四眼狗由北岸上犯时，伪辅王杨七麻子[三]亦由南岸池州上犯，伪侍王李世贤亦由淳安、开化犯江西之广信、饶州一带，各等情，据此。本部堂现饬屈道钟守坚守广信，安肃刘道坚守抚州，普镇[四]坚守建德，前南韶吴道坚守湖口。惟欠一枝游击之师，不足以资援应。查老湘营张道一军，拔营最速，队伍最整，屡能以少胜众，应即抽出作为游击援应之兵。如李世贤股匪窜入江西广信一带，老湘营即赴乐平，会合左京堂一军援剿广信。如杨七麻子股匪窜逼建德，老湘营即赴岭外援剿建德。庶几有守有战，运掉较灵。惟老湘营现驻黟县，亦未可全行撤空。查霆营全军，合之河溪营、唐仁廉[五]营七千余人，尽驻渔亭，实属地势太小、人数太多，且日内秋水盛涨，街下洲尾数营恐被水淹，出入不便，殊非安营之地。本部堂极不放心，合行照会贵镇即便查照，留四千人扎于渔亭，其洲上不便出入之营概行移扎山上，分三千人扎于黟县，将来礼字二营仍赴黟县随同扎驻。老湘营未抽去之，先即行，一一扎妥，日内天晴，霆营、老湘营分路进攻休宁。若其得手，固属极好，若不遽得手，霆营仍分扎渔亭、黟县两处。将来老湘营抽向他处援应之时，贵镇所部八千人分扎两处，相隔不过三十里，可战可守，山内总以能分为妙，断不可屯聚一处，地窄人众，不便施展。希即查照，刻日移营，仍先行具报施行。须至照会者。右照会提督衔湖南绥靖总镇鲍〈超〉。

咸丰十年九月十八日。

注

[一]陈四眼狗，即太平天国英王陈玉成。因其双眼下各有一黑痣，故绰号"四眼狗"。

[二]陈时永（？—1864），陈玉成之叔，广西藤县大黎里人。参加金田起义，同治三年（1864）在丹阳战死。

[三]杨七麻子，即杨辅清（？—1874），原名杨金生，后与杨秀清认作本家而改名，广西桂平人。参加金田起义，咸丰十年（1860）封辅王，同治二年（1863）奉命保卫天京，与湘军曾国荃部作战两年，天京城破后辗转潜藏，同治十三年（1874）在福建晋江被捕杀害。

[四]普镇，即普承尧，彝族，云南新平人。道光二十四年（1844）举人，次年中恩科进士，补选为湖南宝庆协中军都司。后入川与太平军石达开部作战，授

官提督,封号扎萨克阁巴图鲁,官至九江镇总兵。

[五]唐仁廉(?—1895),湖南东安人。初隶湘军水师杨岳斌部,咸丰十年(1860)改隶霆军,从鲍超转战皖、赣、粤等省,记名提督。鲍超解职后转隶李鸿章,同治十三年(1874)授永通镇总兵,光绪十年(1884)升广东水师提督,光绪二十年(1894)加尚书衔,适甲午中日战争爆发,奉诏入京,条陈方略,请募兵出关而和议已定,遂还,未几病卒。

清咸丰十年十月二十日
两江总督曾国藩致鲍超公文

提要

咸丰十年（1860）十月，太平军李秀成部由羊栈岭侵入，黟县失守，直犯曾国藩祁门大营。祁门兵力单薄，皖南仅有鲍超霆军和张运兰老湘营。二十日，鲍超督军疾驰来援，击败李秀成。朝廷以鲍超调度神速，赏苏博通额巴图鲁名号。此札即系李秀成率太平军逼近祁门大营之时，曾国藩指挥左宗棠、鲍超等部行军扎营的部署安排。

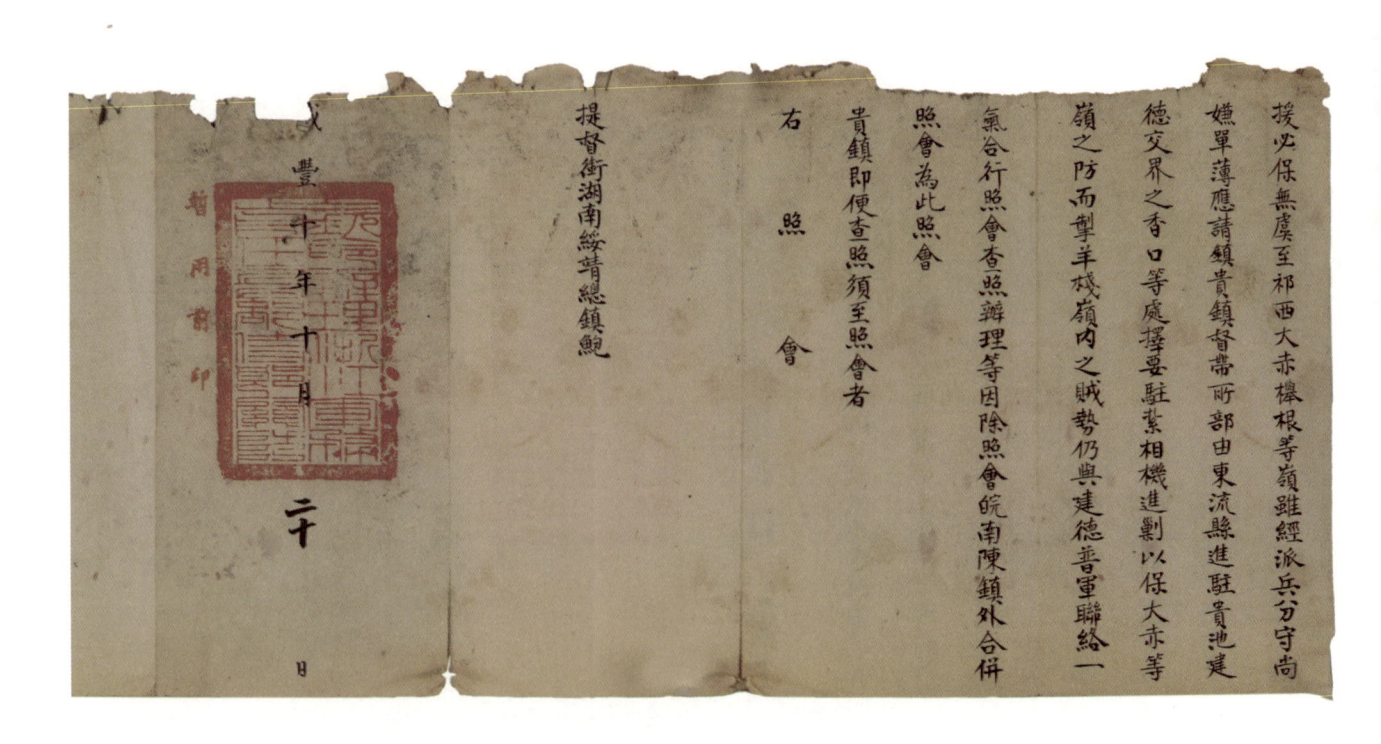

图片

援必保无虞至祁西大赤岭根等岭虽经派兵分守尚
嫌单薄应请镇贵镇督带所部由东流县进驻贵池建
德交界之香口等处择要驻紥相机进剿以保大赤等
岭之防而掣羊栈岭内之贼势仍与建德普军联络一
气合行照会查照办理等因除照会皖南陈镇外合併
照会为此照会
贵镇即便查照须至照会者
右照会
提督衔湖南绥靖总镇鲍

丰十年十月　二十

录文

钦差大臣两江总督部堂曾〈国藩〉为照会事。

照得本月十九日午刻，石埭之贼窜入羊栈岭[一]，大股翻山而来。游击赵廷贵受伤，溃退。又有股贼从新岭、桐林岭同时窜入，探称共二万人。是夜，屯踞际村、卢村等处，距黟县仅二十里。黟县系张道老湘营后路，米粮转运必经之地。应令张道绕回渔亭驻扎，鲍镇回剿黟县等处。如贼由黟县径扑祁门老营，祁门当坚守数日，请鲍镇由黟县相机进援。左京堂[二]由景镇分兵数千来援，必保无虞。至祁西大赤、榉根等岭，虽经派兵分守，尚嫌单薄，应请贵镇督带所部，由东流县进驻贵池、建德交界之香口等处，择要驻扎，相机进剿，以保大赤等岭之防，而掣羊栈岭内之贼势。仍与建德普军联络一气。合行照会，查照办理等因。除照会皖南陈镇外，合并照会，为此照会贵镇，即便查照。须至照会者。右照会提督衔湖南绥靖总镇鲍〈超〉。

咸丰十年十月二十日。

注

[一]羊栈岭，位于黟县北部，是宁池古道的重要关隘，古有"北控宣池，南通歙休"之说。

[二]左京堂，即左宗棠（1812—1885），字季高。咸丰十年（1860）太平军破江南大营后，左宗棠以四品京堂候补，随同曾国藩襄办军务。

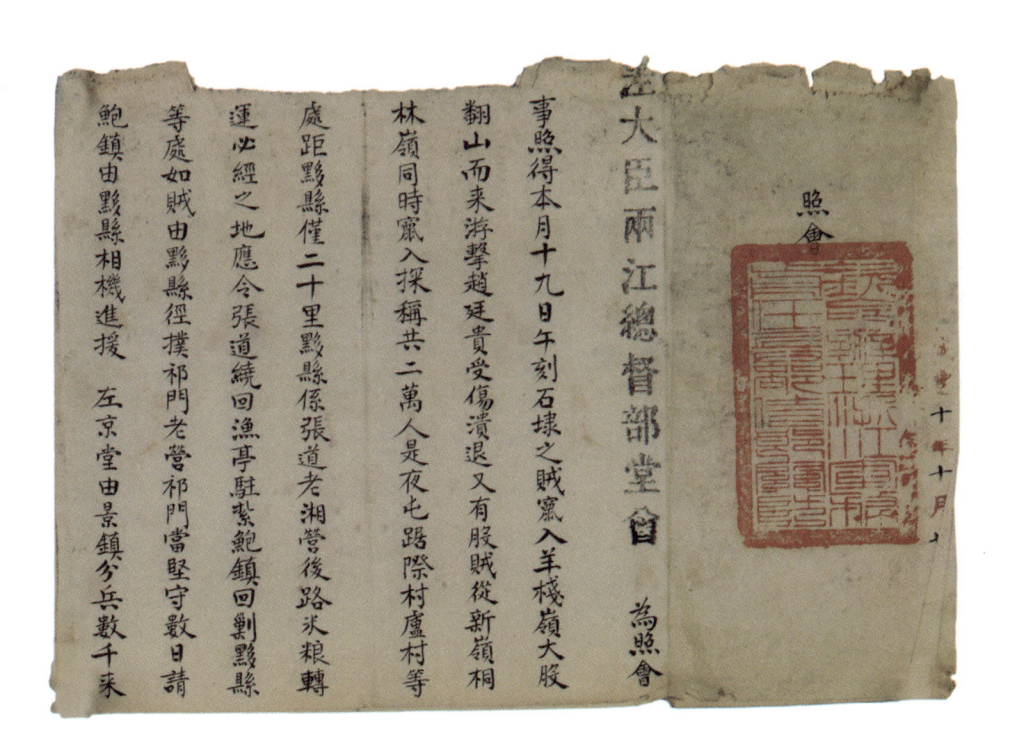

二二 清咸丰十年十一月初八日两江总督曾移鲍镇文

提要 咸丰十年（1860）十一月，池州太平军攻陷安徽建德城，曾国藩判断随后太平军会窜扰江西境内，遂咨商左宗棠在景德镇、饶州一带防剿，饬令鲍超移扎黟县一带驻防。

图片

钦差大臣两江总督部堂曾〈国藩〉为照会事。

照得池州贼匪于初四日窜陷建德[一]，闻杨军门水师、陈镇陆师于初三日在东流打仗□胜，不知确否。贼破建德之后，必由西路窜江西□州等处，又据探休宁南路屯溪、龙湾、五城□等处贼馆甚多，讨必由婺源窜入江西境内。请贵镇亲统四千人移扎黟县，分三千人驻扎□宁，抽出张道全军，由尚溪口回驻婺源，与左京堂景德镇之军就近联络，分防两路图窜江西之贼。相应照会贵镇，请烦查照速复施行。须至照会者。右照会提督衔湖南绥靖总镇鲍〈超〉。计钞左京堂咨一件。

咸丰十年十一月初八日。

张军或驻龙湾、五城、山斗等处，总以防休贼由婺源窜江西西路。

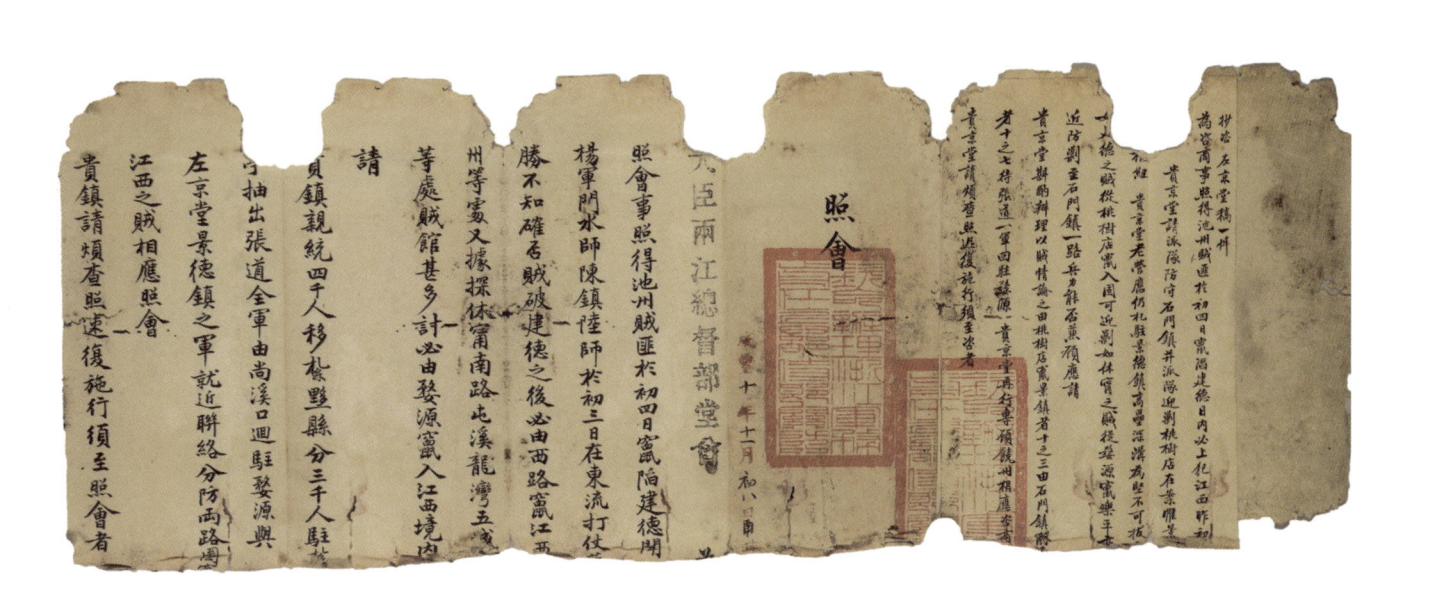

附抄咨左京堂稿一件：

为咨商事。

照得池州贼匪于初四日窜陷建德，日内必上犯江西。昨初□□□□贵京堂，请派队防守石门镇，并派队迎剿桃树店在案。惟景□□□枢纽，贵京堂老营应仍扎驻景德镇，高垒深沟，为坚不可拔□建德之贼从桃树店窜入，固可迎剿。如休宁之贼从婺源窜乐平，亦近防剿。至石门镇一路，兵力能否兼顾，应请贵京堂斟酌办理。以贼情论之，由桃树店窜景〈德〉镇者十之三，由石门镇窜□□者十之七。待张道一军回驻婺源，贵京堂再行专顾饶州，相应咨商贵京堂，请烦查照迅复施行。须至咨者。

注

[一]建德，即今安徽省池州市东至县。明清时属安徽池州府，民国三年（1914）因与浙江省建德县重名而更名为秋浦县，二十一年（1932）秋浦县复名至德县，后与东流合并为东至县。

清咸丰十年十一月十三日
两江总督曾国藩照会鲍超文

二二

提要　咸丰十年（1860）十一月，太平军夹击祁门，祁门西侧的浮梁城失守，危及祁门大营。曾国藩令鲍超前往浮梁、景德镇回剿，令张运兰驻防祁门东侧的黟县。

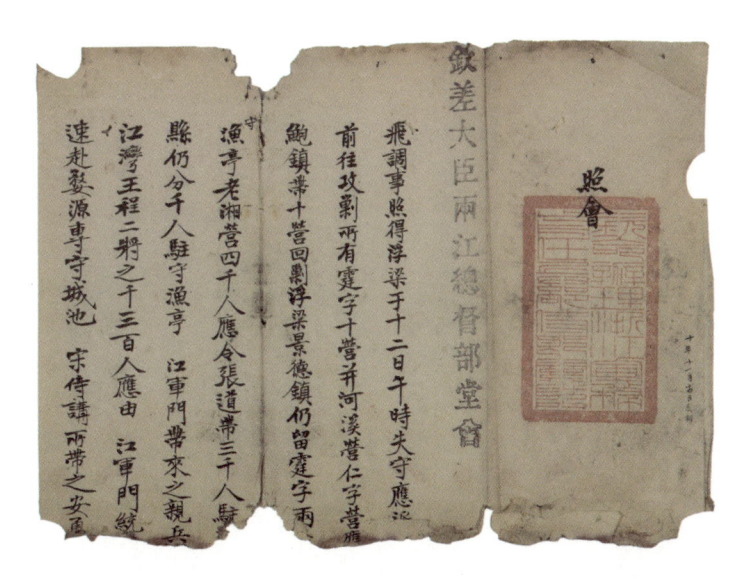

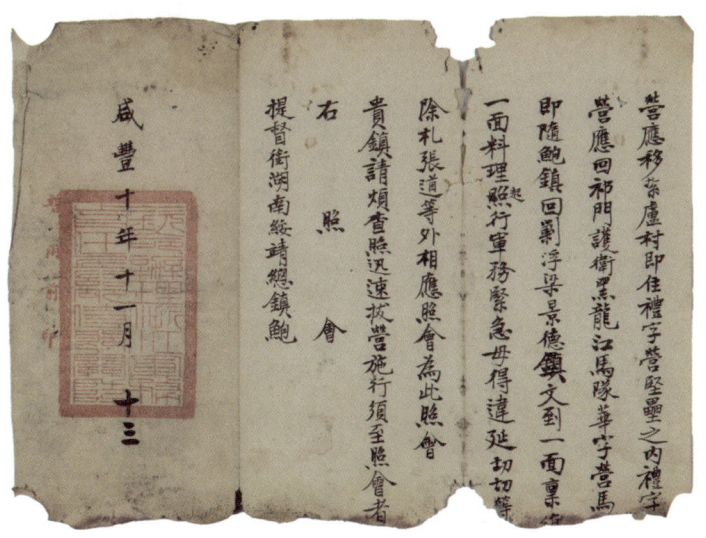

图片

钦差大臣两江总督部堂会

飞调事照得浮梁于十二日午时失守应

前往攻剿所有霆字十营并河溪营仁字营应

鲍镇率十营回剿浮梁景德镇仍留霆字两

营亭老湘营四千人应令张道带三千人驻

县仍分千人驻守渔亭　江军门带来之亲兵

江湾王程二将之千三百人应由江军门统

速赴婺源专守城池　宋传讲所带之安固

营应移紮庐村即住礼字营坚垒之内礼字

营应回祁门护卫黑龙江马队华宁营马

即随鲍镇回剿浮梁景德镇文到一面禀

一面料理照行军务紧急毋得违延切切

除札张道等外相应照会为此照会

贵镇请烦查照迅速拔营施行须至照会者

右　照　会

提督衔湖南总镇鲍

咸丰十年十一月十三

录文

钦差大臣两江总督部堂曾〈国藩〉为飞调事。

照得浮梁于十二日午时失守,应派□□前往攻剿。所有霆字十营[一]并河溪营、仁字营,应□鲍镇带十营回剿浮梁、景德镇,仍留霆字两□□守渔亭。老湘营四千人,应令张道带三千人驻□县,仍分千人驻守渔亭。江军门带来之亲兵□江湾。王、程二将之千三百人,应由江军门统□,速赴婺源,专守城池。宋侍讲[二]所带之安勇营应移扎卢村,即住礼字营坚垒之内。礼字营应回祁门,护卫黑龙江马队。华字营马□即随鲍镇回剿浮梁、景德镇。文到,一面禀复,一面料理照起行。军务紧急,毋得违延,切切等□。除札张道等外,相应照会,为此照会贵镇,请烦查照,迅速拔营施行。须至照会者。右照会提督衔湖南绥靖总镇鲍〈超〉。

咸丰十年十一月十三日。

注

[一]霆字十营,咸丰十年(1860)二月,唐训方的训勇七营撤散,由鲍超招选,霆军扩充至十营。

[二]宋侍讲,即宋子久,咸丰十年(1860)十月十九日曾国藩致张运兰书信中有:"阁下与宋子久侍讲熟商,或令礼字两营驻新岭,或驻双岭、潭口等处。"侍讲,即侍读、侍读学士,为帝王、皇子讲学之官。

清咸丰十一年二月初八日两江总督曾国藩照会鲍超文

二三

提要 咸丰十年（1860）十月，太平军李秀成部占领黟县，逼近祁门大营，鲍超等人回援，击溃太平军，克复黟县城。曾国藩具折为鲍超等人保奏请功，并将朝廷折稿抄录给鲍超等人照会知之。

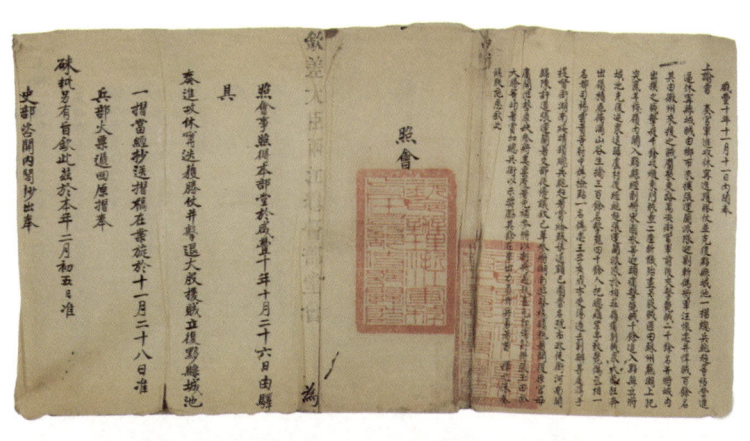

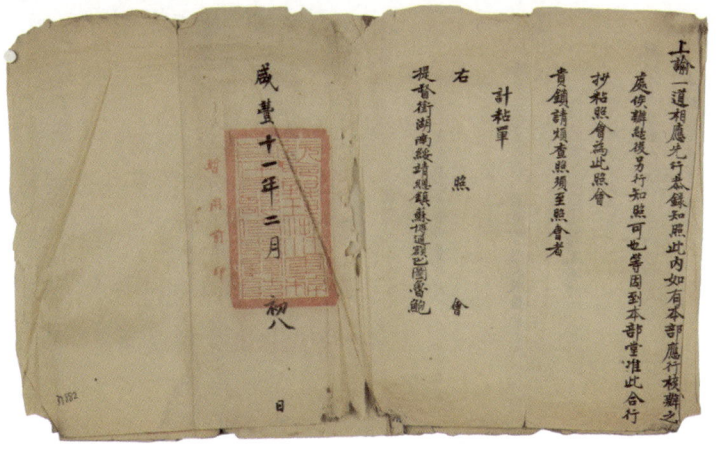

图片

钦差大臣两江总督部堂曾〈国藩〉为照会事。

照得本部堂于咸丰十年十月二十六日，由驿具奏进攻休宁，迭获胜仗并击退大股援贼，立复黟县城池一折。当经抄送折稿在案。旋于十一月二十八日，准兵部火票递回原折，奉朱批："另有旨。"钦此。兹于本年二月初五日准吏部咨开：内阁抄出奉上谕一道，相应先行恭录知照。此内如有本部应行核办之处，俟办结后另行知照，可也等因。到本部堂，准此。合行抄粘照会，为此照会贵镇，请烦查照。须至照会者。计粘单。右照会提督衔湖南绥靖总镇苏博通额巴图鲁[一]鲍〈超〉。

咸丰十一年二月初八日。

附抄单：

咸丰十年十一月十一日内阁奉上谕：

曾〈国藩〉奏官军进攻休宁迭获胜仗，并克复黟县城池一折。总兵鲍超等移营进逼休宁县城，贼由榔市来扑，张运兰派队迎剿，斩伪将军汪怀忠[二]并悍贼百余名。其由徽州来援之贼，麕聚东路万安街。官军前后夹击，毙贼二千余名，并将城内出扑之贼击杀千余，攻毁东门贼垒二座，斩馘[三]殆尽。另股贼匪由苏州、芜湖上犯，突窜羊栈岭内，阑入黟县。经副将宋国永[四]等迎头痛击，毙贼千余，追入黟县，立将城池克复。逆众退踞卢村后，经鲍超、张运兰派队于柏庄岭痛剿，贼众大败，狂奔出岭，积尸遍满山谷，生擒三百余名，击毙四千余人。把总罗紫亭敕毙伪丞相一名，都司杨云贵等射中伪检点一名，伪忠王李秀成亦受伤遁去。剿办甚属得手。提督衔湖南绥靖镇总兵鲍超，着赏给苏博通额巴图鲁名号。布政使衔河南开归陈许道[五]张运兰，着交部从优议叙。已革参将湖南游击杨镇魁，着开复原官，毋庸开游击原缺。参将娄云庆[六]，着免补参将，以副将遇缺尽先即补。副将张玉田、余大胜等，均着赏加总兵衔。以示奖励。其余在事出力员弁兵勇，着曾〈国藩〉择尤保奏，候朕施恩。钦此。

注

[一] 苏博通额巴图鲁，系咸丰十年（1860）十月鲍超及时救援曾国藩祁门大营，朝廷以鲍超调度神速，所赏之名号。

[二] 汪怀忠，驻休宁太平军守将。

[三] 聝，古代战争中割取敌人的左耳以计数献功之义。

[四] 宋国永（？—1878），四川人。初从鲍超隶湘军水师，霆军初立时为营官。鲍超回乡省亲时即由宋国永暂统其军，咸丰十年（1860）休宁一战后，鲍超擢以总兵记名。

[五] 开归陈许道，清康熙五年（1666）置开归道，领开封府、归德府、河南府，后雍正年间增领陈州府、许州府，更名开归陈许道。

[六] 娄云庆，字德生，湖南浏阳人。初入湘军水师，后任霆军营官。光绪十七年（1891）擢湖南提督。

二四 清咸丰十一年三月二十六日襄办军务左宗棠移鲍超总镇公文

提要 咸丰十一年（1861）三月，左宗棠军中有一名什长逃走，听闻逃到鲍超的霆营投充勇丁。左宗棠遂请鲍超核查，希望缉拿该什长并移送严办。

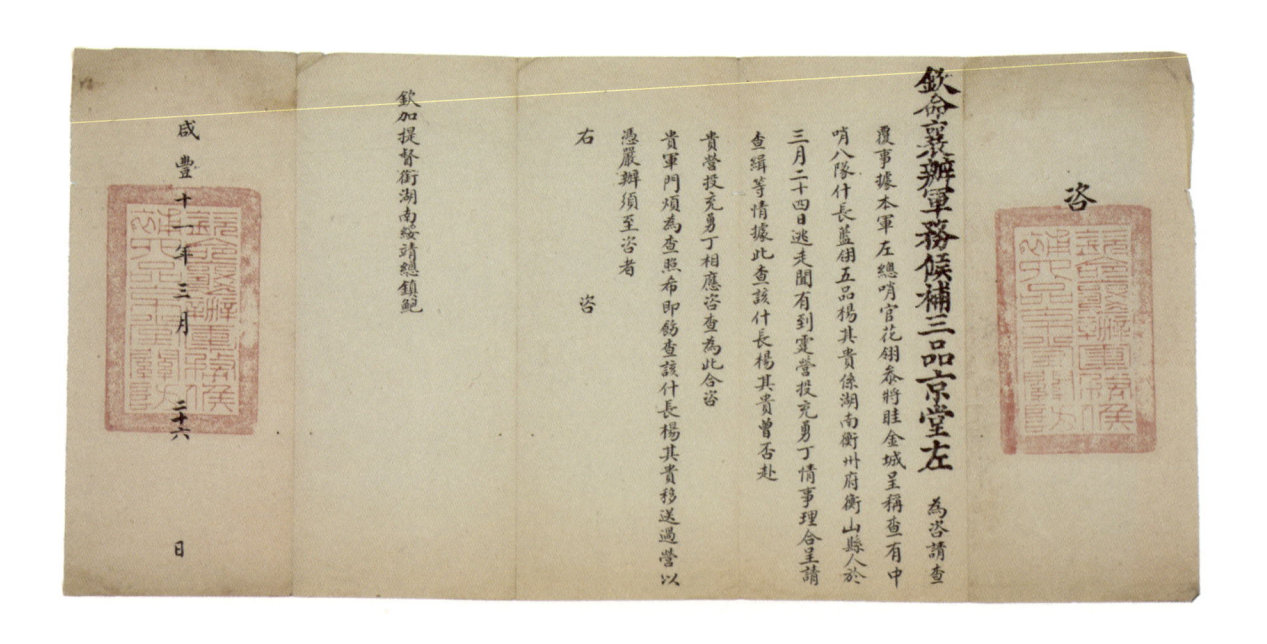

图片

钦命襄办军务候补三品京堂左〈宗棠〉为咨请查覆事。

据本军左总哨官花翎参将眭金城呈称，查有中哨八队什长蓝翎五品杨其贵，系湖南衡州府衡山县人，于三月二十四日逃走。闻有到霆营投充勇丁情事，理合呈请查缉等情。据此，查该什长杨其贵曾否赴贵营投充勇丁。相应咨查，为此合咨贵军门，烦为查照，希即饬查该什长杨其贵移送过营，以凭严办。须至咨者。右咨钦加提督衔湖南绥靖总镇鲍〈超〉。

咸丰十一年三月二十六日。

二五 清咸丰十一年三月三十日湖北巡抚移鲍超副将文

提要

咸丰十年（1860）十二月，霆军在湖南募兵，成立霆字新三营，本应被派往江西赴援，途经湖北。咸丰十一年（1861）二月，因太平军入湖北，占领黄州，武昌危急，霆字新三营被官文命令留在湖北境内会合剿办，而曾国藩因安庆军务吃紧，要求新三营前往安徽黟县的渔亭防守。胡林翼分析彼时战争形势，结合霆字新三营战力较弱等因素，与曾国藩、鲍超等人商酌，建议暂且先将新三营调入九江城内加以整顿训练。

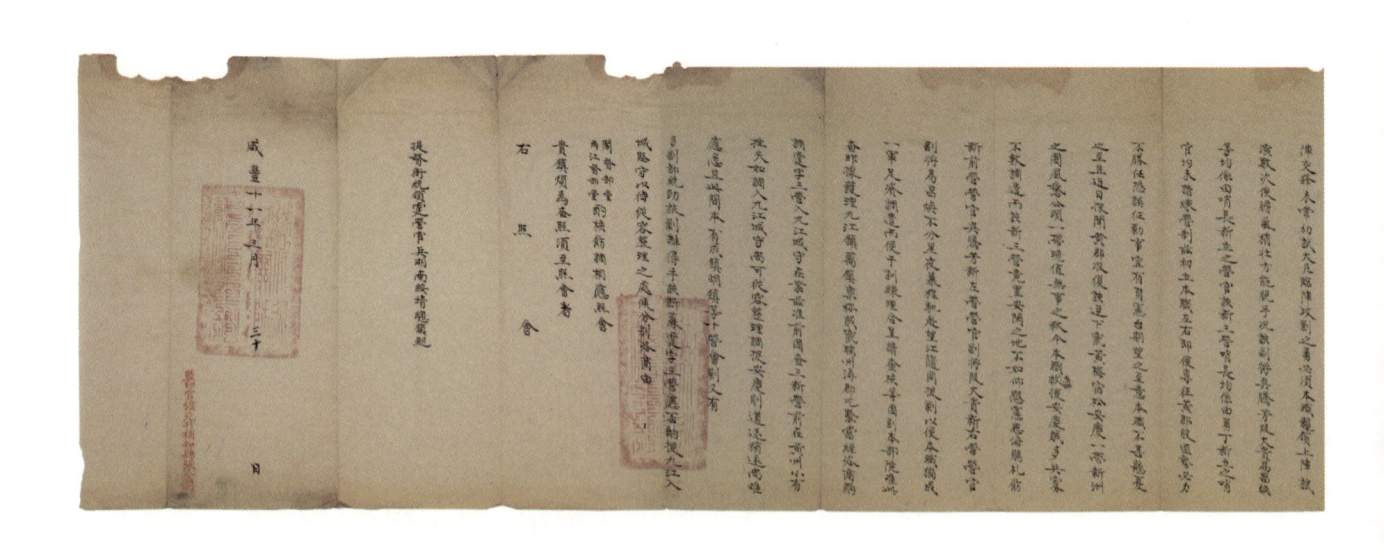

图片

太子少保頭品頂戴湖北巡撫部院胡 為

照會事咸豐十一年三月二十九日准

貴閣畧開前二十四日午刻寶鋆

內江總督部堂曾 恭到照會

左京堂一軍行駐湖平度因於六月十四日遵旨進京大概浮

京師搗奏德誼塔十一保清皖統籌劃一紙將都復慶而詢

附慶官軍之早已去匪旭日須訊吳戴沒慶筋湖東縣

計共等六千餘名皆先後又屬成江蘇江皖安慶除拘東主

每月東此崇祁岸等馳禀已醫援劃忠清唐赤具大邻

兩江總督部堂曾 與會內威左蔽醫皆今旅久知復稍固狀

厚郡揚棄德誼塔十一保清皖統籌建古四營河溪仁字高嵌矣

一等之廣北縣之奏曾敢祭先復處驛京在棠計三十四棣來

兩湖問勢部堂官 照會論造資目黃河分汝上皋高感騙領

別等趣益廣漣蓉來方及冷清别含有湖北域籲前舊奮

剖將臺薪左營民劉鹞南晚雨相違愈重

為現已到耶因鹿閔省分釗鹞含統副隸除安明

督師會外為此札飭該督巡四勢在所篇第丁尨甚新洞固

募公開禪棠驛皆民文汝永倉此照稱為各國禄照稱舊

行剖附与揚劳民六貴永合此照稱為各國禄照稱舊

再與三月初九日行該湖北崎两相鬼崎皆

朋湖梁郡堂官 札仍來紙本部貿所篇第丁尨志新洞固

副總督部堂曾 前留戰曾防守流平今重字新舊石三營

兩江總督部堂曾 前留戰曾防守流字新舊左新石三營

如吳洧黃郡本尼丙一軍放之宅戕姜字新舊左新石三營

係湖南相義之月丞慶洲本熙呂固惟憐伎奉擒授葺木熙其摘

照會

太子少保头品顶戴湖北巡抚部院胡〈林翼〉为照会事。

咸丰十一年三月二十九日准贵镇呈开，窃二十四日午刻案奉两江总督部堂曾〈国藩〉条列，照会左京堂一军防剿乐平股匪，于初六、初十、十四等日迭获大胜，浮梁、鄱阳、景德镇、乐平一律肃清，皖南军务大有起色。惟四眼狗拊安庆官军之背，势甚凶猛，即日须派兵救援安庆。请烦贵镇督率八千余人，由景镇驰赴下隅坂[一]渡江救援安庆。除抄单粘呈等因。奉此查北岸军务势甚吃紧，援剿急须厚集兵力。即两江总督部堂曾〈国藩〉照会内载"本职督率八千余人驰援安庆"，此正厚集兵力之意。而本职所部兹仅霆字四营，河溪、仁字两营，共计兵勇六千余人，甚未敷于分拨。去十二月，饬赴湖南招募之霆字新三营，闻本月初间已行抵鄂境。时饶郡、乐平、景镇、浮梁一带正属吃紧之际，曾数次札催该营官等在案。昨二十四日，接奉两湖阁督部堂官〈文〉照会，皖逆窜踞黄州，分股上窜孝感、德安、随州等处，亟应厚集兵力，以资防剿。查有湖北抚标霆新前营吴副将、霆新左营段副将由皖南招募勇丁一千余名前赴江西，现已到鄂，自应留省，会合剿办。除咨明曾部堂外，为此札，仰该将立即督率所募勇丁驰赴新洲、团风、鹅公颈，择要驻扎，会同水师炮船，相机剿办，务期迅克郡城。除行副将吴腾芳、段大贵外，合就照，烦为查照等因。复据该新三营禀称：三月初九日行抵湖北鲇鱼套，奉湖广阁部堂官〈文〉札饬，本职等即率所募勇丁驰赴新洲、团风、鹅公颈，会同水师炮船，迅克黄郡城池，扫尽逆氛等情。据此本职始知该新三营已抵黄郡地方。窃本职所部各营奉两江总督部堂曾〈国藩〉前留数营防守渔亭，今霆字新募三营又留剿黄郡，未免而一军该三歧。查该霆字新前、新左、新右三营，均系湖南初募之勇，本职尚未点名阅操，队伍未精，技艺未熟，其陷阵交锋未常初试。大凡临阵攻剿之勇，必须本职亲领上阵，试演数次，俟胆气稍壮，方能脱手。况该副将吴腾芳、段大贵、易昌焕等均系由哨长新立之营官，该新三营哨长均系由勇丁新立之哨官，均未谙练营制。兹初立本职左右，即便专征黄郡股匪，势必力不胜任，恐误征剿事宜，有负宪台期望之至意，本职不甚悬忧之至。且近日探闻，黄郡收复，该逆下窜黄梅、宿松、安庆一带，新洲之团风、鹅公颈一带现值无事之秋。今本职率师救援安庆，贼多兵寡，不敷调遣，而该新三营竟置安闲之地，不知仰恳宪恩。俯赐札饬新前营营官吴腾芳、新左营营官副将段大贵、新右营营官副将易昌焕，不分星夜、兼程驰赴望江，随同援剿，以便本职独成一军，足资调遣而便于训练。理合呈请查核等因。到本部院，准此。查昨据护理九江镇万镇禀称：贼窜瑞州，浔郡吃紧。当经咨商，酌调霆字三营入九江城守在案。兹准前因，查三新营前在黄州小有挫失，如调入九江城守，尚可从容整理。调援安庆则道途稍远，尚难应急。且此间本有成镇[二]、胡镇等十营会剿，又有多副都统[三]劲旅剿办得手。该新募霆字三营应否酌援九江入城坚守、以待从容整理之处，候分别咨商，由阁督部堂、两江督部堂酌核饬调。相应照会贵镇，烦为查照。须至照会者。右照会提督衔统领霆营官兵湖南绥靖总镇鲍〈超〉。

咸丰十一年三月三十日。

注

[一] 下隅坂，在江西彭泽县境内。

[二] 成镇，即成大吉，湖南湘乡人。早年参加湘军，咸丰十一年（1861）初擢副将。

[三] 多副都统，即多隆阿（1817—1864），字礼堂，呼尔拉特氏，达斡尔族，满洲正白旗人。与鲍超齐名，并称"多龙鲍虎"。

二六 清咸丰十一年四月初三日两江总督曾国藩照会鲍超文

提要

咸丰十一年（1861）初，因鲍超在安庆城外击败黄文金，生擒刘玱琳，并克复建德城的战绩，曾国藩奏请朝廷为鲍超请功，朝廷允准后照会鲍超知之。

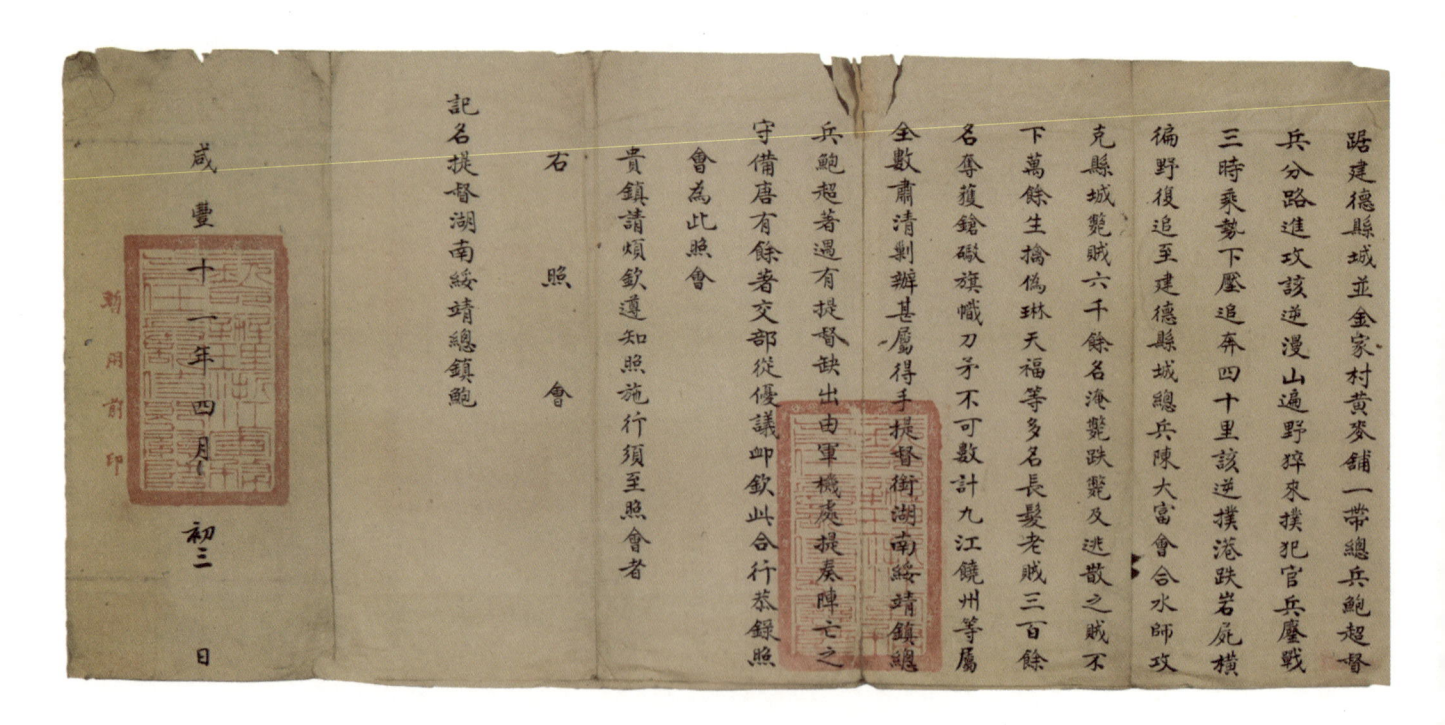

图片

踞建德县城并金家村黄麦铺一带总兵鲍超督兵分路进攻该逆漫山遍野猝来扑犯官兵鏖战三时乘势下压追奔四十里该逆撰港跌岩尸横编野复追至建德县城总兵陈大富会合水师攻克县城斃贼六千馀名港斃跌斃及逃散之贼不下万馀生擒伪琳天福等多名长髮老贼三百馀名夺获铳礮旗帜刀矛不可数计九江饶州等属全数肃清剿办甚属得手提督衔湖南绥靖镇鲍兵鲍超著遇有提督缺出由军机处提名奏陞遗缺之守备唐有馀着交部从优议敘钦此合行录照会为此照会

贵镇请烦钦遵知照施行须至照会者

右　照会

记名提督湖南绥靖总镇鲍

咸丰十一年四月　初三　日

欽差大臣兩江總督部堂曾　為恭錄

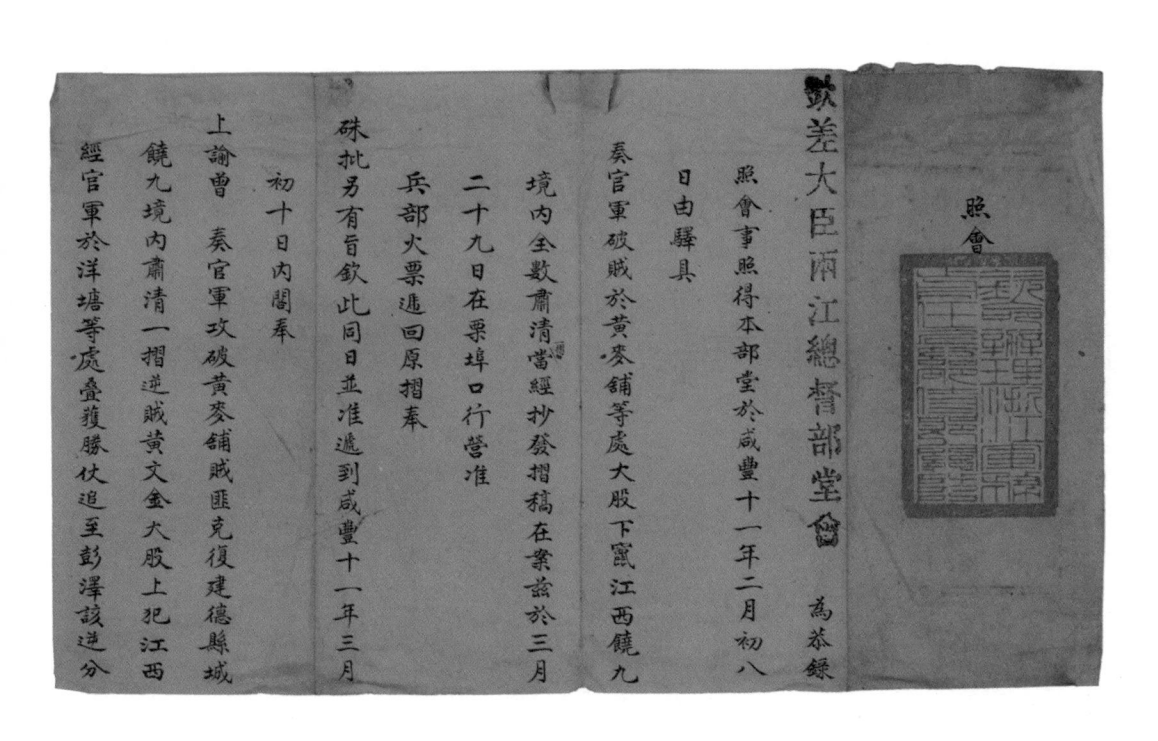

照會事照得本部堂於咸豐十一年二月初八日由驛具

奏官軍破賊於黃麥舖等處大股下竄江西饒九境內全數肅清當經抄發摺稿在案茲於三月二十九日在栗埠口行營准

兵部火票遞回原摺奉

硃批另有旨欽此同日並准遞到咸豐十一年三月初十日內閣奉

上諭曾　奏官軍攻破黃麥舖賊匪克復建德縣城饒九境內肅清一摺逆賊黃文金大股上犯江西經官軍於洋塘等處疊獲勝仗追至彭澤該逆分

录文

钦差大臣两江总督部堂曾〈国藩〉为恭录照会事。

照得本部堂于咸丰十一年二月初八日，由驿具奏官军破贼于黄麦铺等处，大股下窜，江西饶、九境内全数肃清一折。当经抄发折稿在案。兹于三月二十九日在栗埠口行营准兵部火票递回原折，奉朱批："另有旨。"钦此。同日并准递到咸丰十一年三月初十日内阁奉上谕：曾〈国藩〉奏官军攻破黄麦铺贼匪，克复建德县城，饶、九境内肃清一折。逆贼黄文金大股上犯江西，经官军于洋塘等处叠获胜仗，追至彭泽。该逆分踞建德县城，并金家村、黄麦铺一带。总兵鲍超督兵分路进攻，该逆漫山遍野，猝来扑犯。官兵鏖战三时，乘势下压，追奔四十里。该逆扑港跌岩，尸横遍野。复追至建德县城。总兵陈大富[一]会合水师，攻克县城，毙贼六千余名，淹毙、跌毙及逃散之贼不下万余。生擒伪琳天福[二]等多名，长发老贼三百余名。夺获枪炮、旗帜、刀矛不可数计。九江、饶州等属全数肃清，剿办甚属得手。提督衔湖南绥靖镇总兵鲍超，着遇有提督缺出，由军机处提奏。阵亡之守备唐有余[三]，着交部从优议恤。钦此。合行恭录照会，为此照会贵镇，请烦钦遵知照施行。须至照会者。右照会记名提督湖南绥靖总镇鲍〈超〉。

咸丰十一年四月初三日。

注

[一]陈大富（？—1861），字余庵，湖南武陵人。初随向荣与太平军作战，咸丰十年（1860）升任皖南镇总兵，咸丰十一年（1861）收复建德城后，在率兵驰援景德镇的战斗中身亡。

[二]伪琳天福，即刘玱琳（？—1861），广西人。参加金田起义，后隶陈玉成部。咸丰十一年（1861）安庆之战中被俘，随后被杀。

[三]唐有余，在《曾国藩全集》咸丰十一年二月初八日奏折《官军破贼黄麦铺饶九境内肃清折》中，录作"曹有余"。

二七

清咸丰十一年四月初四日
两江总督曾国藩照会鲍超文

提要

咸丰十一年（1861）初，左宗棠、鲍超与太平军黄文金部在江西景德镇、洋塘、黄麦铺等地作战大捷，曾国藩具折，为左、鲍二人保奏请功。朝廷批折递回后，曾国藩将批折恭录照会左宗棠、鲍超等人知之。文中对战事经过及左、鲍二人战绩有详尽描述。

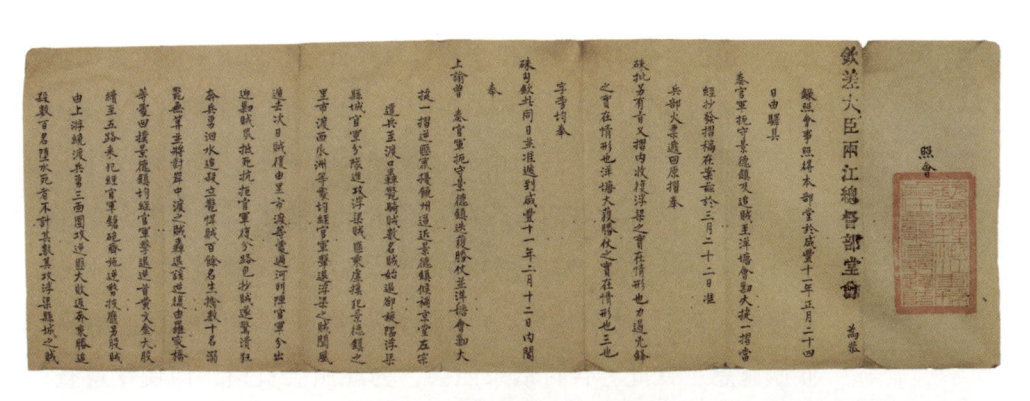

图片

录文

钦差大臣两江总督部堂曾〈国藩〉为恭录照会事。

照得本部堂于咸丰十一年正月二十四日，由驿具奏官军扼守景德镇及追贼至洋塘会剿大捷一折，当经抄发折稿在案。兹于三月二十二日准兵部火票递回原折，奉朱批："另有旨。"又折内"收复浮梁之实在情形也""力遏凶锋之实在情形也""洋塘大获胜仗之实在情形也"。三"也"字旁均奉朱勾。钦此。同日并准递到咸丰十一年二月十二日内阁奉上谕：曾〈国藩〉奏，官军扼守景德镇迭获胜仗，并洋塘会剿大捷一折。逆匪窜扰饶州，逼近景德镇，候补京堂左宗〈棠〉遣兵至渡口，轰毙骑贼数名，贼始退却，旋陷浮梁县城。官军分队进攻，浮梁贼匪乘虚扑犯景德镇之里市渡、西瓜洲等处，均经官军击退，浮梁之贼闻风遁去。次日，贼复由里市渡等处过河列阵，官军分出迎剿，贼众抵死抗拒，官军复分路包抄，贼遂惊溃狂奔，兵勇泅水追杀，立毙悍贼百余名，生擒数十名，溺毙无算。并将对岸中渡之贼轰退。该逆复由罗家桥等处回扑景德镇，均经官军击退。逆首黄文金大股续至，五路来犯，经官军枪炮齐施，逆势披靡。另股贼由上游绕渡，兵勇三面围攻，逆匪大败返奔，乘胜追杀数百名，堕水死者不计其数。其攻浮梁县城之贼，亦经兵勇两次击退，并阵斩伪指挥三名。左宗〈棠〉复会合总兵鲍超，追贼至石门、洋塘[一]等处，分路迎剿，鏖战数时，贼势不支。各营乘胜猛击，杀毙悍贼千二百余名。该逆夺桥奔溃，拥挤溺毙者复数百名。其逃窜下游过河者，复被炮船击毙。官军分途过河，将贼前队围杀，尸积如山，内有黄袍、红袍贼目[二]十余名。并踏平谢家滩一带贼垒。其由山冈来援之后队贼匪，亦经官军冲为数段，愈战愈奋，逆众狼奔。共计毙贼四千余名，溺毙、逃散者不计其数。夺获枪炮器械、旗帜数千件。逆首林世发、许茂材均被歼戮。此次逆匪率党攻扑景德镇，经左〈宗棠〉、鲍超督兵奋击，大挫凶锋，剿办尚为得手。所有出力员弁，着曾〈国藩〉汇案保奏，候朕施恩。钦此。合行恭录照会，为此照会贵镇，即便钦遵查照。须至照会者。

右照会记名提督湖南绥靖总镇鲍〈超〉。

咸丰十一年四月初四日。

注

[一] 石门、洋塘，在江西景德镇西北，鄱阳湖四大水系之西河河畔，毗邻建德。

[二] 黄袍、红袍贼目，太平天国的袍服和马褂分别有黄色和红色两种，从天王至丞相等重要将领穿黄龙袍、素黄袍，军帅、旅帅等其他将领穿素红袍。

清咸丰十一年四月初八日
两江总督曾国藩照会鲍超文

二八

提要

咸丰十一年（1861）三月，曾国藩因祁门大营接连多次遇险，将大营移驻在东流江边的大船上。除大营移驻的讯息之外，还将三月底上奏咸丰帝的折片抄录给各将帅照会知之。折片中陈明了黄文金、刘官方、李世贤、李秀成等太平军四部的近期动向。时陈玉成第二次援救安庆，在集贤关扎营筑垒，曾国藩派出鲍超援助安庆湘军。

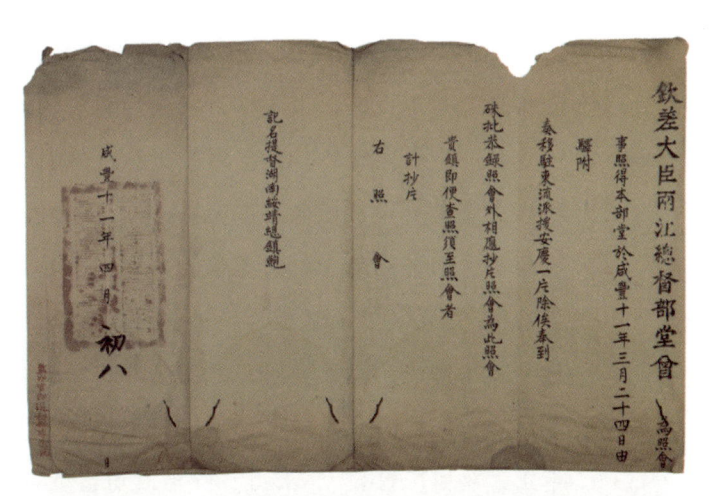

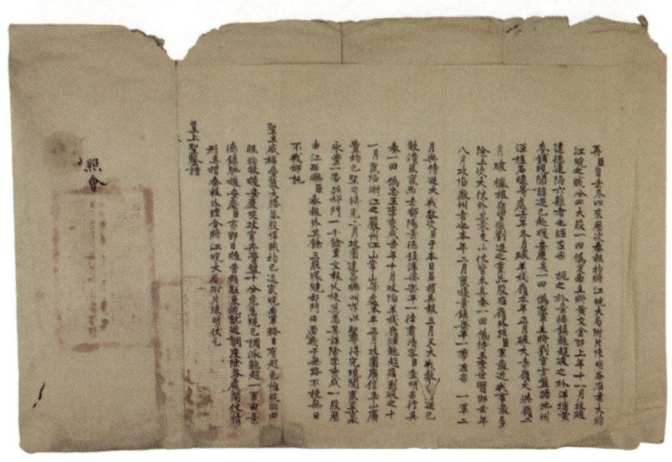

图片

录文

钦差大臣两江总督部堂曾〈国藩〉为照会事。

照得本部堂于咸丰十一年三月二十四日，由驿附奏移驻东流[一]，派援安庆一片。除俟奉到朱批，恭录照会外，相应抄片照会，为此照会贵镇，即便查照。须至照会者。计抄片。右照会记名提督湖南绥靖总镇鲍〈超〉。

咸丰十一年四月初八日。

附抄片：

再，臣自去冬以来，历次奏报，均将江、皖大局附片陈明各在案。大约江、皖之贼分四大股：一曰伪定南主将黄文金，即上年十一月攻破建德，连陷六县者也。经左宗〈棠〉扼之于景德镇，鲍超破之于洋塘、黄麦铺，现闻该逆已赴援安庆矣。一曰伪右军主将刘官方，盘踞池州、泾、旌、石埭等处。去年冬月破羊栈岭，本年正月破大赤岭、大洪岭，二月破榉根岭，皆系刘逆之党。此股在岭外，距臣军最近，战事最多，除三次大仗外，其零支小仗皆未具奏。一曰伪侍王李世贤，即去年八月攻陷徽州者也。本年二月窜扰景镇、乐平一带。左宗〈棠〉一军，二月与侍逆大战数次，臣于本日另折具报。三月，又大战数次，该逆已败溃鼠窜而去，鄱阳、景德镇、浮梁、乐平一律肃清，容臣查明，另行具奏。一曰伪忠王李秀成，去年十月攻陷羊栈岭，经鲍超痛剿破之，十一月窜陷浙江之严州、江山、常山等处，本年正月攻围广信[二]、玉山、广丰，均已坚守得完。二月攻围建昌[三]、抚州，亦以坚守得完。现闻窜至吉水、永丰一带，距祁门一千余里，文报久梗，莫悉其详。除李秀成一股历由江西抚臣奏报外，其余三股环绕祁门四面，几于无路不梗，无日不战。仰托圣主威福，叠获大胜，各股悍贼均已退窜，皖南军务日有起色。惟皖北四眼狗救援安庆，夹攻官兵营盘，十分危急。现已调派鲍超一军由景德镇驰援安庆。臣亦即日拔营移驻东流，就近调度。除各处开仗情形专折奏报外，理合将江、皖大局附片陈明，伏乞皇上圣鉴。谨奏。

注

[一]东流，今安徽东至县东流镇，在皖江南岸。因祁门大营接连遇险，咸丰十一年（1861）三月底，曾国藩将大营移驻东流，设在江边的大船上。

[二]广信，今江西上饶。

[三]建昌，今江西南城。

二九 清咸丰十一年四月十四日两江总督曾国藩照会鲍超文

提要 咸丰十一年（1861）四月，湘军曾国荃等部包围安庆，太平军陈玉成、洪仁玕、黄文金等各路援军反包围了曾国荃。曾国藩派鲍超、成大吉等救援安庆，要求各营合成长围、首尾相应。

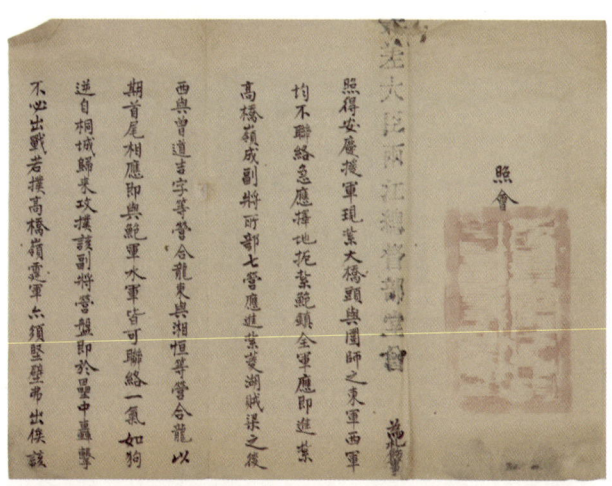

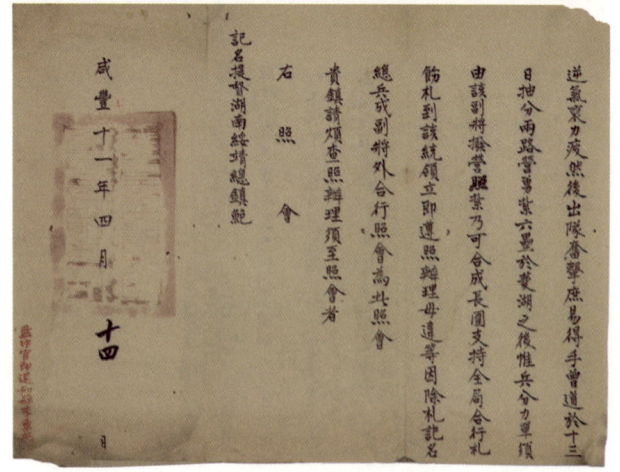

图片

录文

钦差大臣两江总督部堂曾〈国藩〉为札饬事。

照得安庆援军现扎大桥头，与围师之东军、西军均不联络，急应择地扼扎。鲍镇全军应即进扎高桥岭，成副将所部七营应进扎菱湖贼梁之后，西与曾道[一]、吉字等营合龙，东与湘恒等营[二]合龙，以期首尾相应，即与鲍〈超〉军、水军皆可联络一气。如狗逆自桐城归来，攻扑该副将营盘，即于垒中轰击，不必出战。若扑高桥岭，霆军亦须坚壁弗出，俟该逆气衰力疲，然后出队奋击，庶易得手。曾道于十三日抽分两路营勇，扎六垒于菱湖之后。惟兵分力单，须由该副将拨营照扎，乃可合成长围，支持全局。合行札饬，札到该统领，立即遵照办理，毋违等因。除札记名总兵成副将外，合行照会，为此照会贵镇，请烦查照办理。须至照会者。右照会记名提督湖南绥靖总镇鲍〈超〉。

咸丰十一年四月十四日。

注

[一]曾道，即曾国荃（1824—1890），字沅甫，号叔纯，曾国藩弟。因善于挖壕围城而有"曾铁桶"之称，曾国荃在包围安庆时，花费了一年多的时间开挖了两道长壕，一道长壕用以抵挡城内太平军出击，一道长壕阻挡太平军援军。

[二]湘恒营，即曾国葆所率部队。曾国葆（1829—1862），又名贞干，字季洪，又字事恒，曾国藩弟。咸丰十一年（1861）从曾国荃围攻安庆。

清咸丰十一年四月十五日
两江总督曾国藩照会鲍超文

提要 咸丰十一年（1861）四月初十日，安徽池州府建德县被太平军攻陷，曾国藩令吴坤修的团防营赴援九江，待霆字新三营驰赴九江后，团防营再回湖口驻防，并令左宗棠、鲍超相机行事。

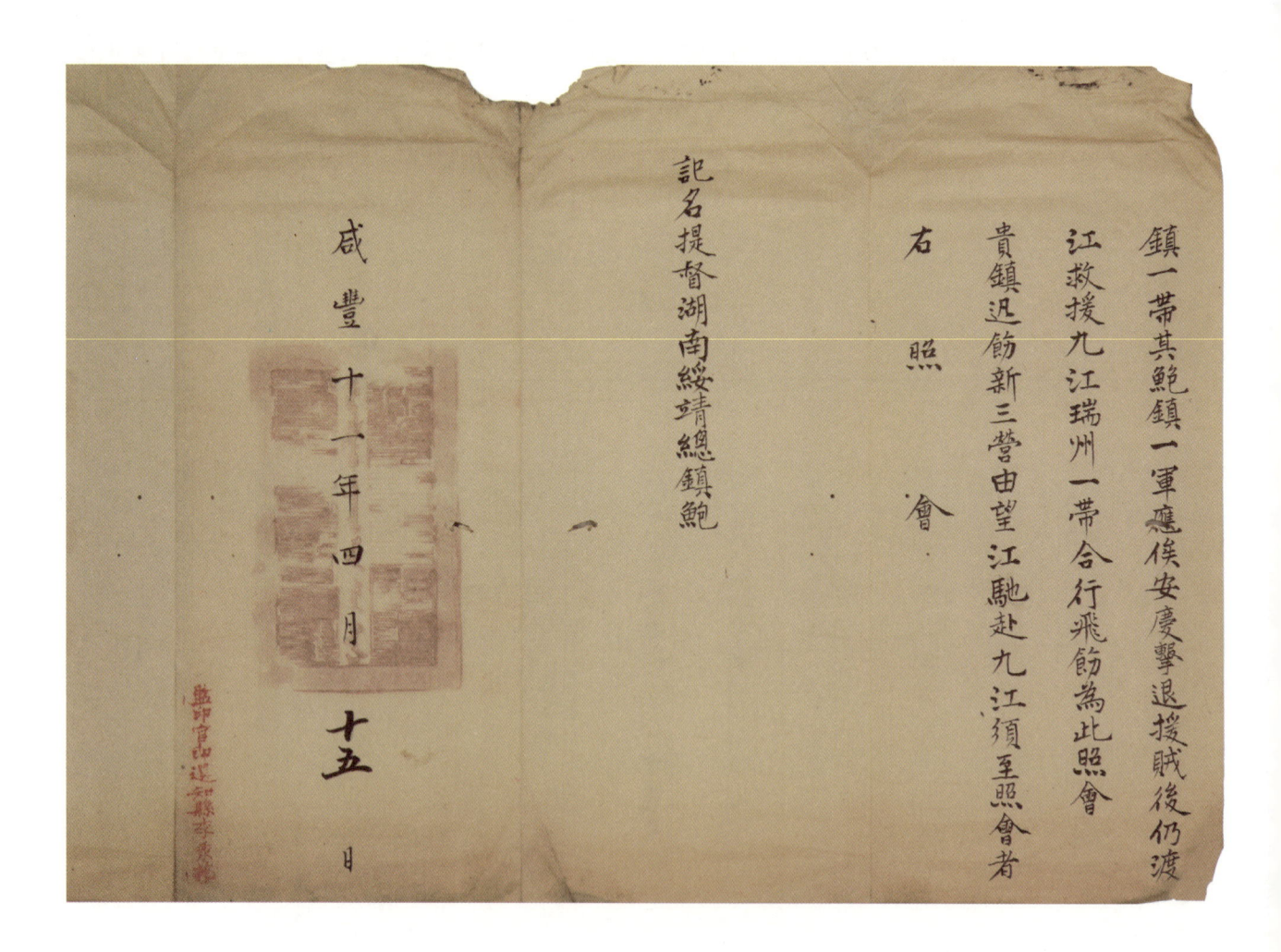

镇一带其鲍镇一军应俟安庆击退援贼后仍渡江救援九江瑞州一带合行飞饬为此照会贵镇迅饬新三营由望江驰赴九江须至照会者

右照会

记名提督湖南绥靖总镇鲍

咸丰十一年四月十五日

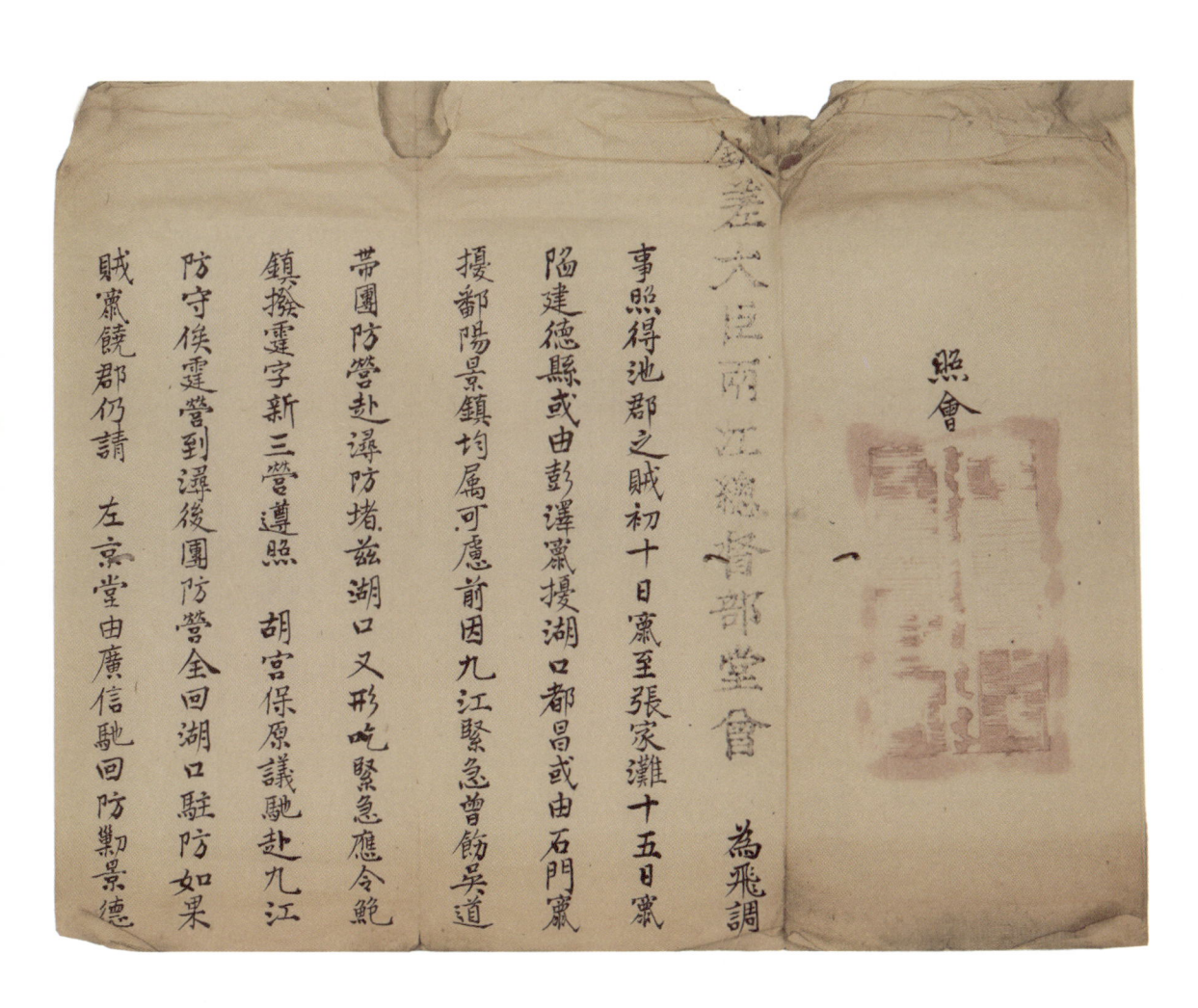

钦差大臣两江总督部堂会 为飞调

照会

事照得池郡之贼初十日窜至张家滩十五日窜
陷建德县或由彭泽窜扰湖口都昌或由石门窜
扰鄱阳景镇均属可虑前因九江紧急曾饬吴道
带团防营赴浔防堵兹湖口又形吃紧急应令鲍
镇撥霆字新三营遵照 胡宫保原议驰赴九江
防守候霆营到浔后团防营全回湖口驻防如果
贼众饶郡仍请 左京堂由广信驰回防勦景德

录文

钦差大臣两江总督部堂曾〈国藩〉为飞调事。

照得池郡之贼初十日窜至张家滩，十五日窜陷建德县，或由彭泽窜扰湖口、都昌，或由石门窜扰鄱阳、景镇，均属可虑。前因九江紧急，曾饬吴道[一]带团防营赴浔防堵。兹湖口又形吃紧，速应令鲍镇拨霆字新三营遵照胡宫保[二]原议，驰赴九江防守。俟霆营到浔后，团防营全回湖口驻防。如果贼窜饶郡，仍请左京堂由广信驰回，防剿景德镇一带。其鲍镇一军应俟安庆击退援贼后，仍渡江救援九江、瑞州一带。合行飞饬，为此照会贵镇，迅饬新三营由望江驰赴九江。须至照会者。右照会记名提督湖南绥靖总镇鲍〈超〉。

咸丰十一年四月十五日。

注

[一]吴道，即吴坤修（？—1872），字竹庄，江西新建人。初从湘军水师，咸丰六年（1856）领彪字营，咸丰九年（1859）驻扎抚州，奉命督办抚、建、宁团练，创立团防营。咸丰十年（1860）奉曾国藩令赴援湖口。

[二]胡宫保，即胡林翼（1812—1861），因官太子少保，故称"宫保"。

清咸丰十一年四月二十七日湖北巡抚移鲍超总镇文

三一

提要

因江西西北部的义宁州、武宁县接连失守，毗邻的湖北兴国州、大冶、崇阳、通山、通城等地岌岌可危，而长江北岸的黄州、蕲州、黄梅等地已被太平军占领，湖北形势危急。胡林翼商请曾国藩，调遣鲍超、成大吉等部前来湖北剿除驻扎在长江北岸的蕲州、黄梅、宿松等地太平军。

图片

录文

太子少保头品顶戴湖北巡抚部院胡〈林翼〉为咨请事。

查江西义宁州[一]、武宁县相继不守。鄂之南岸兴、冶、崇、通，切近贼氛，均属可虞。北岸之黄州、圻州、黄梅各城久陷于贼，士民引领望救。若不急图防御恢复，则鄂省南北两岸，均有糜烂之虞。顷于二十七日准钦差大臣曾部堂二十五日函开：应以鲍军门、成镇合军雕剿等因。所筹实合机宜，即应分咨办理。所有成镇七营、胡镇三营应速拔营，防剿南岸兴、冶之贼。或由张家塝取道圻州地界渡江，或由江岸坐船上行径趋兴国。约计程途何路迅速，即由何路行走。其鲍军门一军应于成镇拔营之后，由张家塝先剿圻水、圻州掠野之贼，先取圻州，再行回剿黄梅、宿松。本部院俟天色晴明，亦即移驻圻州，兼顾两岸，并督办军粮接应。除挂车河大军[二]屹然重镇不可动摇，潜、太城守仍旧严防，及石牌[三]要地另函商请，多副都统拨营驻守外，相应咨明贵军门，请烦查照施行。须至咨者。右咨统领霆营全军记名提督军门湖南绥靖总镇鲍〈超〉。

咸丰十一年四月二十七日。

注

[一]义宁州，今江西修水县。

[二]挂车河大军，系指多隆阿部。咸丰十一年（1861）四月十五日，多隆阿在挂车河大破太平军陈玉成部，为安庆之围打开了局面。

[三]石牌，今安徽怀宁县石牌镇。

清咸丰十一年四月二十九日 湖北巡抚移鲍超总镇文

三二

提要

胡林翼接到曾国藩来函后，立即通知鲍超听从曾国藩指挥，调归至长江南岸剿除九江、瑞昌、武宁、义宁、兴国、大冶等处太平军，而长江北岸的蕲州、黄梅等地太平军，则由多隆阿进剿。

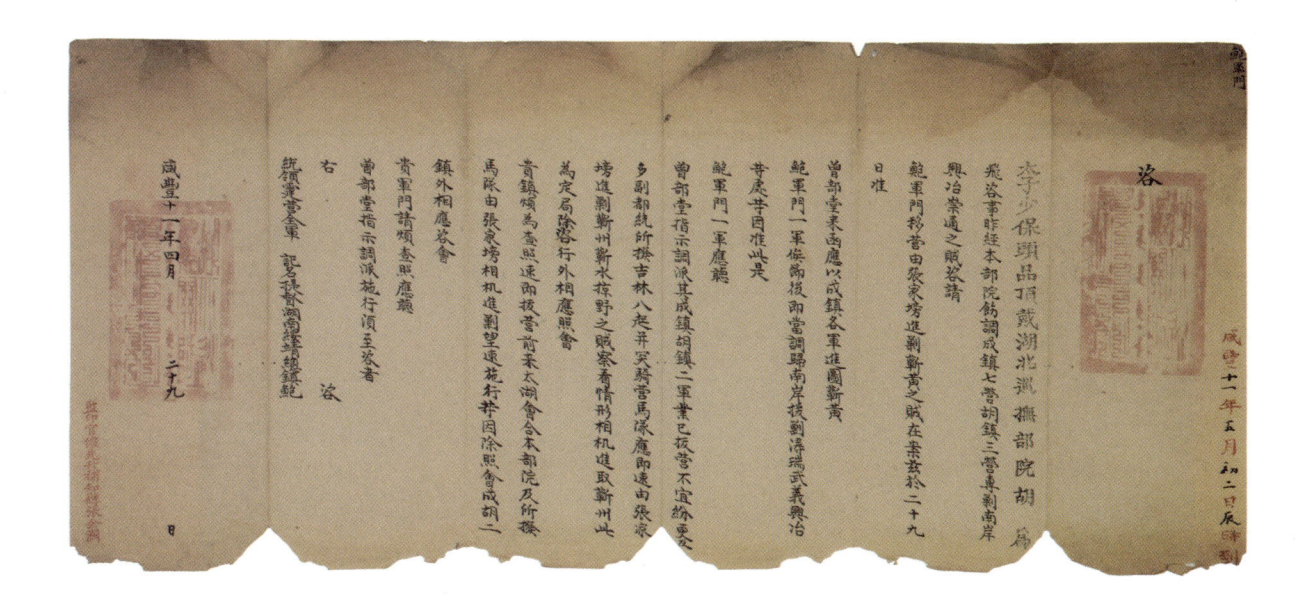

图片

录文

太子少保头品顶戴湖北巡抚部院胡〈林翼〉为飞咨事。

昨经本部院饬调成镇七营、胡镇三营专剿南岸兴、冶、崇、通之贼，咨请鲍军门移营，由张家塝进剿蕲、黄之贼在案。兹于二十九日准曾部堂来函：应以成镇各军进图蕲、黄，鲍军门一军俟节后，即当调归南岸，援剿浔、瑞、武、义、兴、冶等处等因。准此。是鲍军门一军应听曾部堂指示调派，其成镇、胡镇二军业已拔营，不宜纷更。及多副都统所拨吉林八起[一]并突骑营马队，应即速由张家塝进剿蕲州[二]、蕲水[三]掠野之贼，察看情形，相机进取蕲州，此为定局。除咨行外，相应照会贵镇，烦为查照，速即拔营前来太湖会合本部院及所拨马队，由张家塝相机进剿，望速施行等因。除照会成、胡二镇外，相应咨会贵军门，请烦查照，应听曾部堂指示调派施行。须至咨者。右咨统领霆营全军记名提督湖南绥靖总镇鲍〈超〉。

咸丰十一年四月二十九日。

注

[一] 吉林八起，为清军部队，隶多隆阿。

[二] 蕲州，即今湖北省黄冈市蕲春县蕲州镇。

[三] 蕲水，即今湖北省黄冈市浠水县，民国二十二年（1933）改今名。

三三　清咸丰十一年五月初四日两江总督曾国藩照会鲍超文

提要

此札与前"清咸丰十一年四月初八日两江总督曾国藩照会鲍超文"所述事项一致，惟缺折片抄件。系曾国藩于咸丰十一年（1861）三月所奏江西、安徽战局和大营移驻东流及派军支援安庆的折片，经咸丰帝点批后，抄录照会给各部属知之。

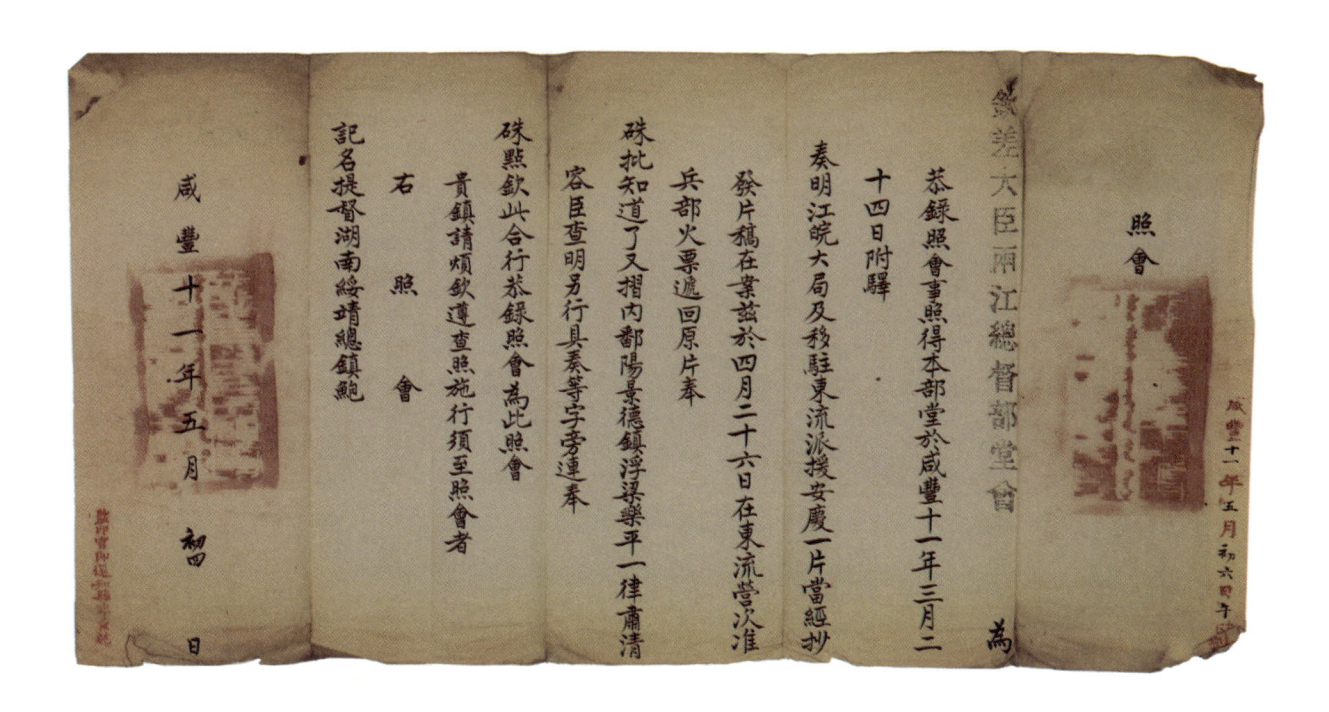

图片

钦差大臣两江总督部堂曾　为

照会

恭录照会事照得本部堂於咸丰十一年三月二十四日附驿

奏明江皖大局及移驻东流派援安庆一片当经抄

发片稿在案兹於四月二十六日在东流营次准

兵部火票遞回原片奉

硃批知道了又摺内鄱阳景德镇浮梁乐平一律肃清

容臣查明另行具奏等字旁連奉

硃批钦此合行恭录照会为此照会

贵镇请烦钦遵查照施行须至照会者

右　照　会

记名提督湖南绥靖总镇鲍

咸丰十一年五月初四日

录文

钦差大臣两江总督部堂曾〈国藩〉为恭录照会事。

照得本部堂于咸丰十一年三月二十四日附驿奏明江皖大局及移驻东流，派援安庆一片，当经抄发片稿在案。兹于四月二十六日在东流营次准兵部火票递回原片，奉朱批："知道了。"又折内："鄱阳、景德镇、浮梁、乐平一律肃清，容臣查明，另行具奏。"等字旁，连奉朱点。钦此。合行恭录照会。为此照会贵镇，请烦钦遵查照施行。须至照会者。右照会记名提督湖南绥靖总镇鲍〈超〉。

咸丰十一年五月初四日。

清咸丰十一年五月初七日
两江总督曾国藩照会鲍超文

提要

咸丰十一年（1861）五月初二日，鲍超攻陷太平军刘玱琳部的营垒，生擒靖东主将刘玱琳。但江西瑞州一带又遭太平军严重侵扰，曾国藩命鲍超即日前往驰剿。

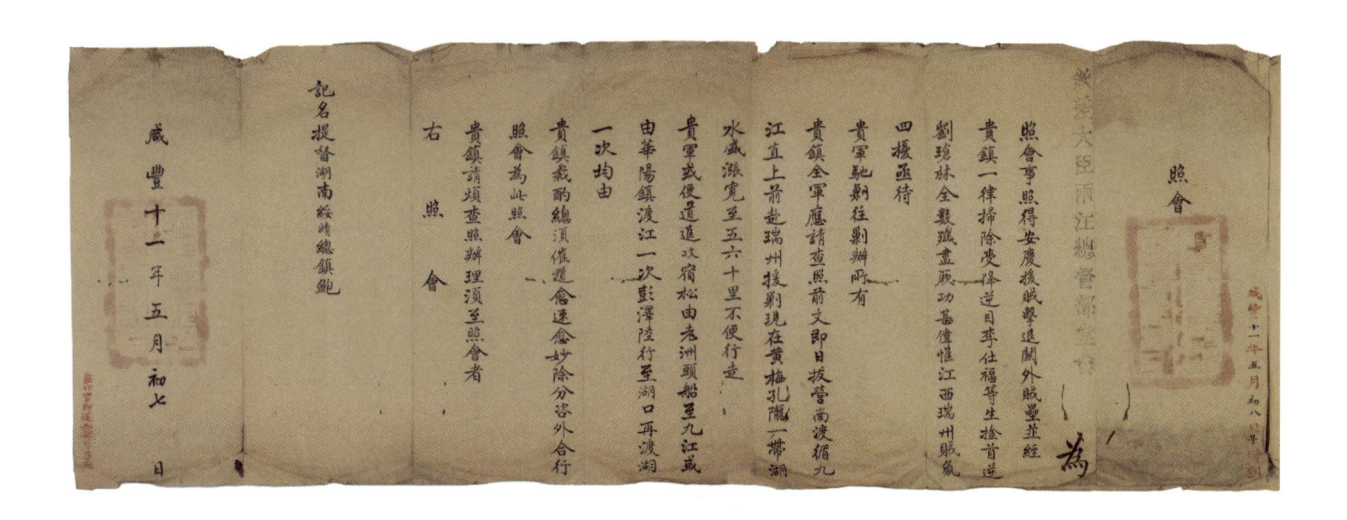

图片

录文

钦差大臣两江总督部堂曾〈国藩〉为照会事。

照得安庆援贼击退，关外贼垒并经贵镇一律扫除。受降逆目李仕福[一]等，生擒首逆刘玱林（琳），全数歼尽，厥功甚伟。惟江西瑞州贼氛四扰，亟待贵军驰剿。往剿办所有贵镇全军应请查照前文，即日拔营南渡，循九江直上，前赴瑞州援剿。现在黄梅、孔陇[二]一带湖水盛涨，宽至五六十里，不便行走，贵军或便道进攻宿松，由老洲头船至九江，或由华阳镇渡江一次，彭泽陆行至湖口再渡湖一次，均由贵镇裁酌。总须催趱，愈速愈妙。除分咨外，合行照会，为此照会贵镇，请烦查照办理。须至照会者。右照会记名提督湖南绥靖总镇鲍〈超〉。

咸丰十一年五月初七日。

注

[一]李仕福（？—1861），一作李四福。隶太平军陈玉成部，参与了咸丰八年（1858）三河城之战，受封傅天安，咸丰十一年（1861）赤岗岭之战中俘虏后被杀。

[二]孔陇，即今湖北省黄梅县孔垄镇。

清咸丰十一年六月二十一日
两江总督曾国藩照会鲍超总镇文

三五

提要　咸丰十一年（1861）六月，太平军侵扰江西广信、抚州、瑞昌等地，但江西兵力单薄，江西巡抚咨请曾国藩尽快督促鲍超前去进剿。此时鲍超已抵达九江，曾国藩再次催促他援剿建昌、瑞州等地。

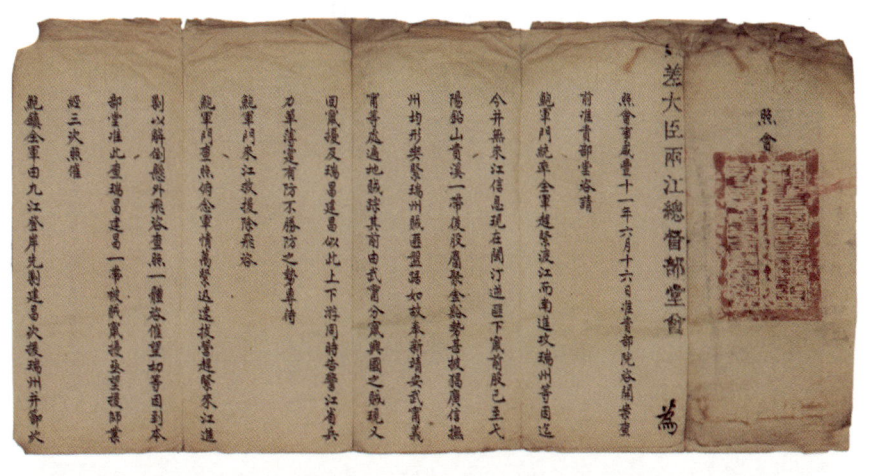

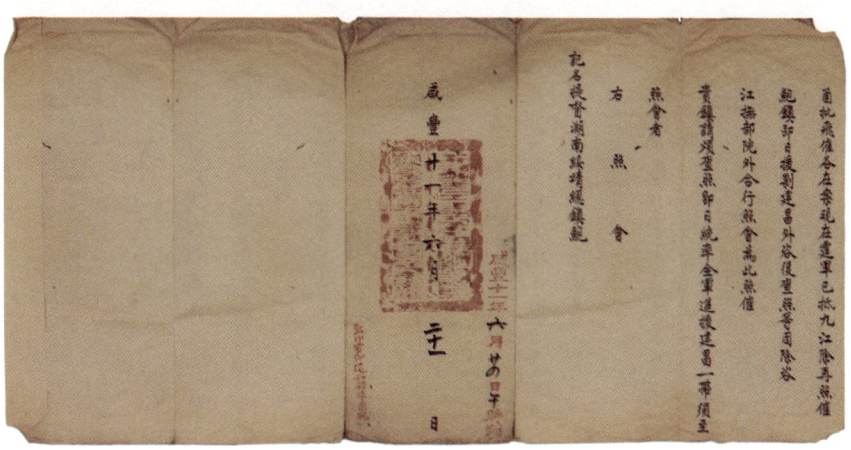

图片

录文

钦差大臣两江总督部堂曾〈国藩〉为照会事。

咸丰十一年六月十六日准贵部院咨开：案查前准贵部堂咨请，鲍军门统率全军赶紧渡江而南进攻瑞州等因。迄今并无来江信息。现在闽汀[一]逆匪下窜，前股已至弋阳、铅山、贵溪一带，后股麕聚金溪[二]，势甚披猖。广信、抚州均形吃紧，瑞州贼匪盘踞如故，奉新、靖安、武宁、义宁等处遍地贼踪。其前由武宁分窜兴国之贼，现又回窜，扰及瑞昌、建昌。似此上下游同时告警，江省兵力单薄，实有防不胜防之势，专待鲍军门来江救援。除飞咨鲍军门查照，俯念军情万紧，迅速拔营赶紧来江进剿，以解倒悬外，飞咨查照一体，咨催望切等因。到本部堂，准此。查瑞昌、建昌一带被贼窜扰，亟望援师。业经三次照催鲍镇全军，由九江登岸，先剿建昌，次援瑞州，并节次函批飞催各在案。现在霆军已抵九江，除再照催鲍镇即日援剿建昌外，咨复查照等因。除咨江抚部院外，合行照会，为此照催贵镇，请烦查照，即日统率全军进援建昌一带。须至照会者。右照会记名提督湖南绥靖总镇鲍〈超〉。

咸丰十一年六月二十一日。

注

[一]闽汀，系指福建省汀州府，治长汀。

[二]金溪，北宋淳化五年（994）置，即今江西省抚州市金溪县。

清咸丰十一年六月二十七日两江总督曾国藩照会鲍超文

提要

咸丰十一年（1861）五月，太平军陈玉成部意图解安庆之围而不能，遂撤往桐城，仅留下靖东主将刘玱琳等数千精兵守卫赤岗岭。随后因陈玉成等军在挂车河被湘军打败，不能进援。经多日苦战，鲍超、成大吉等终于攻陷赤岗岭。刘玱琳部系太平军陈玉成部的精锐主力，此次被全歼后，太平军陈玉成部的战斗力大受影响。此札系曾国藩具折为此战中出力及阵亡人员保奏请功，然后将谕旨恭录照会给各部属知之。

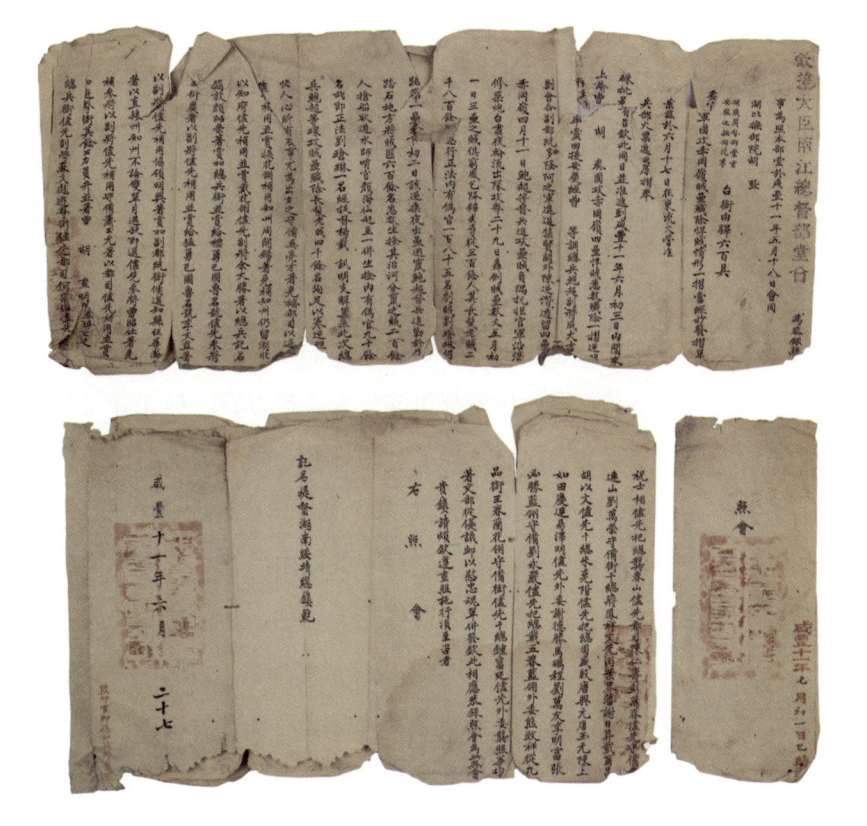

图片

录文

钦差大臣两江总督部堂曾〈国藩〉为恭录照会事。

为照本部堂于咸丰十一年五月十八日，会同湖北抚部院胡〈林翼〉暨湖广阁督部堂官〈文〉、安徽巡抚部院李〈续宜〉[一]台衔，由驿六百具奏官军围攻赤岗岭贼垒，歼除悍贼情形一折。当经抄发折单在案。兹于六月十七日在东流大营，准兵部火票递回原折，奉朱批："另有旨。"钦此。同日并准递到咸丰十一年六月初三日内阁奉上谕：曾〈国藩〉、胡〈林翼〉奏，围攻赤岗岭，四垒悍贼悉数歼除一折。逆贼陈玉成率党回援安庆，经曾〈国藩〉等调总兵鲍超、副将成大吉往剿，会合副都统多隆阿之军，进逼集贤关外。陈逆潜遁，留四垒于赤岗岭。四月十一日，鲍超等督兵进攻，垒贼负隅抗拒。官军沿濠修筑炮台，昼夜轮流出队攻击。二十九日，轰倒贼垒数丈。五月初一日，三垒之贼俱穷蹙乞降，释去胁从三百余人，其长发老贼二千八百余名，悉行正法。内有伪官一百八十五名。剧贼刘玱琳仍踞第一垒未下。初二日，该逆乘夜出垒逃窜，鲍超督兵追剿，于马踏石地方，将贼匪六百余名悉数生擒。其沿河分窜之贼二百余人，抢船欲遁，水师哨官颜海仙赶至，一并生擒。内有伪官九十余名，均即正法。刘玱琳一名，经提督杨载〈福〉讯明，支解枭示。此次总兵鲍超等环攻贼垒，歼除长发老贼四千余名，洵足以寒逆胆而□快人心。所有在事尤为出力之守备吴亮才，着免补都司，以游击尽先补用，并赏换花翎。补用知州周开锡[二]，着免补知州，仍留湖北以知府尽先补用，并赏戴花翎。尽先副将余大胜，着以总兵记名简放。颜绍荣，着赏加总兵衔，并赏给标勇巴图鲁名号。尽先参将王衍庆[三]，着以副将尽先补用，并赏给猛勇巴图鲁名号；李文益，着以副将尽先补用。协领明兴[四]，着赏加副都统衔。候选知县伍华瀚，着以直隶州知州不论双单月遇缺即选。尽先参将曾昭仕，着免补参将，以副将尽先补用。守备萧玉元，着以都司尽先补用，并赏加游击衔。其余出力员弁，并着曾〈国藩〉、胡〈林翼〉查明保奏。阵亡之总兵衔尽先副将苏文彪、游击衔尽先都司何宗耀，尽先千总祝士相，尽先把总龚春山，尽先都司陈仁寿、彭万春，尽先守备戴连山、刘万荣，守备衔千总蒋凤祥、文先丙、叶界藩、谢日升、戴尔昌、胡以文，尽先千总朱尧阶，尽先把总周盛殷、唐兴元、唐玉元、陈上如、田庆连、易泽明，尽先外委谢德胜、马鹏程、刘万友、李明富、张必胜，蓝翎守备刘永严，尽先把总戴五春，蓝翎外委熊致祥，从九品衔王春兰，花翎守备衔尽先千总钟富廷，尽先外委龚照华，均着交部从优议恤，以慰忠魂。单并发。钦此。相应恭录照会，为此照会贵镇，请烦钦遵查照施行。须至咨者。右照会记名提督湖南绥靖总镇鲍〈超〉。

咸丰十一年六月二十七日。

注

[一] 李续宜（1824—1863），字克让，号希庵，湖南湘乡人，湘军将领李续宾之弟。咸丰三年（1853）以文童从军，随罗泽南、李续宾同太平军作战，转战江西、湖北、湖南、安徽等省，累功至安徽按察使，咸丰十一年（1861）擢安徽巡抚，同治元年（1862）被委任为钦差大臣，督办安徽军务，不久后丁母忧回籍，次年（1863）病逝。谥勇毅。

[二] 周开锡（1826—1871），字寿珊，湖南益阳人。咸丰十年（1860）入胡林翼军幕，驻英山，次年参与集贤关外赤岗岭战斗。后随左宗棠入闽，筹办军饷，负责福州船政建设。左宗棠西征时，统理南路军务。

[三] 王衍庆（？—1896），字梦虎，湖南湘阴人。咸丰六年（1856）以武童入鄂军，次年改隶鲍超霆军，咸丰十一年（1861）升副将。后投效左宗棠调赴甘肃作战，累官至苏松镇总兵。

[四] 明兴，鄂温克族，敖拉氏，满洲镶黄旗人，累官荆州副都统。

三七 清咸丰十一年七月二十九日两江总督曾国藩照会鲍超文

提要　咸丰十一年（1861）七月，安庆太平军被围已近一年，陈玉成、杨辅清、林绍璋等前来援救，曾国藩命左宗棠、鲍超等迅速回援安庆。同时通知军队回程沿线各州县，及时安排船只、民夫，尽快协助军队回援安庆。

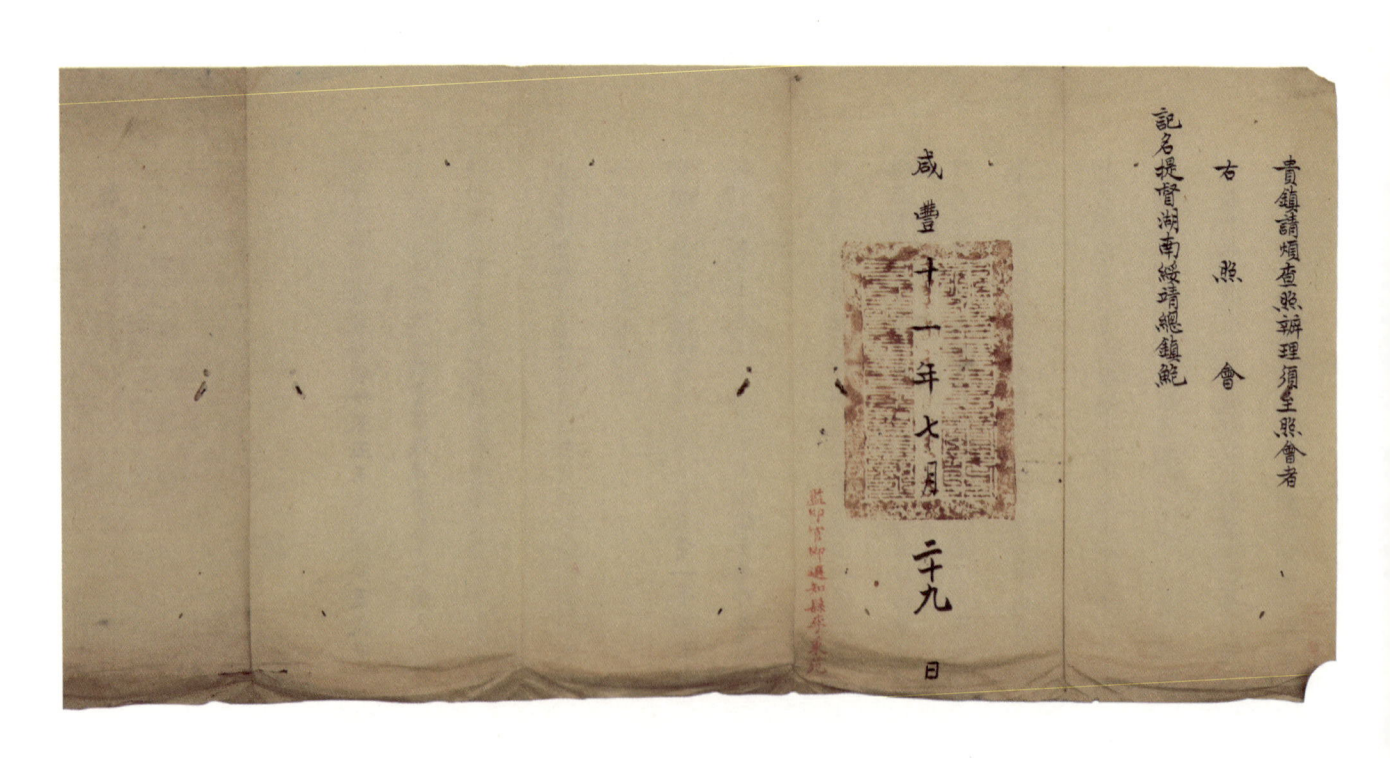

图片

录文

钦差大臣两江总督部堂曾〈国藩〉为照会事。

照得伪英、辅、璋、甘、朱五王大股逆贼图援安庆,自本月二十日起攻扑官军后濠,昼夜不休。顷又扎营濠外,死力冲突,计殊凶狡,必须赶调援军,内外夹击,以期聚歼丑类,立复坚城。现在瑞州忠逆全股回窜东□,江境情形少松。除咨请帮办军务左寺堂[一]酌带所部,就近赴弋、贵一带迎剿湖坊踞匪,并探忠贼所向,相机援击,以顾全局外,应请贵镇即日拔营,兼程回援安庆,愈速愈妙。如樟树、丰城、临河口等处有船可雇,酌分数营先由章江[二]出鄱湖直下大江,其船价由行营粮台核给。其大队仍由陆路迅回九江,应饬护九江蔡道[三]、护九江万镇[四]水师后营丁副将,在于浔江附近多雇船只以待。每船酌给钱二千文,即于二套口厘局支给。并饬总粮台李臬司速饬江西沿途州县,多备民夫,接递运送。又饬望江、怀宁二县,各备夫二千名,俟该营一至,即可登岸进剿。合行照会贵镇,请烦查照办理。须至照会者。右照会记名提督湖南绥靖总镇鲍〈超〉。

咸丰十一年七月二十九日。

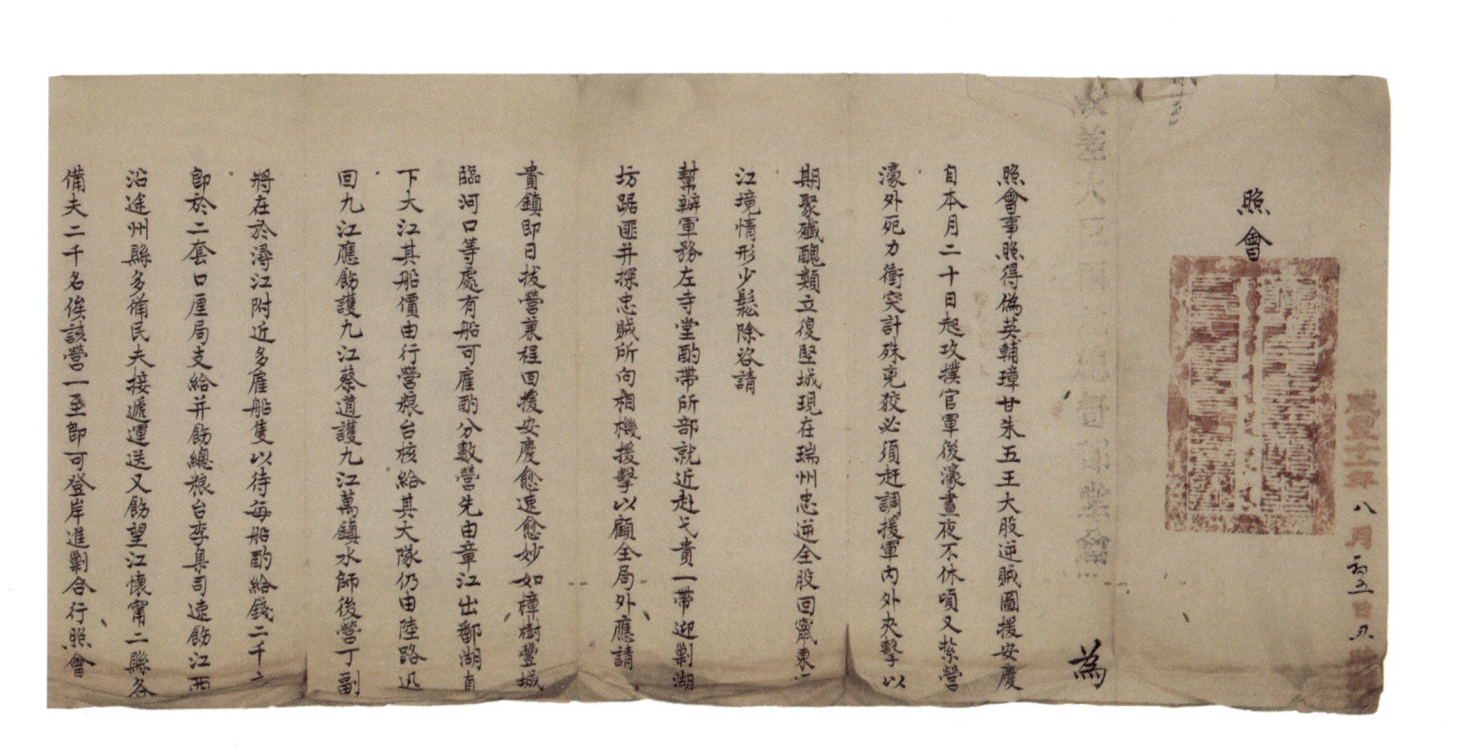

注

[一]左寺堂，即左宗棠。左寺，清代大理寺所属内部机构。

[二]章江，赣江的古称，江西南昌的"豫章十景"中即有"章江晓渡"，南昌城历史上也被称为"章江城"。

[三]蔡道，即蔡锦青（1813—1876），字春山，号芥舟，广东惠东县人。道光间任江西都昌县知县，咸丰十一年（1861）奉旨记名简用道，同治二年（1863）署江西广饶九南兵备道，理九江关税务。

[四]万镇，即万化林，隶杨载福湘军水师。

清咸丰十一年八月初三日
两江总督曾国藩移鲍超总镇文

提要

咸丰十一年（1861）八月，江西抚州被太平军围攻，初二日，曾国藩命鲍超暂停回援安庆，转去抚州解围。初三日，曾国藩又因湖北黄梅战事，命鲍超前往河口镇驱除太平军，以配合湖北长江北岸的军事行动。

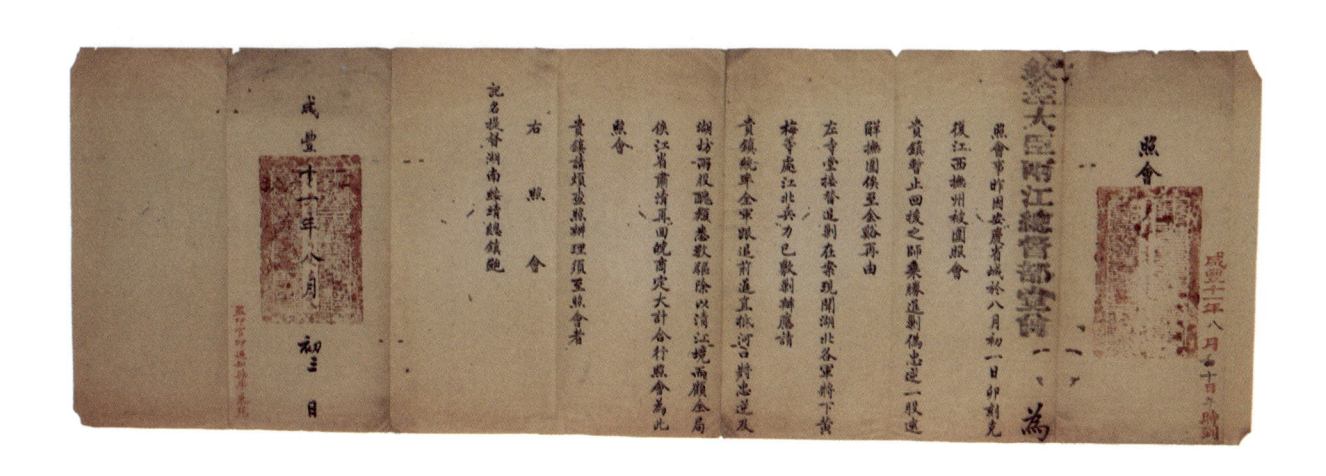

图片

录文

钦差大臣两江总督部堂曾〈国藩〉为照会事。

昨因安庆省城于八月初一日卯刻克复，江西抚州被围，照会贵镇暂止回援之师，乘胜进剿伪忠逆[一]一股，速解抚围，俟至金溪，再由左寺堂接替追剿在案。现闻湖北各军将下黄梅等处，江北兵力已敷剿办，应请贵镇统率全军跟追前进，直抵河口[二]，将忠逆及湖坊[三]两股丑类悉数驱除，以清江境，而顾全局。俟江省肃清，再回皖商定大计。合行照会，为此照会贵镇，请烦查照办理。须至照会者。右照会记名提督湖南绥靖总镇鲍〈超〉。

咸丰十一年八月初三日。

注

[一] 忠逆，即太平军忠王李秀成。
[二] 河口，今江西省铅山县河口镇。
[三] 湖坊，今江西省铅山县湖坊镇。

清咸丰十一年八月二十八日两江总督曾国藩照会鲍超文

提要 咸丰十一年（1861）七月十七日，咸丰帝去世。八月二十八日，曾国藩接到朝廷谕旨后，令军营人员和地方官员遵照礼制服丧。

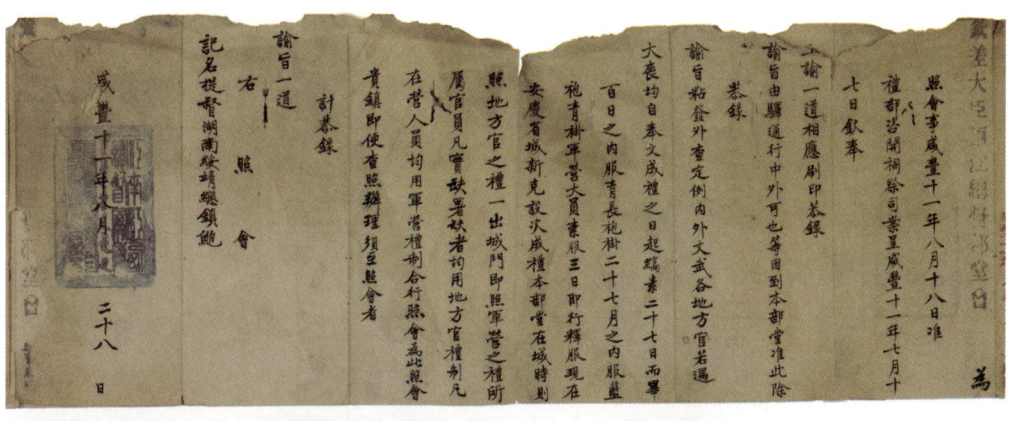

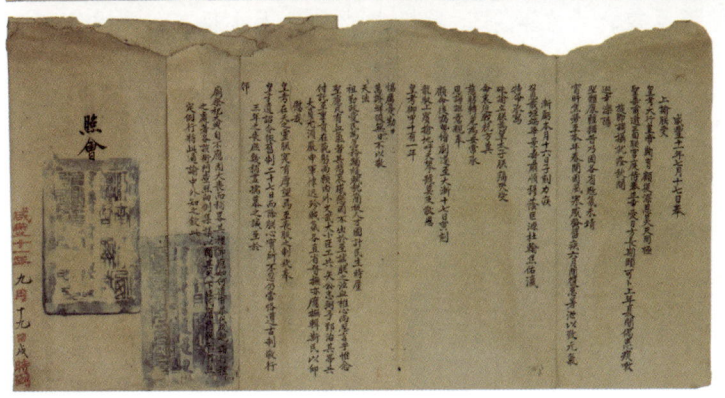

图片

录文

钦差大臣两江总督部堂曾〈国藩〉为照会事。

咸丰十一年八月十八日准礼部咨开祠祭司案呈，咸丰十一年七月十七日钦奉上谕一道，相应刷印，恭录谕旨，由驿通行中外，可也等因。到本部堂，准此。除恭录谕旨粘发外，查定例内外文武各地方官，若遇大丧，均自奉文成礼之日起缟素，二十七日而毕，百日之内服青长袍褂，二十七月之内服蓝袍青褂。军营大员素服三日，即行释服。现在安庆省城新克[一]，设次成礼。本部堂在城时，则照地方官之礼，一出城门，即照军营之礼。所属官员凡实缺、署缺者，均用地方官礼制。凡在营人员均用军营礼制。合行照会，为此照会贵镇，即便查照办理。须至照会者。计恭录谕旨一道。右照会记名提督湖南绥靖总镇鲍〈超〉。

咸丰十一年八月二十八日。

附谕旨：

咸丰十一年七月十七日奉上谕：朕受皇考大行皇帝鞠育，顾复深恩，昊天罔极。圣寿甫逾三旬，朕宫庭侍奉。正幸爱日方长，期颐可卜。上年夏间，偶患痰嗽，旋即调摄就痊。秋间巡幸滦阳，圣体康强犹昔。乃因各省寇氛未靖，宵旰焦劳。至本年春间，因风寒感发旧疾，六月间复患暑泄（泻），以致元气渐亏。本月十六日子刻，力疾召见载垣[二]、端华[三]、景寿[四]、肃顺[五]、穆荫[六]、匡源[七]、杜翰[八]、焦佑瀛[九]，特命承写朱谕，立朕为皇太子。朕痛哭受命，哀迫战兢，方冀慈躬转危为安，常承恩诲，讵意亲奉顾命后，病势增剧，遂至大渐。十七日寅刻，龙驭上宾。抢地呼天，攀号莫及。敬思皇考御宇十有一年，惕厉忧勤，万几鲜暇，无日不以敬天法祖、勤政爱民为急务。蠲缓赋税，简拔人材，国计民生，时廑圣虑。凡有血气者，其悲哀感恋，罔不出于至诚。朕之泣血椎心，尚忍言乎？惟念付托至重，责在藐躬。尚赖内外文武大小臣工，共矢公忠，弼予郅治。其带兵大员，尤须严申军律，迅殄贼氛。各直省督抚，亦应抚辑斯民，以仰慰我皇考在天之灵，朕实有厚望焉。至丧服之制，钦奉皇考遗诏。令依旧制，二十七日而除。朕心实所不忍，仍当恪遵古制，敬行三年之丧，庶几稍尽孺慕之诚。至于郊庙祭祀大典，自不应因大丧而稍略其礼。节应如何，遣官恭代，及亲诣行礼之处，着各该衙门查照向例，集议以闻。其天下臣民应持服制，仍照定例行。将此通谕中外知之。钦此。照会。

注

[一] 安庆省城新克，系指咸丰十一年（1861）八月一日湘军攻克安庆。

[二] 载垣（1816—1861），清宗室，爱新觉罗氏，康熙帝第十三子胤祥的五世孙。道光五年（1825）袭爵怡亲王，咸丰十一年（1861）七月咸丰帝临终前命载垣等八位大臣为赞襄政务大臣，即顾命八大臣，辅助年仅六岁的皇子载淳（即同治帝）继位为帝。因力阻慈禧垂帘听政，同年九月，在慈禧等人发动的辛酉政变中被迫自尽。

[三] 端华（1807—1861），清宗室，爱新觉罗氏，满洲镶蓝旗人。道光二十六年（1846）袭爵郑亲王，授总理行营事务大臣及御前大臣。顾命八大臣之一，咸丰十一年（1861）十月在辛酉政变中被赐自尽。

[四] 景寿（1829—1889），富察氏，满洲镶黄旗人。道光二十五年（1845）娶道光帝第六女寿恩固伦公主，袭封一等诚嘉毅勇公。顾命八大臣之一，辛酉政变后被削职，仍留公爵及额驸品级。

[五] 肃顺（1816—1861），清宗室，爱新觉罗氏，满洲镶蓝旗人。官至户部尚书、协办大学士。顾命八大臣之一，辛酉政变中被诛杀。

[六] 穆荫（？—1864），托和络氏，满洲正白旗人。官至兵部尚书。顾命八大臣之一，辛酉政变中被革职遣戍，同治三年（1864）释归，后病死。

[七] 匡源（1815—1881），字本如，号鹤泉，山东胶州人。道光二十年（1840）进士，累官吏部侍郎，入直军机处。顾命八大臣之一，辛酉政变中被革职，还乡主讲于济南泺源书院，门下弟子闻名者有曹鸿勋、张应麟、杨际清、王懿荣、黄钰等，著有《珠云仙馆诗人钞》《名山卧游录》等。

[八] 杜翰（1806—1866），字鸿举，号继园，山东滨县人。道光二十四年（1844）进士，官至工部侍郎。顾命八大臣之一，辛酉政变中被革职。

[九] 焦佑瀛，字桂樵，天津人。道光十九年（1839）举人，官至军机章京、太常寺少卿。顾命八大臣之一，辛酉政变中被革职。

四〇 清咸丰十一年九月十二日两江总督曾国藩照会鲍超文

提要

咸丰十一年（1861）八月，鲍超一军追剿太平军李秀成部，在湖坊、河口等地获胜，克复铅山县城。九月，曾国藩具折为霆军众将领保奏请功，并另具折片保奏鲍超等人补授实缺。

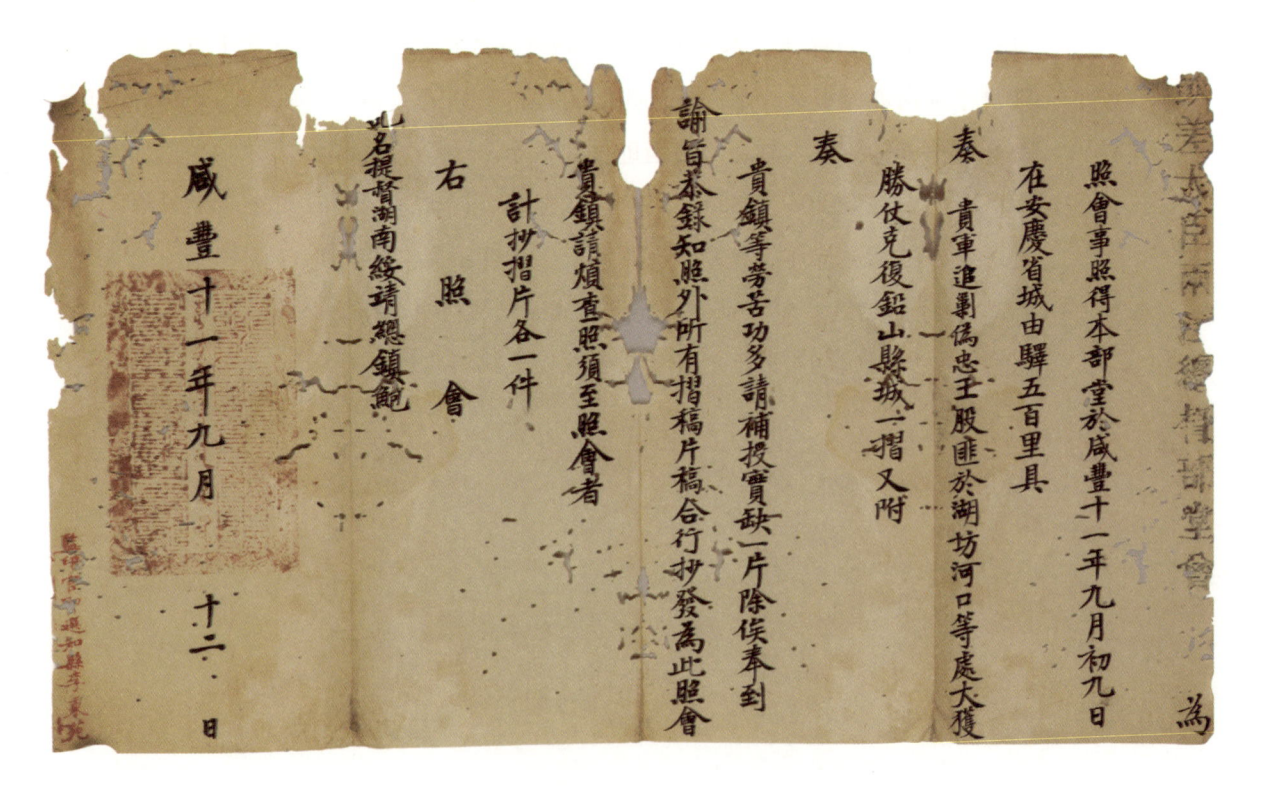

图片

录文

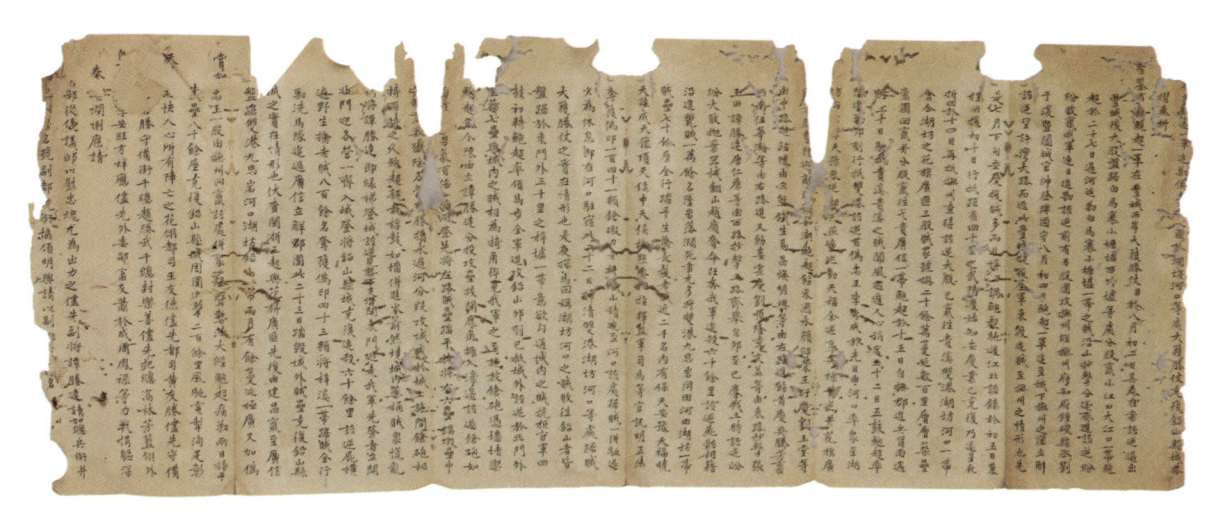

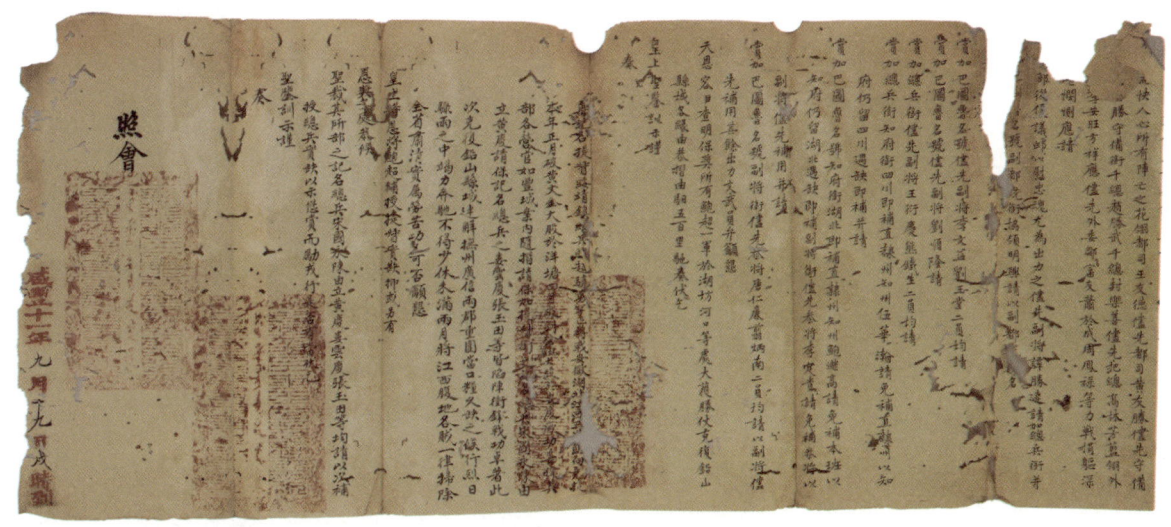

钦差大臣两江总督部堂曾〈国藩〉为照会事。

照得本部堂于咸丰十一年九月初九日，在安庆省城由驿五百里具奏贵军追剿伪忠王股匪于湖坊、河口等处大获胜仗，克复铅山县城一折。又附奏贵镇等劳苦功多，请补授实缺一片。除俟奉到谕旨恭录知照外，所有折稿、片稿合行抄发。为此照会贵镇，请烦查照。须至照会者。计抄折、片各一件。右照会记名提督湖南绥靖总镇鲍〈超〉。

咸丰十一年九月十二日。

附抄折：

奏为鲍超一军追剿伪忠王股匪，于湖坊、河口等处大获胜仗，克复铅山县城，恭折奏祈圣鉴事。

窃鲍超一军在丰城西岸大获胜仗，臣于八月初二日具奏在案。该逆退出丰城后，大股盘踞白马寨、小塘墟、西竹墟等处，分股窜小江口、大江口一带。鲍超于二十七日过河进剿白马寨、小塘墟一带之贼，沿山抄击，分途齐进。该逆纷纷败窜，我军连日追剿。该逆前有另股围攻抚州，经抚州府知府钟峻、县丞刘于浚暨阖城官绅登陴固守。八月初四日，鲍超一军追至城下，抚州之围立解，该逆望许湾大路而逃。此丰城捷后，全军东渡追贼至抚州之情形也。先是七月下旬，安庆援贼多而且悍，臣调鲍超驰援江北。该镇于初五日兼程回援，初十日行距省四十里之武阳渡[一]，始知安庆业已克复，乃遂星夜折回，于十四日再抵抚州。查得该逆大股已窜往贵溪、双港、湖坊、河口一带，会合湖坊之花旗广匪[二]三股，贼众号称二十余万，蔓延数百里，层层筑垒，意图回窜，并分股窜往弋、贵、广信一带。鲍超于十五日自抚郡进兵，冒雨遄行，二十日驰抵贵溪。贵溪之贼闻风逃遁，人心稍定。二十二日五鼓，鲍超率队进剿，卯刻，行抵双港。该逆首伪忠王李秀成于先日由河口率众至湖坊，勾结孝天豫朱逆[三]、观天燕童逆[四]、勤天福余逆、享天禄黄逆[五]并花旗广匪等股，整队迎敌，汹涌如潮。鲍超饬宋国永、颜绍荣、王衍庆、刘玉堂等由中路进，饬陈由立、熊铁生、易昌焕、明兴等由左路进，饬黄庆、吴腾芳、蒉炳南、伍华瀚等由右路进，又饬娄云庆、刘顺隆、李文益等由东路抄击，张玉田、谭胜达[六]、唐仁廉等由西路抄击。五路齐举，自卯至巳，鏖战三时，该逆纷纷大败，抛弃器械，翻山越岭，夺命狂奔，我军追杀六十余里，该逆尸骸相藉，沿途毙贼一万余名，坠岩落洞死者尤多；将双港、九思岩、同田、河口、湖坊一带贼垒七十余座全行踏平；生擒长发老贼近二千名，内有保天安、豫天福、晓天燕、成天豫、顶天侯、中天侯、检点、丞相、指挥、监军、司马等官，讯明正法；夺获伪印一百四十一颗，枪炮刀矛旗帜山积。追至河口，该处踞贼一并驱逐，少为休息，即在河口驻宿。此二十二日扫清双港、湖坊、河口等处踞贼、大获胜仗之实在情形也。是夜，探马回称：湖坊、河口之贼败往铅山者，皆盘踞于东门外三十里之梓墟一带，意欲勾通城内之贼，抗拒官军。四鼓初转，鲍超率领马步全军进攻铅山。卯刻，已抵城外。该逆于北门外坚筑七垒，与城内之贼相为犄角，猝见我军之至，施放枪炮，凭墙堵御。鲍超饬令陈由立、谭胜达分投攻垒，拔开鹿角，拥入濠边。该逆枪炮如雨，我军勇气百倍，一拥而登，先将左路贼垒踏平，旋将右六垒踏毁，垒中之贼，尽数歼除。各营乘胜揭水过河，分段攻城。贼于城上施开枪炮，相持两时之久。鲍超亲执桴鼓，如墙并进。火箭燃烧城内药桶，贼众慌乱，副将谭胜达即缘梯登城。该逆见势不支，潜开东门逃走。我军先登者立开北门，迎各营一齐入城，登将铅山县城克复。追杀六十余里，该逆尸横遍野，生擒老贼八百余名，夺获伪印四十三颗，将梓溪一带踞贼全行剿洗。马队追过广信，立解郡围。此二十三日踏毁城外贼垒，克复铅山县城之实在情形也。伏查闽浙三起与花旗广匪先后由建昌窜至广信，盘踞双港、九思岩、河口、湖坊、铅山一带两月有余，蔓延极广。又加伪忠王一股由抚州回窜该处，并聚一路，声势浩大。经鲍超痛剿两日，扫平贼垒八十余座，克复铅山县城，周围追击二百余里，风驰电掣，洵足彰天讨而快人心。所有阵亡之花翎都司王友德，尽先都司黄友胜，尽先守备周有胜，守备衔千总赵胜武、千总封乐善，尽先把总高林芳，蓝翎外委李安旺、方祥应，尽先外委邹富友、萧于成、周凤禄等，力战捐躯，深堪悯恻。应请旨交部从优议恤，以慰忠魂。尤为出力之尽先副将谭胜达，请加总兵衔并赏加巴图鲁名号。副都统衔协领明兴，请以副都统记名简放，并请赏加巴图鲁名号。尽先副将李文益、刘玉堂二员，均请赏加巴图鲁名号，尽先副将刘顺隆，请赏加总兵衔。尽先副将王衍庆、熊铁生二员，均请赏加总兵衔。知府衔四川即补直隶州知州伍华瀚，请免补直隶州，以知府仍留四川遇缺即补，并请赏加巴图鲁名号。知府衔湖北即补直隶州知州鲍继高，请免补本班，以知府仍留湖北遇缺即补。副将衔尽先参将李定贵，请免补参将,以副将尽先补用,并请赏加巴图鲁名号。副将衔尽先参将唐仁廉、蒯炳南二员,均请以副将尽先补用。其余出力文武员弁,吁恳天恩,容臣查明保奖。所有鲍超一军于湖坊、河口等处大获胜仗,克复铅山县城各缘由,恭折由驿五百里驰奏,伏乞皇上圣鉴训示。谨奏。

附抄片:

再,记名提督绥靖镇总兵鲍超,骁勇罕匹,转战安徽、湖北、江西三省,所向克捷。本年正月破黄文金大股于洋塘,四月破刘玱琳大股于安庆,厥功甚伟。其部各营官如丰城案内随折请保加提督衔之记名总兵宋国永、陈由立、黄庆,请保记名总兵之娄云庆、张玉田等,皆陷阵冲锋,战功卓著。此次克复铅山县城,连解抚州、广信两郡重围,当口粮久缺之候,行烈日骤雨之中,竭力奔驰,不得少休,未满两月,将江西腹地各贼一律扫除,全省肃清,实属劳苦功多。可否吁恳皇上特恩,将鲍超补授提督实缺,抑或另有恩奖之处?恭候圣裁。其所部之记名总兵宋国永、陈由立、黄庆、娄云庆、张玉田等,均请以次补授总兵实缺,以示懋赏而励戎行。是否有当?伏乞圣鉴训示。谨奏。

注

[一] 武阳渡，在今江西南昌东南抚河岸，《读史方舆纪要》称又名"辟邪渡"，《曾国藩全集·奏稿》录作"武扬渡"。

[二] 花旗广匪，即广东天地会起义军在保留其原组织和花色旗帜的情况下，加入了太平军，被称为"花旗广匪"。咸丰五年（1855）归入太平军石达开部，咸丰十年（1860）在广西脱离石达开重返闽赣一带活动。其领导者有谭星、陈荣、周春、林彩等人。

[三] 孝天豫朱逆，即太平天国将领朱衣点（？—1863），原名汤汉槎，后为避祸从母姓改名朱衣点，湖南宁乡人。太平天国进士，隶太平军石达开部，咸丰十年（1860）封孝天豫。后在广西脱离石达开重返闽赣一带，转隶太平军李秀成部。同治元年（1862）擢孝天义，次年在苏常一带兵败被俘杀。

[四] 观天燕童逆，即太平天国将领童容海（约1832—？），原姓洪，后入太平军后避讳改姓，人称"童大锣"，安徽无为人。隶太平军石达开部，咸丰七年（1857）封观天豫，咸丰十年（1860）在广西与彭大顺等脱离石达开重返闽赣一带，自封"观天燕"，转隶太平军李秀成部。后降清，复姓洪，同治二年（1863）随鲍超在宁国府败杨辅清等，升总兵。次年在江西金溪一带招降陈炳文等。

[五] 享天禄黄逆，即太平天国将领黄添理，隶太平军石达开部，咸丰十年（1860）在广西脱离石达开重返闽赣一带，转隶太平军李秀成部。

[六] 谭胜达（？—1875），湖南长沙人。咸丰六年（1856）入鲍超霆军，累官至副将。咸丰十一年（1861）赏总兵衔，次年因霆军索饷叛乱而被解职，旋被派往粤东围剿太平军谭体元部。同治六年（1867）参战尹隆河战役，实授直隶正定总兵。光绪元年（1875）因旧伤复发卒于官。谥勇悫。

四一 清咸丰十一年九月二十八日 两江总督曾国藩移鲍超总镇文

提要 咸丰十一年（1861）八月，湘军攻克安庆城，曾国藩驰奏捷报，朝廷命官文等查明安庆之战中所有情形和出力人员名单，迅速上报。

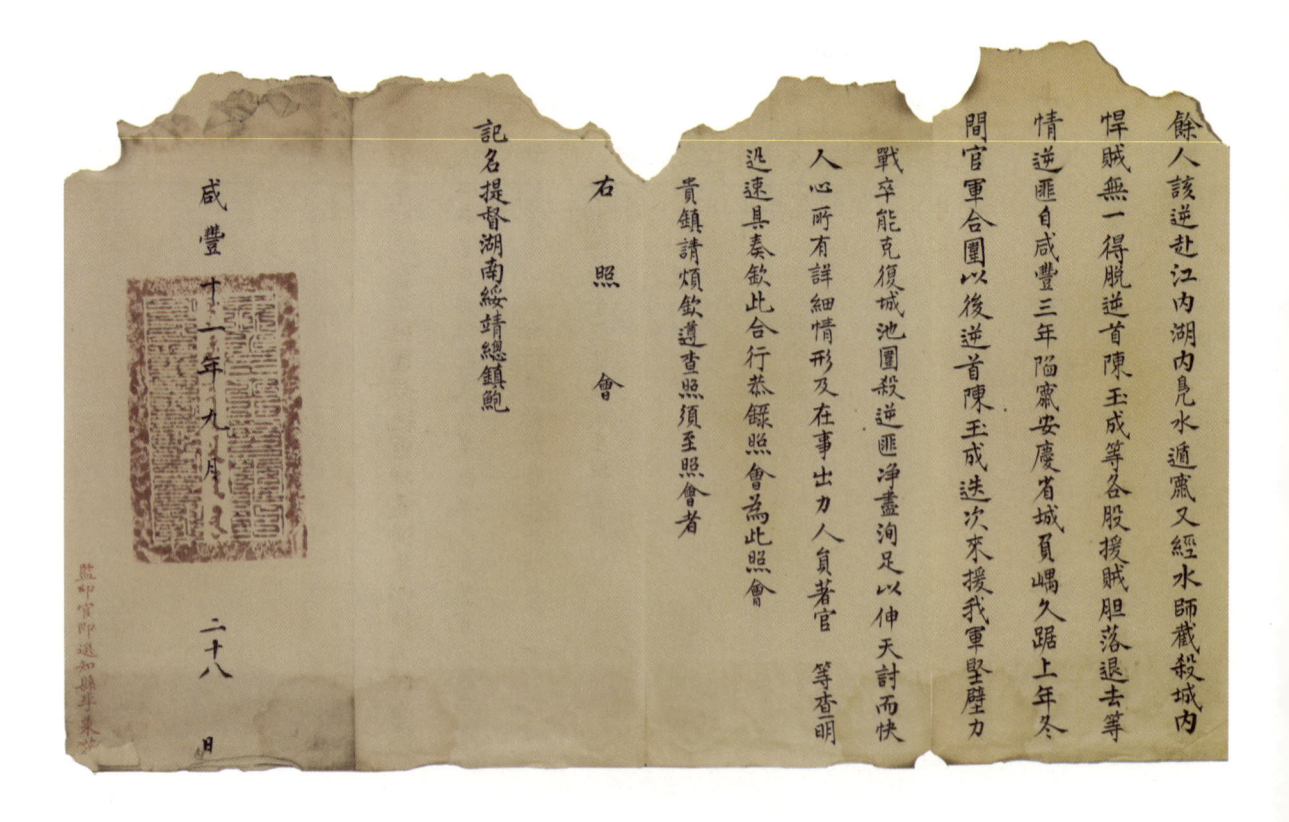

图片

录文

钦差大臣两江总督部堂曾〈国藩〉为恭录照会事。

照得本部堂于咸丰十一年八月初二日由驿附奏克复安徽省城一片。当经抄发片稿在案。兹于九月十二日，准兵部火票递回原片，后开军机处赞襄政务王大臣[一]奉旨："另有旨。"钦此。同日并准递到咸丰十一年八月十八日内阁奉上谕：本日曾〈国藩〉驰奏克复安庆省城等语。据称，即用道曾国荃禀称：八月初一日官军用地雷轰倒安庆北门城垣，逾壕登城，立将安庆省城克复，杀毙长发老贼二万余人。该逆赴江内、湖内凫水遁窜，又经水师截杀，城内悍贼无一得脱。逆首陈玉成等各股援贼，胆落退去等情。逆匪自咸丰三年陷窜安庆省城，负隅久踞。上年冬间，官军合围以后，逆首陈玉成迭次来援。我军坚壁力战，卒能克复城池，围杀逆匪净尽，洵足以伸天讨而快人心。所有详细情形及在事出力人员，着官〈文〉等查明迅速具奏。钦此。合行恭录照会，为此照会贵镇，请烦钦遵查照。须至照会者。

右照会记名提督湖南绥靖总镇鲍〈超〉。

咸丰十一年九月二十八日。

注

[一] 赞襄政务王大臣，即辅助年幼皇帝执政的王公大臣，是辅政大臣的另一种名义。

四二 清咸丰十一年十月十二日江西巡抚毓咨鲍超文

提要

咸丰十一年（1861）十月，多股太平军窜入浙江衢州境内，衢州城被围困。闽浙总督庆端请求鲍超等军入浙援剿解围。

图片

刻延是所望切仍祈示覆施行等因列到本部院
准此查鲍镇一军业已拔队赴皖李道一军现
由广信赴浙准咨前因除行总局乘务李道暨
驰赴衢救援万勿刻延迟悮并咨覆外相应飞
移为此合咨

右

贵军门请烦查照施行须至咨者

记名提督湖南绥靖总镇鲍

咸丰十一年十月　　日

录文

兵部侍郎兼都察院右副都御史巡抚江西等处地方兼理军务提督衔毓〈科〉[一]为飞咨事。

咸丰十一年十月初八日准闽浙督部堂庆〈端〉[二]咨开：本年九月十八日，据衢州镇道府会禀，称现接探报，常山之贼已由招贤下窜至五里村，大股仍踞螺狮湾一带，其南路亦窜至连塘地方，离江山十五里。广丰之贼已窜清湖，江城危急万分等语。查龙游之贼仍在盈川[三]、安仁街等处。屯踞兰溪、寿昌[四]之贼又随后络绎而来，衢城四面皆贼，已成围困之势。惟有会同李镇，督饬在城文武，婴城固守，以待救援。禀请迅即拨兵济饷，以解倒悬等情。并据前衢州李镇禀，同前由各到本部堂据此查。续据禀报，衢郡四面被围，万分危急。节经照行绥靖鲍镇、前皖南李道[五]二军迅速赴衢援剿。嗣本部堂钦奉旨统师入浙督剿，又经飞催鲍镇、李道赶紧赴援，并饬记名林镇[六]由闽先统台勇赴衢，力解城围各在案。兹据禀前情，除分檄飞催，并饬闽局迅拨饷糈解济外，相应飞咨查照。希即严催鲍镇、李道二军漏夜拔队，星驰赴衢援救，万勿稍任刻延，是所望切，仍祈示覆施行等因。到本部院，准此。查鲍镇一军业已拔队赴皖，李道一军现由广信赴浙。准咨前因，除行总局，飞移李道星驰赴衢救援，万勿刻延迟误。并咨覆外，相应飞移，为此合咨贵军门，请烦查照施行。须至咨者。右咨记名提督湖南绥靖总镇鲍〈超〉。

咸丰十一年十月十二日。

注

[一]毓科，字又坪，号条卿，他他拉氏，满洲正蓝旗人。道光十三年（1833）进士，历任湖南、江西等地按察使、布政使，咸丰十年（1860）任江西巡抚，次年被革职。

[二]庆端，字午岩，号正轩，富察氏，满洲镶黄旗人。咸丰七年（1857）擢福建巡抚，九年（1859）任闽浙总督兼福州将军。同治元年（1862）被弹劾撤职。

[三]盈川，历史上浙江衢州的一个古县名，县治地在今衢州市衢江区东部的高家、云溪、莲花等乡镇及龙游县西乡的部分地区。

[四]寿昌，历史上浙江严州的一个古县名，三国吴黄武四年（225）析富春县置新昌县，太康元年（280）改名寿昌县，曾多次废置，后并入建德县，为今浙江省建德市寿昌镇。

[五]前皖南李道，即李元度（1821—1887），字次青，又字笏庭，湖南平江人。道光二十三年（1843）举人，咸丰十年（1860）受命防守徽州（今安徽歙县），为太平军李世贤部攻克，被革职，旋以浙江巡抚王有龄疏调，回籍募勇援浙，由平江、通城追击太平军李秀成部至瑞州（今江西高安），于咸丰十一年（1861）九月领兵入浙，与左宗棠败太平军李世贤部于衢州府江山县、常山县。

[六]林镇，即林文察（1828—1865），字密卿，台湾彰化人。咸丰五年（1855）入台湾总兵邵连科麾下，咸丰九年（1859）率台勇会剿建阳，次年又平定建宁、汀州之乱，以功擢参将，再升副将。咸丰十一年（1861）初，林文察率台勇援剿浙江太平军，四月，回闽收复汀州，晋升总兵。十一月，浙江告急，但因台勇消耗太大无法迅速入援，至同治元年（1862）正月，林文察率部解衢州之围，之后进驻龙泉。

清咸丰十一年十月二十八日
安徽巡抚移鲍超总镇文

提要

咸丰十一年（1861）十月，朝廷授彭玉麟任安徽巡抚，彭玉麟则上奏《辞安徽巡抚请仍督水师剿贼折》，请辞安徽巡抚一职。奏折中言其习于水师军营而疏于民政，请朝廷勿弃长用短。后朝廷改任彭玉麟仍留军营督带水师。

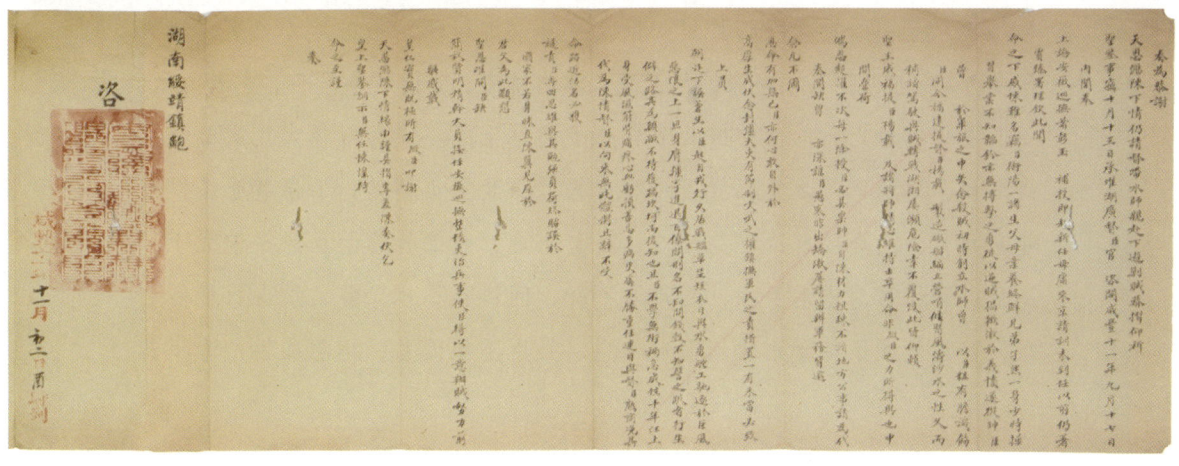

图片

录文

统领水师安徽巡抚部院兼提督军门节制各镇详勇巴图鲁彭〈玉麟〉[一]为咨会事。

为照本部院于咸丰十一年十月二十四日专差赍奏恭谢天恩，沥陈下情，仍请督带水师，亲赴下游剿贼一折。除俟奉到朱批恭录另咨外，所有折稿相应备文咨会贵军门，请烦移行查照施行。再，本部院兹刊"安徽巡抚兼理提督行营"木质关防一颗，已于十月二十一日开用。合并咨明。须至咨者。计咨折稿一纸。右咨记名提督军门湖南绥靖总镇鲍〈超〉。

咸丰十一年十月二十八日。

附折稿：

奏为恭谢天恩，沥陈下情，仍请督带水师，亲赴下游剿贼，恭折仰祈圣鉴事。

窃十月十三日承准湖广督臣官〈文〉咨开，咸丰十一年九月十七日内阁奉上谕："安徽巡抚着彭玉〈麟〉补授，即赴新任，毋庸来京请训。未到任以前，仍着贾臻署理。"钦此。闻命之下，感悚难名。窃臣衡阳一诸生，父母弃养，终鲜兄弟，孑然一身。少时操习举业，不知韬钤[二]，亦无搏击之勇。徒以逆贼猖獗，激于义愤，遂从帅臣曾〈国藩〉于军旅之中，矢念杀贼。初时创立水师，曾〈国藩〉以臣粗有胆识，饬臣同今福建提督臣杨载〈福〉制造炮船，编立营哨，候习风涛沙水之性。久而稍谙驾驶，与贼转战湖湘，屡濒危险，幸不覆没。此皆仰赖圣主威福，提臣杨载〈福〉及诸将帅精心维持，士卒用命，非微臣之力所得与也。中间迭荷鸿恩，超擢不次。每一除授，臣必具禀帅臣，自陈材力粗疏，不谙地方公事，请为代奏开缺。曾〈国藩〉亦深谅臣愚衷，非出矫激，屡请留办军务，皆邀俞允。不图恩命有加无已，臣亦何心敢自外于高厚生成。伏念封疆大吏有节制文武之权、镇抚军民之责，措置一有未当，必致上负朝廷，下误苍生。以臣起自戎行，久居战舰，草笠短衣，日与水勇、舵工驰逐于巨风恶浪之上。一旦身膺疆寄，进退百僚，问刑名不知，问钱谷不知，譬之跛者行生僻之路，其为颠蹶不待履蹈坎坷而后知也。且臣不学无术，褊急成性，十年江上，身受风湿，筋骨痛疼，心血亏损，善忘多病，更虞不胜重任。连日与督臣熟商，浼其代为陈情。督臣以向来无此体制，且辞不受命，迹近沽名，必获谴责。臣再四思维，与其勉强负荷，终贻误于国家；不若冒昧直陈，冀见原于君父。为此吁恳圣恩，准开臣缺，简放贤明精干大员接任安徽巡抚，整顿吏治兵事，使臣得以一意办贼，努力前驱。感戴皇仁，实无既极。所有微臣叩谢天恩，沥陈下情缘由，谨具折专差陈奏，伏乞皇上圣鉴训示，臣无任悚惶待命之至。谨奏。

注

[一]彭玉麟（1816—1890），字雪琴、雪岑，号退省庵主人，湖南衡阳人。咸丰三年（1853）随曾国藩创办湘军水师，与杨载福统率湘军水师。先后在湖北、江西、安徽配合湘军陆军作战，连克樟树、临江、九江、安庆等城，控制了长江江面，配合曾国荃攻克天京。累官至水师提督、兵部侍郎。同治七年（1868）创立长江水师。光绪七年（1881）、九年（1883）先后辞谢署两江总督兼南洋通商大臣、兵部尚书之职。后病逝，追祠太子太保衔，谥刚直。有《彭刚直公诗集》行世。

[二]韬钤，古代兵书《六韬》与《玉钤篇》的并称，后泛指兵书，借指用兵谋略。

四四 清咸丰十一年十一月初十日两江总督曾国藩照会鲍超文

提要　咸丰十一年（1861）十月，曾国藩接到江西南昌知县禀告，有湘军霆营两名兵员雇船赴吴城，途中与船户产生纠纷，跌入水中溺死并被掩埋。曾国藩指出案情中多个疑点，要求鲍超核查涉案兵勇是否为霆营兵员并迅速上报。

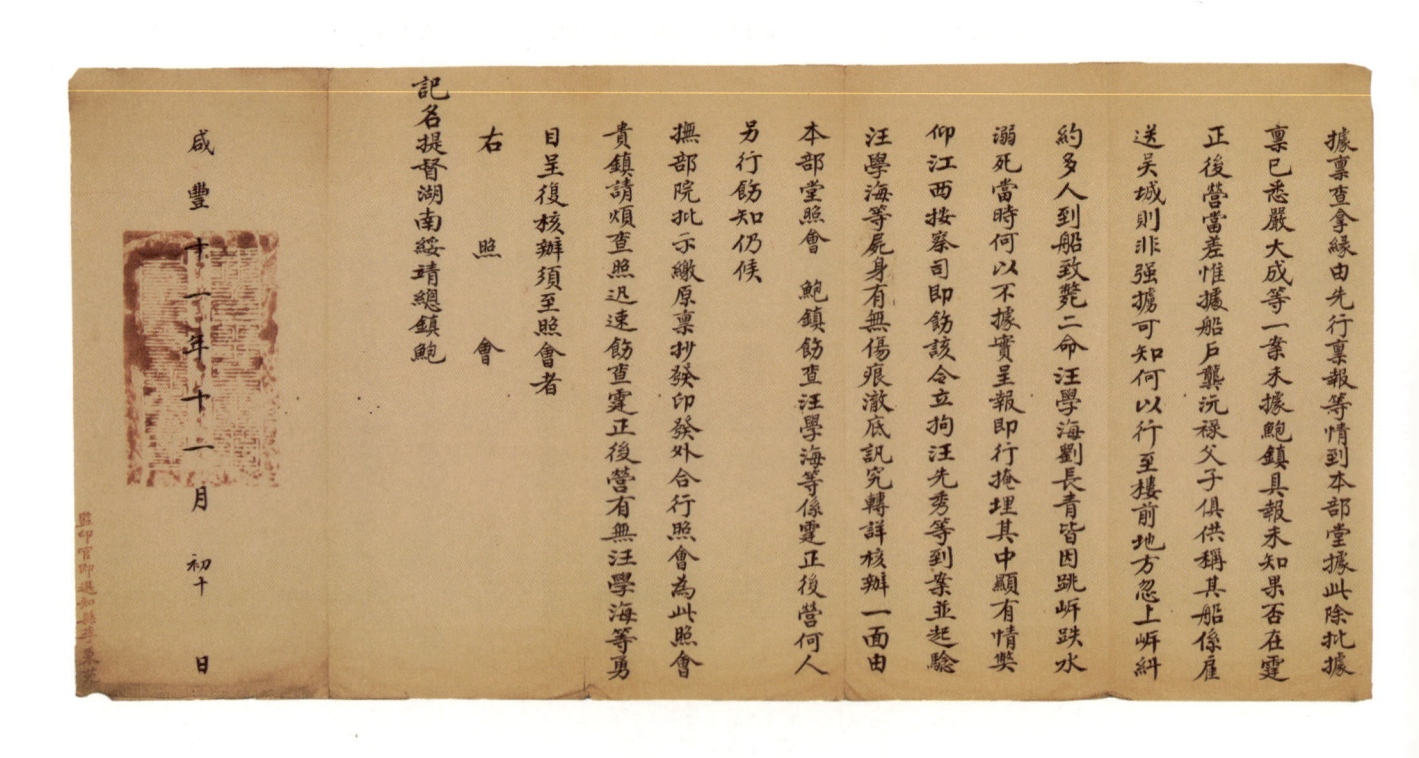

图片

据禀查李绿由先行禀报等情到本部堂据此除批据禀已悉严大成等一案未据鲍镇具报未果否在霆正后营当差惟据船户龚沅禄父子俱供称其船係雇送吴城则非强据可知何以行至楼前地方忽上岍纠约多人到船致毙二命汪学海刘长青皆因跳岍跌水溺死当时何以不据实呈报即行掩埋其中显有情弊仰江西按察司即饬该令立拘汪先勇等到案并起验汪学海等尸身有无伤痕澈底讯究转详核办一面由本部堂照会鲍镇饬查汪学海等係霆正后营何人另行饬知仍俟抚部院批示缴原禀抄发外合行照会为此照会贵镇请烦查照迅速饬查霆正后营有无汪学海等勇目呈复核办须至照会者

右　照　会

记名提督湖南绥靖总镇鲍

咸丰十一年十一月初十日

照會

欽差大臣太子少保兵部侍郎兩江總督部堂劉　為照會事

咸豐十一年十月二十一日據署江西南昌縣知縣周成民稟據咸豐十一年十月初四日據霆正後營藍翎從九嚴大成並姜文藻蕭連勝等稟據九月二十八日伊等與汪學海劉長青等由省雇坐艥姓船隻赴吳城三十日行至樓前地方該船戶指像遊勇上岸斜約多人將伊等綑毆並將汪學海劉長青二人毆傷丟入水內搶去行裹等情卑職驗訊各供大略相同即選差幹役拿到船戶龔沅祿並伊子芳花仔梅花仔訊據供稱九月二十八日經嚴大成等由省雇坐伊等船隻赴吳城因嚴大成等另有坐船一隻令伊等一並撐攔撐攔兩船不動沿逐被打難受疑係遊勇逛蠻三十日行至樓前地方伊等上岸邀同練局內汪先秀劉老黃姑楊天寶老徐老周到船喊捉欲行送局汪學海劉長青跳岸跌入水內致各溺死掩埋等語除勤差嚴拘汪先秀等務獲並起驗汪學海等屍身另行究報外合將

录文

钦差大臣太子少保兵部尚书两江总督部堂曾〈国藩〉为照会事。

咸丰十一年十月二十一日据署江西南昌县知县周成民禀称，咸丰十一年十月初四日据霆正后营蓝翎从九[一]严大成并姜文藻、肖连胜等禀称，九月二十八日伊等与汪学海、刘长青等由省雇坐龚姓船只赴吴城。三十日行至楼前地方，该船户指系游勇，上岸纠约多人将伊等捆殴，并将汪学海、刘长青二人欧伤，丢入水内，抢去行囊等情。卑职验讯各供，大略相同，即选差干役，拿到船户龚沅禄并伊子芳花仔、梅花仔，讯。据供称，九月二十八日，经严大成等由省雇坐伊等船只赴吴城，因严大成等另有坐船一只，令伊等一并撑驾。伊等撑驾两船不动，沿途被打难受，疑系游勇逞蛮。三十日，行至楼前地方，伊等上岸邀同练局内汪先秀、刘老、黄牯、杨天宝、老徐、老周到船喊捉，欲行送局。汪学海、刘长青跳岸跌入水内，致各溺死、掩埋等语。除勒差严拘汪先秀等，务获并起验汪学海等尸身，另行究报外，合将据禀查拿缘由先行禀报等情到本部堂，据此除批据禀已悉。严大成等一案，未据鲍镇具报，未知果否在霆正后营当差。惟据船户龚沅禄父子俱供称，其船系雇送吴城，则非强掳可知。何以行至楼前地方，忽上岸纠约多人到船致毙二命，汪学海、刘长青皆因跳岸跌水溺死，当时何以不据实呈报，即行掩埋？其中显有情弊。仰江西按察司即饬该令，立拘汪先秀等到案，并起验汪学海等尸身，有无伤痕，澈底讯究，转详核办。一面由本部堂照会鲍镇，饬查汪学海等系霆正后营何人，另行饬知。仍候抚部院批示。缴原禀抄发、印发外，合行照会，为此照会贵镇，请烦查照，迅速饬查霆正后营有无汪学海等勇目，呈复核办。须至照会者。右照会记名提督湖南绥靖总镇鲍〈超〉。

咸丰十一年十一月初十日。

注

[一] 从九，系从九品之省称。

四五 清咸丰十一年十一月初十日两江总督曾国藩照会鲍超文

提要

咸丰十一年（1861）十一月，因痛剿李秀成之功，鲍超获朝廷嘉奖赏赐白玉扳指、翎管、大小荷包等物。鲍超借曾国藩奏报之便，并附恭谢天恩、伏祈皇上圣鉴的折片。

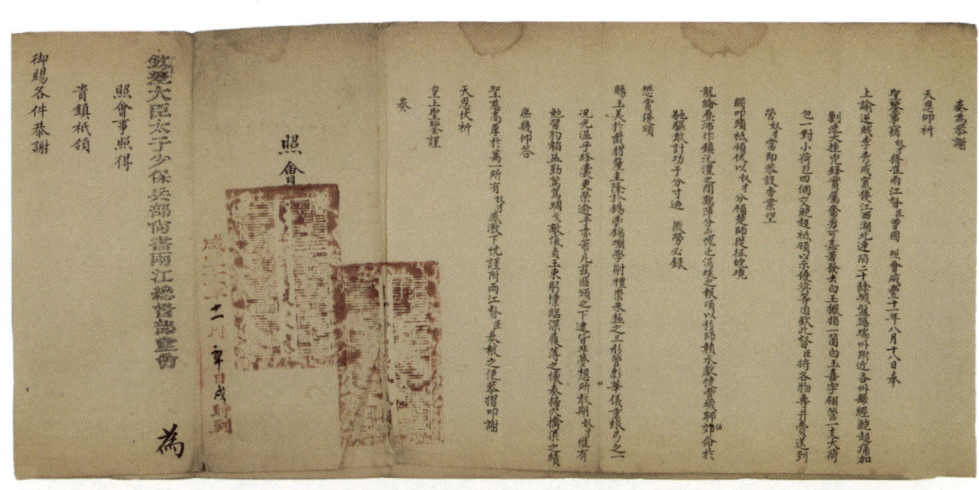

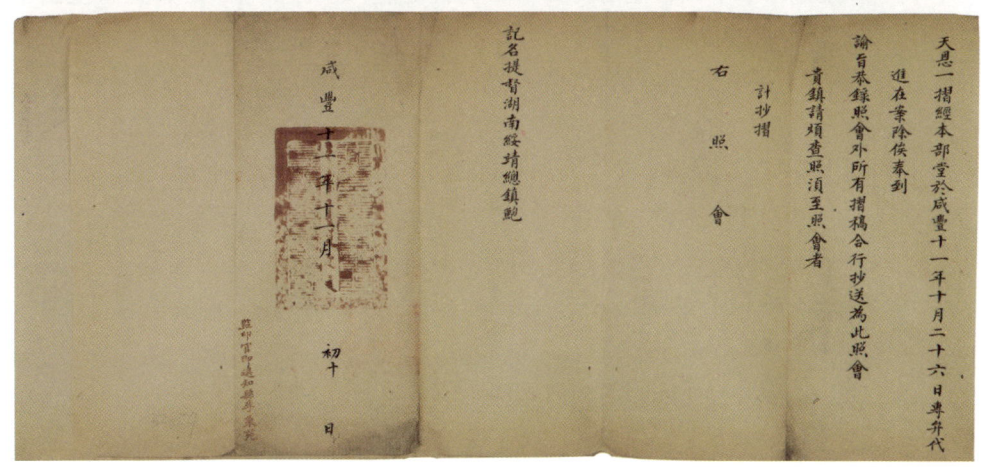

图片

录文

钦差大臣太子少保兵部尚书两江总督部堂曾〈国藩〉为照会事。

照得贵镇只领御赐各件恭谢天恩一折。经本部堂于咸丰十一年十月二十六日专弁代进在案。除俟奉到谕旨恭录照会外，所有折稿合行抄送，为此照会贵镇，请烦查照。须至照会者。计抄折。右照会记名提督湖南绥靖总镇鲍〈超〉。

咸丰十一年十一月初十日。

附抄折：

奏为恭谢天恩仰祈圣鉴事。

窃奴才接准两江督臣曾国〈藩〉照会，咸丰十一年八月十八日奉上谕：逆贼李秀成窜扰江西、湖北，连陷二十余城，盘踞瑞州附近各州县。经鲍〈超〉痛加剿洗，大挫凶锋，实数奋勇可嘉。着发去白玉扳指一个、白玉喜字翎管一支、大荷包一对、小荷包四个，交鲍超祗领，以示优奖等因。钦此。督臣将各物专弁赍送到营，奴才当即恭设香案，望阙扣头祗领。伏以奴才分领楚师，从征皖境，龙纶迭沛，作镇沅、澧[一]之间；鹳阵分屯，愧乏涓埃之报。顷以移师赣水，献捷丰城，聊效命于驰驱，敢计功于分寸，乃微劳必录，懋赏优颁，赐玉美于截肪，厘圭隆于锡□。锦珊学射，礼崇朱极之三彤；管彤华仪，□弓之一况光温乎？绛囊更荣逾乎？赤芾凡兹匪颁之下逮，皆非梦想所敢期？奴才惟有勉习豹韬，益勤鸾驾，雕戈敌忾，贞玉束躬，懔临深履薄之怀，奏扫穴擒渠之绩，庶几仰答圣慈高厚于万一所有。奴才感激下忱，谨附两江督臣奏报之便，恭折叩谢天恩，伏祈皇上圣鉴。

谨奏。

注

[一]沅、澧，即沅江、澧江。

四六 清咸丰十一年十一月十四日两江总督曾国藩移鲍超文

提要　咸丰十一年（1861）十一月，曾国藩要求所属各部珍惜马匹，规定每月使用马队递送公文不得超过三次，严禁使用马匹闲游驱逐，对致使马匹倒毙的加倍罚款。

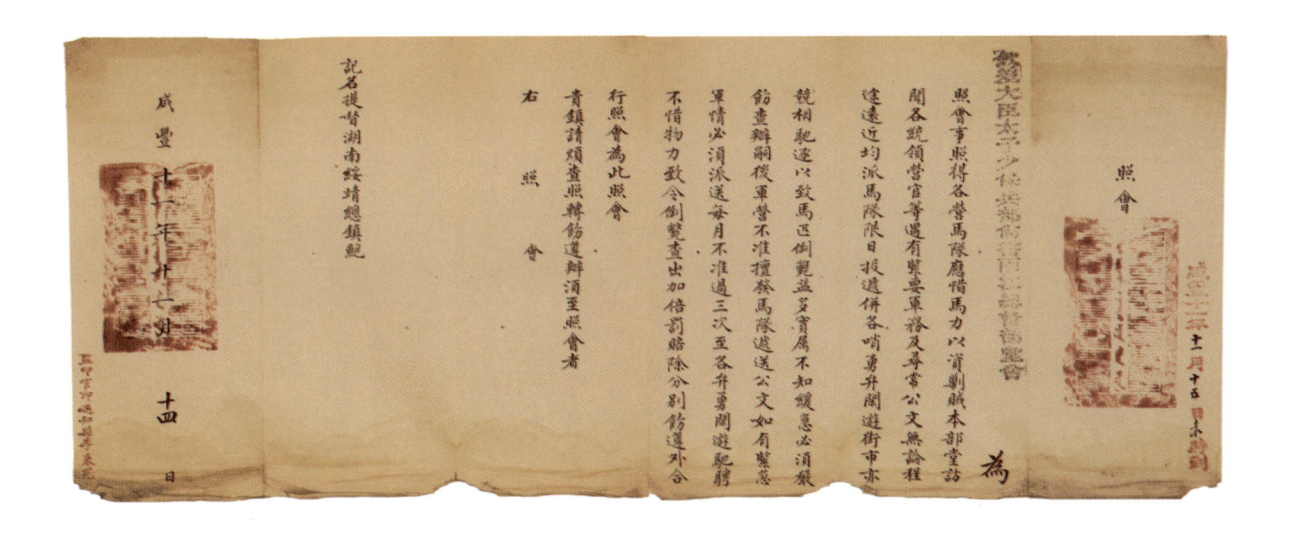

图片

录文

钦差大臣太子少保兵部尚书两江总督部堂曾〈国藩〉为照会事。

照得各营马队应惜马力，以资剿贼。本部堂访闻各统领营官等，遇有紧要军务及寻常公文，无论程途远近，均派马队限日投递。并各哨勇弁闲游街市，亦竞相驰逐，以致马匹倒毙益多，实属不知缓急，必须严饬查办。嗣后军营不准擅发马队递送公文，如有紧急军情必须派送，每月不准过三次。至各弁勇闲游驰骋，不惜物力，致令倒毙，查出加倍罚赔。除分别饬遵外，合行照会，为此照会贵镇，请烦查照转饬遵办。须至照会者。右照会记名提督湖南绥靖总镇鲍〈超〉。

咸丰十一年十一月十四日。

清咸丰十一年十二月初四日
两江总督曾国藩移鲍超总镇文

四七

提要 咸丰十一年（1861）十二月，安徽休宁、渔亭一带又有太平军侵扰，曾国藩命鲍超霆营迅速折回渔亭，作为援应游击之师，配合其他军队合力截剿。札文后又手批截剿路线等内容。

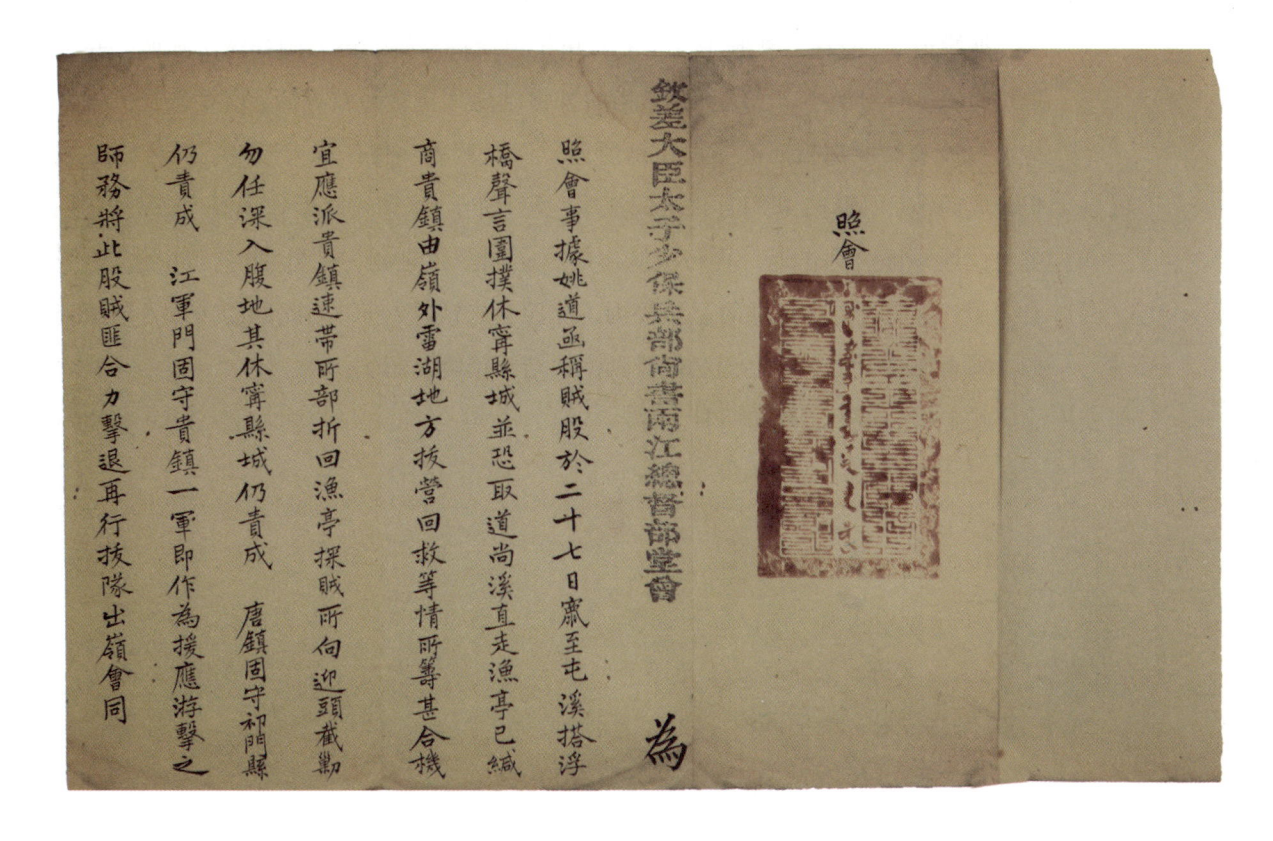

图片

钦差大臣太子少保兵部尚书南江总督部堂曾

照会事据姚道函称贼股於二十七日窜至屯溪搭浮桥声言围扑休宁县城并恐取道尚溪直走渔亭已饬

商贵镇由岭外雷湖地方拔营回救等情所筹甚合机宜应派贵镇速带所部折回渔亭探贼所向迎头截勦勿任窜入腹地其休宁县城仍责成 唐镇固守祁门县仍责成 江军门固守贵镇一军即作为援应游击之师务将此股贼匪合力击退再行拔队出岭会同

照会

1　2　3

录文

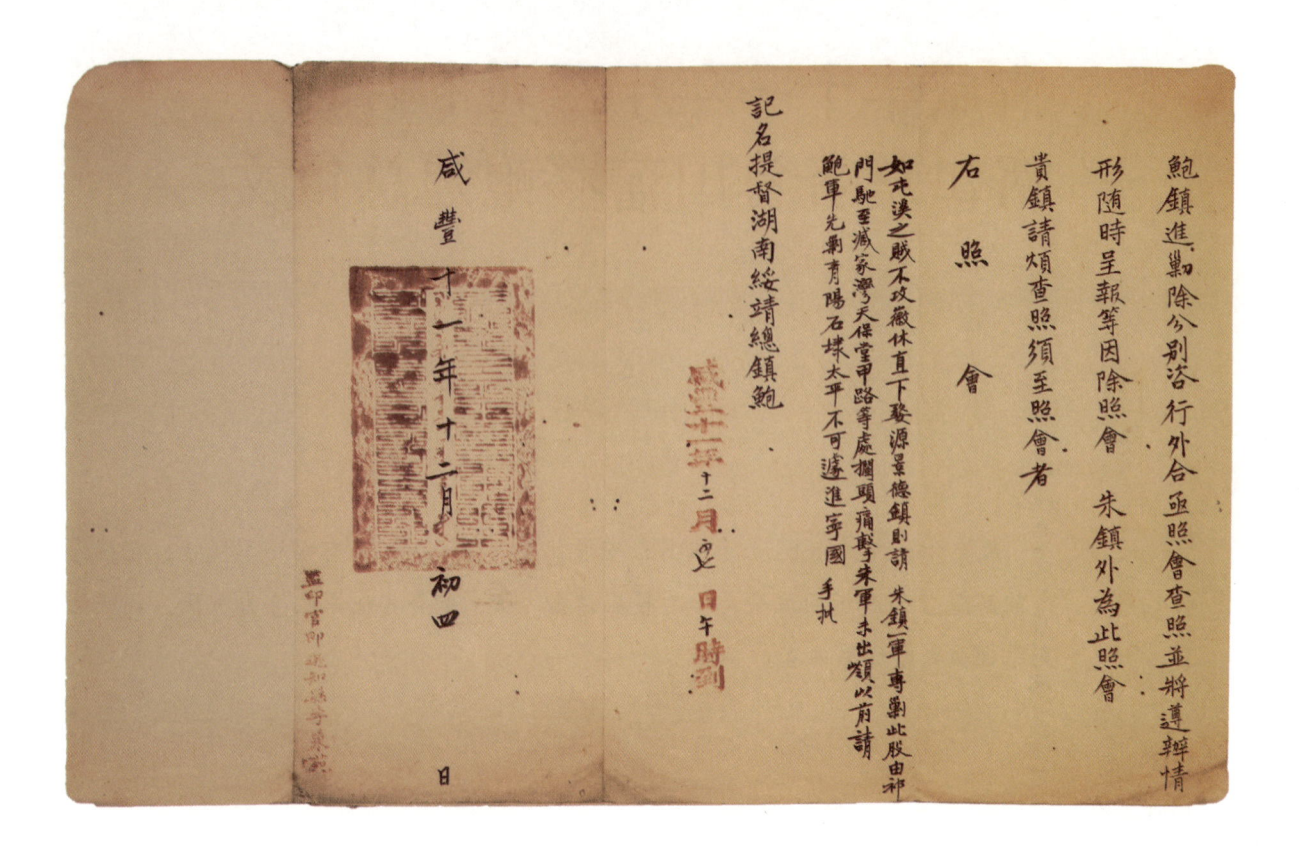

钦差大臣太子少保兵部尚书两江总督部堂曾〈国藩〉为照会事。

据姚道[一]亟称，贼股于二十七日窜至屯溪搭浮桥，声言围扑休宁县城。并恐取道尚溪，直走渔亭。已缄商贵镇由岭外雷湖地方拔营回救等情，所筹甚合机宜，应派贵镇速带所部折回渔亭，探贼所向，迎头截剿，勿任深入腹地。其休宁县城仍责成唐镇[二]固守，祁门县仍责成江军门[三]固守。贵镇一军即作为援应游击之师，务将此股贼匪合力击退，再行拔队出岭，会同鲍镇进剿。除分别咨行外，合亟照会查照，并将遵办情形随时呈报等因。除照会朱镇[四]外，为此照会贵镇，请烦查照。须至照会者。右照会记名提督湖南绥靖总镇鲍〈超〉。

咸丰十一年十二月初四日。

附记：

如屯溪之贼不攻徽、休，直下婺源、景德镇，则请朱镇一军专剿此股，由祁门驰至臧家湾、天保堂、甲路等处拦头痛击。朱军未出岭以前，请鲍军先剿青阳、石埭、太平，不可遽进宁国。手批。

注

[一]姚道，即姚体备（？—1869），字秋浦，山东巨野人。道光年间进士，咸丰十年（1860）十月以江西庐陵县令入曾国藩幕僚，协办营务。咸丰十一年（1861）五月，经曾氏奏请，署安徽徽宁池太道，兼理屯溪厘卡。

[二]唐镇，即唐义训，字桂生，湖南湘乡人。早年参加湘军，曾任曾国藩亲兵营分统，咸丰十一年（1861）在休宁署安徽皖南镇总兵。

[三]江军门，即江长贵（？—1876），字良臣，回族，四川盐亭人。行伍出身，随军在广西、安徽、江西、浙江等地与太平军作战，累功至皖南镇总兵。咸丰九年（1859）调驻祁门，次年升湖北提督，从杭州将军瑞昌帮办军务。咸丰十一年（1861）又转入皖南作战。同治二年（1863）调署直隶提督，光绪二年（1876）卒。

[四]朱镇，即朱品隆，官至衢州镇总兵。咸丰十年（1860）随曾国藩移军祁门。咸丰十一年（1861）十一月，太平军杨辅清等部占据屯溪一带，危及休宁及祁门大营。曾国藩遂命朱品隆自石埭赴援休宁，十二月，朱品隆率部与唐义训部会合，赴屯溪进剿，破太平军营垒。

四八 清咸丰十一年十二月初七日两江总督曾国藩照会鲍超文

提要 咸丰十一年（1861）十二月，曾国藩接到朝廷谕旨，照会所属各路统兵大员，要感奋皇恩，务须勠力同心、严明赏罚，不可观望迁延、贻误战机。

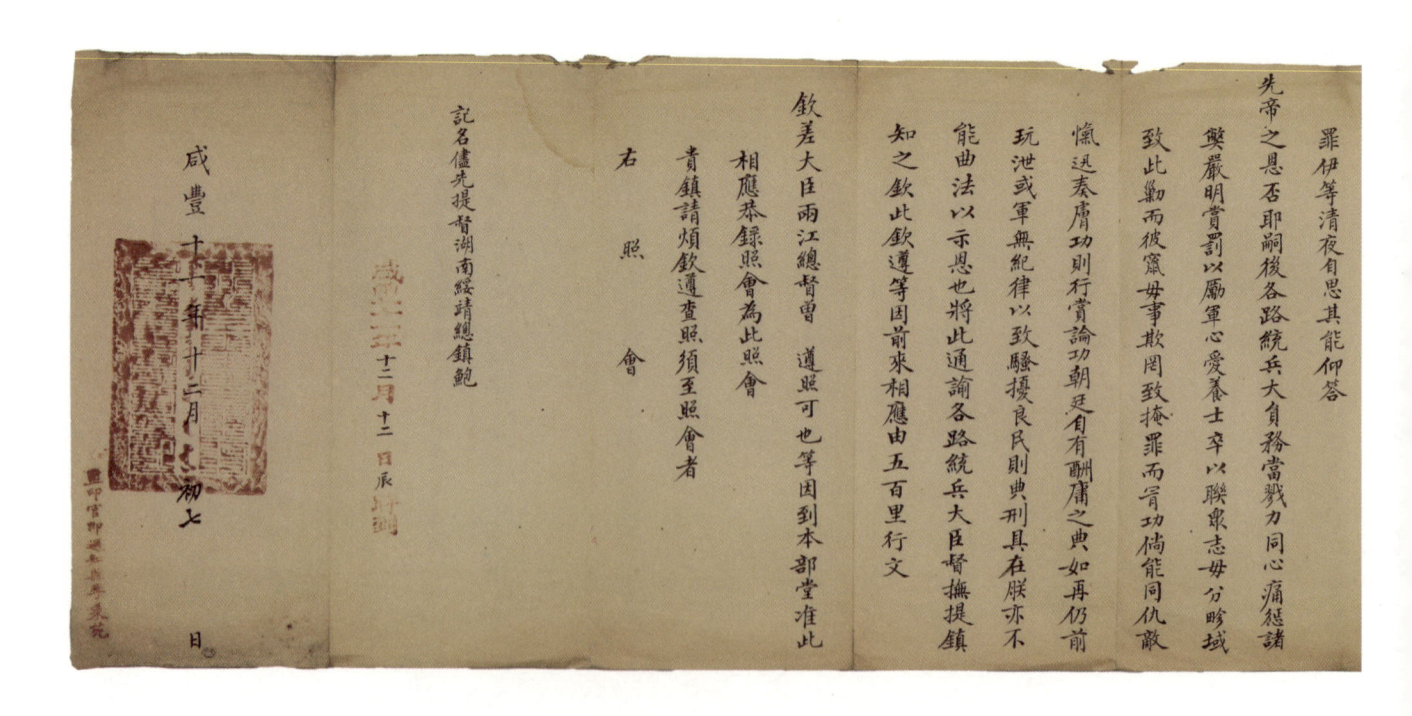

图片

钦差大臣两江总督曾 道照可也等因到本部堂准此相应恭录照会为此照会贵镇请烦钦遵查照须至照会者

右照会

记名卢先提督湖南绥靖总镇鲍

咸丰十一年十二月初七日

先帝之恩否耶嗣後各路统兵大员务当戮力同心痛惩诸罪伊等清夜自思其能仰答
舆严明赏罚以励军心爱养士卒以联众志毋分畛域
致此勤而彼窳毋争功倘能同仇敌
忾迅奏庸功则行赏论功朝廷自有酬庸之典如再仍前
玩泄或军无纪律以致骚扰良民则其在朕亦不
能曲法以示恩也将此通谕各路统兵大臣督抚提镇
知之钦此钦遵等因前来相应由五百里行文

照會

欽差大臣太子少保兵部侍郎兩江總督□□□

為

照會事咸豐十一年十一月二十日准
兵部咨開車駕司案呈據武選司移付內閣抄出十
月十三日奉
上諭軍興以來於今十載百姓慘遭兵燹顛沛流離我
皇考大行皇帝勤求民瘼命將出師
宵旰焦勞無日不欲出斯民於水火是以
軫恤我行訓勵將士多方諄誡至再至三即一戰之提一城
之拔無不立沛
恩施俾知感奮凡所以鼙軍經武期與斯民共樂昇平者固
天下臣民所共見共聞也各路帶兵大員身受
皇考厚恩畀以重任果能各矢公忠恊滅此朝食蠲兹小醜堂
難迅速蕩平乃近來將帥中深明紀律所在有功者固
不乏人而沾染積習者亦復不少或粉飾奏報或觀望
遷延賞罰則輕重失宜年糧餉則蝕漁入己甚至意見不
合以至事機坐失縱寇殃民種種貽誤朕即不重治其

录文

钦差大臣太子少保兵部尚书两江总督部堂曾〈国藩〉为恭录照会事。

咸丰十一年十一月二十日准兵部咨开，车驾司案呈，据武选司移付内阁抄出十月十三日奉上谕：军兴以来，于今十载，百姓惨遭兵燹，颠沛流离。我皇考大行皇帝勤求民瘼，命将出师，宵旰焦劳，无日不欲出斯民于水火。是以轸恤戎行，训励将士，多方告诫，至再至三，即一战之捷，一城之拔，无不立沛恩施，俾知感奋。凡所以整军经武，期与斯民共乐升平者，固天下臣民所共见共闻也。各路带兵大员身受皇考厚恩，畀以重任，果能各矢公忠，灭此朝食蠢兹小丑，岂难迅速荡平。乃近来将帅中深明纪律所在，有功者固不乏人，而沾染积习者亦复不少，或粉饰奏报，或观望迁延，赏罚则轻重失平，粮饷则蚀渔入己，甚至意见不合，以至事机坐失，纵寇殃民，种种贻误。朕即不重治其罪，伊等清夜自思，其能仰答先帝之恩否耶？嗣后各路统兵大员务当勠力同心，痛惩诸弊，严明赏罚，以励军心，爱养士卒，以联众志。毋分畛域，致此剿而彼窜；毋事欺罔，致掩罪而冒功。倘能同仇敌忾，迅奏肤功，则行赏论功，朝廷自有酬庸之典。如再仍前玩泄，或军无纪律，以致骚扰良民，则典刑具在，朕亦不能曲法以示恩也。将此通谕各路统兵大臣督抚提镇知之。钦此。钦遵等因。前来，相应由五百里行文钦差大臣两江总督曾〈国藩〉遵照，可也等因。到本部堂，准此。相应恭录照会，为此照会贵镇，请烦钦遵查照。须至照会者。右照会记名尽先提督湖南绥靖总镇鲍〈超〉。

咸丰十一年十二月初七日。

四九 清咸丰十一年十二月初九日
两江总督曾国藩照会鲍超文

提要

咸丰十一年（1861）十二月，霆营的副将刘车龙告假回四川成都省亲已有一年半时间，还没有回营销假。曾国藩恳请四川巡抚骆秉章、四川将军崇实在成都查核，督促刘车龙尽快到安徽霆营销假报到。

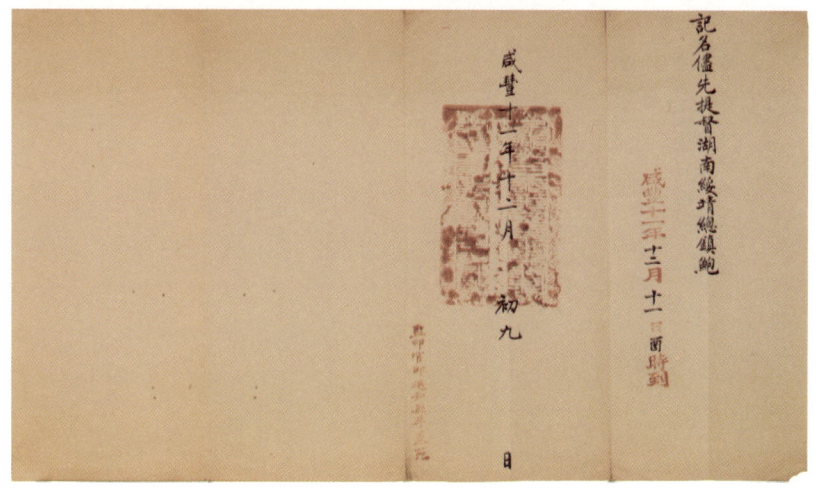

图片

录文

钦差大臣太子少保兵部尚书两江总督部堂曾〈国藩〉为照复事。

咸丰十一年十二月初二日据贵镇呈称：窃总兵衔副将刘车龙，自随霆营攻剿以来，尚属谙练军务，打仗奋勇。已于咸丰十年六月内告假回川省亲，迄今年余，尚未回营销假。值此攻剿下游，所有告假人员自应于假满后仍回营所，以专职司。闻该员现住四川省城，除另札飞调外，理合呈明宪台查核，札调该员迅速来营，并恳咨会川督部堂骆〈秉章〉、四川将军崇〈实〉[一]一体饬催该员星夜回营，以资熟手。为此呈乞照验等情。到本部堂，据此查刘将车龙向随霆营出力，自十年六月回籍后，迄未回营，自应飞调来皖，以资臂助。除咨骆部堂、崇将军饬催来营外，合行照复，为此照会贵镇，请烦查。照须至照会者。右照会记名尽先提督湖南绥靖总镇鲍〈超〉。

咸丰十一年十二月初九日。

注

[一] 崇实（1820—1876），字朴山，完颜氏，满洲镶黄旗人。清道光三十年（1850）进士，由侍讲学士官至成都将军，擢至刑部尚书、署盛京将军。

五〇 清咸丰十一年十二月十四日 两江总督曾国藩照会鲍超文

提要

咸丰十一年（1861）十二月，因御史钟佩贤等人奏请，朝廷颁布谕旨，饬令各路统兵大臣停止军营保举记名，要求信赏必罚，以后保举参罚，必须核实功罪。曾国藩将谕旨抄录照会所属各部知之。

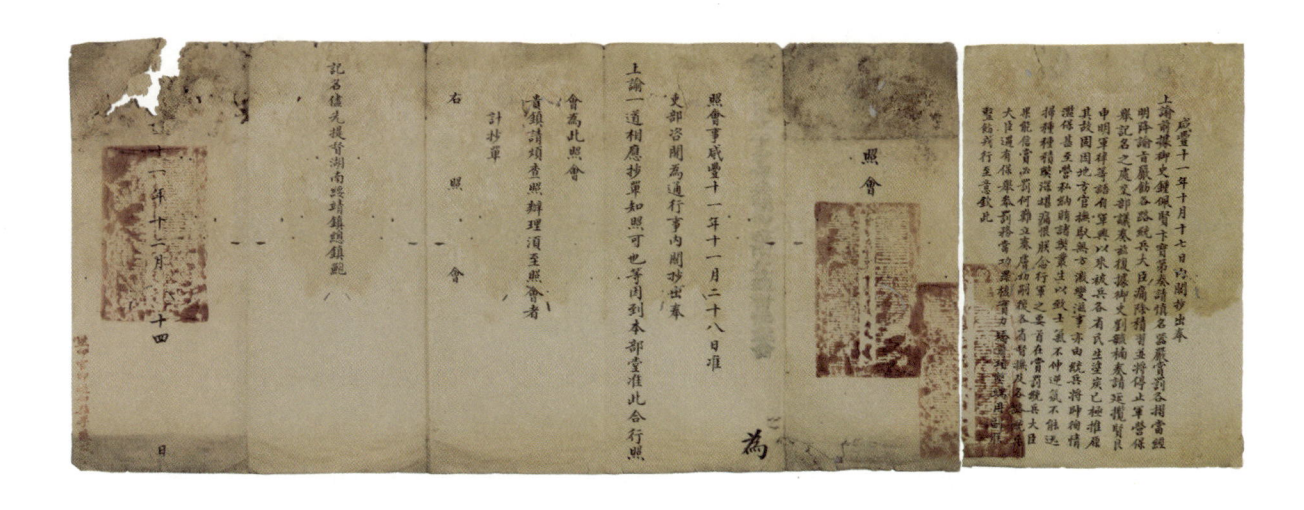

图片

录文

钦差大臣太子少保兵部尚书两江总督曾〈国藩〉为照会事。

咸丰十一年十一月二十八日准吏部咨开，为通行事内阁抄出奉上谕一道。相应抄单知照可也等因。到本部堂，准此。合行照会，为此照会贵镇，请烦查照办理。须至照会者。计抄单。右照会记名尽先提督湖南绥靖总镇鲍〈超〉。

咸丰十一年十二月十四日。

附抄单：

咸丰十一年十月十七日内阁抄出奉上谕：前据御史钟佩贤、卞宝第[一]奏请，慎名器、严赏罚各折，当经明降谕旨，严饬各路统兵大臣痛除积习，并将停止军营保举记名之处交部议奏。兹复据御史刘毓楠[二]奏请，延揽贤良、申明军律等语。自军兴以来，被兵各省民生涂炭已极，推原其故，固因地方官抚驭无方，激变滋事，亦由统兵将帅徇情滥保，甚至营私纳贿，诸弊丛生，以致士气不伸，逆氛不能迅扫。种种积弊，深堪痛恨。朕念行军之要，首在赏罚。统兵大臣果能信赏必罚，何难立奏肤功。嗣后各省督抚及各路统兵大臣遇有保举参罚，务当功罪核实，力矫前项弊端，用副朕整饬戎行至意。钦此。

注

[一] 卞宝第（1824—1893），字颂臣，江苏仪征人。咸丰元年（1851）举人，同治元年（1862）迁礼科给事中，后擢顺天府尹。同治五年（1866）出任河南布政使，次年（1867）擢福建巡抚，光绪八年（1882）任湖南巡抚，光绪十四年（1888）升闽浙总督，兼管福建船政。光绪十八年（1892）以疾解职。

[二] 刘毓楠，字南卿，河南祥符（今河南省开封市）人。咸丰二年（1852）进士，历官礼部主事、郎中，咸丰十一年（1861）任江南道御史。

五一　清同治元年正月十九日两江总督曾国藩照会鲍超总镇文

提要　同治元年（1862）正月，安徽祁门一带有游勇劫掠甚至假扮官兵搜抢的多起案件发生。曾国藩据祁门知县所禀，照会驻扎在皖南的所属各部严密搜索查拿。

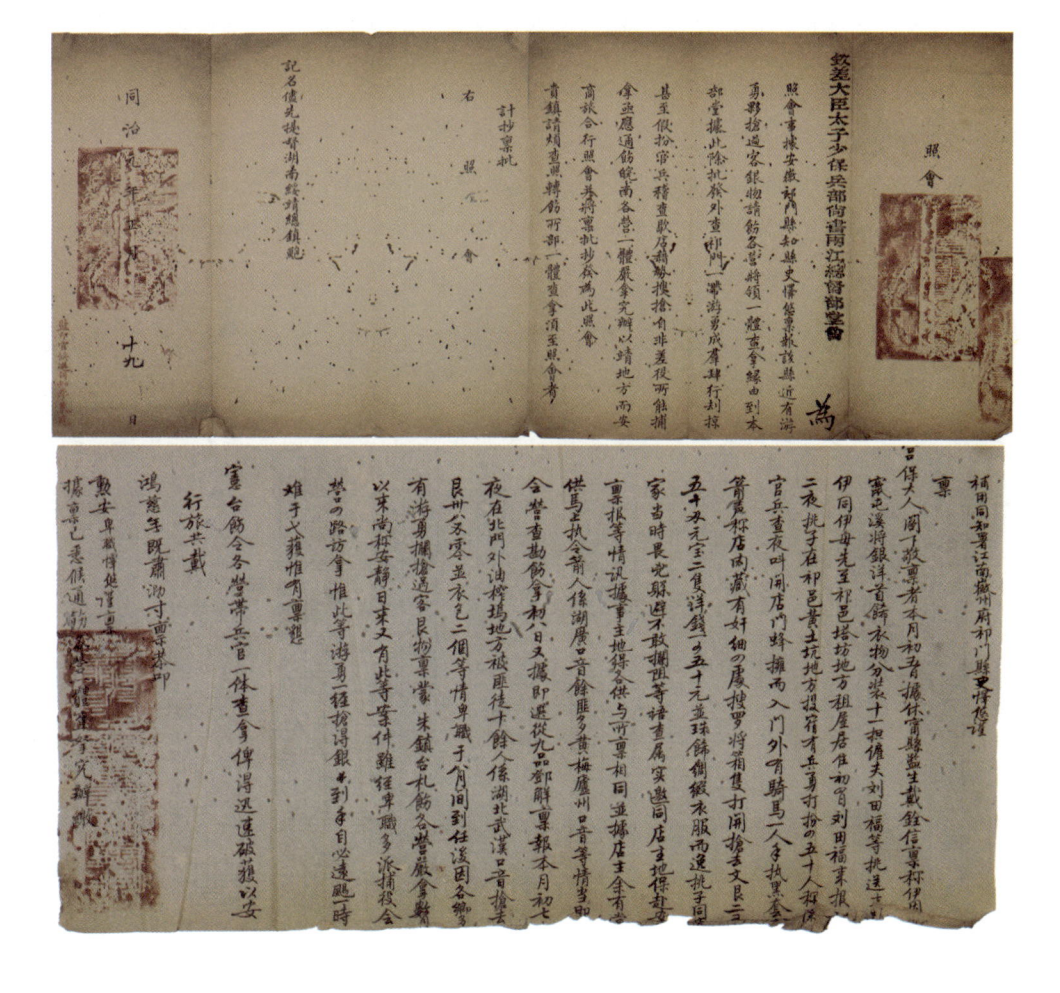

图片

钦差大臣太子少保兵部尚书两江总督部堂曾〈国藩〉为照会事。

据安徽祁门县知县史怿悠禀报，该县近有游勇伙抢过客银物，请饬各营将领一体查拿缘由。到本部堂，据此除批发外，查祁门一带游勇成群肆行劫掠，甚至假扮官兵稽查歇店，借势搜抢，自非差役所能捕拿，亟应通饬皖南各营一体严拿究办，以靖地方而安商旅。合行照会，并将禀批抄发，为此照会贵镇，请烦查照转饬所部一体查拿。须至照会者。计抄禀批。右照会记名尽先提督湖南绥靖总镇鲍〈超〉。

同治元年正月十九日。

附禀批：

补用同知署江南徽州府祁门县史怿悠谨禀：官保大人阁下，敬禀者：本月初五日，据休宁县监生戴铨信禀称，伊因□□窜屯溪，将银洋、首饰、衣物分装十一担，雇夫刘田福等挑送□□伊同伊母先至祁邑塔坊地方，租屋居住。初四日，刘田福来报□二夜挑子在祁邑黄土坑地方投宿，有兵勇打扮四五十人，称系官兵查夜，叫开店门，蜂拥而入，门外有骑马一人，手执黑套□箭，声称店内藏有奸细，四处搜罗，将箱只打开，抢去文银二□五十两，元宝二只，洋钱一百五十元，并珠饰、绸缎衣服而逸。挑子同□家当时畏凶躲避，不敢拦阻等语。查属实。邀同店主、地保赴安□禀报等情讯，据事主、地保各供与所禀相同，并据店主余有□供，马上执令箭人系湖广口音，余匪多黄梅、庐州口音等情，当即令营查勘饬拿。初八日，又据即选从九品邓解禀报，本月初七夜，在北门外油榨坞地方被匪徒十余人，系湖北武汉口音，抢去银卅八两零，并衣包二个等情。卑职于八月间到任后，因各乡多有游勇拦抢过客银物，禀蒙朱镇台札饬各营严拿数月以来，尚称安静，日来又有此等案件。虽经卑职多派捕役会营四路访拿，惟此等游勇一经抢得银□到手，自必远扬，一时难于弋获。惟有禀恳宪台，饬令各营带兵官一体查拿，俾得迅速破获，以安行旅，共戴鸿慈靡既，肃泐寸禀，恭叩勋安。卑职怿悠谨禀。据禀已悉，候通饬各营一体查拿究办缴。

五二 清同治元年四月二十二日两江总督曾国藩咨鲍超文

提要

该札文有部分残缺，内容系同治元年（1862）三月，曾国藩为击退太平军援军、克复青阳县城的官兵保奏请功。霆军是此战主力，清廷以鲍超身先士卒、调度得宜，颁赐了玉扳指、玉烟壶等物。时鲍超已于该年正月升任浙江提督。

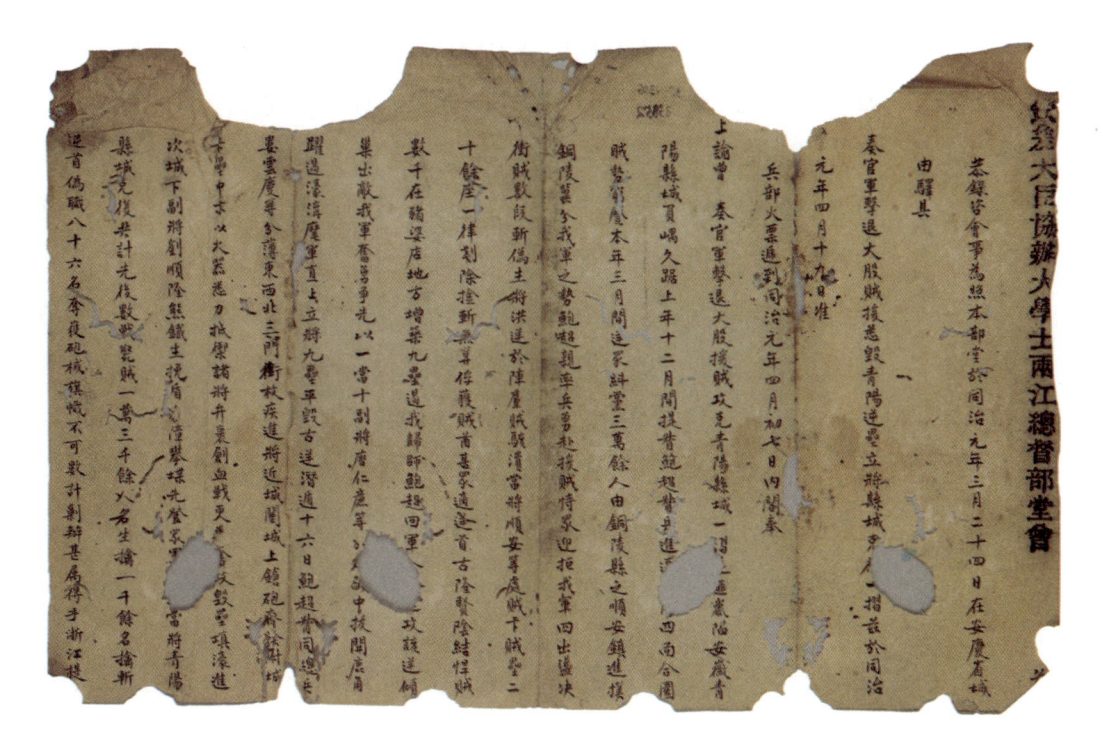

图片

录文

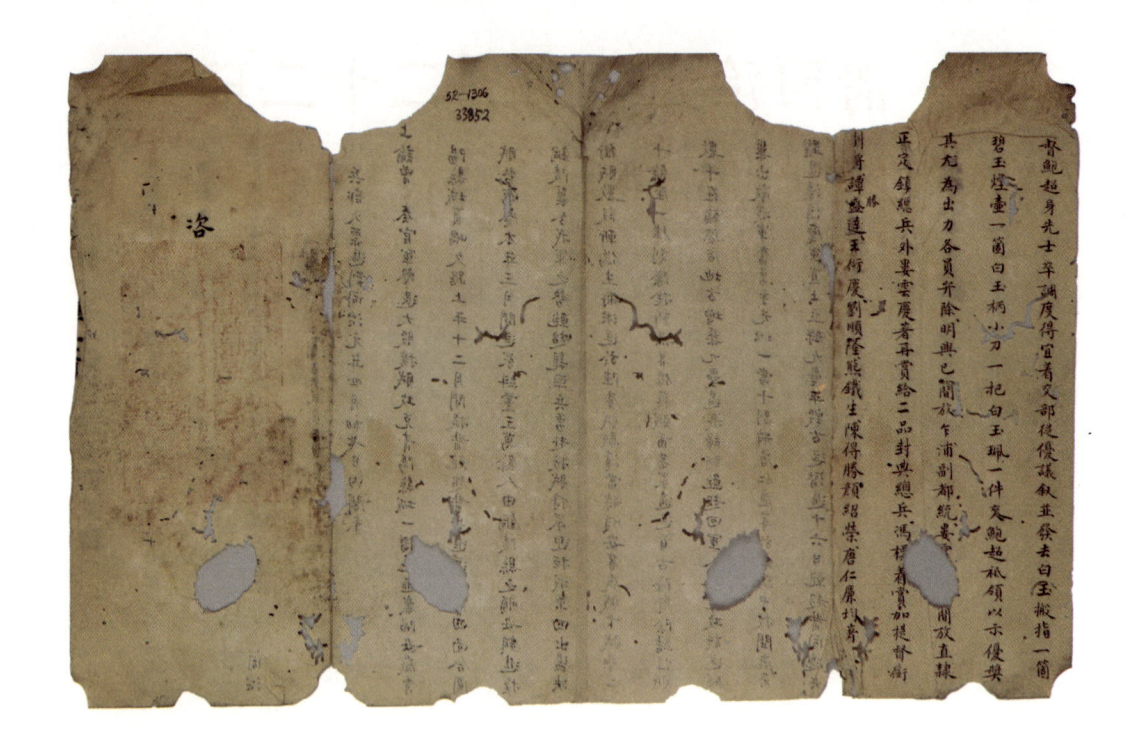

钦差大臣协办大学士两江总督部堂曾〈国藩〉为恭录咨会事。

为照本部堂于同治元年三月二十四日，在安庆省城由驿具奏官军击退大股贼援，悉毁青阳逆垒，立将县城克复一折。兹于同治元年四月十九日准兵部火票递到同治元年四月初七日内阁奉上谕曾〈国藩〉奏官军击退大股援贼，攻克青阳县城一折。□匪窜陷安徽青阳县城，负隅久踞。上年十二月间，提督鲍超督兵进逼□□，四面合围，贼势穷蹙。本年三月间，逆众纠党三万余人，由铜陵县之顺安镇进扑铜陵，冀分我军之势。鲍超亲率兵勇赴援，贼恃众迎拒。我军四出荡决，冲贼数段。斩伪主将洪逆于阵，群贼骇溃。当将顺安等处贼卡、贼垒二十余座一律划除，擒斩无算，俘获贼酋甚众。适逆首古隆贤阴结悍贼数千，在猪婆店地方增筑九垒，遏我归师。鲍超回军分路进攻，该逆倾巢出敌。我军奋勇争先，以一当十，副将唐仁廉等□□□中拔开鹿角，跃过壕沟，麾军直上，立将九垒平毁。古逆潜遁。十六日，鲍超督同总兵娄云庆等分薄东、西、北三门，衔枚疾进，将近城闉，城上枪炮齐发，附城卡垒中亦以火器悉力抵御。诸将弁裹创血战，更番奋攻，毁垒填濠，进次城下。副将刘顺隆、熊铁生挽盾自障，攀堞先登。众军□□当将青阳县城克复。共计先后数战，毙贼一万三千余人名，生擒一千余名。擒斩逆首、伪职八十六名，夺获炮械、旗帜不可数计，剿办甚属得手。浙江提督鲍超身先士卒，调度得宜，着交部从优议叙，并发去白玉扳指一个、碧玉烟壶一个、白玉柄小刀一把、

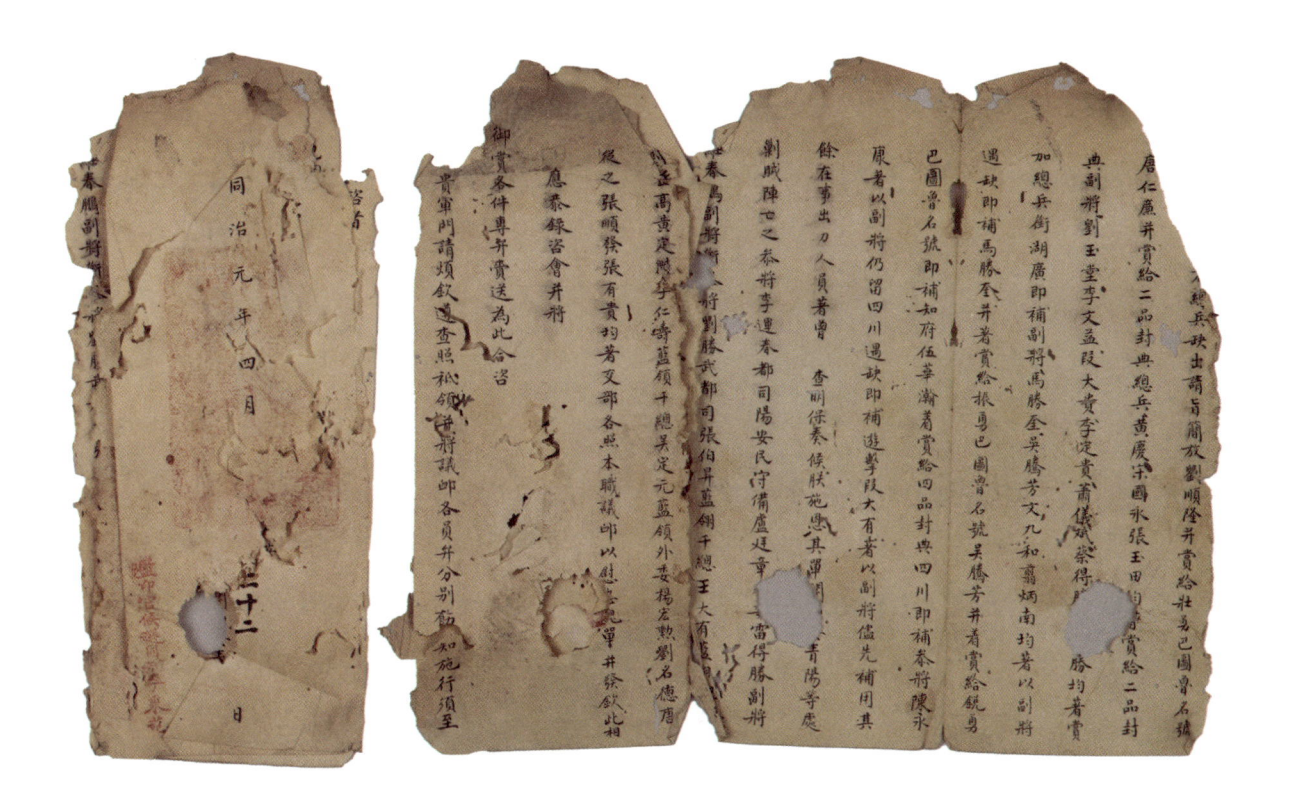

白玉佩一件，交鲍超祗领，以示优奖。其尤为出力各员弁，除明兴已简放乍浦副都统、娄云庆简放直隶正定镇总兵外，娄云庆着再赏给二品封典。总兵冯标着赏加提督衔，副将谭胜达、王衍庆、刘顺隆、熊铁生、陈得胜、颜绍荣、唐仁廉，均着交军机处记名，遇有总兵缺出，请旨简放。刘顺隆并赏给壮勇巴图鲁名号，唐仁廉并赏给二品封典，总兵黄庆、宋国永、张玉田均着赏给二品封典，副将刘玉堂、李文益、段大贵、李定贵、萧仪斌、蔡德胜、□□胜，均着赏加总兵衔。湖广即补副将马胜奎、吴腾芳、文九和、蒯炳南，均着以副将遇缺即补，马胜奎并着赏给振勇巴图鲁名号，吴腾芳并着赏给锐勇巴图鲁名号，即补知府伍华瀚着赏给四品封典。四川即补参将陈永康着以副将，仍留四川遇缺即补。游击段大有着以副将尽先补用。其余在事出力人员，着曾〈国藩〉查明保奏，候朕施恩。其单□□□青阳等处剿贼阵亡之参将李运春、都司阳安民、守备卢廷章、□□雷得胜、副将罗春鹏、副将衔参将刘胜武、都司张伯升、蓝翎千总王大有、蓝翎把总刘正高、黄定魁、李仁寿，蓝翎千总吴定元，蓝翎外委杨宏勋、刘名德、唐从之、张顺发、张有贵，均着交部各照本职议恤，以慰忠魂。单并发。钦此。相应恭录咨会并将御赏各件，专弁赍送，为此合咨贵军门，请烦钦遵查照祗领，并将议恤各员弁分别饬知施行。须至咨者。

同治元年四月二十二日。

清同治元年五月初七日两江总督曾国藩移鲍超文

五三

提要

同治元年（1862）三月下旬，在克复青阳县城后，鲍超率霆军又接连克复太平、石埭、泾县三城。曾国藩具折为鲍超等人保奏请功，朝廷将此役与克复青阳县城之战合并，统一按参战人员的战绩功劳施恩嘉奖，并为阵亡将士从优议恤。

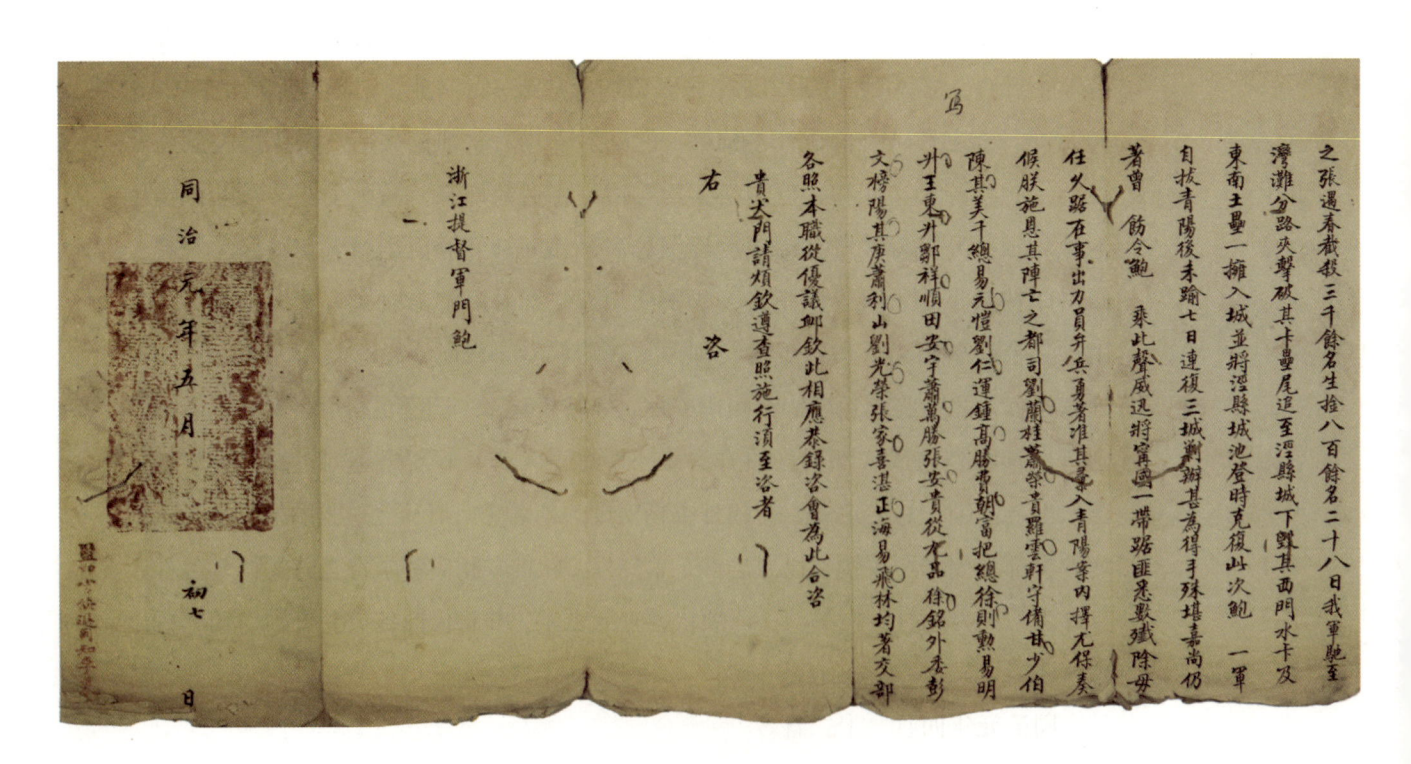

图片

欽差大臣協辦大學士兩江總督部堂曾

恭錄咨會事爲照本部堂於同治元年四月初四日在安慶
省城由驛具

奏鮑一軍連破賊壘克復石埭太平涇縣等三城一摺䓁於五
月初一日准
兵部火票遞回原摺後開
議政王軍機大臣奉
旨另有旨欽此同日並准遞到同治元年四月十六日内閣奉
上諭曾 奏官軍連破賊壘克復太平石埭涇縣等城一摺鮑
一軍自攻克青陽後於三月二十一日由龍口率隊乘勝直抵
石埭縣城壘各賊開關死守我軍分五路合圍環壘飛梯火
器填壕而進殲賊無算立將賊壘十四座悉數踏平城上之賊
矢石交下總兵甘其喜雲慶等率領軍士直薄城根從西北二門斬
關直入該逆奪路狂奔追擊二十里纖覽賊衆五十餘人俘獲
近四百人當將石埭縣城克復逆衆到合援賊屢集甘棠鎮以
阻我師二十二日官軍三路進攻復分兵由山後整隊衝出賊
不能軍盡棄甘棠十七壘而逃我軍奮力追逆進薄太平而
查賊高山四壘俯瞰城中大箐環筑延燒擧局賊於烟焰之中
棄城逃避各軍分投掩襲覽賊无遺並生擒爲主將等三十七
名太平縣城立卽收復其賊清之賊圍實徑縣復經新收投降

录文

钦差大臣协办大学士两江总督部堂曾〈国藩〉为恭录咨会事。

为照本部堂于同治元年四月初四日，在安庆省城由驿具奏鲍〈超〉一军连破贼垒、克复石埭、太平、泾县三城一折。兹于五月初一日，准兵部火票递回原折。后开议政王、军机大臣奉旨，另有旨，钦此。同日并准递到同治元年四月十六日内阁奉上谕：曾〈国藩〉奏，官军连破贼垒，克复太平、石埭、泾县等城一折。鲍〈超〉一军，自攻克青阳后，于三月二十一日，由龙口率队乘胜直抵石埭县城。城垒各贼闭关死守，我军分五路合围，环垒飞掷火器，填壕而进，殪贼无算，立将贼垒十四座悉数踏平。城上之贼，矢石交下。总兵娄云庆等率领军士，直薄城根，从西、北二门斩关直入。该逆夺命狂奔。追击二十里，歼毙贼众五千余人，俘获近四百人，当将石埭县城克复。逆众纠合援贼，麇集甘棠镇，以阻我师。二十二日，官军三路进击，复分兵由山后整队冲出，贼不能军，尽弃甘棠十七垒而逃。我军悉力追逐，进薄太平西门，夺贼高山四垒。俯瞰城中，火箭环施，延烧药局。贼于烟焰之中，弃城逃遁。各军分投掩袭，毙贼尤伙，并生擒伪主将等三十七名，太平县城立即收复。其败溃之贼，图窜泾县，复经新收投降之张遇春截杀三千余名，生擒八百余名。二十八日，我军驰至湾滩，分路夹击，破其卡垒，尾追至泾县城下，毁其西门水卡，及东南土垒，一拥入城，并将泾县城池登时克复。此次鲍〈超〉一军，自拔青阳后，未逾七日，连复三城，剿办甚为得手，殊堪嘉尚。仍着曾〈国藩〉饬令鲍〈超〉，乘此声威，迅将宁国一带踞匪悉数歼除，毋任久踞。在事出力员弁兵勇，着准其汇入青阳案内，择尤保奏，候朕施恩。其阵亡之都司刘兰桂、萧荣贵、罗云轩，守备甘少伯、陈其美，千总易元恺、刘仁运、钟高胜、费朝富，把总徐则勋、易明升、王东升、邹祥顺、田安宇、萧万胜、张安贵，从九品徐铭，外委彭文榜、阳其庚、萧利山、刘光荣、张家喜、湛正海、易飞林，均着交部各照本职从优议恤。钦此。相应恭录咨会，为此合咨贵军门，请烦钦遵查照施行。须至咨者。右咨浙江提督军门鲍〈超〉。

同治元年五月初七日。

五四 清同治元年七月二十七日两江总督曾国藩咨鲍超文

提要　同治元年（1862）七月，朝廷根据僧格林沁上疏所奏军营和地方失实保奏、赏重罚轻等情况，通谕各统兵大臣和督抚大吏，对以后虚报战果、营私舞弊的官员从重惩处。

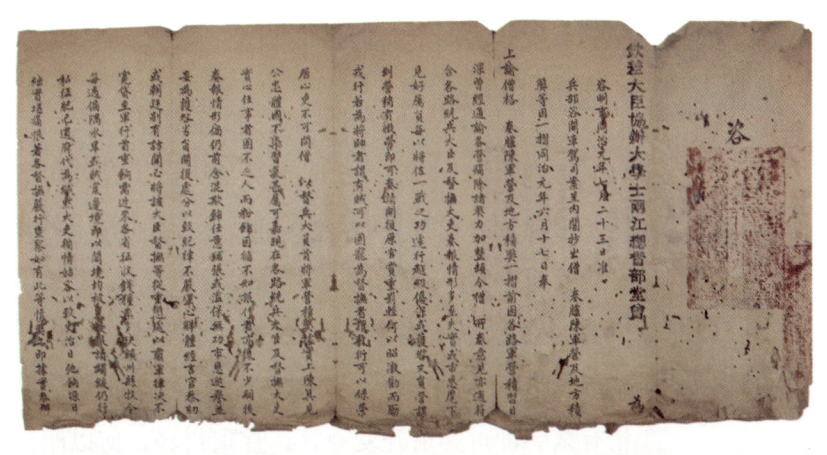

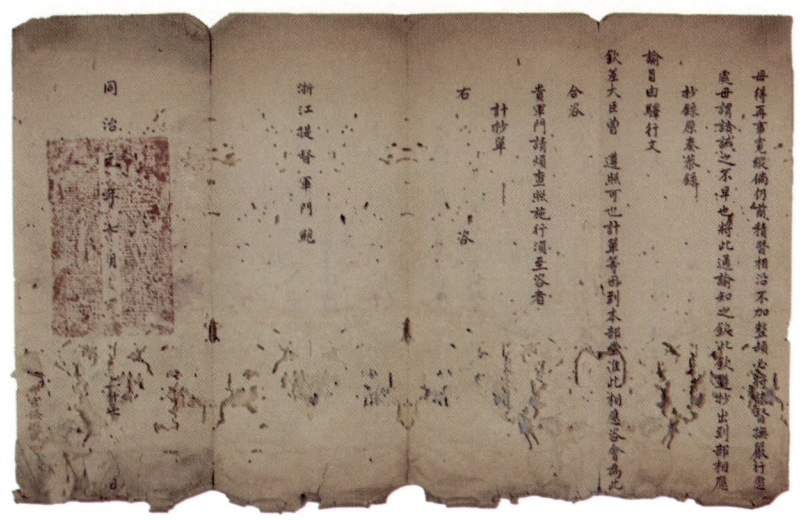

图片

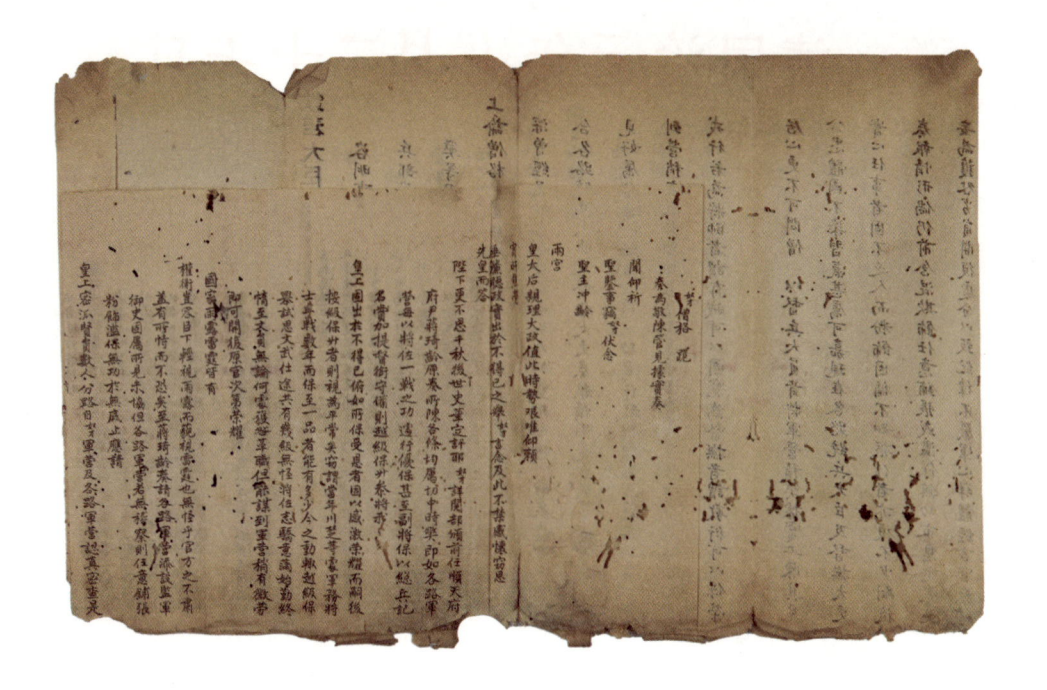

钦差大臣协办大学士两江总督部堂曾〈国藩〉为咨明事。

同治元年七月二十三日准兵部咨开，车驾司案呈内阁抄出僧〈格林沁〉奏胪陈军营及地方积弊等因一折。同治元年六月十七日奉上谕，僧格〈林沁〉奏胪陈军营及地方积弊一折，前因各路军营积习日深，曾经通谕各营痛除诸弊、力加整顿，今僧〈格林沁〉所奏意见亦适符合。各路统兵大臣及督抚大吏奏报情形，多至失实，或市恩麾下，见好属员，每以将佐一战之功遽行越级优保，或获咎文员，营谋到营，稍有微劳即可奏请开复原官，赏重罚轻，何以昭激劝而励戎行。若为将帅者谓有贼可以固宠，为督抚者谓敷衍可以保荣，居心更不可问。僧〈格林沁〉以督兵大员，肯将军营积弊据实上陈具见，公忠体国，不染习气，甚属可嘉。现在各路统兵大臣及督抚大吏实心任事者固不乏人，而粉饰因循不知振作者亦复不少。嗣后奏报情形倘仍前含混欺饰、任意铺张，或滥保无功、市恩邀誉，并妄为获咎劣员开复处分，以致纪律不严，军心解体，经言官参劾，或朝廷别有访闻，必将该大臣、督抚等从重惩处，以肃军律，决不宽贷。至军行首重饷需，近来各省征收钱粮率多缺额，州县牧令每遇偏隅水旱，或贼窜边境，即以阖境均被灾扰，报请蠲缓，仍行私征肥己，道府代为缄默，大吏徇情姑容，以致吏治日驰、饷源日绌，实堪痛恨。着各督抚严行查察，如有此等情弊，立即据实参办，毋得再事宽纵。倘仍前积习相沿，不加整顿，必将兹督抚严行惩处，毋谓告诫之不早也。将此通谕知之。钦此。钦遵抄出到部，相应抄录原奏，恭录谕旨由驿行文钦差大臣曾〈国藩〉遵照，可也。计单等因。到本部堂，准此。相应咨会，为此合咨贵军门，请烦查照施行。须至咨者。计抄单。右咨浙江提督军门鲍〈超〉。

同治元年七月二十七日。

附抄单：

奴才僧格〈林沁〉跪奏为敬陈管见据实奏闻仰祈圣鉴事。

窃奴才伏念圣主冲龄[一]，两宫皇太后宵旰焦劳，亲理大政，值此时势艰难，仰赖垂帘听政，先皇而答，实出于不得已之举。奴才言念及此，不禁感怀。窃思陛下更不思千秋后世史笔定评耶。奴才详阅部颁前任顺天府府尹蒋琦龄[二]原奏所陈各条，均属切中时弊。即如各路军营，每以将佐一战之功遽行优保，甚至副将保以总兵，记名赏加提督衔，守备则越级保升参将。我皇上固出于不得已，俯如所保，受恩者固以感激荣耀，而嗣后按级保升者，则视为平常矣。窃谓当年川楚等处军务，将士血战数年而保至一品者，能有多少？今之动辄越级保举，试思文武仕途共有几级。无怪将佐志骄意满，始勤终惰，至文员无论何处获咎革职，但能谋到军营，稍有微劳，即可开复原官，次第荣耀。国家雨露雷霆，皆有权衡，岂容臣下轻视雨露而藐视雷霆也。无怪乎官方之不肃，盖有所恃而不恐矣。至蒋琦龄奏请各路军营添设监军御史，固属所见未协，但各路军营若无稽察，则任意铺张，粉饰滥保，无功于无底止。应请皇上密派贤员数人，分路自奴才军营及各路军营，认真密查。是【后缺】。

注

[一] 冲龄，意指帝王幼年即位。

[二] 蒋琦龄（1816—1876），字申甫，广西全州人。道光二十年（1840）进士，初授翰林院编修，咸丰五年（1855）擢顺天府府尹。

五五 清同治元年八月初五日两江总督曾国藩咨鲍超文

提要　同治元年（1862）八月，因有太平军献城投降，曾国藩在挑选部分勇丁之外，其余人众一律遣返，为此制定了遣返条例和实施办法，命所属各部遵照办理。

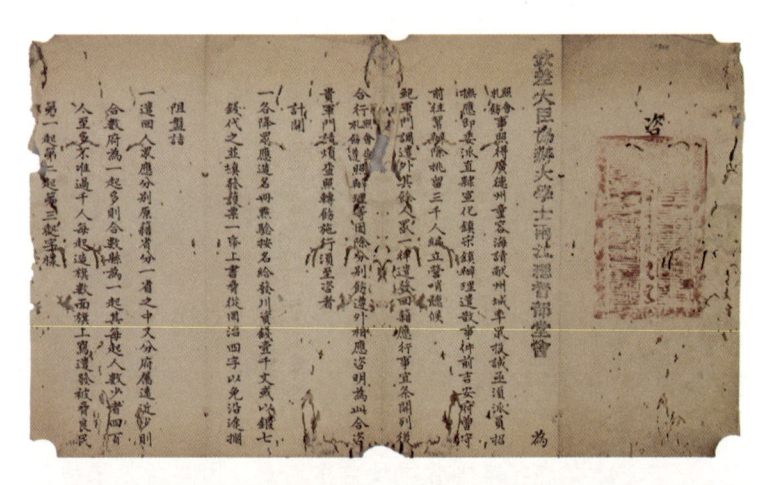

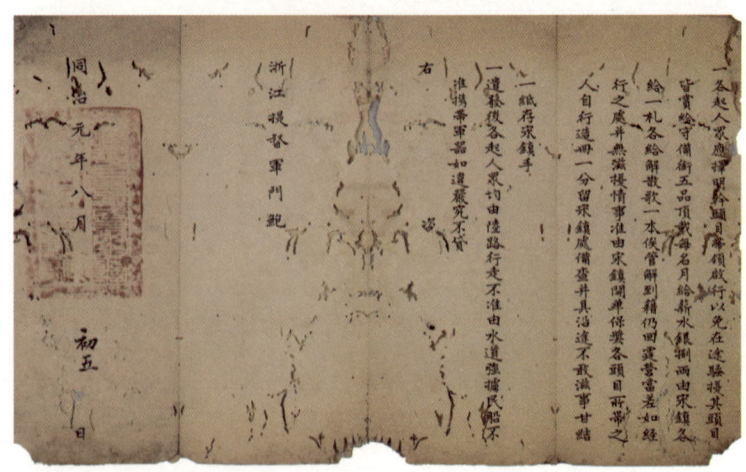

图片

录文

钦差大臣协办大学士两江总督曾〈国藩〉为照会札饬事。

照得广德州童容海请献州城，率众投诚，亟须派员招抚。应即委派直隶宣化镇宋镇[一]办理遣散事件，前吉安府曾守[二]前往帮办，除挑留三千人编立营哨，听候鲍军门调遣外，其余人众一律遣发回籍。应行事宜条开列后，合行照会，查札饬遵照办理等因。除分别饬遵外，相应咨明，为此合咨贵军门，请烦查照转饬施行。须至咨者。计开。

一 各降众应造名册点验，按名给发川资钱壹千文，或以银七钱代之，并填发护票一纸，上书"胁从罔治"四字，以免沿途拦阻盘诘。

一 遣回人众应分别原籍省分，一省之中又分府属远近，少则合数府为一起，多则合数县为一起，其每起人数少者四百人，至多不准过千人。每起造旗数面，旗上写"遣发被胁良民第一起""第二起""第三起"字样。

一 各起人众应择明干头目带领启行，以免在途骚扰。其头目皆赏给守备衔五品顶戴，每名月给薪水银捌两，由宋镇各给一札，各给解散歌一本，俟管解到籍，仍回霆营当差。如经行之处并无滋扰情事，准由宋镇开单保奖。各头目所带之人自行造册一分，留宋镇处备查，并具沿途不敢滋事甘结一纸，存宋镇手。

一 遣发后各起人众均由陆路行走，不准由水道强掳民船，不准携带军器。如违，严究不贷。

右咨浙江提督军门鲍〈超〉。

同治元年八月初五日。

注

[一] 直隶宣化镇宋镇，即宋国永（？—1865），霆军营官，咸丰十一年（1861）从援江西，克铅山，解抚州、广信之围，以提督记名。同治元年（1862）克青阳、宁国，授直隶宣化镇总兵。直隶宣化镇，清直隶省绿营营制所设六镇之一。

[二] 前吉安府曾守，即曾咏（1813—1862），字永言，号吟村，四川华阳县（今成都）人。道光十五年（1835）举人，咸丰八年（1858）任江西省吉安府知府。咸丰十一年（1861）因吉安失陷而被撤职，受曾国藩之邀到安庆襄办军务，后殁于军中。

五六 清同治元年八月十八日两江总督曾国藩移鲍军门文

提要 同治元年（1862）八月，因有御史奏请整顿军营中获罪人员以留营效力为由逃避罪责且多年来毫无劳绩的积弊，朝廷下令命凡是戴罪留营的人员，若在三个月内没有实实在在的劳绩，即按原定罪名惩处。谕旨中特别点名霆营中的数名人员，要求鲍超查明办理。

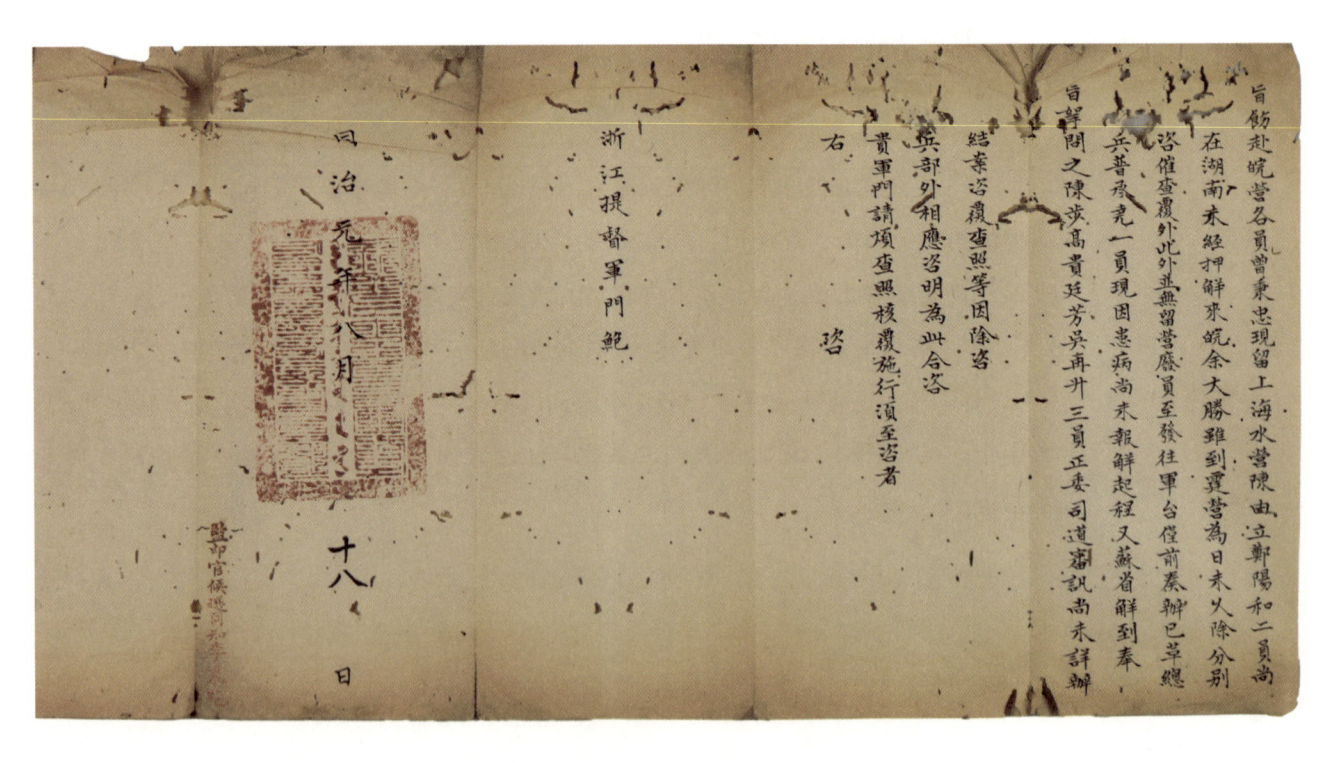

图片

欽差大臣協辦大學士兩江總督部堂曾 咨

咨明事同治元年八月十一日准
兵部咨開軍驗司案呈案准咸豐十一年十一月二十二日
內閣抄出御史朱秦軍制歷弛除積弊兩固人心等因于
摺十一月十七日奉

上諭御史朱潮秦陳軍營積弊請力加整頓等語被好之員留
營効力往往經年累月毫無勞績以致應行掣間發遣者概借
軍營為逋逃藪嗣後凡帶罪留營之員子限三月如無賞在勞績
師撒除照原擬罪名懲治如說經兵大臣等不即秦撒即著該
部指名恭劾以申軍律等因欽此當經本部於上年十二月初
四日恭錄

諭旨由驛行又該督遵照並查明發往新疆及發往軍台留劾
効名千員先行由驛咨覆本部以憑唐核可也等
固到本部堂准此查本部堂軍營帶罪人員前秦降補守備
鄭陽和續經另案恭秦革職其併案恭革之副將鄭雲貴守
備蔣揖讓二員當留營効力應由
浙江鮑軍門查明現在有無勞績再行咨復辦理又奉

录文

钦差大臣协办大学士两江总督部堂曾〈国藩〉为咨明事。

同治元年八月十一日准兵部咨开，车驾司案呈，案查咸丰十一年十一月二十二日内阁抄出御史朱〈潮〉奏，军制废弛，除积弊而固人心等因一折。十一月十七日奉上谕：御史朱潮奏沥陈军营积弊，请力加整顿等语，获咎之员留营效力，往往经年累月毫无劳绩，以致应行拿问发遣者，概借军营为逋逃薮。嗣后凡带罪留营之员，予限三月如无实在劳绩，即撤除，照原拟罪名惩治。如该统兵大臣等不即奏撤，即着该部指名参劾，以申军律等因。钦此。当经本部于上年十二月初四日恭录谕旨，由驿行文该督遵照，并查明发往新疆及发往军台留营效力若干员，先行由驿咨覆本部在案。又于本年二月二十五日，由驿咨催亦在案。迄今日久，未据声复。事关具奏，万勿再迟，应再由驿咨催两江总督遵照谕旨办理具奏，如无留营废员，迅即咨覆本部，以凭查核，可也等因。到本部堂，准此。查本部堂军营带罪人员，前奏降补守备郑阳和，续经另案奏参革职，其并案参革之副将邓云贵、守备蒋揖让二员[一]，当留霆营效力。应由浙江鲍军门查明，现在有无劳绩，再行核咨办理。又奉旨，饬赴皖营各员曾秉忠现留上海水营，陈由立、郑阳和[二]二员尚在湖南，未经押解来皖。余大胜虽到霆营，为日未久。除分别咨催查覆外，此外并无留营废员。至发往军台，仅前奏办已革总兵普承尧一员，现因患病，尚未报解起程。又苏省解到奉旨拿问之陈步高、贵廷芳、吴再升三员，正委司道审讯，尚未详办结案。咨覆查照等因。除咨兵部外，相应咨明，为此合咨贵军门，请烦查照核覆施行。须至咨者。右咨浙江提督军门鲍〈超〉。

同治元年八月十八日。

注

[一] 邓云贵、蒋揖让，据同治元年（1862）曾国藩奏《参郑阳和等纵勇闹事及不遵军令》折：＂霆字左营营官、总兵衔副将郑阳和，任性妄为，纵勇索闹口粮，骚扰地方；其哨官副将邓云贵、守备蒋揖让，管束不严，私放犯罪之勇，张贴匿名揭帖，均属有干法纪。应请将副将郑阳和降为蓝翎守备，副将邓云贵、守备蒋揖让即行革职，均留霆营效力，以观后效。＂

[二] 郑阳和，据同治元年（1862）曾国藩奏《特参私行远扬之将领以肃军纪》折：＂鲍超所部营官陈由立、余大胜、郑阳和均保至总镇，任意远扬，请将该员等革职。并请敕下湖南抚臣，派员押回皖南原营，通谕各路军营，不准辄留投效将弁。以惩跋扈之风，杜效尤之渐。＂

五七　清同治二年浙江提督鲍超告示

提要

同治二年（1863）八月，鲍超按朝廷要求办理阵亡兵员的议恤事宜。该年正月，霆营在马头镇、泾县打仗获胜，曾国藩为霆营保奏请功。经朝廷恩准后，霆营发布告示为打仗阵亡的六十八名将士办理议恤事宜，要求各阵亡将士的宗嗣、亲属自带履历、籍贯来霆营禀报，领取抚恤金，并由阵亡将士原籍地方官造报清册。

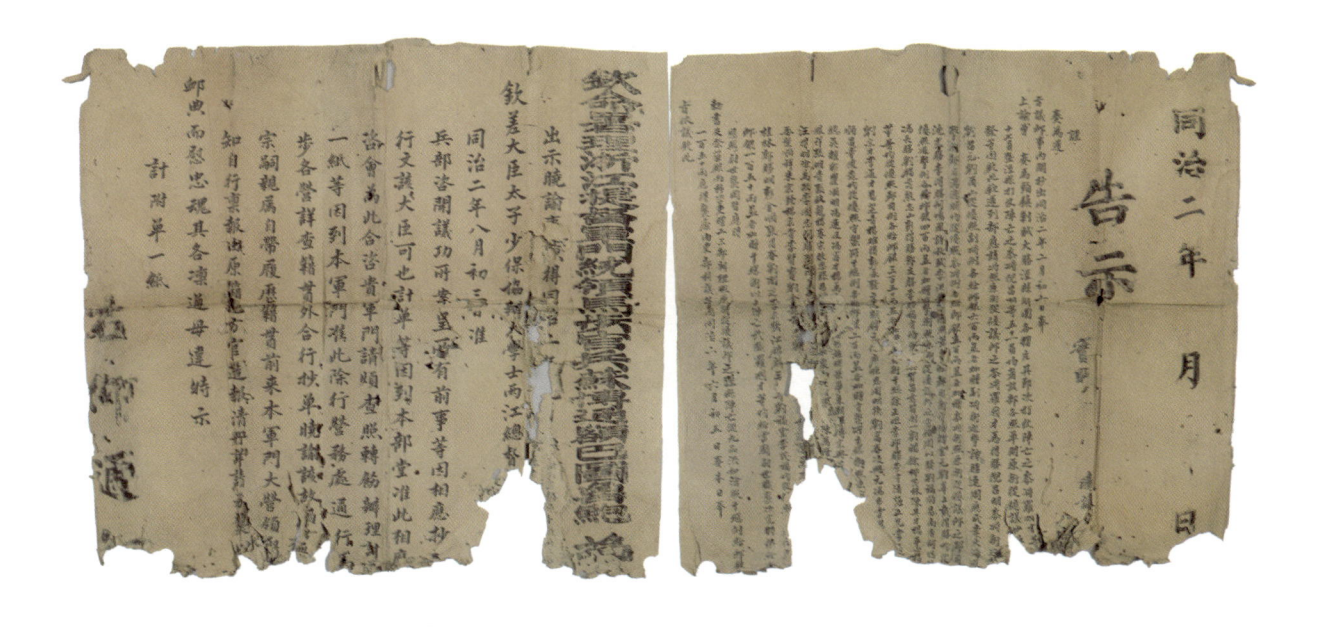

图片

钦命署理浙江提督军门统领马步官兵苏博通额巴图鲁鲍〈超〉为出示晓谕事。照得同治二年□□□□□□钦差大臣太子少保协办大学士两江总督部堂曾〈国藩〉□□□同治二年八月初三日准兵部咨开,议功所案呈,所有前事等因。相应抄录行文该大臣,可也。计单。等因。到本部堂,准此。相应咨会,为此合咨贵军门,请烦查照转饬办理。计单一纸等因。到本军门,准此。除行营务处通行马步各营详查籍贯外,合行抄单晓谕该故□□□宗嗣、亲属,自带履历、籍贯前来本军门大营领□□□知,自行禀报,由原籍地方官造报清册,详请承袭以恤典而慰忠魂。其各凛遵毋违。特示。

计附单一纸。

右仰通□。

附抄单：

同治二年　月　日。告示。实贴，晓谕。谨奏。为遵旨议恤事。

内阁抄出同治二年二月初六日奉上谕曾〈国藩〉奏马头镇剿贼大胜，泾县解围各折片。其節次打仗阵亡之参将罗国才等十七员，暨泾县打仗阵亡之参将倪昌明等五十一员，均着该部各照单开原衔从优议恤□发等因。钦此。钦遵到部，应请将照原衔从优议恤之参将罗国才、马得胜、倪昌明，参将衔游击刘昌元、刘酉山，从优照副将例各给恤银六百两，并各加赠副将衔。游击谭胜连、周应成、李大海，游击衔都司汤德顺，均从优照参将例各给恤银五百两，并各加赠参将衔。照原衔从优议恤之都司沈光胜、李得胜、何鸣凤、许秋盛、李洪兴、□德照、萧□□，都司衔守备谭金元、刘华上、戴得胜，均从优照游击例各给恤银四百两，并各加赠游击衔。照原衔从优议恤之守备周以发、刘福顺、易南香、何愊□、冯长胜、刘锡寿、熊忠山、彭得胜、邓友胜、李胜福，守备衔□□□、贺昌意、符国一、刘赐余、柳茂林、陈其才、杨平心、杨莘普，均从优照都司例，各给恤银三百五十两，并各加□□□衔。千总徐正坦、李邦胜、李守清、范正先、常□□、刘宗才、李通才、易芝青、杨雄得、彭永发、文□期、钟元□、廖恒思、周明德、刘富春、凌兴元、冯步云、杨□□、□顺昌、章俊桃均从优照守御所千总例，各给恤银二百两，并各加赠守御所千总衔。照原□□□□总吴耀彩、瞿顺明、冯连及、冯富才、杨万□、□□□、□旌、缪荣华、朱朝□、傅宗兴、□□□、□□□、□凤祥、张明青、张攸龙、杨春、宋效思、滕易□、□□□、□□□、□如泉、□□□、□□□、陈万隆、□□□、□□□、汪得明、涂为政、李国忠、何胜开、陈义□、□□□、□宗和、□□□□□□□□□委叶顺祥、朱宏发、杨宏贵、李贤宝、刘金龙、黄忠、刘□□、□□□□、陈万□、□□□、□□□、□桂林、郭胜明、彭金顺、张得春、刘开芝、李□发、江锦麟、□□升、刘福堂、李茂福，均从优照□□□□□恤银一百五十两，并各加赠千总衔。以上阵亡武职罗国才等，均给云骑尉世职，袭次完时，俱给□恩骑尉，世袭罔替。应得敕书及祭葬银两，移咨吏、礼、工三部办理。照原衔从优议恤之泾县阵亡从九品洪如沧，照千总例给恤银一百五十两，应得袭荫，由吏部核议等因。同治二年六月初五日奏。本日奉旨依议。钦此。

五八　清同治二年五月十六日两江总督曾国藩咨鲍超文

提要

同治二年（1863）五月，湘军水陆并进围攻金陵要塞九洑洲。由于九洑洲位于浦口之南，隔江与下关遥相呼应，太平军在此筑城设置了炮台。此札即为曾国藩指挥调度湘军水师、霆营以及淮军刘盛藻等部进攻九洑洲。九洑洲攻陷之后，长江江面尽归湘军所有。

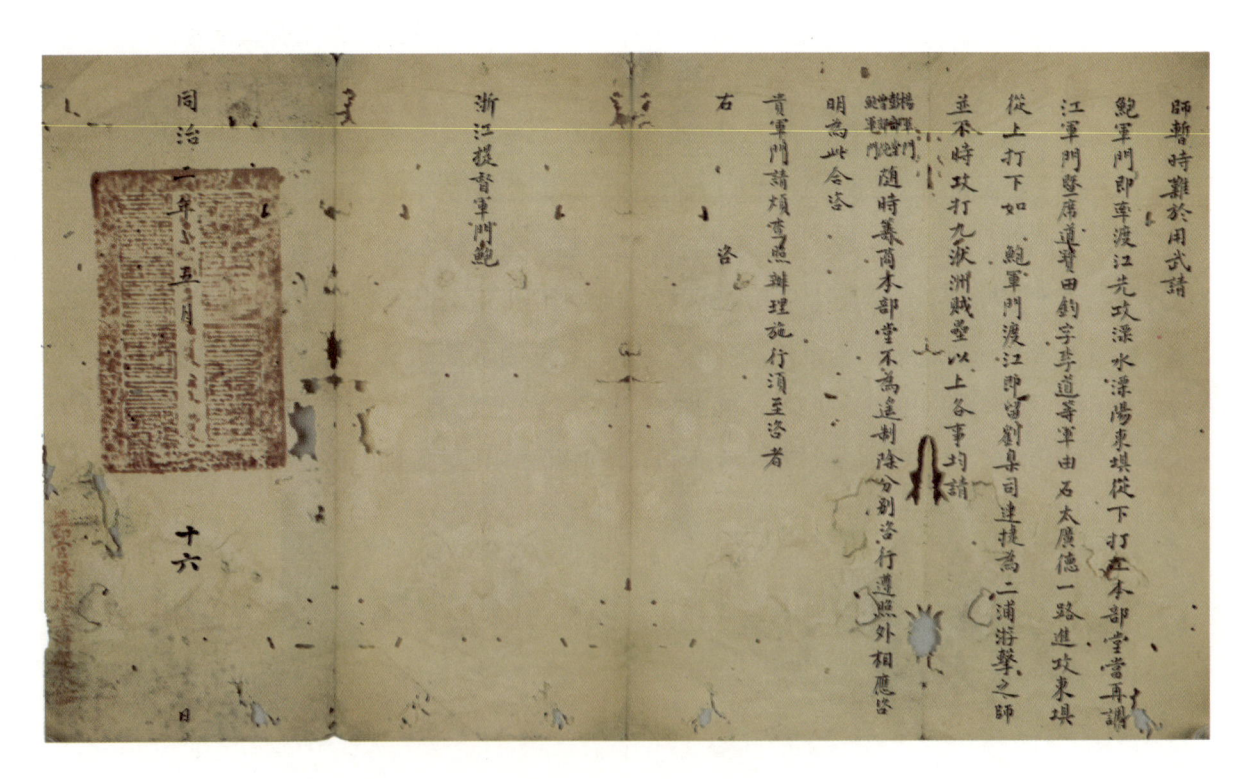

图片

录文

钦差大臣协办大学士两江总督部堂曾〈国藩〉为调度事。

照得江浦浦口现已克复，应请鲍军门统率各营，会同杨军门、彭部堂水师，暨刘臬司[一]连捷陆军，乘胜攻打九洑洲[二]。请萧军门[三]速拔所部，刻日移营，分守江浦、浦口两城。并饬志字全军[四]拔营，接防东关、巢县，以三营扎巢城，以二营扎东关。其铜城、闸西、梁山，即饬护卫、介正、刚勇等营前往接守，以二营扎铜城闸，以一营扎西梁山。其留驻三河之铨字营，即令拔赴桐城县驻扎，照料铨营转运及拿匪等事，以便抽出周军门所带留之二哨，全赴六安。现在江水盛涨，面面多濠，如陆师暂时难于用武，请鲍军门即率渡江，先攻溧水、溧阳、东坝，从下打□。本部堂当再调江军门暨席道宝田[五]、钧字李道[六]等军，由石太、广德一路进攻东坝，从上打下。如鲍军门渡江，即留刘臬司连捷为二浦游击之师，并不时攻打九洑洲贼垒。以上各事均请杨军门、彭部堂、曾部院、鲍军门随时筹商，本部堂不为遥制。除分别咨行遵照外，相应咨明，为此合咨贵军门，请烦查照办理施行。须至咨者。右咨浙江提督军门鲍〈超〉。

同治二年五月十六日。

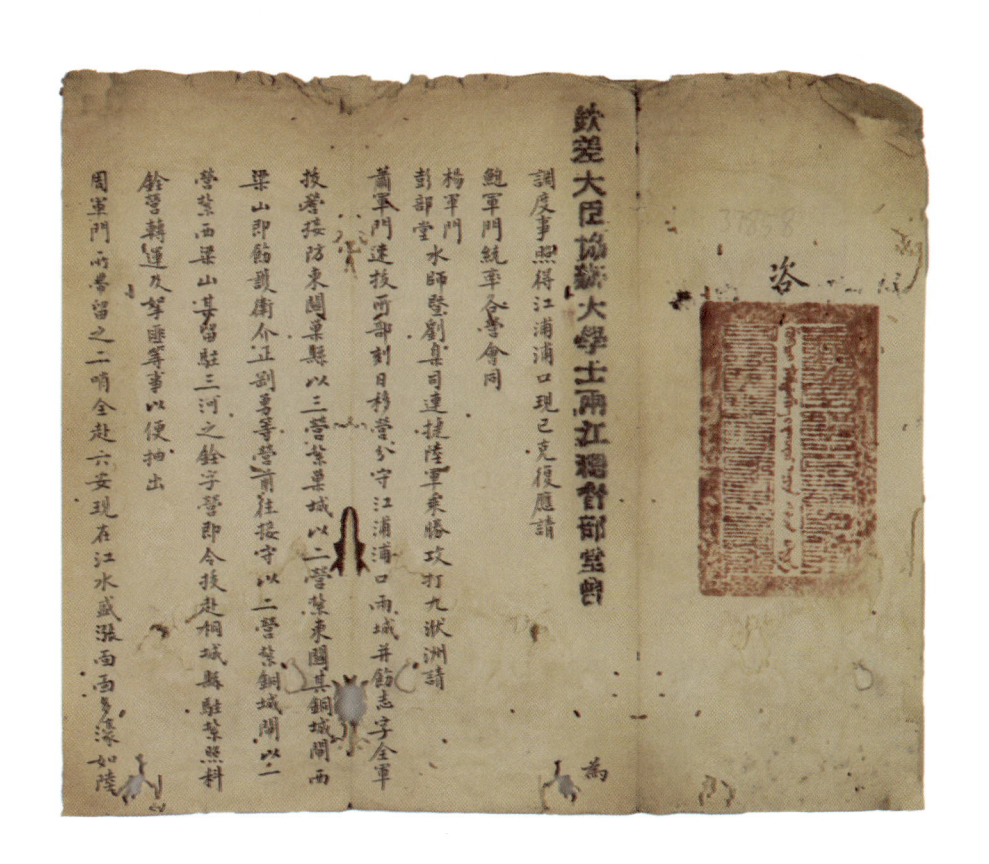

注

[一]刘臬司，即刘盛藻（1828—1883），亦名方伯，字子务，安徽肥西人。秀才出身，咸丰年间与族叔刘铭传兴办团练，同治元年（1862）加入淮军，先后在江苏、浙江、山东等地与太平军、捻军作战。

[二]九洑洲，在江苏浦口镇之南，与南京之下关遥遥相对。此处江面狭窄，太平军在此设立要塞，保卫天京。

[三]萧军门，即萧孚泗（？—1884），字信卿，湖南湘乡人。行伍出身，咸丰三年（1853）从罗泽南在江西、湖北与太平军作战，咸丰六年（1856）转隶湘军曾国荃部，咸丰十一年（1861）随军破安庆，授总兵。同治元年（1862）充曾国荃部前锋，率部进逼天京。同治二年（1863）攻陷雨花台，擢提督。次年率先攻破天京，搜获李秀成，俘获洪仁达。寻丁父忧回籍，光绪十年（1884）卒。谥壮肃。

[四]志字军，淮军张志邦部，张志邦系张遇春之子，咸丰年间在安徽合肥兴办团练，后为李鸿章淮军收编。

[五]席道宝田，即席宝田（1829—1889），字研芗，湖南东安人。秀才出身，初在家乡办团练，咸丰六年（1856）后，襄办刘长佑军务，随军在江西、湖南等地与太平军作战。同治二年（1863）随提督江忠义在江西与太平军黄文金部作战，次年攻陷天京后，在江西石城捕获洪仁玕和洪天贵福，授贵州按察使。同治六年（1867）率湘军旧部入黔与苗民起义军作战，数年后引病归籍。

[六]钧字李道，即李榕（1819—1890），字申夫，号六容，四川剑州（今剑阁县）人。咸丰二年（1852）进士，后赴曾国藩湘军大营襄办军务，随军在江西、安徽等地与太平军作战，升浙江盐运使。同治二年（1863），曾国藩奏调李榕任总兵，新立一军为"钧字营"。同治五年（1866）升湖南布政使，八年（1869）被革职。归乡后主讲兼山书院、江油匡山书院、登龙书院，与忠县李士棻、中江李鸿裔合称"蜀中三李"。

五九 清同治二年六月初一日浙江巡抚移鲍超爵军公文

提要 同治二年（1863）六月，曾国荃合围金陵的战略局面已形成，金陵城的粮道已被完全切断，曾国荃为避免贻误战机，在金陵大营下设多个营务处，将参与围城的各路部队按驻扎地分段统领，以便于临阵指挥。时鲍超率霆军在皖北作战，在控制了长江北岸后南渡，按曾国荃部署驻扎在金陵城北一带。

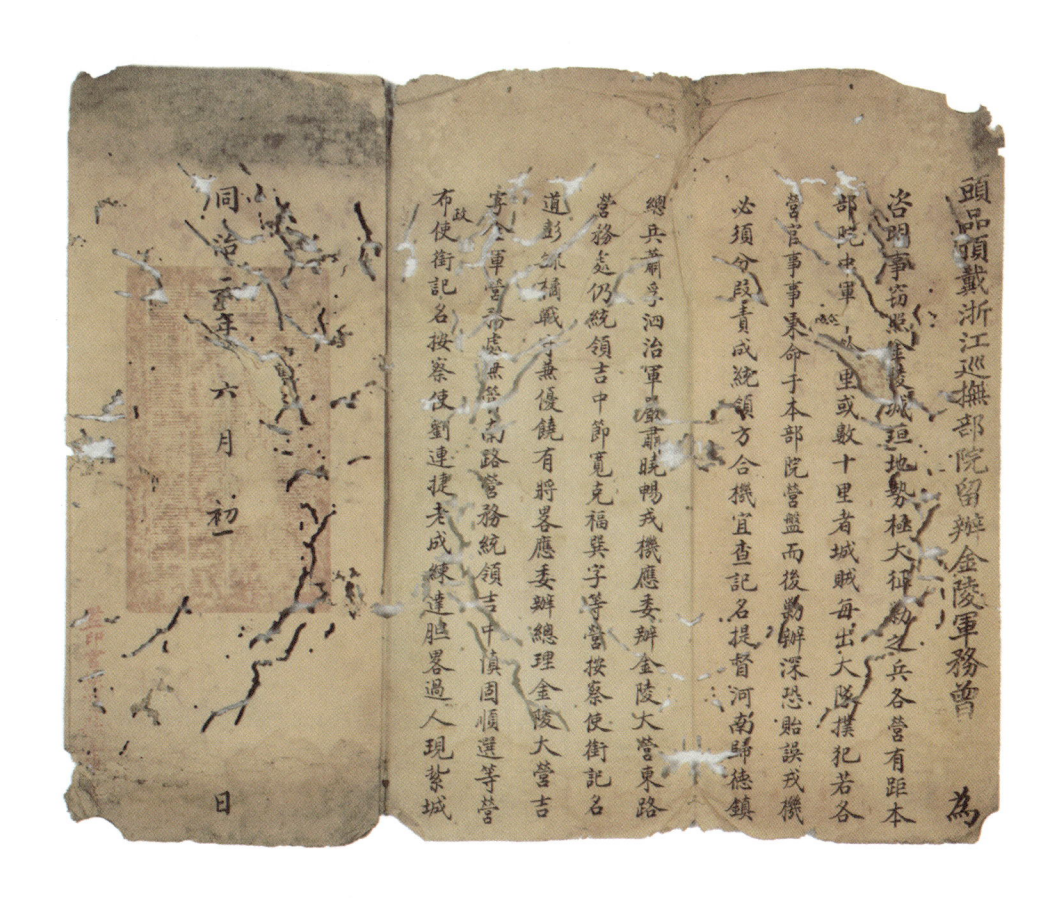

图片

录文

头品顶戴浙江巡抚部院留办金陵军务曾〈国荃〉为咨明事。

窃照金陵城垣地势极大，征剿之兵各营有距本部院中军□□里或数十里者，城贼每出大队扑犯，若各营官事事秉命于本部院营盘，而后剿办，深恐贻误戎机，必须分段，责成统领，方合机宜。查记名提督河南归德镇总兵萧孚泗治军严肃，晓畅戎机，应委办金陵大营东路营务处，仍统领吉中节、宽、克、福、巽字等营。按察使衔记名道彭毓橘[一]战守兼优，饶有将略，应委办总理金陵大营吉字全军营务处，兼管南路营务，统领吉、中、慎、固、顺、选等营。布政使衔记名按察使刘连捷[二]老成练达，胆略过人，现扎城【后缺】。

注

[一] 彭毓橘（？—1867），字杏南，湖南湘乡人。咸丰年间投湘军，在湖北、江西、安徽等地与太平军作战。攻克吉安后，由知州升知府。同治三年（1864）参与围攻天京，统领慎字营攻克太平军重要堡垒天保城，升记名布政使，补汀漳龙道。同治六年（1867）在蕲水与捻军作战中兵败被杀。

[二] 刘连捷（1833—1877），字南云，湖南湘乡人。咸丰五年（1855）从湘军刘腾鸿部转战湖北，次年援剿江西瑞州，刘腾鸿战死，独领其军获胜，受曾国藩赏识，荐以知县留江西补用。后随曾国荃克吉安、小池驿、安庆，进逼天京。同治元年（1862）以按察使记名，加布政使衔。同治二年（1863）与太平军李秀成部战于石涧埠，被围后誓死坚守，时值彭毓橘来援，李秀成败退，再次夺取巢县、含山、和州。同治三年（1864）攻克天京后擢布政使，旋率军驻舒城、桐城。适霆营叛军入江西，督军追剿，进驻吉安、赣州，后会同霆营围剿广东嘉应的太平军汪海洋部，受伤还乡。光绪十三年（1887）卒，赠内阁学士，谥勇介。

六〇 清同治二年七月初九日 两江总督曾国藩咨鲍超文

提要

同治二年（1863）七月，御史王道塘上奏《慎用牧令疏》，吏部遵旨复奏。曾国藩奉旨将吏部复奏之折转录抄发给所属各部知照。

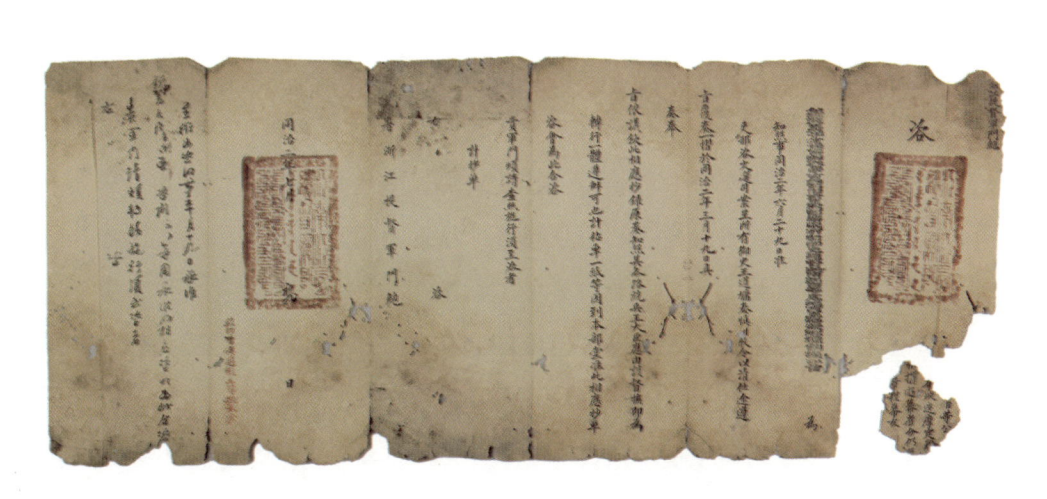

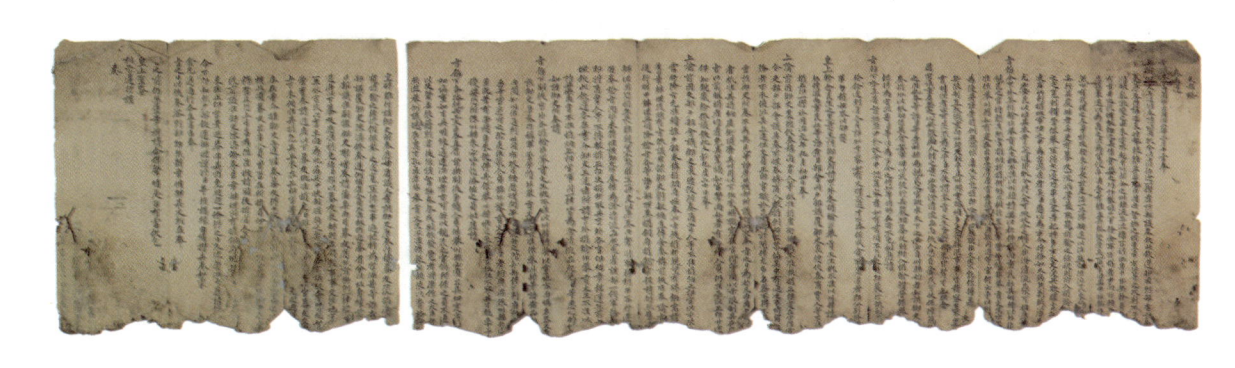

图片

录文

钦差大臣太子少保协办大学士兵部尚书兼都察院右都御史总督江南江西等处地方军务兼理粮饷操江曾〈国藩〉为知照事。

同治二年六月二十九日准吏部咨文选司案呈，所有御史王道塽[一]奏慎用牧令，以清仕途，遵旨覆奏一折。于同治二年三月十九日具奏，奉旨依议，钦此。相应抄录原奏知照其各路统兵王大臣，应由该督抚即为转行一体遵办，可也。计粘单一纸等因。到本部堂，准此。相应抄单咨会，为此合咨贵军门，烦请查照施行。须至咨者。计抄单。右咨署浙江提督军门鲍〈超〉。

同治二年七月初九日。

附：

吏部谨奏为遵旨议奏事。

内阁抄出同治二年二月十三日奉上谕御史王道塽奏请慎用牧令，以清仕途一折，着该部议奏，钦此。钦遵抄出到部。查该御史原奏内称，近来时势艰难，盗匪充斥，固由督抚之措置乖方，将弁之攻剿不力□□溯酿乱激变之由，未尝不起于州县。今之州县，流品混杂，一旦捐班，其中非无干员□□□有市井之徒，借报效之美，售贪婪之巧计，报捐只千余金耳。所捐者少，而所愿□□□旦握篆，遂以为商之法为官，侵牟渔夺，有难盈其溪壑者矣。一曰军功，其中非无能□□，然亦有武健之夫，勇于戎行，未毕长于吏治，一旦得缺，遂以治盗之法治民，束□□□妄行其严酷者矣。更有幕友一流，揣摩最熟，窥捐输之径捷，则附入捐输，□□□之途宽，则钻营保举，一旦得志，遂乃串通各署，把持多方。大吏受其欺蒙，小□□□凌虐。此则捐班、军功之中为害滋甚者矣。臣愚以为，方今时务，如久病然，剿贼以治其□，尤必安民以培其本。安民之道，非牧令得人不可。欲牧令之得人，非澄清流品不可。相应□旨，饬令京外各捐输，非举贡文生，概不准以州县请奖，以杜幸滥而重民社。其州县以外，非亲民之官，均听其照常捐纳于捐例，仍不相妨。至于军营劳绩，非举贡文生，亦□准保举州县。如有实在出力宜膺厚赏者，尽可保以府佐同通等官，何必予以州□□为优奖。谨查捐例，教职非廪生不能捐，即论军功，教职非文生不能保，独至□□□□无限制，岂教职重而州县反轻乎？且州县案牍烦多，吏胥朦混，事事皆稽察，岂不必□书明理者，亦可茫然为之乎？臣不敢谓举贡文生之为州县，果皆贤才也，但念国家慎重名器之心，与鼓励人才之意，必当澄清流品，而后人思自奋，或可收保障茧丝之用也，各等语。臣等查州县为亲民之官，欲求天下之安，必自州县始，若如该御史所奏捐班以报效，信其贪婪军功，以武健行其严酷，幕友则附入捐输，钻营保举□□把持，为害滋甚。臣等以为，方今之时，此等情形在所不免，相应请旨饬下各直省督抚府尹于牧令中，认真察看，如有前项不肖之员，即严行甄别，并□发全选到省人员详加考察，如有文理不通，才不胜任，或贪酷庸劣者，即分别降□革，勿稍姑容，以仰慰皇上轸念民生之至意。至该御史所请京外各捐输非举贡文生，概不准以州县请□□杜幸滥而重民社等语，查臣部会同户部议覆御史裘德俊[二]奏，商贾人等不准捐正印一折，于同治元年九月初四日奉上谕，前因御史裘德俊奏称，商贾人等，只准捐虚衔，杂职不准报捐，正印实在官阶，当令吏部户部会议具奏。兹据奏称，商人报捐例所不禁，倘其中有通达事情、留心时务者，亦未便阻其上进，但文员正印官职于民生国计关系尤多，名器不得不□□□重该御史所奏，不为无见等语，着照该部所议，自此次奉旨之日为始，凡由商贾□□者，只准其捐纳虚衔顶戴，并州同以下佐贰杂职实在官阶等项，以示限制，其在□□旨以前报捐者，均着免其置议，如官声尚好，着有劳绩人员仍准予正印升途，俾知观感，余依议，钦此。又于九月二十日奉上谕，前因吏部户部会议，御史裘德俊所奏，商贾人等不准捐纳正印官，以示限制。当经降旨允准。续据户部奏称，捐铜局接奉此旨后，捐升观望，有碍饷需，请□旧章办理，复经有旨依议。兹据御史刘毓楠、孟传金奏称，前后所奉谕旨□复行折中办理，并明降谕旨各等语，户部所奏捐铜局捐输章程，请仍照旧章办理。因恐捐生畏难观望，不能不权宜一时，是以原奏内声明军务稍平，再行遵□。所奉谕旨尚非未符，惟该御史所奏，系为澄清流品起见，着该部一俟军务

□□，即将商贾人等不得报捐正印及捐升，取具京外各官印结章程，遵照前旨□理。钦此。钦遵各在案，今御史王道墉所请京外捐输，非举贡文生不准□□请奖，与商贾不准捐纳正印官事同，一律皆为澄清流品起见。臣等悉心酌□□如该御史所奏请旨饬下，嗣后京外各捐输，非举贡文生，概不准以州县请奖，以重地方而慎名器。又查该御史原奏内称，军营劳绩非举贡文生，亦不准保举州县等语，查品级□□内开，知州系通判州同布政司经历理问等官应升之阶，知县系州判府□□丞等官应升之阶，是佐贰人员，虽非举贡文生出身者，均得荐保州县升□若既着有劳绩，自未便停其保举州县。惟近来军营往往不察其才能，率予优奖，恐所保州县未必皆能胜任之员，相应请旨饬下，各路统兵王大臣、各直省督抚，嗣后劳绩人员保举州县，必须出具切实考□□加慎重，如才具明练通达，治理者方可任以亲民之官，倘所保之员不通□□以及声名狼藉，到省后经该督抚奏参，或别经发觉者，将原保之大臣督□照滥举例议处，现在需才□亟，若非举贡文生不准保举州县，限以资格，诚恐□窒碍难行。该御史所奏，应毋庸议。又查该御史原奏内称，幕友一流，揣摩□□，窥捐输之径捷，伺保举之途宽，一旦得志，串通把持，为害滋甚等语。查□部议覆御史陈浚条奏，遵例指省人员不准报捐游幕省分，以杜夤缘。前□臣部议准，嗣据御史谢增奏，请藩臬两司幕友，应照督抚例，一律回□□，道府以下幕友，应准捐免经臣部，以幕友襄办刑名、钱谷，事事交涉地方□□，一旦服官，或以宾主而为统属其中，挟制瞻徇之弊，不□胜言议驳。又署四川总督崇实奏请，道府以下幕友，概准捐免臣部查□□□□□□官幕友交□，上下未便，准其捐免。其并未在正印官署□□□□□□免回避等□，各在案。今据御史王道墉奏，幕友得志，□□□□□□□□□□核此项幕友出身人员，曾否在所指省分正□□□□□□□□稽查，且恐上司易为隐匿，拟请嗣后指省人员□□□□□□□□□□从前议，准御史陈浚条奏，旧章办理所有捐铜局，现行□□□□□□未在正印官署游幕，准其捐免回避一条，行之日久，流弊滋多，应请停□□命下，即知照户部钦遵办理，谨将臣等核议缘由缮折具奏，如蒙俞允，应通行各直省，自奉旨之日以后，奏咨到部，即照新章核办，其文到在奉旨之前，仍照旧章核议。合并声名，是否有当，伏乞皇上圣鉴训示遵行。谨奏。

注

[一] 王道墉，字勤垣，号崇庵，湖北黄陂人。道光三十年（1850）进士，散馆授翰林院编修，官至江西道监察御史。

[二] 裘德俊（1823—1893），又名小华，字翘亭，直隶河间人，安徽凤阳府知府裘宝善之子。道光五年（1825）拔贡，以知县衔签分浙江，咸丰六年（1856）记名御史，简任福建道监察御史，后转任浙江道监察御史。

六一 清同治年间两江总督曾国藩咨鲍超文

提要 该札缺落款时间，但按内容推断，当在同治二年（1863）六月前后。此时湘军已攻克雨花台石城、九洑洲等要塞，长江江面尽归湘军所有，金陵被合围、粮道悉数被切断，城内粮食已近断绝。曾国藩采取各种手段，不让粒米流入金陵城内。

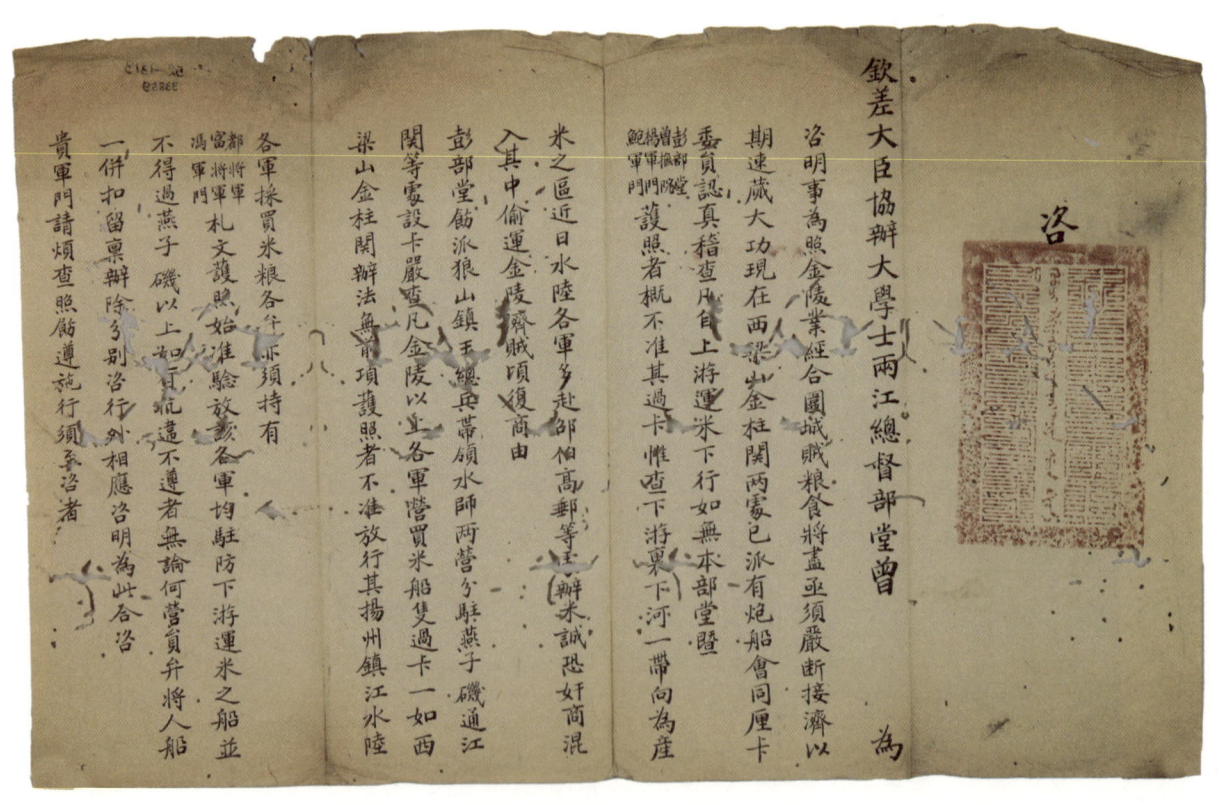

图片

钦差大臣协办大学士两江总督部堂曾 为

咨明事为照金陵业经合围贼粮食将尽亟须严断接济以期速蒇大功现在西梁山金柱关两处已派有炮船会同厘卡委员认真稽查所有上游运米下行如无本部堂暨

鲍钦差彭部堂护照者概不准其过卡惟疍下游粟下河一带向为产米之区近日水陆各军多赴邵伯高邮等处（办米诚恐奸商混入其中偷运金陵接贼颂复商由彭部堂饬派狼山镇玉总兵带颁水师两营分驻燕子矶通江关等处严设卡严查凡金陵以盖各军营买米船只过卡一如西梁山金柱关办法无前项护照者不准放行其扬州镇江水陆各军採买米粮各行所须持有

冯军门将军札文护照始准验放该各军均驻防下游不得过燕子矶以上如于此遗不运者无论何营员并将人船一併扣留禀辩除多别咨行外相应咨明为此谷

贵军门请烦查照俯遵施行须至咨者

录文

钦差大臣协办大学士两江总督部堂曾〈国藩〉为咨明事。

为照金陵业经合围,城贼粮食将尽,亟须严断接济,以期速蒇[一]大功。现在西梁山[二]、金柱关[三]两处,已派有炮船,会同厘卡委员认真稽查。凡自上游运米下行,如无本部堂暨彭部堂、曾抚院、杨军门、鲍军门护照者,概不准其过卡。惟查下游裹下河一带,向为产米之区,近日水陆各军多赴邵伯[四]、高邮等处办米,诚恐奸商混入其中,偷运金陵济贼。顷复商,由彭部堂饬派狼山镇王总兵[五]带领水师两营,分驻燕子矶、通江关等处,设卡严查,凡金陵以上各军营买米船只过卡,一如西梁山、金柱关办法,无前项护照者不准放行。其扬州、镇江水陆各军采买米粮各弁,亦须持有都将军、富将军、冯军门[六]札文护照,始准验放。该各军均驻防下游,运米之船并不得过燕子矶。以上如有抗违不遵者,无论何营员弁,将人、船一并扣留禀办。除分别咨行外,相应咨明,为此合咨贵军门,请烦查照饬遵施行。须至咨者。

注

[一]蒇,完成、解决之意。

[二]西梁山,位于安徽和县,芜湖以东,与当涂县东梁山隔江对峙如门,合称天门山。

[三]金柱关,位于安徽当涂县东梁山长江之滨。曾国藩疏奏云:"逆匪窜踞金陵,以芜湖为屏障,以东、西梁山为锁钥,尤以金柱关之伪城为关键。"

[四]邵伯,地名,即今江苏扬州邵伯镇。

[五]狼山镇王总兵,即王吉(?—1881),湖南衡阳人。咸丰九年(1859)入湘军水师彭玉麟部。同治元年(1862)参与金柱关之战。二年(1863)晋狼山镇总兵。三年(1864)参与围攻天京,夺下关、燕子矶诸隘,进陷九洑洲,以提督记名。同治八年(1869)赴狼山镇本任。

[六]冯军门,即冯子材(1818—1903),字南干,号萃亭,广东钦州(今隶广西)人。早年参加天地会,咸丰元年(1851)降清,初从向荣,后隶张国梁麾下,从克镇江、丹阳,累功升总兵。同治元年(1862)奉命驻守镇江。攻克天京后,晋广西提督。

六二 清同治二年七月二十四日浙江巡抚移鲍超提督文

提要

同治二年（1863）七月，金陵城已被合围，粮道被完全切断，但有外国船只贩运粮食接济。为此曾国藩照会外国各领事官，要求各国商人不得前往金陵贩运粮食。由于金陵城防坚固，而湘军尚无足以轰塌城墙的火炮，唯有断粮围困，然后使用挖地道、树云梯等传统方式攻城。

图片

头品顶戴浙江巡抚部院留办金陵军务曾〈国荃〉为咨明事。

同治二年七月十八日准两江阁督部堂曾〈国藩〉咨开，为照洋船停泊金陵济贼一案。前准总理衙门咨到，与法国往来照会，业经转咨贵部院查照办理在卷。兹于七月初五日复准总理衙门咨抄英、美两国来往照会，共四件，请谕该处带兵□地方各官严密稽查，遇有私至金陵停泊船只，立即拿获，将船货一并入官。如该船主不服查拿，即行开炮轰击，并请饬各监督查照来咨。照复英国之文出示晓谕，仍分别照会各国领事官，转饬洋商，一体凛遵等因。前来，除札行各关道遵照办理外，相应将英、美两国来往照会咨达，请烦查照转饬遵办等因。并抄单到本部院，准此。相应咨会，为此合咨贵军门，请烦查照办理施行。须至咨者。计抄单。右咨浙江提督军门鲍〈超〉。

同治二年七月廿四日。

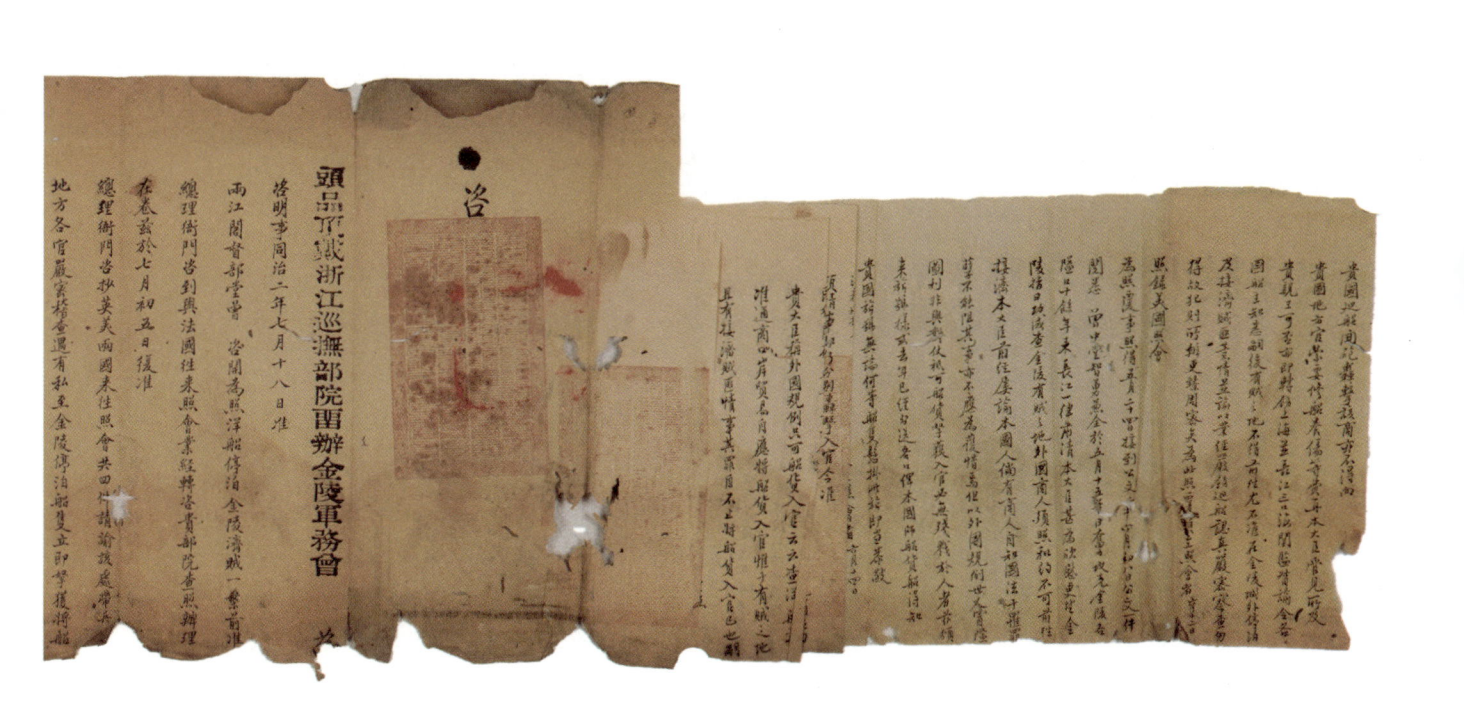

附记：

台衔为咨明事本月二十五日准浙江巡抚部院曾〈国荃〉咨开云云等因。准此相应咨明，为此合咨贵军门请烦查照办理施行。须至咨者。右咨营务处。

附抄单：

【前缺】

贵国巡船开炮轰击，该商亦不得向贵国地方官索要修船、养伤等费。再，本大臣管见所及，贵亲王可否亦即转饬上海并长江三口海关，监督谕令各国船主知悉，嗣后有贼之地不得前往，尤不准在金陵城外停泊及接济贼匪等情。并谕以业经严饬巡船认真严密察查，勿得故犯，则所办更臻周密矣。为此照覆，须至照会者。六月十二日。

照录美国照会为照覆事。

照得五月二十四日接到公文□六月初八日公文一件，阅悉，曾中堂智勇兼全，于五月十五等日奋力攻克金陵各隘口。十余年来，长江一律肃清，本大臣甚为欣慰，更望金陵指日功成。查金陵有贼之地，外国商人须照合约，不可前往接济。本大臣前经屡谕本国人，倘有商人自知国法，干罹罪孽不能阻其事，亦不应为护，惜焉。但以外国规例，世人冒险图利，非与对仗，只可船货拿获入官，必无残戮于人者。兹颁来旗号样式，去年已经□送各口，俾本国师船、货船得知贵国旗号，无论何等船只悬挂此旗，即当恭敬

【缺】

□□□□分别轰击入官今准贵大臣称外国规例，只可船货入官，云云。查洋船□准通商口岸贸易，自应将船货入官，惟于有贼之地且有接济贼匪情事，其罪自不止将船货入官已也。嗣

【后缺】

六三　清同治二年七月十二日浙江巡抚移鲍超提督文

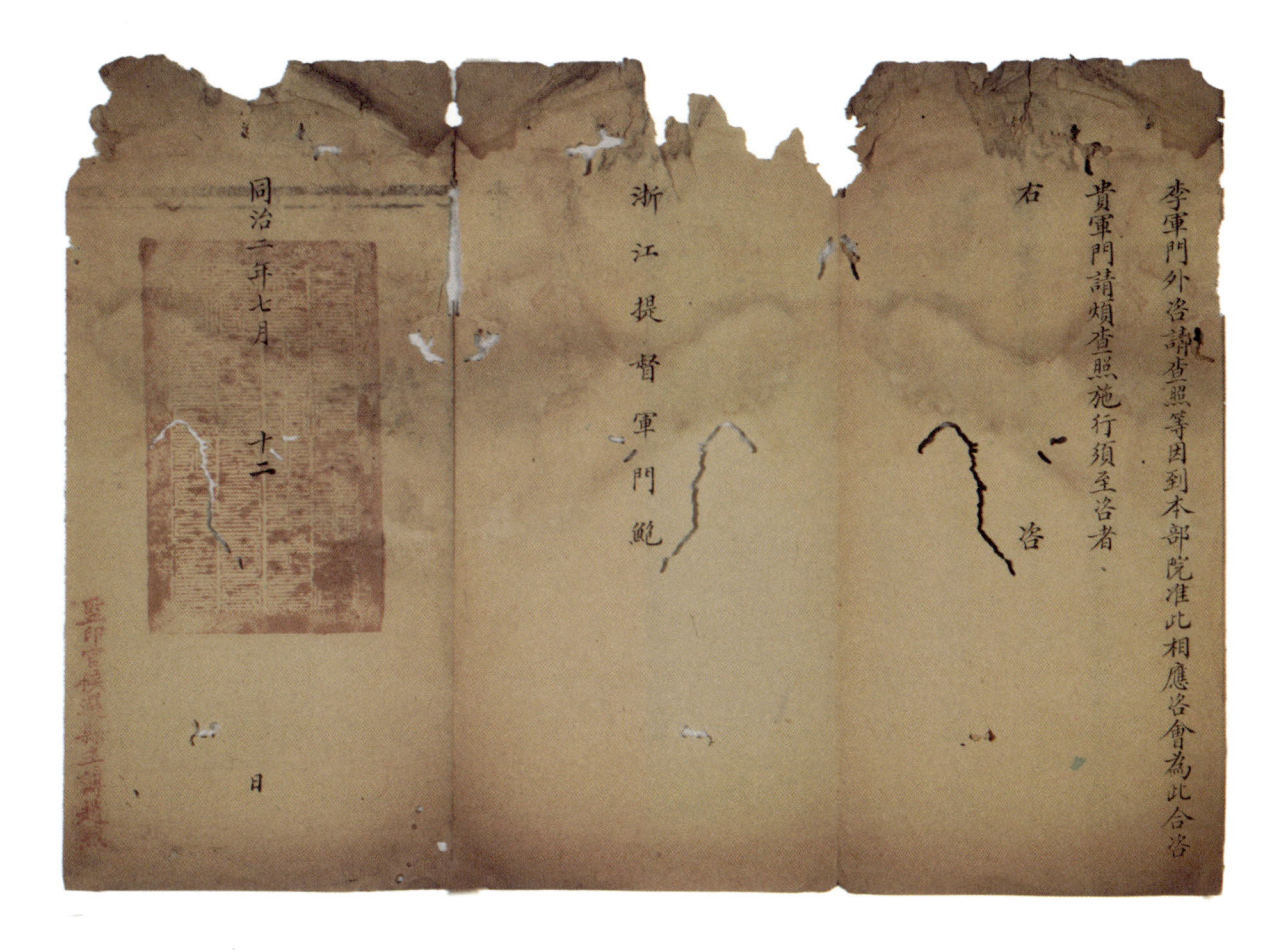

提要　该札文残缺不全。

图片

李军门外咨请查照等因到本部院准此相应咨会为此合咨

贵军门请烦查照施行须至咨者

右　咨

浙江提督军门鲍

同治二年七月　十二　日

录文

【前缺】

李军门外,咨请查照等因。到本部院,准此。相应咨会,为此合咨贵军门,请烦查照施行。须至咨者,右咨浙江提督军门鲍〈超〉。

同治二年七月十二日。

清同治二年四月初七日两江总督曾国藩咨鲍超文

六四

提要

同治二年（1863）三月，霆营已故统带黄庆之妻黄张氏，受黄庆胞侄黄胜高唆使怂恿，在黄庆遗产承继问题上，将受黄庆托付照料遗产的吴汉卿告上公堂，又牵出黄张氏不愿由黄氏宗族凭公立继而意图将黄胜高承继为子以及黄张氏黄胜高二人关系暧昧之事。湘阴县令受理审讯后未能调停解决此事，黄张氏与黄胜高又趁夜逃往霆营。曾国藩接到湖南湘阴县令禀报，查核后认为各方各执一词，虚实不能臆断，但对湘阴县令不顾黄张氏一品大员命妇的身份，将暧昧之事形诸公牍，没有为黄庆身后之名、黄张氏命妇之誉考虑，遂咨覆湖南巡抚将湘阴县令撤职查办。

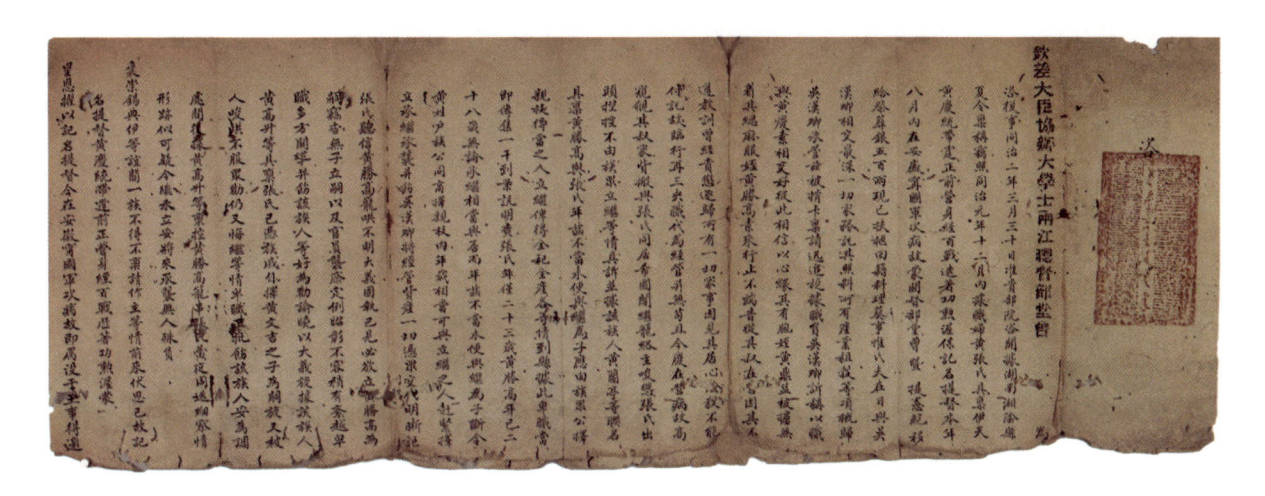

图片

录文

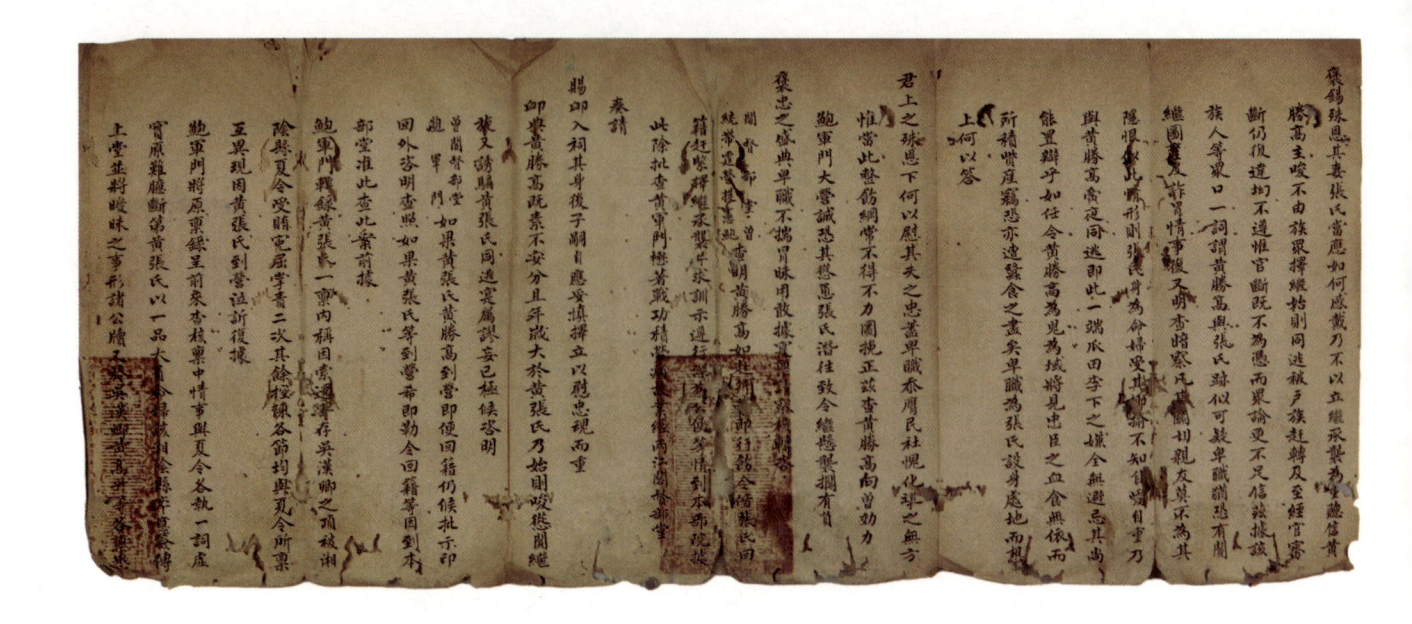

钦差大臣协办大学士两江总督部堂曾〈国藩〉为咨复事。

同治二年三月三十日准贵部院咨开,据湖南湘阴县夏令禀称,窃照同治元年十二月,内据职妇黄张氏具禀,伊夫黄庆[一]统带霆正前营,身经百战,迭着功勋,渥保记名提督。本年八月内在安徽宁国军次病故,蒙阁督部堂曾〈国藩〉暨提宪鲍〈超〉移给祭葬银五百两,现已扶柩回籍料理葬事。惟氏夫在日与吴汉卿相交最深,一切家务托其照料,所有产业、租穀等项概归吴汉卿承管。兹被掯卡,禀请迅追。旋据职员吴汉卿诉称,以职与黄庆素相交好,彼此相信以心。缘其有胞侄黄鼎益被掳,无着其缌麻服。侄黄胜高素来行止不端,昔从其叔在营,因其不遵教训,曾经责惩逐归。所有一切家事,因见其居心□狡,不能付托,故临行再三央职代为经管,并无苟且。今庆在营病故,高窥觎其叔家赀,搬与张氏同居,希图阄继[二],笼络主唆,怂张氏出头捏控,不由族众立继等情具诉。并据该族人黄兰亭等联名具禀,黄胜高与张氏年齿不当,未便与继为子,应由族众公择亲枝得当之人立继,俾得全祀、全产各等情到县。据此卑职当即传集一干到案讯明,查张氏年仅二十三岁,黄胜高年已二十八岁,无论承继相当与否,而年齿不当,未便与继为子。断令黄姓户族公同商,择亲枝内年岁相当、可与立继之人赶紧立承继承袭。并饬吴汉卿将经管资产,一切凭众交代明晰。记张氏听信黄胜高笼哄,

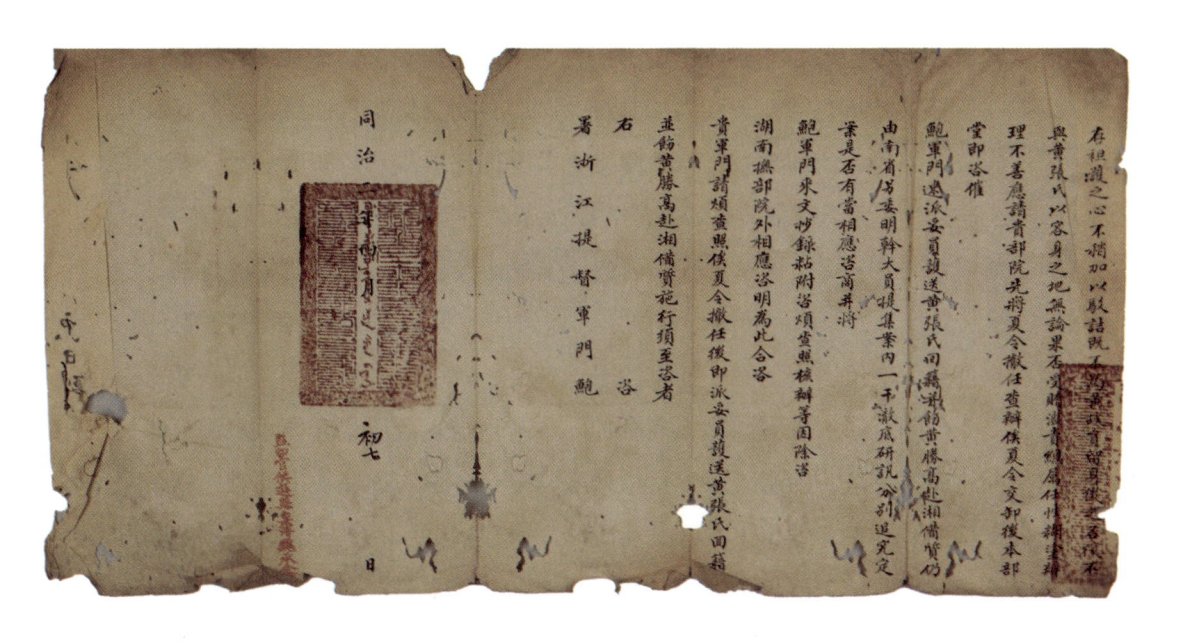

不明大义，固执己见，必欲立黄胜高为嗣。窃查无子立嗣以及官员袭荫定例昭彰，不容稍有紊越。卑职多方开导，并饬该族人等好为劝谕，晓以大义。旋据该族人黄高升等具禀，张氏已凭族戚自择黄文吉之子为嗣，旋又被人唆哄不服众劝，仍又悔继等情。卑职正批饬该族人妥为调处间，复据黄高升等禀控，黄胜高笼串张氏黉夜同逃。细察情形迹似可疑，今继未立妥，将来承袭无人，殊负褒崇锡典。伊等谊关一族，不得不禀请做主等情前来。伏思已故记名提督黄庆统带霆前正营，身经百战，立着功勋，渥蒙皇恩擢以记名提督，今在安徽宁国军次病故，即属没于王事，得邀褒锡殊恩。其妻张氏当应如何感戴，乃不以立继承袭为重，听信黄胜高主唆，不由族众择继，始则同逃，被户族赶转，及至经官审断，仍复违坳不遵。惟官断既不为凭，而众谕更不足信。兹据该族人等众口一词，谓黄胜高与张氏迹似可疑，卑职犹恐有阉继图产及诈冒情事，复又明查暗察，凡其关切亲友莫不为其隐恨，似此情形，则张氏身为命妇，受其挪揄，不知自爱自重，乃与黄胜高黉夜同逃。即此一端，瓜田李下之嫌全无避忌，其尚能置辩乎？如任令黄胜高为鬼为域，将见忠臣之血食无依，而所积资产窃恐亦遭蚕食之尽矣。卑职为张氏设身处地而想，上何以答君上之殊恩？下何以慰其夫之忠荩？卑职忝膺民社，愧化导之无方。惟当此整饬纲常，不得不力图挽正。兹查黄胜高向曾效力鲍军门大营，诚恐其怂惠张氏潜往，致令继悬袭搁，有负褒忠之盛典。卑职不揣冒昧，用敢据实，禀请察核，转咨阁督部堂曾〈国藩〉、统带霆营提宪鲍超查明，黄胜高如赴行营，即行饬令偕张氏回籍，赶紧择继承袭，并求训示遵行，深为公便等情。到本部院，据此除批查黄军门懋着战功、积劳病故，业经两江阁督部堂奏请，赐恤入祠，其身后子嗣自应妥慎择立，以慰忠魂而重恤典。黄胜高既素不安分，且年岁大于黄张氏，乃始唆怂鬮继，旋又诱骗黄张氏同逃，实属谬妄已极。候咨明曾阁督部堂、鲍军门，如果黄张氏、黄胜高到营，即便回籍，仍候批示，卯回外咨明查照。如果黄张氏等到营，希即勒令回籍等因。到本部堂，准此。查此案，前据鲍军门转录，黄张氏一禀内称，因索还寄存吴汉卿之项，被湘阴县夏令受贿冤屈，掌责二次，其余控陈各节均与夏令所禀互异。现因黄张氏到营泣诉，祈复据鲍军门将原禀录呈，前来查核，禀中情事与夏令各执一词，虚实原难臆断。第黄张氏以一品大员命妇，该湘阴县率意签传上堂，并将暧昧之事形诸公牍，又于吴汉卿、黄高升等各禀悉存祖护之心，不稍加以驳诘，既不为黄故员留身后之名，复不与黄张氏以容身之地。无论果否，受贿滥责总属任性糊涂，办理不善，应请贵部院先将夏令撤任查办，俟夏令交卸后，本部堂即咨催鲍军门速派妥员护送黄张氏回籍，并饬黄胜高赴湘备质，仍由南省另委明干大员提集案内一干，澈底研讯，分别追究定案，是否有当。相应咨商，并将鲍军门来文抄录粘附，咨烦查照核办等因。除咨湖南抚部院外，相应咨明，为此合咨贵军门，请烦查照。俟夏令撤任后，即派妥员护送黄张氏回籍，并饬黄胜高赴湘备质施行。须至咨者。右咨署浙江提督军门鲍〈超〉。

同治二年四月初七日。

注

[一]黄庆，同治元年（1862）十月初一日，曾国藩致曾国荃信函中提及："昨夕接春霆信，似有小挫之象……霆军病故猛将，如黄庆伍、华瀚之类，不可再得。"

[二]鬮，同"钻"，有投机、钻营之意。鬮继，意为钻谋过继。

六五　清同治二年八月初三日两江总督曾国藩咨鲍超文

提要

同治二年（1863）八月，曾国藩接到唐训方咨会，命鲍超率霆营暂时撤离金陵，渡江北上前往临淮一带，援剿苗沛霖。札文后有附记，系咨会江南提督李世忠。时李世忠参与了对苗沛霖的平叛。

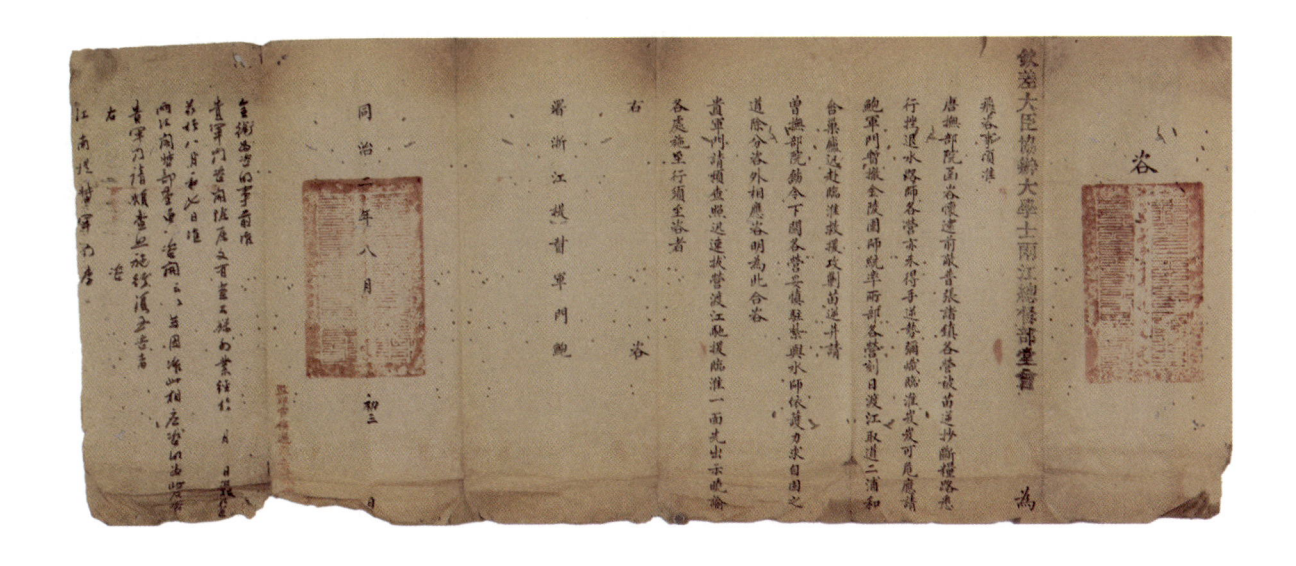

图片

录文

钦差大臣协办大学士两江总督部堂曾〈国藩〉为飞咨事。

顷准唐抚部院函咨怀远、前敌、普、张诸镇各营，被苗逆[一]抄断粮路，悉行挫退，水路师各营亦未得手，逆势弥炽，临淮岌岌可危。应请鲍军门暂撤金陵围师，统率所部各营，刻日渡江，取道二浦和含、巢、卢，迅赴临淮[二]救援，攻剿苗逆。并请曾抚部院饬令下关各营，妥慎驻扎，与水师依护，力求自固之道。除分咨外，相应咨明，为此合咨贵军门，请烦查照，迅速拔营渡江，驰援临淮，一面先出示晓谕，各处施至行。须至咨者。右咨署浙江提督军门鲍〈超〉。

同治二年八月初三日。

附：

台衔为咨明事。前准贵军门咨开，除原文有□□□，业经于 月 日□□咨□□□，兹于八月初七日准两江总督部堂曾〈国藩〉咨开，云云等因。准此相应咨会，为此合咨贵军门，请烦查照施行。须至咨者。右咨江南提督军门李〈世忠〉[三]。

注

[一] 苗逆，即苗沛霖（？—1863），字雨三，安徽凤台人。早年一度投奔捻军，咸丰六年（1856）在凤台举办团练抵御捻军，次年接受清将胜保招抚。咸丰十年（1860）趁英法联军占领北京之机，正式割据皖北自称"河北天顺王"，翌年联络捻军与太平军围困寿州，并被太平天国封为"奏王"。同治元年（1862）倒戈降清，并诱捕太平军将领陈玉成，献给胜保。同治二年（1863）再度反清，在蒙城被清军僧格林沁部击杀。

[二] 临淮，今安徽凤阳临淮关镇。

[三] 李世忠（？—1881），又名昭寿，清廷赐名世忠，字松崖，号良臣，河南固始人。早年多次入狱，咸丰三年（1853）在霍邱起兵响应捻军及太平军，翌年被清军打败，受道员何桂珍招抚。咸丰五年（1855）杀何桂珍，归顺太平天国，隶属李秀成麾下。咸丰八年（1858）驻守滁州，倒戈献城，投降清将胜保，其部众编为"豫胜营"，后累官至江南提督，割据滁州一带。同治三年（1864）为求自保，主动向曾国藩上交兵权及领地，开缺回籍。后在光绪七年（1881）因殴辱贡生吴廷鉴一案被处死。

六六 清同治二年十一月二十日两江总督曾国藩移鲍超文

提要

同治二年（1863）九月，鲍超会同彭玉麟等部攻克多处要隘，收复高淳、宁国、建平、溧水四城，太平军杨友清、杨柳谷等率众投降。曾国藩奏请朝廷为投诚降将杨友清、杨柳谷等人赏封官衔，以争取更多太平军投降。杨友清、杨柳谷等人投降湘军，使得湘军轻易地扫除了江宁城的南面屏障，天京孤立的局面日益加重。

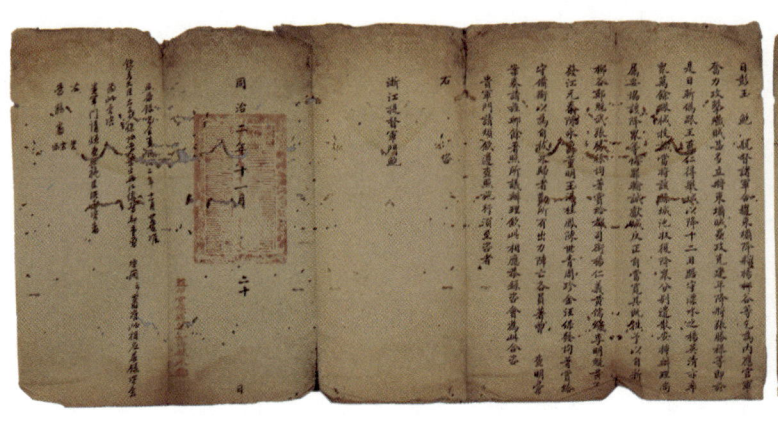

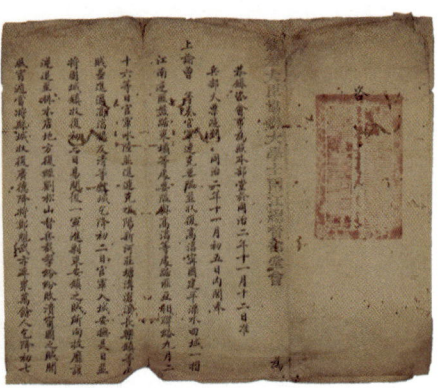

图片

录文

钦差大臣协办大学士两江总督部堂曾〈国藩〉为恭录咨会事。

为照本部堂于同治二年十一月十二日，准兵部火票递到同治二年十一月初五日内阁奉上谕，曾〈国藩〉等奏，官军连克要隘，并收复高淳、宁国、建平、溧水四城一折。江南逆匪盘踞东坝等处要隘，与高淳等处踞匪互相联络。九月二十六等日，官军水陆并进，连克水阳、新河庄、塘沟、沧溪、长乐镇等处贼垒，进逼高淳。杨友清等献城乞降。初二日，官军入城安抚。是日，并将固城镇收复。初二日，易开俊[一]一军进剿东安镇之贼，所向披靡，该逆退至株木店地方，复经刘松山[二]督兵截击，纷纷败溃。宁国之贼闻风宵遁，当将县城收复。广德降将郑魁武亦率众万余人乞降。初七日，彭玉〈麟〉、鲍〈超〉亲督诸军，合趋东坝，降将杨柳谷[三]等乞为内应，官军奋力攻击，歼贼甚多，立将东坝贼垒攻克。建平降将张胜禄等即于是日斩伪跟王蓝仁得[四]，举城以降。十二日，踞守溧水之杨英清[五]亦率众万余缴械投诚，当将该县城池收复，降众分别遣散安插，办理尚属妥协。该降众等悔罪输诚，献城反正，自当宽其既往，予以自新。杨柳谷、郑魁武、张胜禄均着赏给都司衔，杨仁义、黄儒绣、李明魁、黄勇发、江元泰、陈永爵、董明玉、汤桂凤、陈世青、周珍金、汪保发，均着赏给守备衔，以为自拔来归者劝。所有出力阵亡各员，着曾〈国藩〉查明，汇案奏请旌恤。余着照所议办理。钦此。相应恭录咨会，为此合咨贵军门，烦请钦遵查照施行。须至咨者。右咨浙江提督军门鲍〈超〉。

同治二年十一月二十日。

附记：

为恭录咨会事。

同治二年十一月廿五日，准钦差大臣太子少保协办大学士两江总督部堂曾〈国藩〉咨开云云等因。准此相应恭录咨会。为此合咨贵军门，请烦查照施行。须至咨者。右咨营务处宋、冯。

注

[一]易开俊（1835—1880），湖南湘乡人。咸丰间投湘军，初随湘军王鑫部，后随曾国藩与太平军作战，转战江西、安徽等地，累功官至总兵。

[二]刘松山（1833—1870），字寿卿，湖南湘乡人。乡勇出身，初随湘军王鑫部，后随曾国藩与太平军作战，同治三年（1864）攻陷天京后升总兵，后奉命与捻军作战，同治六年（1867）升提督，次年（1868）随左宗棠入陕，同治九年（1870）在宁夏金积堡兵败被杀。

[三]杨柳谷，太平天国将领，封随王，同治二年（1863）驻守江苏东坝，同年十一月降清。

[四]蓝仁得，太平天国将领，封跟王，同治二年（1863）驻守江苏建平，被部下张胜禄等人所杀。

[五]杨英清，广西桂平人。太平天国将领，封纬天义，同治二年（1863）驻守江苏溧水，同年十一月降清。

六七 清同治三年二月初二日 两江总督曾国藩咨鲍超文

提要 同治三年（1864）二月，朝廷赏赐鲍超荷包、银课等物，曾国藩代鲍超缮发恭谢天恩的奏折。自同治元年（1862）以后，朝廷每年均按例赏赐鲍超福字荷包、银钱银课等物。

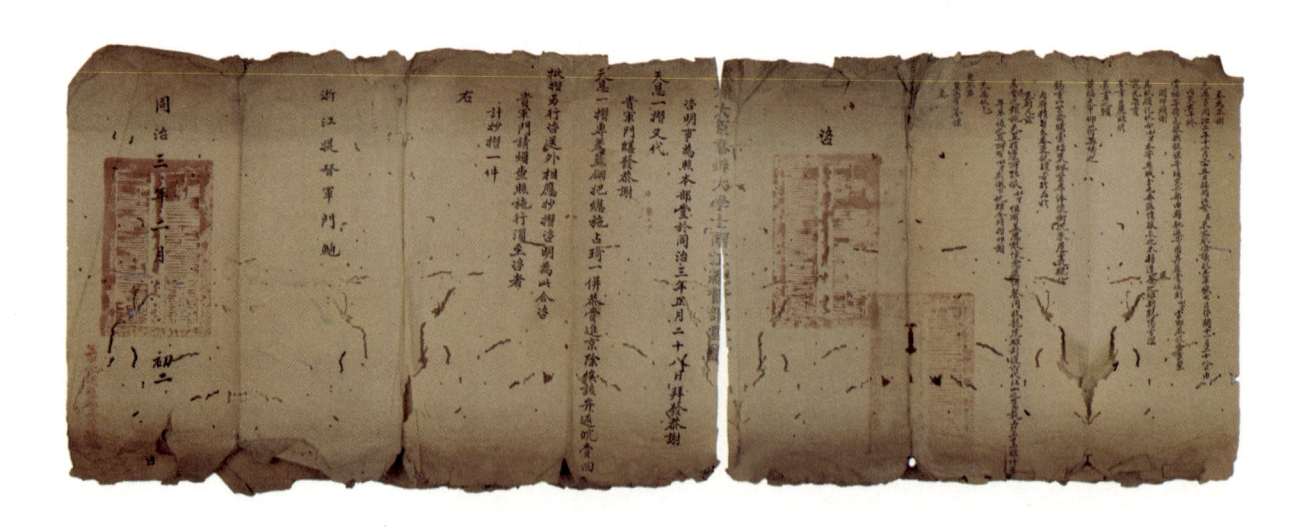

图片

录文

钦差大臣协办大学士两江总督部堂曾〈国藩〉为咨明事。

为照本部堂于同治三年正月二十八日，拜发恭谢天恩一折。又代贵军门缮发恭谢天恩一折。专差蓝翎把总施占琦一并恭赍进京。除俟该弁返皖，赍回批折，另行咨送外，相应抄折咨明，为此合咨贵军门，请烦查照施行。须至咨者。计抄折一件。右咨浙江提督军门鲍〈超〉。

同治三年二月初二日。

附抄折：

奏为恭谢天恩事。

同治二年十二月二十五日接两江督臣来文，承准议政王军机大臣咨开，十一月二十八日由内交出年终赏福字荷包、银钱银课等项，交兵部由驿驰递等因。专差赍送到。奴才当即恭设香案，望阙叩头谢恩祗领讫。伏念奴才忝寄专城，分屯要隘，愤狼氛之未扫，逢凤之维新，兢惕方深。奎章日丽，欣瞻义画之颁；景福天申，仰荷箕畴之锡。重以紫荷、绣槖、缥夹、纫縈。厚俸怀惭，况承麟袭蹄于内府。精刍久荐，更饫琼芳珍品于天厨。凡兹恩赍之频施，夫岂捐糜所能报。奴才惟有益思敌忾愈厉，传餐同牧，龙虎雄封，复六代江山之旧载，上鸳鸯雅什□□年萧禄之长所有。奴才感激下忱，理合缮折叩谢天恩，伏乞皇太后、皇上圣鉴。谨奏。

六八 清同治三年四月二十五日两江总督曾国藩咨鲍超文

提要　同治三年（1864）四月，丹阳、句容、东坝等要隘亟需派兵接守，曾国藩照会李鸿章，派遣淮军刘铭传、郑国魁等部接防，命鲍超前往江西赴援。时皖北、江西告警，均欲争取鲍超霆营前往，曾国藩以江西待援尤急，派鲍超前往江西援剿。

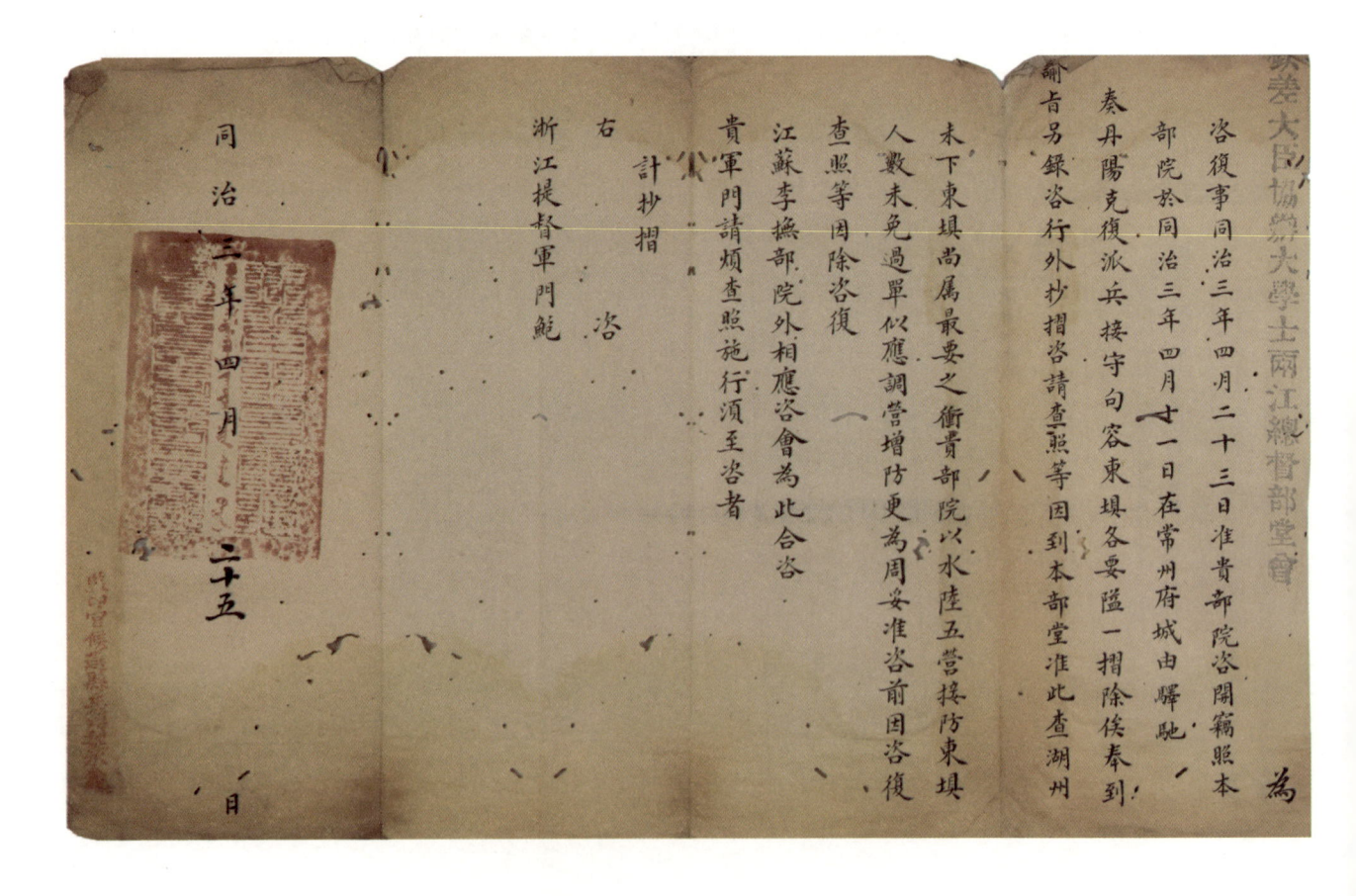

图片

钦差大臣协办大学士两江总督部堂曾　为

咨复事同治三年四月二十三日准贵部院咨开钦照本部院於同治三年四月十一日在常州府城由驿驰奏丹阳克复派兵接守句容东坝各要隘一摺除候奉到谕旨另录咨行外抄摺咨请查照等因到本部堂准此查湖州末下东坝尚属最要之衢贵部院以水陆五营接防东坝人数未免过单似应调营增防更为周妥准咨前因咨复查照等因除咨复江苏李抚部院外相应咨会为此合咨贵军门请烦查照施行须至咨者

　右

　咨

浙江提督军门鲍

　计抄摺

同治三年四月　二十五　日

录文

钦差大臣协办大学士两江总督部堂曾〈国藩〉为咨复事。

同治三年四月二十三日准贵部院咨开,窃照本部院于同治三年四月十一日在常州府城由驿驰奏丹阳克复、派兵接守句容、东坝各要隘一折。除俟奉到谕旨另录咨行外,抄折咨请查照等因。到本部堂,准此。查湖州未下,东坝尚属最要之冲。贵部院以水陆五营接防东坝,人数未免过单,似应调营增防,更为周妥。准咨前因,咨复查照等因。除咨复江苏李抚部院外,相应咨会,为此合咨贵军门,请烦查照施行。须至咨者。计抄折。右咨浙江提督军门鲍〈超〉。

同治三年四月二十五日。

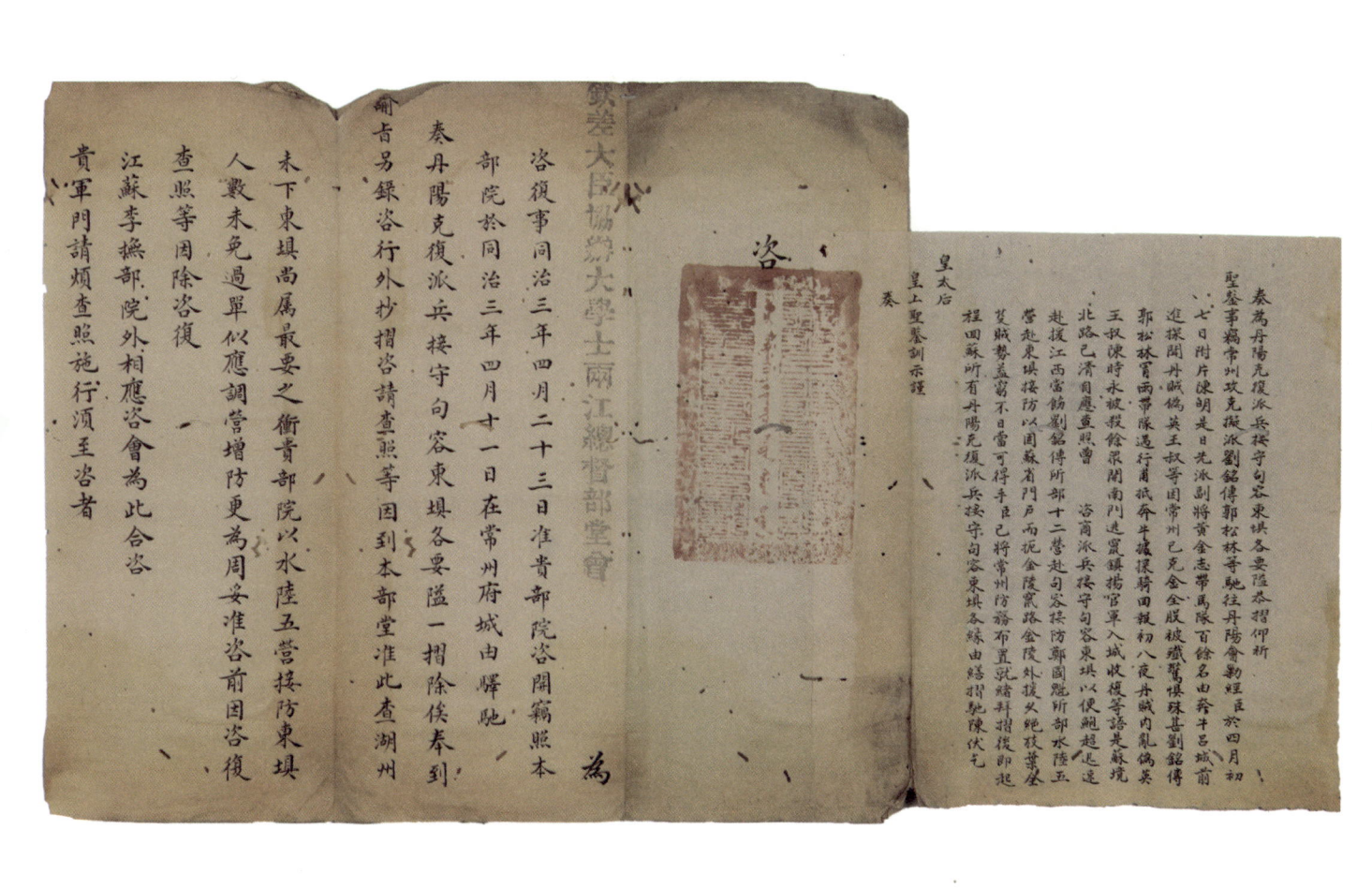

附抄折：

奏为丹阳克复，派兵接守句容、东坝各要隘。恭折仰祈圣鉴事：窃常州攻克，拟派刘铭传[一]、郭松林[二]等驰往丹阳会剿，经臣于四月初七日附片陈明。是日，先派副将黄金志[三]带马队百余名由奔牛、吕城前进，探闻丹贼伪英王叔等。因常州已克，全股被歼，惊惧殊甚。刘铭传、郭松林冒雨带队遄行，甫抵奔牛，据探骑回报，初八夜，丹贼内乱，伪英王叔陈时永[四]被杀，余众开南门逃窜，镇扬官军入城收复等语。是苏境北路已清，自应查照曾〈国藩〉咨商派兵接守句容、东坝，以便鲍超迅速赴援江西。当饬刘铭传所部十二营赴句容接防，郑国魁所部水陆五营赴东坝接防，以固苏省门户而扼金陵窜路。金陵外援久绝，枝叶全芟，贼势益穷，不日当可得手。臣已将常州防务布置就绪，拜折后即起程回苏。所有丹阳克复，派兵接守句容、东坝各缘由，缮折驰陈，伏乞皇太后、皇上圣鉴，训示。谨奏。

注

[一] 刘铭传（1836—1896），字省三，安徽合肥人。早年在乡办团练，同治元年（1862）入淮军，随李鸿章至上海，在苏浙一带与太平军作战，累官至总兵、记名提督，所部号"铭军"。同治四年（1865）入山东与捻军作战，任直隶提督，后督办陕西军务。光绪十年（1884）中法战争中以福建巡抚督办台湾军务，次年台湾设省，为首任巡抚。

[二] 郭松林（1833—1880），字子美，湖南湘潭人。行伍出身，咸丰初入湘军，咸丰六年（1856）随曾国荃转战江西，累功至参将。同治元年（1862）投淮军，随李鸿章至上海，在苏浙一带与太平军作战，累官至总兵，所部号"松字营"，后更名为"武毅军"，在湖北、山东等地与捻军作战。授湖北提督，改调直隶，卒于任上。谥武壮。

[三] 黄金志（1832—1898），字丽川，安徽合肥人。同治元年（1862）投淮军郑国魁部，任魁字营哨官。同治二年（1863）随李鹤章攻打太仓，后累功升为记名总兵。

[四] 陈时永（？—1864），广西藤县人。太平天国将领，英王陈玉成之叔，参加金田起义，至南京后封效天义，后封然王。同治二年（1863）与林绍璋合军攻镇江，为冯子材军所阻，退驻丹阳。同治三年（1864）在冯子材率部攻陷丹阳后战死。

六九 清同治三年五月初一日两江总督曾国藩咨鲍超文

提要

同治三年（1864）五月，太平军攻入江西抚州府、建昌府，逼近南昌，临江府、瑞州府、袁州府、吉州府等地震动不安。曾国藩催促鲍超迅速拔营前往，途中严令约束各营将士，不可沿途骚扰。

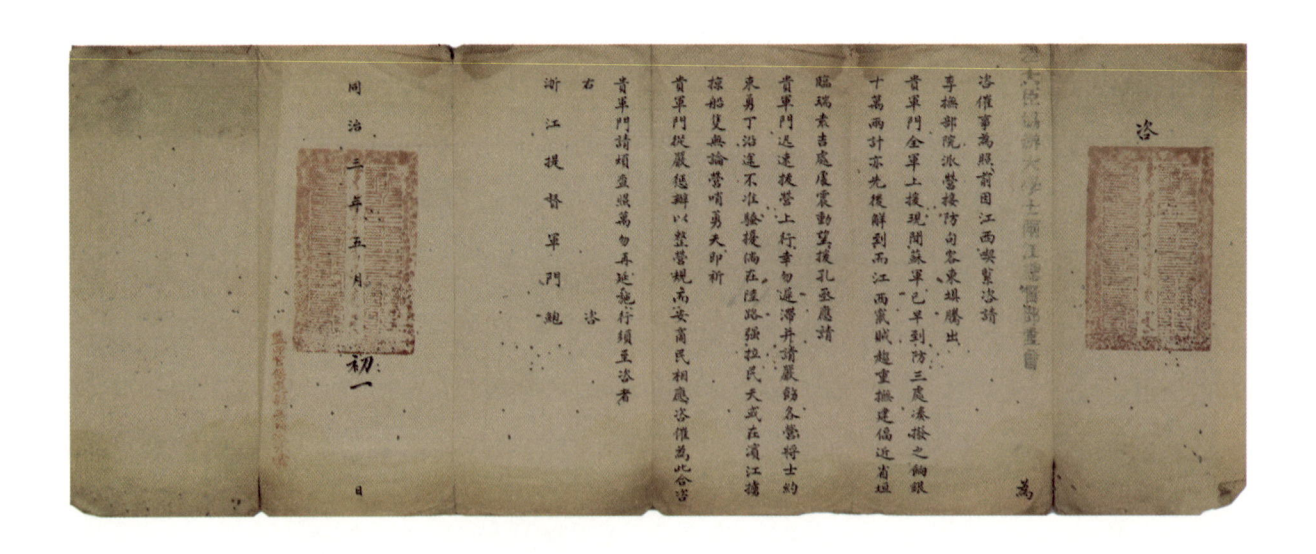

图片

钦差大臣协办大学士两江总督部堂曾〈国藩〉为咨催事。

为照前因江西吃紧，咨请李抚部院派营接防句容、东坝，腾出贵军门全军上援。现闻苏军已早到防三处，凑拨之饷银十万两计亦先后解到。而江西窜贼趋重抚、建，逼近省垣。临、瑞、袁、吉处震动，望援孔亟。应请贵军门迅速拔营上行，幸勿迟滞，并请严饬各营将士约束勇丁，沿途不准骚扰。倘在陆路强拉民夫，或在滨江掳掠船只，无论营哨、勇夫，即祈贵军门从严惩办，以整营规，而安商民。相应咨催，为此合咨贵军门，请烦查照，万勿再延施行。须至咨者。右咨浙江提督军门鲍〈超〉。

同治三年五月初一日。

七〇 清同治三年五月十二日闽浙总督左宗棠移鲍军门公文

提要 同治三年（1864）五月，鲍超多次乞假回籍葬亲，曾国藩奏报朝廷而不得恩准。朝廷下旨慰问，左宗棠将旨意知照鲍超，留鲍超在营戴孝。

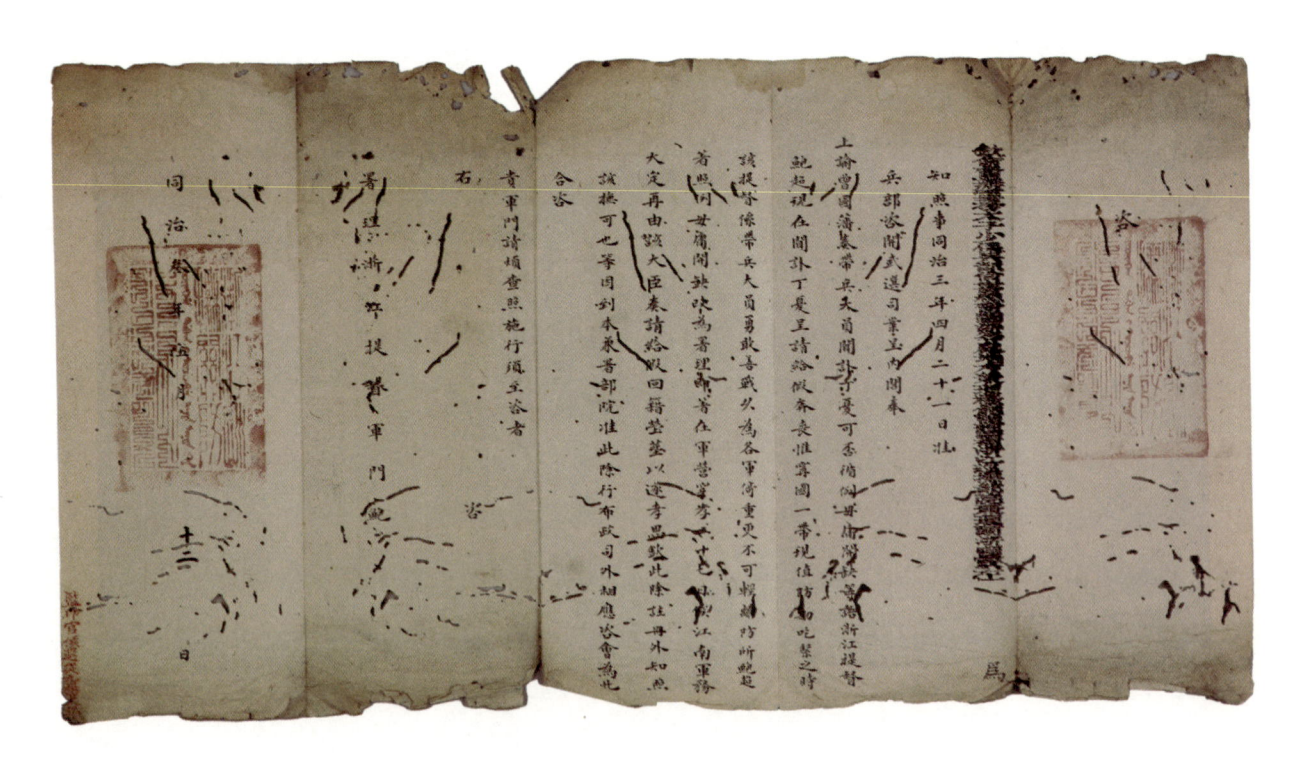

图片

录文

钦命督办军务太子少保兵部尚书督闽浙二处地方兼理粮饷盐课署浙江巡抚部院兼理两浙军务左〈宗棠〉为知照事。

同治三年四月二十一日准兵部咨开，武选司案呈，内阁奉上谕，曾国藩奏带兵大员闻讣丁忧，可否循例，毋庸开缺等语。浙江提督鲍超现在闻讣丁忧，呈请给假奔丧。惟宁国一带现值防剿吃紧之时，该提督系带兵大员，勇敢善战，久为各军倚重，更不可轻离防所。鲍超着照例，毋庸开缺，改为署理，即着在军营穿孝一十七日，俟江南军务大定，再由该大臣奏请给假回籍茔葬，以遂孝思。钦此。除注册外，知照该抚，可也等因。到本兼署部院，准此。除行布政司外，相应咨会，为此合咨贵军门，请烦查照施行。须至咨者。右咨署理浙江提督军门鲍〈超〉。

同治三年五月十二日。

七一 清同治三年六月二十九日浙江巡抚移鲍爵军公文

提要　同治三年（1864）六月，金陵城被湘军攻克，曾国荃奏报攻克金陵城的战事状况。朝廷批复谕旨后，曾国荃将谕旨转录给各部属知照。时鲍超在江西丰城、抚州一带作战。

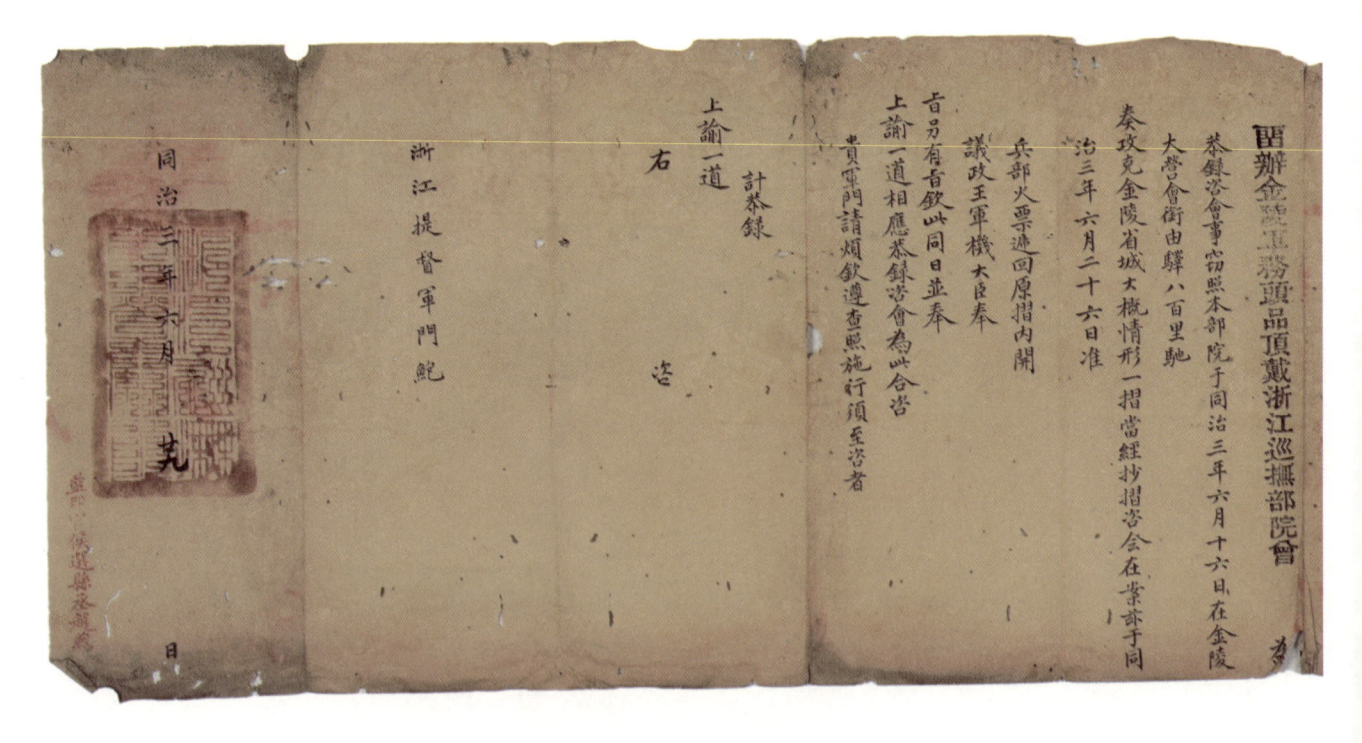

图片

> 录文

留办金陵军务头品顶戴浙江巡抚部院曾〈国荃〉为恭录咨会事。

窃照本部院于同治三年六月十六日，在金陵大营会衔由驿八百里驰奏攻克金陵省城大概情形一折。当经抄折咨会在案，兹于同治三年六月二十六日准兵部火票递回原折，内开议政王军机大臣"奉旨，另有旨"。钦此。同日并奉上谕一道，相应恭录咨会，为此合咨贵军门，请烦钦遵查照施行。须至咨者。计恭录上谕一道。右咨浙江提督军门鲍〈超〉。

同治三年六月廿九日。

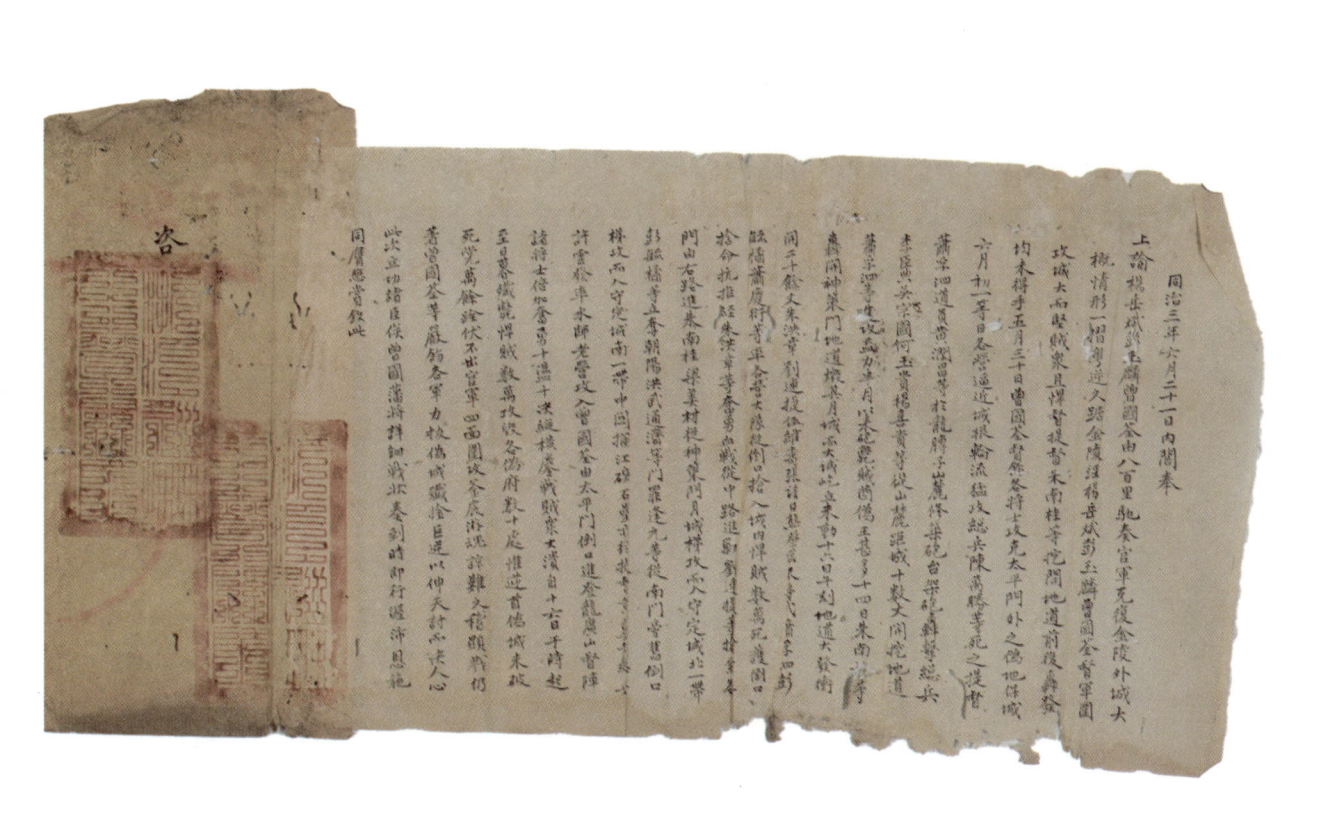

附恭录上谕：

同治三年六月二十一日内阁奉上谕：杨岳斌、彭玉麟、曾国荃由八百里驰奏官军克复金陵外城大概情形一折。粤逆久踞金陵，经杨岳斌、彭玉麟、曾国荃督军围攻，城大而坚，贼众且悍，督提督朱南桂[一]等挖开地道，前后轰发，均未得手。五月三十日，曾国荃督饬各将士，攻克太平门外之伪地保城。六月初一等日，各营逼近城根，轮流猛攻，总兵陈万胜[二]等死之，提督萧孚泗、道员黄润昌[三]等，于龙膊子山麓修筑炮台，架炮轰击。总兵李臣典、吴宗国[四]、何玉贵、杨喜贵等从山麓距城十数丈开挖地道，萧孚泗等进攻益力。半月以来，炮毙贼酋伪王甚多，十四日朱南桂等轰开神策门地道，毁其月城，而大城屹立未动。十六日午刻，地道火发，冲开二十余丈，朱洪章[五]、刘连捷、伍维寿[六]、张诗日、熊登武、陈寿武、萧孚泗、彭毓橘、萧庆衍等字各营大队从倒口抢入城内，悍贼数万死护倒口，舍命抗拒。经朱洪章等奋勇血战，从中路进剿。刘连捷等抢扎各门，由右路进。朱南桂、梁美材从神策门月城梯攻而入，守定城北一带。彭毓橘等立夺朝阳、洪武、通济等门。罗逢元[七]等从南门旁旧倒口梯攻而入，守定城南一带。中关拦江矶石垒，亦经提督黄翼升[八]、总兵许云发率水师老营攻入。曾国荃由太平门倒口进，登龙广山督阵，诸将士倍加奋勇，十荡十决，纵横鏖战，贼众大溃。自十六日午时起至日暮，歼毙悍贼数万，攻毁各伪府数十处。惟逆首伪城未破，死党万余跧伏不出，官军四面围攻，釜底游魂，谅难久稽显戮。仍着曾国荃等严饬各军，力拔伪城，歼擒巨逆，以伸天讨而快人心。此次立功诸臣，俟曾〈国荃〉将详细战状奏到时，即行渥沛恩施，同膺懋赏。钦此。

注

[一]朱南桂（？—1866），湖南长沙人。咸丰初入湘军罗泽南部，随军在湖南、湖北等地与太平军作战。同治元年（1862）解安徽当涂金柱关之围，次年克当涂薛镇、博望镇，授以总兵记名。同治三年（1864）攻陷天京后，因功授河南归德镇总兵。

[二]陈万胜（？—1864），湖南湘潭人。咸丰六年（1856）投湘军吉字营，随曾国荃克吉安、小池驿、安庆等。同治元年（1862）从军克巢县、和州，渡江随军克金柱关、丹阳、秣陵关、江宁镇及攻占雨花台等战，皆为先锋。因阻击太平军李秀成部增援天京有功，擢副将。同治三年（1864）围攻天京时，在朝阳门外被俘杀。

[三]黄润昌（1831—1869），字邵坤，湖南湘潭人。咸丰九年（1859）曾国荃函诏赴皖，旋入李榕幕僚，咸丰十一年（1861）随军战菱湖赤岗岭、克安庆，擢知县。后参与克繁昌、南陵、太平、芜湖、雨花台等战役，授记名按察使。后受命回湖南募勇镇守长沙。同治八年（1869）入黔，在黄飘战役中战死。

[四]吴宗国（？—1866），字咸临，湖南长沙人。咸丰间入湘军，同治元年（1862）随曾国荃转战江西、安徽等地，参与九洑洲、印子山、江宁城等战役，累功升记名提督。同治五年（1866）与捻军在德安罗家集战斗中战死。

[五]朱洪章（1831—1895），字焕文，贵州黎平人。咸丰四年（1854）投湘军塔齐布部，后转隶毕金科部，在湖南、湖北、江西等地与太平军作战。咸丰九年（1859）随曾国荃转战江西、安徽。同治三年（1864）攻克天京后授骑都尉世职。次年（1865）任湖南永州镇总兵，后转任云南鹤丽镇、狼山镇总兵。

[六]伍维寿（？—1875），湖南长沙人。从曾国荃入江西克安庆等，参与攻占雨花台、聚宝门等战役，偕朱南桂破神策门，授记名提督、骑都尉世职。同治六年（1867）授陕西汉中镇总兵，调甘肃宁夏镇。

[七]罗逢元（1823—1876），字旋吉，湖南湘潭人。咸丰四年（1854）入湘军水师彭玉麟部。咸丰九年（1859）调陆营，随曾国荃转战江西、安徽，参与围攻安庆、天京等战役，以提督记名。

[八]黄翼升（1818—1894），字昌歧，湖南长沙人，行伍出身。咸丰四年（1854）入湘军水师杨岳斌部，在湖北、安徽、江西、江苏等地与太平军作战。咸丰十年（1860）任淮阳镇总兵，统率淮阳水师。同治元年（1862）升江南水师提督，节制淞江、上海诸水军。同治四年（1865）后从李鸿章在运河沿线与捻军作战，后任长江提督。同治十一年（1872）被劾而开缺回籍，光绪十八年（1892）复授长江水师提督，后卒于军中。

清同治四年正月二十一日 两江总督曾国藩咨鲍超文

七二

提要

同治四年（1865）正月，在太平天国覆灭之后，残余太平军与捻军合并组成新捻军坚持作战，同时西北甘肃、新疆亦军情紧急。朝廷欲调湘军、淮军北上配合僧格林沁围剿，曾国藩、李鸿章均予以婉拒，最终谕令淮军刘铭传统军入闽，霆军西行赴甘。时鲍超乞假两月回籍归葬，谕令鲍超赴川北招募兵勇后入甘剿办。

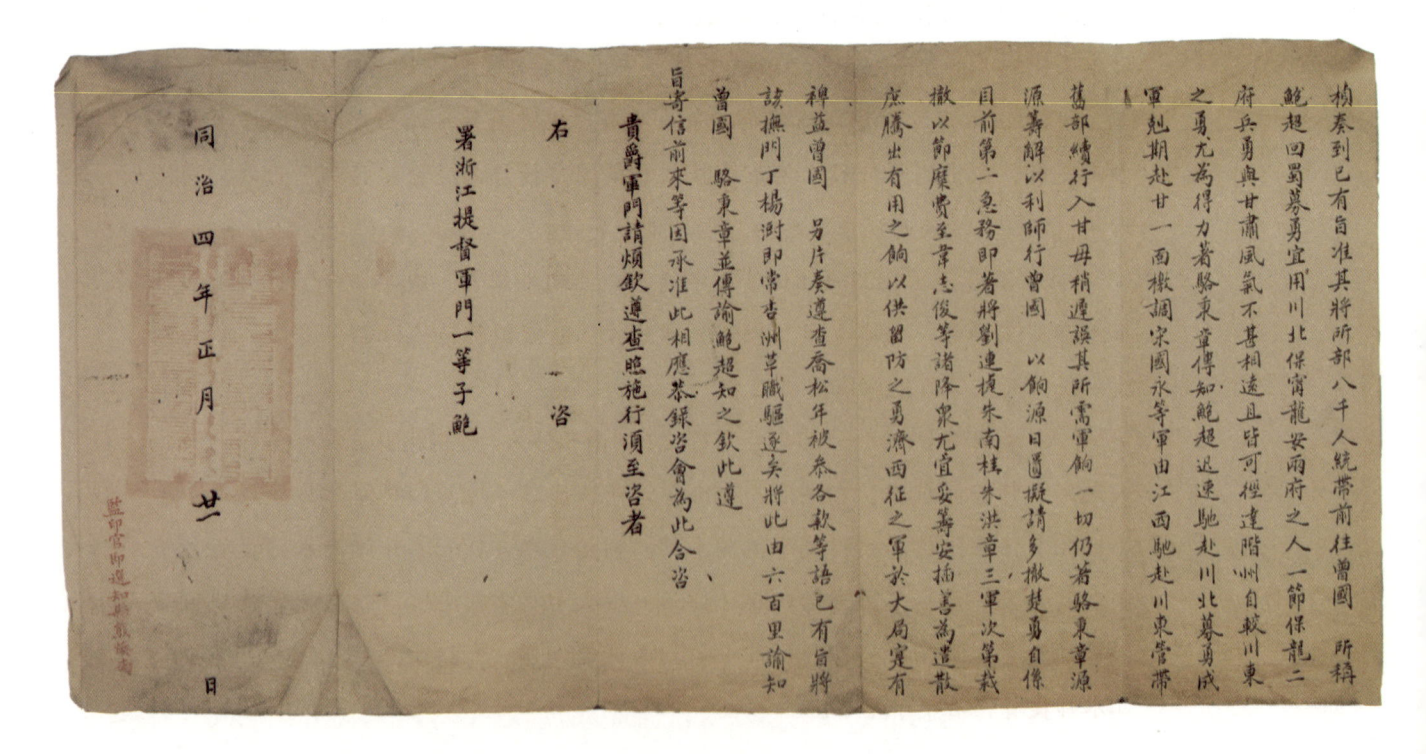

图片

据奏到已有旨准其将所部八千人统带前往曾国

鲍超回蜀募勇宜用川北保宁龙安两府之人一节保龙二府兵勇与甘肃风气不甚相远且皆可抵达阶州自陕川东之处尤得力著骆秉章传知鲍超迅速驰赴川北募勇成军尤期赴甘一面撤调宋国永等军由江西驰赴川东营带

旧部续行入甘毋稍迟误其所需军饷一切仍著骆秉章源筹解以利师行曾国潢请多撤楚勇自僎

目前第二急务即著将刘连捷朱南桂朱洪章三军次第裁撤以节廉费至常志俊等诸降众无宜妥筹安插善为遣散庶腾出有用之饷以供留防之勇济西征之军於大局定有裨益曾国

另片奏遵查乔松年被参各款等语已有旨将该抚门丁杨润常古洲革职驱逐并将此由六百里谕知

曾国潢东章并传谕鲍超知之钦此遵

旨寄信前来等因承准此相应恭录咨会为此合咨

贵爵军门请烦钦遵查照施行须至咨者

右　　咨

署浙江提督军门一等子鲍

同治四年正月　廿一　日

欽差大臣協辦大學士兩江總督部堂一等侯曾　為

恭錄咨會事為照本部堂於同治四年正月十二日准

兵部火票遞到

議政王軍機大臣　字寄

欽差大臣協辦大學士兩江總督一等侯曾　四川總督駱

傳諭署浙江提督一等子鮑超　同治四年正月初六日本

上諭曾國○奏疊奉諭旨恭摺瀝陳一摺所陳剿辦捻匪宜用

淮勇西路軍務宜并力先清甘肅再及關外並餉源日匱必

須多撥楚勇各條均於時勢軍情確有見地劉銘傳等軍前

據李鴻章奏所用洋礮軍火最為慎重運送頗難當經諭令

毋庸機調赴豫並令李鴻章與左宗棠籌商如關省應需議

營前往協剿即檄飭劉銘傳統軍赴關聽候左宗棠調遣此

次曾國○所奏各情均與前旨脗合現在僧格林沁督兵進

勦立營大獲勝仗軍威已振再俟淮勇助剿所有劉銘

傳所部即著咨商李鴻章酌遵前旨酌量調赴關省以資厚

集甘肅軍務未清原不能楊威塞外第新疆南路各城大半

淪陷烏魯木齊及古城之漢城先後為賊佔踞北路亦形岌

岌若不迅圖掃蕩恐全局淪胥必至不可收拾昨因伊犁危

急諭令穆圖善退連帶兵出關並令鮑超無論假期已滿即

日整隊西行著懷遠前旨趕緊辦理至鮑超赴甘前因沈葆

录文

钦差大臣协办大学士两江总督部堂一等侯曾〈国藩〉为恭录咨会事。

为照本部堂于同治四年正月十二日准兵部火票递到议政王军机大臣字寄——钦差大臣协办大学士两江总督一等侯曾〈国藩〉、四川总督骆〈秉章〉、传谕署浙江提督一等子鲍〈超〉。

同治四年正月初六日奉上谕：曾国〈藩〉奏叠奉谕旨，恭折覆陈一折。所陈剿办捻匪，宜用淮勇；西路军务，宜并力先清甘肃，再及关外；并饷源日匮，必须多撤楚勇。各条均于时势军情确有见地。刘铭传等军，前据李鸿章奏，所用洋炮军火，最为笨重，运送颇难。当经谕令毋庸檄调赴豫，并令李鸿章与左宗棠筹商，如闽省应需该营前往协剿，即檄饬刘铭传统军赴闽，听候左宗棠调遣。此次曾国〈藩〉所奏各情，均与前旨吻合。现在僧格林沁督兵逼贼立营，大获胜仗，军威已振，毋须再俟淮勇助剿。所有刘铭传所部，即着咨商李鸿章，恪遵前旨，酌量调赴闽省以资厚集。甘肃军务未清，原不能扬威塞外，第新疆南路各城大半沦陷，乌鲁木齐及古城之汉城先后为贼占距，北路亦形岌岌，若不迅图扫荡，恐全局沦胥，必至不可收拾。昨因伊犁危急，谕令穆图善[一]迅速带兵出关，并令鲍超无论假期已满，即日整队西行。着懔遵前旨，赶紧办理。至鲍超赴甘前，因沈葆桢奏到，已有旨准其将所部八千人统带前往。曾国〈藩〉所称鲍超回蜀募勇，宜用川北保宁、龙安两府之人一节。保、龙二府兵勇与甘肃风气不甚相远，且皆可经达阶州，自较川东之勇尤为得力。着骆秉章传知鲍超，迅速驰赴川北募勇成军，克期赴甘。一面檄调宋国永等军由江西驰赴川东，管带旧部，续行入甘，毋稍迟误。其所需军饷，一切仍着骆秉章源源筹解，以利师行。曾国〈藩〉以饷源日匮，拟请多撤楚勇，自系目前第一急务。即着将刘连捷、朱南桂、朱洪章三军次第裁撤，以节靡费。至韦志俊等诸降众，尤宜妥筹安插，善为遣散。庶腾出有用之饷，以供留防之勇，济西征之军，于大局实有裨益。曾国〈藩〉另片奏，遵查乔松年[二]被参各款等语。已有旨将该府门丁杨澍即、常杏洲革职驱逐矣。将此由六百里谕知曾国〈藩〉、骆秉章，并传谕鲍超知之。钦此。遵旨寄信前来等因。承准此。相应恭录，咨会为此合咨贵爵军门，请烦钦遵查照施行。须至咨者。右咨署浙江提督军门一等子鲍〈超〉。

同治四年正月廿一日。

注

[一]穆图善(？—1886)，字春岩，那拉塔氏，满洲镶黄旗人。同治元年(1862)随多隆阿阻击太平军陈得才部西进陕、甘，任西安左翼副都统。同治三年(1864)继多隆阿署钦差大臣，任荆州将军，与刘蓉会办陕甘军事。次年(1865)调任宁夏将军，主持甘肃军事。同治六年(1867)署陕甘总督，旋因屡次战败，所部改由左宗棠调遣。光绪五年(1879)任福州将军，中法战争中主战，率军在长门(今福建连江)抗击法舰入侵。后病死军中，谥果勇。

[二]乔松年(1815—1875)，字健侯，号鹤侪，山西徐沟(今山西清徐)人。道光十五年(1835)进士，初授工部主事，迁郎中。咸丰三年(1853)后历任江苏松江、苏州知府，授常镇通海道道员。咸丰九年(1859)任两淮盐运使，兼办江北、江南粮台。同治二年(1863)以按察使记名任江宁布政使，次年(1864)升安徽巡抚。同治五年(1866)调任陕西巡抚，在灞桥被捻军张宗禹部击败。同治十年(1871)任河东河道总督。病卒，谥勤恪。

七三　清同治四年四月二十八日湖南巡抚李鹤年移鲍军门公文

提要　同治四年（1865）四月，霆军将领宋国永带领霆军西行赴甘，在湖北金口哗变，朝廷谕知鲍超迅速赶赴湖北召集已散旧部。在鲍超尚未赶到湖北之前，湖南巡抚李鹤年对境内勇丁暂予节制。

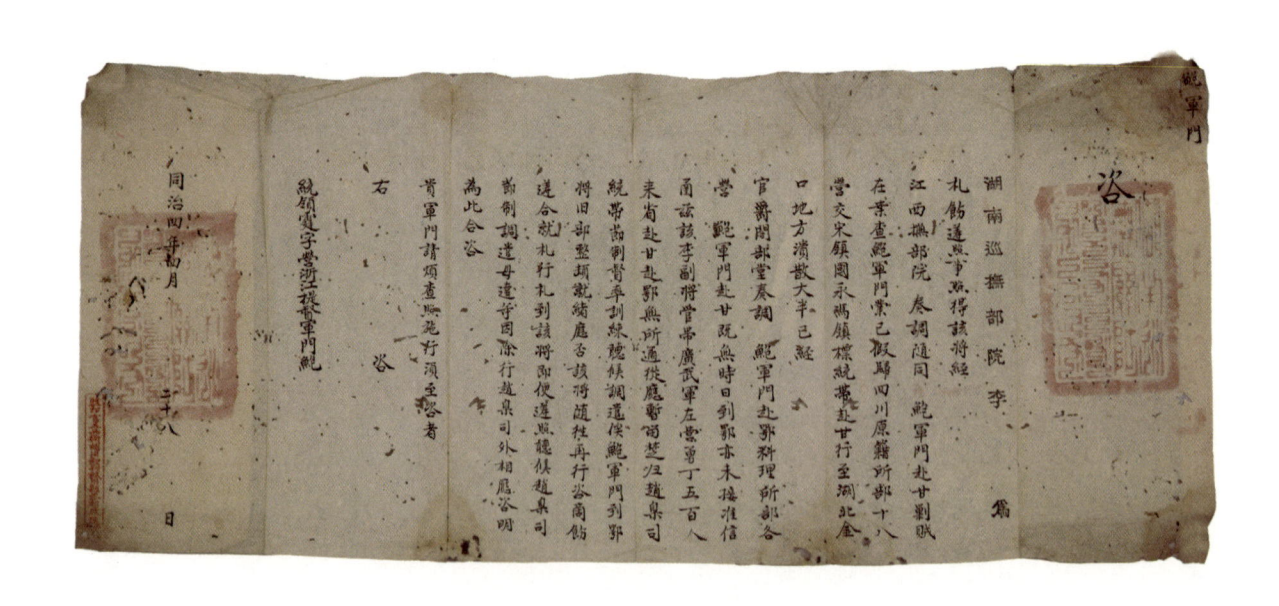

图片

录文

湖南巡抚部院李〈鹤年〉[一]为札饬遵照事。

照得该将经江西抚部院奏，调随同鲍军门赴甘剿贼在案。查鲍军门业已假归四川原籍，所部十八营交宋镇国永、冯镇标统带赴甘，行至湖北金口地方，溃散大半。已经官爵阁部堂奏，调鲍军门赴鄂料理所部各营。鲍军门赴甘既无时日，到鄂亦未接准信函。兹该李副将管带广武军左营勇丁五百人来省，赴甘、赴鄂无所适从，应暂留楚，归赵臬司统带节制，督率训练，听候调遣。俟鲍军门到鄂，将旧部整顿就绪，应否该将随往，再行咨商饬遵。合就札行。札到，该将即便遵照，听候赵臬司节制调遣，毋违等因。除行赵臬司外，相应咨明，为此合咨贵军门，请烦查照施行。须至咨者。右咨统领霆字营浙江提督军门鲍〈超〉。

同治四年四月二十八日。

注

[一] 李鹤年（1827—1890），字子和，号雪樵，奉天义州（今辽宁义县）人。同治四年（1865）升任湖北巡抚，督办防务，翌年调任河南巡抚，练成毅军、嵩武军交由宋庆、张曜统率，抵御境内捻军。同治十年（1871）擢闽浙总督。光绪十年（1884）授河南巡抚兼河东河道总督，治理黄河。

七四　清同治四年五月二十四日闽浙总督左宗棠移鲍超公文

提要

同治四年（1865）五月，在湖北金口哗变的霆军抵达江西义宁州，而此时在江西援闽的另一支霆军因为欠饷也发生哗变。经统兵将领娄云庆再三安抚，江西方面及时发饷后方才平息。朝廷谕令鲍超驰赴湖北召集溃散兵勇，并赶赴江西统领霆军各营赴闽会剿，以功赎罪。随后因欠饷原因，湘军唐义训、金国琛、成大吉等部也相继哗变，促使曾国藩不得不裁撤湘军。

图片

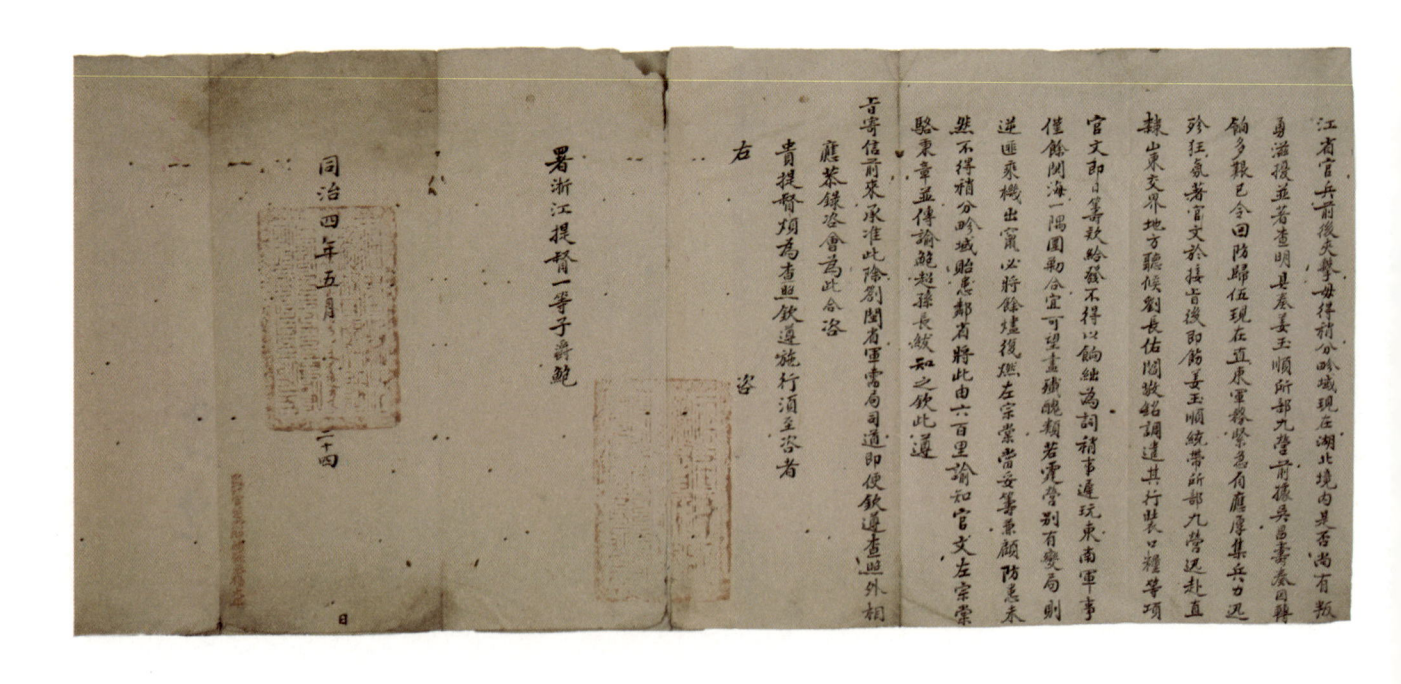

欽差大臣大學士湖廣總督一等恪靖伯官
文總督一等恪靖伯左
四川總督駱
傅諭着浙江提督一等輕車
兵部火票遞到
布政使孫長紱
軍機大臣字寄

寄諭洛會等為照同治四年五月二十二日准

恭錄

上諭據長紱奏援閩覺營譁譟進回現辦撫卹一摺前因建營抵
鄂清散生變迭經閩浙湖廣等省撫派兵捉拿並聯援閩運
營要為拊循母令殆滋事茲據孫長紱等奏援閩覺營致譟
宵州境內距新昌縣不遠現飭晉承忠等迎擊閩覺營致譟
刻飭該經與雲慶撫定現由省局寬籌銀米妥為辦給等
語稅事已至新昌其為圖由東吉寬閩已可概見著孫長紱
飭令普承忠等乘其喙息未定併力迎擊並飭到于尋畔
飭水師嚴防韻河毋令偷渡左宗棠亦當頒籌布置毋令此
起彼牽由江入閩致滋巨蔓援閩運營固不禮缺乏譁譟刻
餉雖經與雲慶即時撫定若非江省迅籌接濟亦無以救
定軍心據長紱當飭餉局寬米薩靖援不得以前
督撥事致誤大局鮑超趙漢次諭音剋日啟行
督有閩當著路東章俾和鮑超趙漢次諭音剋日啟行
星夜趙程前進詞越江抵鄂有探明潰勇趨向分別招集遣散盡速抵江
西就領署雲慶所部建營入閩會勒力贖前愆偏延不進致
省飯勇一意高蔬雲慶所部各營退駐會昌石坪地方聽起若
令釀成眾亂必惟飭是問至統帥劉銘之命迭經
吾停止據長紱可即俾知妥雲慶宜仍名營偉軍仍得以綏定不
致剿滋事端是為要官文前奏有派成大吉等道截潰勇
之語此時諸勇已竄江境並蕭督飭成大吉等越境跟道會合

录文

钦命督办军务太子少保闽浙总督部堂一等伯左〈宗棠〉为恭录寄谕咨会事。

为照同治四年五月二十二日准兵部火票递到军机大臣字寄——钦差大臣大学士湖广总督一等果威伯官〈文〉、闽浙总督一等恪靖伯左〈宗棠〉四川总督骆〈秉章〉，传谕署浙江提督一等子鲍超、护理江西巡抚布政使孙长绂[一]。

同治四年五月初一日奉上谕：孙长绂奏，援闽霆营哗噪退回，现筹抚驭一折。前因霆营抵鄂，溃散生变，迭经谕令湖广等省督抚派兵扼截，并将援闽霆营妥为拊循，毋令煽惑滋事。兹据孙长绂奏，湖北叛勇已窜义宁州境内，距新昌县不远。现饬普承忠[二]等迎击。援闽霆营鼓噪劫饷，旋经娄云庆抚定。现由省局宽筹银米，妥为安辑各等语。叛勇已至新昌，其为图由袁、吉窜闽，已可概见。着孙长绂饬令普承忠等，乘其喙息未定，并力迎击。并饬刘于浔督饬水师严防赣河，毋令偷渡。左宗棠亦当预筹布置，毋令此起叛卒由江入闽，致滋延蔓。援闽霆营因米粮缺乏，哗噪劫饷，虽经娄云庆即时抚定，若非江省迅筹接济，亦无以敉定军心。孙长绂当督饬省局宽筹银米，陆续接济，不得以省啬从事，致误大局。鲍超离营后，霆军叛逃哗溃之事层见迭出，朝廷念其前劳，未忍即行加罪。该提督宜如何感激图报？现在咸宁叛勇一意南趋，娄云庆所部各营退驻会昌、白埠地方。鲍超若再不迅速东下抚循约束，万一溃勇勾结闽氛，又成不了之局。该提督自问当得何罪？着骆秉章传知鲍超懔遵叠次谕旨，克日启行，星夜趱程前进，驰赴鄂省，探明溃勇趋向，分别招集遣散。并迅赴江西，统领娄云庆所部霆营入闽会剿，力赎前愆。倘敢迟延不进，致令酿成变乱，必惟鲍超是问。至鲍超带兵出关剿贼之命，迭经有旨停止。孙长绂可即传知娄云庆宣布各营，俾军心得以绥定，不致别滋事端。是为至要。官文前奏，有派成大吉等追截溃勇之语，此时该勇已窜江境，并着督饬成大吉等越境跟追，会合江省官兵前后夹击，毋得稍分畛域。现在湖北境内是否尚有叛勇滋扰，并着查明具奏。姜玉顺[三]所部九营，前据吴昌寿[四]奏，因转饷多艰，已令回防归伍，现在直东军务紧急，有应厚集兵力，迅殄狂氛。着官文于接旨后，即饬姜玉顺统带所部九营迅赴直隶、山东交界地方，听候刘长佑[五]、阎敬铭[六]调遣。其行装口粮等项，官文即日筹款给发，不得以饷绌为词稍事迟玩。东南军事仅余闽海一隅，围剿合宜，可望尽歼丑类。若霆营别有变局，则逆匪乘机出窜，必将余烬复燃。左宗棠当妥筹兼顾，防患未然，不得稍分畛域，贻患邻省。将此由六百里谕知官文、左宗棠、骆秉章，并传谕鲍超、孙长绂知之。钦此。遵旨寄信前来。承准此，除札闽省军需局、司道，即便钦遵查照外，相应恭录咨会，为此合咨贵提督，烦为查照钦遵施行。须至咨者。右咨署浙江提督一等子爵鲍〈超〉。

同治四年五月二十四日。

注

[一]孙长绂（1823—1868），字赤诚，号小山，湖北枣阳人。道光二十三年（1843）举人，咸丰六年（1856）进士，授江西盐法道，后历任江西布政使、江西巡抚等职。著有《润心堂集》。

[二]普承忠，云南新平人。咸丰五年（1855）入湘军宝庆营，累功保奖总兵，军机处记名简放，并提督衔。官至南赣、九江两镇总兵。

[三]姜玉顺（1831—？），贵州锦屏人。咸丰四年（1854）随朱洪章赴湖北胡林翼处效力。咸丰七年（1857）后随多隆阿在安徽、江西等地与太平军作战。同治元年（1862）因参与太平军陈玉成在庐州（今合肥）的战役，擢总兵。后随多隆阿进入河南、陕西等地与捻军作战，累功至提督记名。

[四]吴昌寿（1810—1867），字少村，浙江嘉兴人。道光二十五年（1845）进士，历任广东连平州知州、广东布政使、湖北巡抚、广西巡抚等职。

[五]刘长佑（1818—1887），字子默，号荫渠，湖南新宁人。拔贡出身，咸丰二年（1852）随江忠源等堵击太平军，后编入湘军。咸丰六年（1856）援剿江西，攻陷袁州（今宜春）、临江（今清江）等地。咸丰九年（1859）追击太平军石达开部于宝庆（今邵阳）、庆远（今宜山）。次年（1860）擢广西巡抚。同治元年（1862）升两广总督，旋调直隶总督，因与捻军作战失利，被革职。同治十年（1871）起复，授广东巡抚，旋调广西。光绪元年（1875）任云贵总督，后辞归病逝，谥武慎。著有《刘武慎公遗书》。

[六]阎敬铭（1817—1892），字丹初，陕西朝邑（今大荔）人。道光二十五年（1845）进士，授户部主事。咸丰九年（1859）赴湖北胡林翼处总管粮台营务。咸丰十一年（1861）迁湖北按察使，次年（1862）署湖北布政使。同治二年（1863）擢山东巡抚。光绪八年（1882）任户部尚书，次年充军机大臣、总理衙门行走。光绪十一年（1885）因反对重修清漪园而被革职留任。以善理财著称。卒赠太子少保。

七五 清同治四年九月二十二日闽浙总督左宗棠移鲍超公文

提要

同治四年（1865）九月，鲍超在湖北新募四营，在河南剿办捻军。此时在湖北叛乱的部分霆军转入广东一带，投奔了太平军汪海洋部，在江西、湖南、广东一带侵扰。朝廷谕令鲍超驰赴江、粤地界剿办，听候左宗棠调遣。

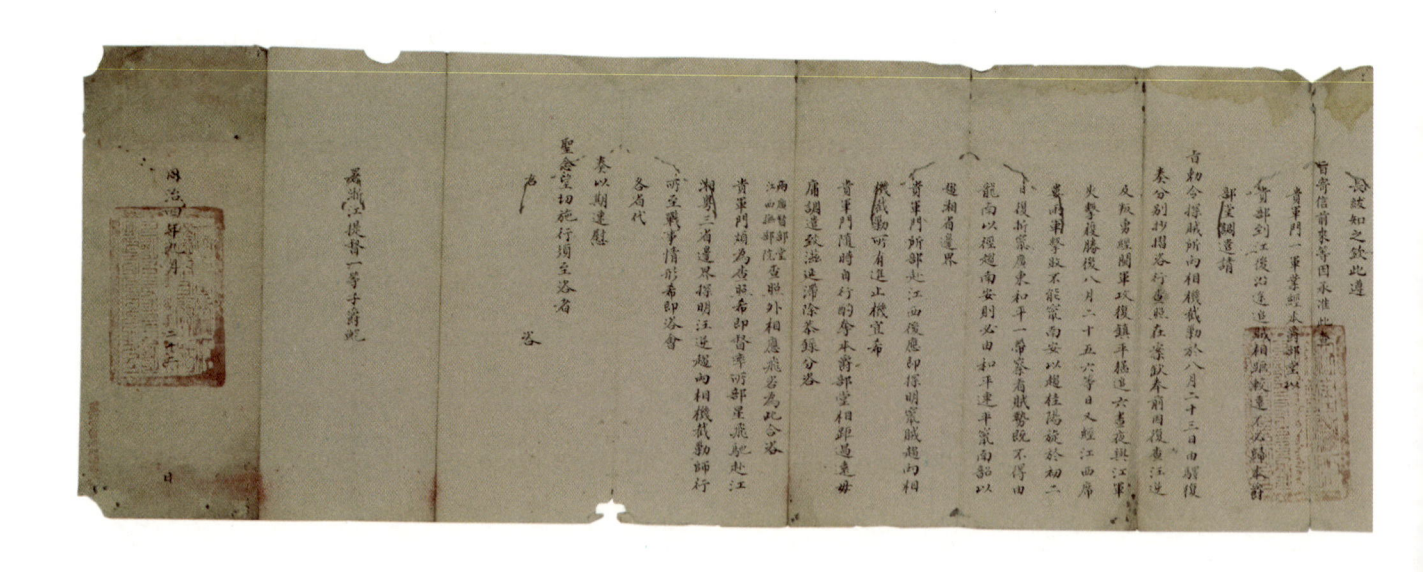

图片

恭錄

寄諭官文等行據同治四年九月二十一日准
兵部火票遞到
軍機大臣字寄
北洋大臣大學士湖廣總督一等恪靖伯官　　閩浙
總督一等恪靖伯左　　江西巡撫到　　湖北巡
撫兼署江西巡撫景　江西提督一等子毓　　護理
江西巡撫布政使孫長緻　同治四年八月二
十八日奉
上諭官文等奏撫軍現已馳抵新野請俟賊破補
定再合成大吉出境勳各相度機宜此賊
養癰畜疽此意歇西進行殊甚定疑者追將自不
可稍涉張現著諭官文等撫軍會門豫軍諒真王順一軍馳赴新野
進擊井令譚仁芳督率四營會合豫王順一軍勤仰力勤
聯著阻展諭養王順等會門豫軍諒真攻勤迟珍外
追奮官文等諒防應行會籌者分無吩咐城先将
本省門戶展行式倍一面專派勁前往會勳等
語與歷次諭曾相合除日已諭知曾相明到維植等事
外即著官文等機勳成大吉諒斷明到維植等
嚴密布置毋許漬匿踰入邊境著傳諭護提督
等得以扺渙洑追不致回顧逆者傳諭護提督
曾急指揮提督馳諒現己扺郢纂越現方嘉善宮文
等兵其雲慶所帶亦易打仗若能會急軍左宗
拒遠打俟傳因會前時在寶前亦在宗棠所
因迎起親住整組方可阻成勳旅者將遠傳諭
提纂四營逃趙赴江粵境境續左宗棠剿遭汪進
身受重傷因守鎮華嚴雷所　傳諭會馳現在
赴此職除以懲慶急貽輙亦此軍應復馳抵郢勦抵
祇日　　諭官文左宗棠到坤一郡教諭井傳諭馳抵孫
湖北善給兩月以剷遷行護提督於江陵即著到
坤一孫長戡就雨月振無全將之將此由五百里
諭知官文左宗棠到坤一郡教護井傳諭馳抵欽

录文

钦命督办军务太子少保兵部尚书兼都察院右都御史总督福建浙江等处军务办理粮饷盐课一等伯左〈宗棠〉为恭录寄谕咨行事。

同治四年九月二十一日准兵部火票递到军机大臣字寄——钦差大臣大学士湖广总督一等果威伯官〈文〉、闽浙总督一等恪靖伯左〈宗棠〉、江西巡抚刘〈坤一〉[一]、湖北巡抚郑〈敦谨〉[二]、传谕署浙江提督一等子鲍超、护理江西巡抚布政使孙长绂。

同治四年八月二十八日奉上谕：官文等奏，楚军现已驰抵新野，并请俟贼踪稍定，再令成大吉出境会剿各折片览奏均悉。此股髪捻由皖北悉众西趋，行踪靡定，楚省边防自不可稍涉松懈。官文等现派姜玉顺一军驰赴新野迎击，并令谭仁芳[三]督率四营，会合姜玉顺并力剿办。着即严饬姜玉顺等会同豫军认真攻剿，迅殄逆氛。官文等请饬应行会剿省分，无分畛域，先将本省门户严行戒备，一面专派劲旅前往会剿等语，与历次谕旨相合。除本日已谕知曾国藩酌办外，即着官文等檄饬成大吉、蓝斯明[四]、刘维桢[五]等军，严密布置，毋许该匪阑入边境，俾姜玉顺、谭仁芳等得以拔队跟追，不致回顾楚疆，方为妥善。官文等另折奏，提督鲍超现已抵鄂，募勇赴江助剿等语。前次霆军叛勇，据粤省奏报已，与汪逆勾合，抗拒官兵，其娄云庆所带部勇，前亦因索饷哗噪，必须鲍超亲往整顿，方可复成劲旅。着传谕该提督赶募四营，驰赴江粤边境，听候左宗棠调遣。汪逆身受重伤，困守镇平，鲍超打仗素能奋勇，左宗棠得此生力一军，会督闽粤诸将，鼓勇前进，谅不难克日歼除，以慰厪念。鲍超此军应支月饷，现已由湖北筹给两月，以利遄行。该提督抵江后，即着刘坤一、孙长绂就近筹拨，毋令缺乏。将此由五百里谕知官文、左宗棠、刘坤一、郑敦谨，并传谕鲍超、孙长绂知之。钦此。遵旨寄信前来等因。承准此。查贵军门一军，业经本爵部堂以贵部到江后，沿途追贼，相距较远，不必归本爵部堂调遣，请旨敕令探贼所向，相机截剿。于八月二十三日由驿复奏，分别抄折咨行，查照在案。钦奉前因，复查汪逆及叛勇经闽军攻复镇平，猛追六昼夜，与江军夹击获胜后，八月二十五六等日，又经江西席、娄两军[六]击败，不能窜南安以趋桂阳。旋于初二日，复折窜广东和平一带，察看贼势，既不得由龙南以径趋南安，则必由和平、连平窜南韶以趋湘省边界。贵军门所部赴江西后，应即探明窜贼趋向，相机截剿。所有进止机宜，希贵军门随时自行酌夺，本爵部堂相距过远，毋庸调遣，致滋延滞。除恭录分咨两广都部堂、江西抚部院查照外，相应飞咨，为此合咨贵军门，烦为查照，希即督率所部星飞驰赴江、湘、粤三省边界，探明汪逆趋向，相机截剿。师行所至、战事情形，希即咨会各省代奏，以期速慰圣念。望切施行。须至咨者。右咨署浙江提督一等子爵鲍〈超〉。

同治四年九月二十二日。

注

[一]刘坤一（1830—1902），字岘庄，湖南新宁人。廪生出身，咸丰五年（1855）随刘长佑转战江西、湖南、广西等地，与太平军石达开部作战。同治元年（1862）升广西布政使。四年（1865）迁江西巡抚。光绪元年（1875）擢两广总督。著有《刘坤一遗集》等。

[二]郑敦谨（1803—1885），字筱山，湖南长沙人。道光十五年（1835）进士，选翰林院庶吉士，历任刑部主事、郎中、山东登州知府、河南南汝光道等。咸丰八年（1858）降职，改任太常寺少卿，之后数年历任山西、陕西、直隶等省布政使、河东河道总督、湖北巡抚、署陕西巡抚等。同治七年（1868）擢工部尚书，仍留巡抚任，督办围剿捻军和回民起义军。后转任兵部、刑部尚书。

[三]谭仁芳，湖南湘阴人。咸丰间投湘军，转战安徽等地。寻从多隆阿赴陕西，与捻军和回民起义军作战。后赴援湖北，转战安徽、江西、河南等地。累官至延绥镇总兵。光绪年间卒。

[四]蓝斯明（1837—1908），湖北黄冈人。咸丰五年（1855）投湖北军，在汉阳等地与太平军作战。咸丰七年（1857）随湘军水师杨载福部赴援安徽，参加了攻剿黄梅、安庆、桐城等战役，同治元年（1862）攻克庐州（今合肥）后擢赏总兵衔，后在陕、甘等地与捻军、回民起义军作战。同治三年（1864）奉调回鄂，参与对捻军作战。

[五]刘维桢（1822—1905），字干臣，湖北黄冈人。咸丰三年（1853）投太平军陈玉成部，后调太平军赖文光部，领兵佐守蕲州（今蕲春）。咸丰十一年（1861）降清，率军攻下随州、枣阳、德安（今安陆）等太平军所占城镇，因功擢提督衔，任浙江全省马步军参领，所部号"忠义营"，参与对江浙一带的太平军及捻军的作战。光绪六年（1880）以记名提督山海关。后解甲返乡，利用劫夺德安军饷库的太平军军饷，经营庄园、修建粮仓、开设当铺，及捐资重修黄鹤楼、援建汉阳兵工厂及义学、善堂、会馆、书院、育婴堂等。

[六]席、娄两军，即席宝田、娄云庆两军。

七六 清同治四年九月二十日两江总督曾国藩咨鲍超文

提要　同治四年（1865）九月，由于河南等地捻军快速机动作战，曾国藩剿灭捻军的难度较大。朝廷谕令鲍超如尚未从湖北启程，则率部进入河南南部围剿捻军；如已启程，则迅速前往广东一带。

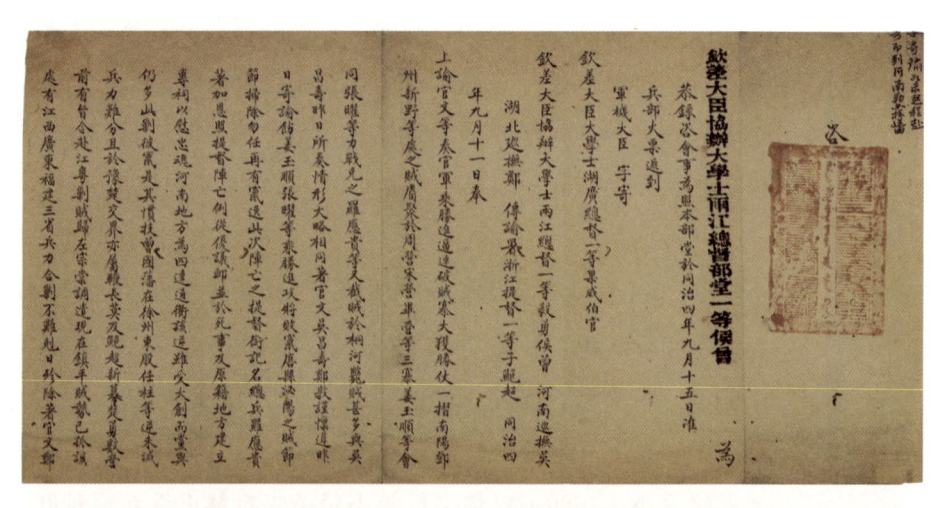

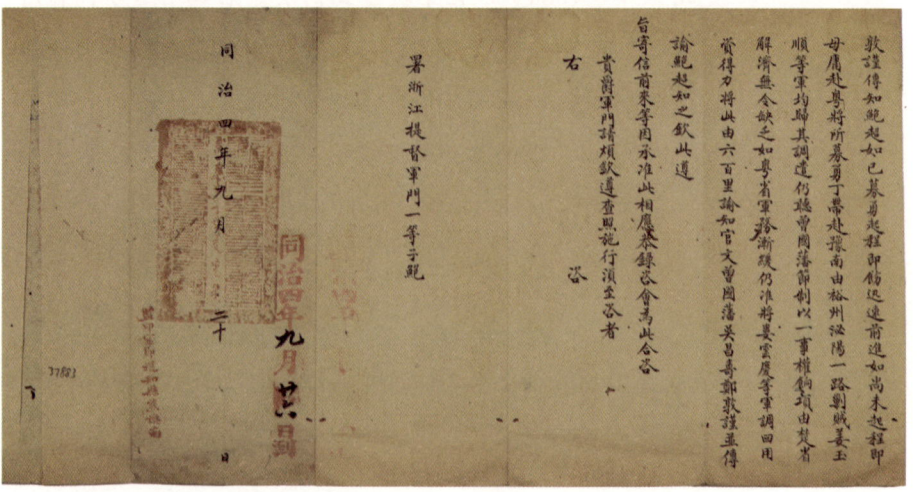

图片

录文

钦差大臣协办大学士两江总督部堂一等侯曾〈国藩〉为恭录咨会事。

为照本部堂于同治四年九月十五日准兵部火票递到军机大臣字寄——钦差大臣大学士湖广总督一等果威伯官〈文〉、钦差大臣协办大学士两江总督一等毅勇侯曾〈国藩〉、河南巡抚吴〈昌寿〉、湖北巡抚郑〈敦谨〉,传谕署浙江提督一等子鲍超。

同治四年九月十一日奉上谕:官文等奏,官军乘胜进逼,连破贼寨,大获胜仗一折。南阳、邓州新野等处之贼麕聚于周营、宋营、毕营等三寨,姜玉顺等会同张曜[一]等力战克之。罗应贵等又截贼于桐河,毙贼甚多。与吴昌寿昨日所奏情形大略相同。着官文、吴昌寿、郑敦谨懔遵昨日寄谕,饬姜玉顺、张曜等乘胜进攻,将败窜唐县、泌阳之贼节节扫除,勿任再有窜逸。此次阵亡之提督衔记名总兵罗应贵,着加恩照提督阵亡例从优议恤,并于死事及原籍地方建立专祠,以慰忠魂。河南地方为四达通衢,该逆虽受大创,而党与仍多,此剿彼窜是其惯技。曾国藩在徐州,东股任柱等逆未灭,兵力难分,且于豫楚交界,亦属鞭长莫及。鲍超新募楚勇数营,前有旨令赴江粤剿贼,归左宗棠调遣。现在镇平贼势已孤,该处有江西、广东、福建三省兵力合剿,不难克日殄除。着官文、郑敦谨传知鲍超,如已募勇起程,即饬迅速前进。如尚未起程,即毋庸赴粤,将所募勇丁带赴豫南,由裕州、泌阳一路剿贼。姜玉顺等军均归其调遣,仍听曾国藩节制,以一事权、饷项由楚省解济,无令缺乏。如粤省军务渐缓,仍准将娄云庆等军调回,用资得力。将此由六百里谕知官文、曾国藩、吴昌寿、郑敦谨,并传谕鲍超知之。钦此。遵旨寄信前来等因。承准此。相应恭录咨会,为此合咨贵爵军门,请烦钦遵查照施行。须至咨者。右咨署浙江提督军门一等子鲍〈超〉。

同治四年九月二十日。

注

[一]张曜(1832—1891),字亮臣,号朗斋,直隶大兴(今北京大兴)人。咸丰年间为河南固始知县蒯贺荪协办团练,因与捻军作战累功升河南布政使,被御史刘毓楠弹劾目不识丁,改任总兵,受僧格林沁节制。同治年间,率军与捻军、太平军作战。光绪二年(1876)随左宗棠出征新疆,平定阿古柏入侵。光绪六年(1880)奉诏帮办军务,光绪十二年(1886)调补山东巡抚,任上首重治理黄河。光绪十四年(1888)奉命帮办海军,次年加太子少保衔,会阅南北洋海军。后病卒。

七七 清同治四年十一月初九日江西巡抚刘坤一咨鲍超文

提要

同治四年（1865）十一月，江西巡抚刘坤一奏报朝廷，太平军汪海洋部在福建、江西、广东一带蔓延，需要周边数省兵力合力围剿。刘坤一将奏折抄录咨会鲍超，命其协同其他军队，按奏折内的战略部署迅速堵剿。

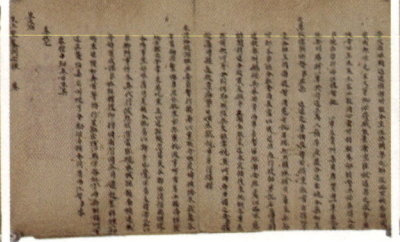

图片

录文

兵部侍郎兼都察院右副都御史巡抚江西等处地方兼理军务兼提督□硕勇巴图鲁刘〈坤一〉为咨送事。

窃照本部院于同治四年十一月初七日在赣州府城会同署两江爵督部堂李〈鸿章〉由驿具奏，逆匪袭陷广东嘉应州，现筹会剿缘由，除俟奉到谕旨恭录另咨外，相应抄折咨会，为此合咨贵爵军门，请烦查照施行。须至咨者。计粘抄折。右咨署浙江提督军门一等子鲍〈超〉。

附抄折：

奏为逆匪袭陷广东嘉应州，现筹会剿，恭折由驰奏，仰祈圣鉴事。

窃查汪逆股匪，未能冲入鹅公墟，绕由龙川、兴宁向平远、镇平窜去，逼近闽省边界，业经臣将酌拟分途防剿情形驰奏在案。兹据探报，该逆侦知福建武平驻有防军，复折向嘉应，于十月二十一日袭陷州城。臣查汪逆于败残之后，犹敢占踞城池，实属凶狡异常，悍不畏死。然该逆若乘闽师未经厚集，冲过汀、邵，横出抚、建，则地方平衍，路径纷歧，我军转难兜剿。此击彼窜，皖南、浙东任其所之而无阻，其害不可胜言。今该逆聚处一城，三省官军连营而进，四面深沟高垒，使如槛兽釜鱼，但当期于成功，而不责以速效，即令稍需时日，必可悉数殄除。惟是嘉应民情犷悍异常，匪徒充斥，即江、闽边境，伏莽亦多。若任该逆出没往来，胁诱各处村寨，诚恐蚁附日众，其势益张，根蒂深则芟夷不易，蔓延广则收拾亦难，宜急束之于嘉应城中，使之坐困，庶可制其死命，则合围未可稍缓也。就合围而论，江军出会昌、长宁，取道平远，以逼嘉应州城之北，而不能兼顾东西，一路防范稍松，贼或乘隙而遁，东窜汀、邵，则江省之抚、建堪虞；西走惠、韶，即江省之赣南受敌；回军转斗，势必后期。是欲救邻省之灾，而转贻本省之患。必须三省官军同时压境，庶免横溢旁流。闽师当力任东面，粤师当力任西面与南面，各据形胜，互为声援，使贼无瑕可蹈，方能聚而歼旃，则进兵不容参差也。顾进兵以后，则愈去愈遥，既抵嘉应州城，离江西边境已数百里，军情瞬息千变，臣已遥制为难。加以地方莠民拦途劫杀，转运军火、粮饷固极戒心，弁勇、哨探往还尤虑戕害，文报难期迅速，指挥何能合宜。况与闽、粤之师，彼此不相节制，或前或却，不免坐失事机。必须威望素著重臣，就近为之提挈，庶攻守不至失□，主客必能同心，当可刻期奏效，则督办必在得人也。臣现在咨行浙江提督鲍〈超〉一军，及贵州臬司席宝田一军，并记名总兵刘胜祥[一]一军，共计近三万人，简卒严装，分途出境。合无仰恳天恩，敕催闽浙督臣左宗〈棠〉，迅速赴粤调度，俾将领秉承有自，得以早竟全功。至湖南提督周宽世[二]、记名总兵王开琳[三]、补用道张岳龄[四]所部各营，仍分驻会昌、长宁，以固边防，而作后劲。其记名藩司刘连捷、永州镇总兵朱洪章两军，应暂留驻南安原处，以备不虞。惟闻该逆分股窜及镇平，又闻全股窜近永定，倘复东犯，则各军应照前折所筹，分别堵剿。贼踪无定，惟当视其所向，并力图之。再，臣接据藩司孙长绂禀，病势日增，未能视事，另行缮折奏请给假调理，并委员暂行接署，以重职守。惟是时值隆冬岁暮，各营需饷浩繁，游勇迫于饥寒，亦恐乘机滋事。所有筹办接济、弹压地方，较之平常更为吃重。且以逆踪飘忽，省东各郡必须预为绸缪，各项事宜均惟藩司是赖。今既易以新手，已觉不易支持，若又加以臣衙门事件令其代行，诚恐或滋丛脞。现在贼距赣南稍远，战守均有成谋，臣于拜折后即行回省，督同各司道赶紧料理一切，将来边境如再有警，仍行星驰出防，以期军务、地方两无贻误。所有逆匪袭陷嘉应州现筹会剿缘由，谨会同署两江督臣李〈鸿章〉，恭折由驿五百里具奏，伏乞皇太后、皇上圣鉴训示。谨奏。

注

[一]刘胜祥（？—1871），字瑞麟，湖南新化人。咸丰三年（1853）入湘军。咸丰五年（1855）随罗泽南在湖南、湖北等地与太平军作战。咸丰七年（1857）调赴江西，在广信、景德镇等地作战。同治四年（1865）奉调广东嘉应州会剿太平军汪海洋部，翌年返江西驻守赣州。后累官至提督，同治十年（1871）卒于军中。

[二]周宽世（？—1887），字厚斋，湖南湘乡人。咸丰三年（1853）入湘军李续宾部，转战湖南、江西、湖北、安徽等地，累迁至副将。咸丰八年（1858）在三河城之役中受伤突围，授永州镇总兵。次年（1859）抗击太平军石达开部，援救祁阳，解宝庆之围。咸丰十一年（1861）晋湖南提督，次年调安徽。同治三年（1864）调援江西，次年击败霆军哗变散勇，又入粤追剿太平军汪海洋残部。同治五年（1866）回湖南提督任，不久因伤回籍，后病卒。

[三]王开琳，字毅卿，湖南湘乡人。官至总兵。

[四]张岳龄（1818—1885），字子衡，号南瞻，湖南平江人。咸丰二年（1852）在平江、浏阳办团练，咸丰四年（1854）擢知县。同治五年（1866）署赣南兵备道，次年调任甘肃按察使。光绪元年（1875）授荣禄大夫，调任福建按察使，旋以病回籍。著有《铁瓶诗钞》《铁瓶东游草》等。

清同治四年十二月二十五日闽浙总督左宗棠移鲍军门公文

提要

同治四年（1865）十二月，鲍超会合旧部，驻防会昌，上奏朝廷请求派遣督兵大臣节制调度江西、福建、广东三省官军，统一号令，合力围剿。朝廷谕令左宗棠统兵亲往嘉应州（今广东梅州）督剿，以免各路官军相互牵制、争功诿过。时太平军汪海洋、谭体元等部均已伏诛、就抚，尚余胡瞎子一股四处窜越。

图片

录文

钦命节制广东江西各军太子少保闽浙总督部堂一等恪靖伯左〈宗棠〉为恭录谕旨咨行事。

照得本爵部堂于同治四年十二月二十五日在广东嘉应州松口途次，准兵部火票递到军机大臣字寄——闽浙总督一等恪靖伯左〈宗棠〉，传谕署浙江提督一等子鲍超。

同治四年十一月二十九日奉上谕：鲍超奏，会合旧部抵防，并请督办大臣调度一折。发逆大股盘踞嘉应州城，江闽粤三省地界毗连，此剿彼窜，非合三省兵力四面围歼，势将复行滋蔓。尤须有督兵大员节制调度，方足以一号令而齐进止。现据鲍超奏称，各军越境会剿，未进之先，各存意见，临期之际，牵制堪虞，争功诿过，窒碍多端。非督师大臣亲临前敌，驱策群力，不免耽延时日，虚糜军饷等语。该提督老于戎行，洞悉军情利弊，所奏深合机宜。左宗棠前辞节制三省之命，朝廷未经允准，叠经谕令视贼所向，驰赴江、粤，督兵会剿。该督旋因贼陷嘉应，奏明带兵赴粤督剿，着即调齐江、闽、粤三省官军四路进逼，务乘贼势穷蹙之余，就地歼除，不可再令贼踪他窜，又成燎原之势。并着该督亲往嘉应视师，以期呼应灵通。鲍超所部现已会齐，驻扎会昌，听候左宗棠调遣。着该督即约会闽、粤各军，订期前进，并檄令鲍超所部合力进攻，毋得稍分畛域，坐失机宜。所有鲍超军营粮饷，即着该提督行知广东、江西各督抚，严檄地方官设法转运，毋许贻误。前经谕令曾国藩将鲍超一军酌调赴豫剿办捻匪，现当江粤军务吃紧之时，鲍超驻军会昌距嘉应甚近，即着该提督暂缓赴豫，俟发逆荡平后，再行听候曾国藩檄调入豫，助剿捻逆。本日已谕令曾国藩遵照办理矣。将此由六百里谕知左宗棠，并传谕鲍超知之。钦此。遵旨寄信前来等因。承准此。查汪逆海洋，已于十二月十二日经闽军东路大捷阵前轰毙。二十二夜，克复嘉应州城，穷追余贼。伪偕王谭体元[一]、伪佑王李远继[二]、伪天将汪麻子等均已伏诛，其贼目等多已伏诛、就抚。惟胡瞎子[三]一股先由小密窜出，尚未就歼。已咨行各军，随同贵爵军门追剿。本爵部堂虑贼窜潮属馏隍一带，已于嘉应州井塘地方折回，急趋馏隍截剿。并饬席藩司、刘镇防兴宁，方、邓、曾、郑诸军，分防长乐、永安，期于悉数扫灭，不致流毒他方。钦奉前因，相应恭录咨会，为此合咨贵爵军门，烦请钦遵查照施行。须至咨者。右咨钦命浙江提督一等子爵鲍〈超〉。

同治四年十二月二十五日。

注

[一] 谭体元（1836—1866），广西象州人。参加金田起义，咸丰七年（1857）随石达开出走，转战广西，被封为青天豫（一作钦天豫）。咸丰十年（1860）脱离石达开，经湖南入江西，与太平军汪海洋部会合，攻占德兴、婺源，转投太平军李世贤部。同治元年（1862）授主将，后封为偕王。同治三年（1864）与洪仁玕等护送幼天王到宁国，转投汪海洋部，次年（1865）攻占广东嘉应州（今梅县）。汪海洋战死后，带领余部突围未果，被俘杀。

[二] 李远继，广西藤县（一说广东花县）人。参加太平军，咸丰八年（1858）授勤天福。咸丰十年（1860）升营天义，参与攻破江南大营，后随军东征常州、无锡，至宜兴，又同黄文金攻占江西彭泽、饶州（今波阳）。同治元年（1862）封佑王，三年（1864）驻守湖州。天京陷落后，与黄文金等护送幼天王入江西，在广昌兵败，与汪海洋等转战闽、粤间。同治四年（1865）在广东嘉应陷落后被俘杀（一说不知所终）。

[三] 胡瞎子，即太平天国将领胡永祥。胡永祥（1833—1866），安徽东流人，因眇一目，人称胡瞎子。咸丰三年（1853）入太平军赖裕新部，咸丰七年（1857）随石达开出走，转战广西。咸丰十年（1860）与汪海洋脱离石达开，到江西、浙江交界一带，转投太平军李秀成部。同治三年（1864）封天将。天京陷落后，转投太平军汪海洋部。同治五年（1866）在广东嘉应州被俘杀。

七九 清同治四年十二月二十九日闽浙总督左宗棠移鲍超公文

提要

同治四年（1865）十二月，鲍超会同各军在嘉应州将太平军残部悉数歼灭荡平。时湖北黄州告急，曾国藩檄调鲍超赴湖北、河南进剿捻军。左宗棠咨覆曾国藩、官文及江西、湖北等地巡抚，将饬令鲍超霆营稍作休整后，即北上剿办河南、湖北一带捻军。

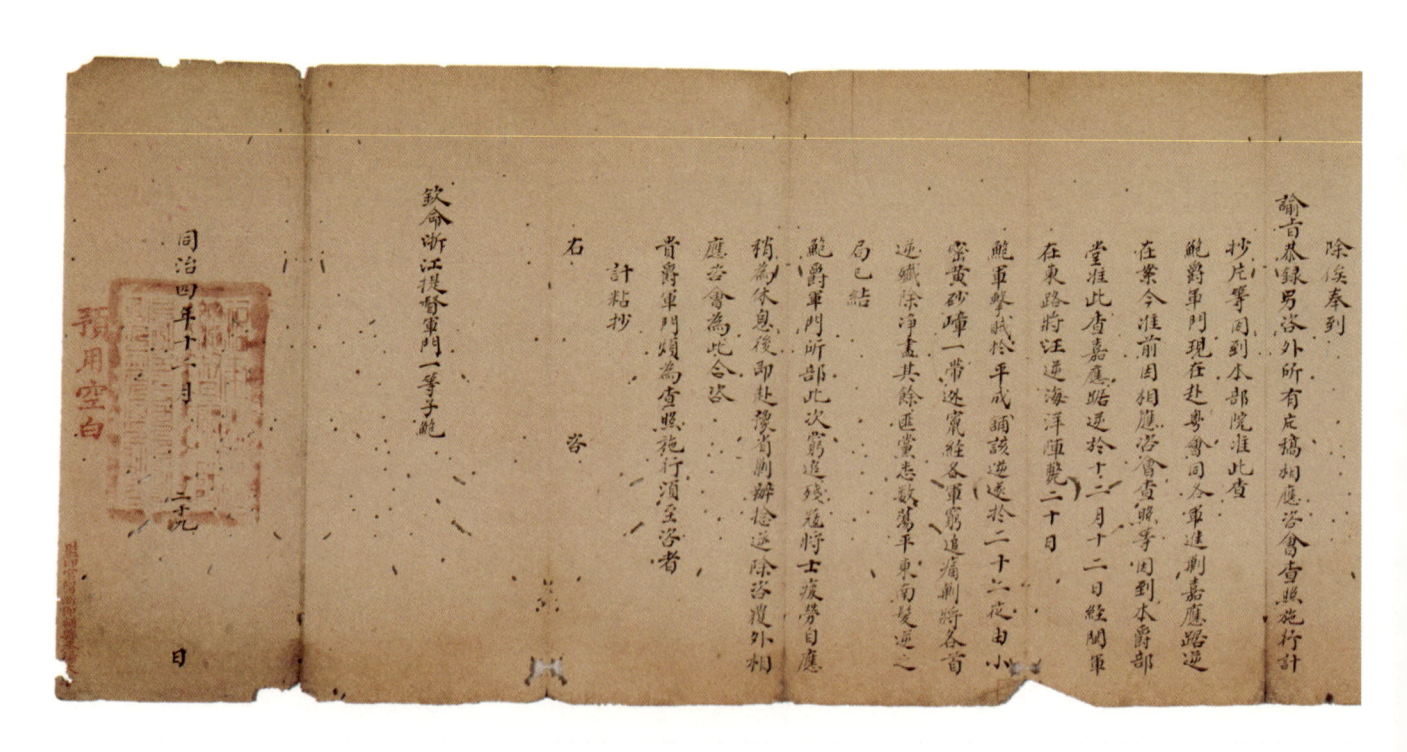

图片

录文

钦命节制广东江西各军太子少保闽浙总督部堂一等恪靖伯左〈宗棠〉为咨会事。准江西抚部院刘〈坤一〉咨开：同治四年十二月初一日准湖广爵阁部堂官〈文〉、湖北巡抚部院郑〈敦谨〉咨开：为照本大臣爵阁部堂、部院于同治四年十一月十九日由驿附奏请旨，饬令鲍〈超〉即就近取道黄、麻[一]，迎剿光、罗[二]之贼一片。除俟奉到谕旨恭录另咨外，所有底稿相应咨会，查照施行。计抄片等因。到本部院，准此。查鲍爵军门现在赴粤，会同各军进剿嘉应踞逆在案。今准前因，相应咨会查照等因。到本爵部堂，准此。查嘉应踞逆于十二月十二日，经闽军在东路将汪逆海洋阵毙。二十日鲍军击贼于平成铺，该逆遂于二十二夜由小密、黄砂嶂一带外窜，经各军穷追痛剿，将各首逆歼除净尽，其余匪党悉数荡平，东南发逆之局已结。鲍爵军门所部此次穷追残寇将士疲劳，自应稍为休息后，即赴豫省剿办捻逆。除咨覆外，相应咨会，为此合咨贵爵军门，烦为查照施行。须至咨者。计粘抄。右咨钦命浙江提督军门一等子鲍〈超〉。

同治四年十二月二十九日。

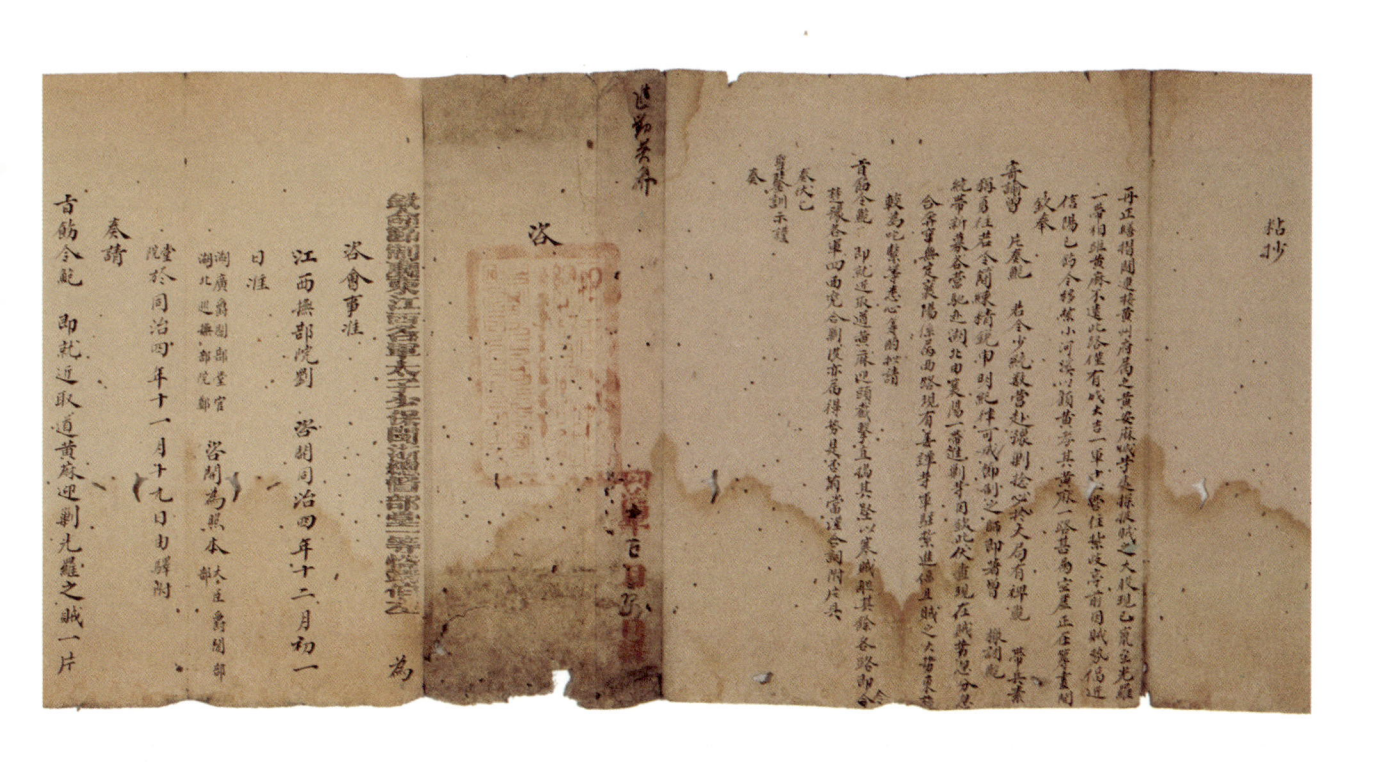

附抄片：

再，正缮折间，连接黄州府属之黄安、麻城等处探报，贼之大股现已窜至光罗一带，相距黄、麻不远。此路仅有成大吉一军十二营驻扎歧亭。前因贼势逼近信阳，已饬令移扎小河溪，以顾黄、孝。其黄、麻一路甚属空虚。正在筹划间，钦奉寄谕曾〈国藩〉片奏鲍〈超〉，若令少统数营赴豫剿捻，必于大局有裨。鲍〈超〉带兵素称勇，往若令简练精锐，申明纪律，可成节制之师。即着曾〈国藩〉檄调鲍〈超〉统带新募各营驰赴湖北，由襄阳一带进剿等因。钦此。伏查现在贼势忽分忽合、奔窜无定，襄阳系属西路，现有姜、谭等军驻扎进逼，且贼之大势东趋，较为吃紧等，悉心筹酌，拟请旨饬令鲍〈超〉即就近取道黄、麻，迎头截击，直捣其坚，以寒贼胆。其余各路即令楚豫各军四面兜合剿□，亦属得势。是否有当？谨合词附片具奏，伏乞圣鉴训示。谨奏。

注

[一] 黄、麻，即指湖北省黄安（今红安）、麻城。
[二] 光、罗，即指河南省光山、罗山。

清同治五年二月二十六日闽浙总督左宗棠移鲍爵军公文

提要

同治五年（1866）二月，朝廷谕奖克复嘉应州各督抚员弁，并议恤阵亡各员，左宗棠将谕旨恭录咨会鲍超。此次嘉奖中，鲍超赏加一云骑尉世职、二品顶戴。

图片

录文

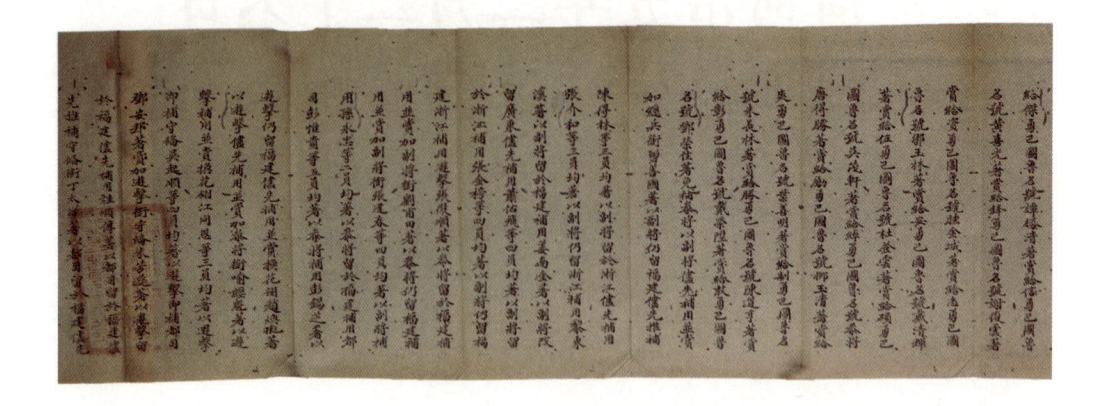

太子少保兵部尚书闽浙总督部堂一等恪靖伯左〈宗棠〉为恭录谕旨咨行事。

同治五年二月十九日准兵部火票递到同治五年正月二十三日内阁奉上谕：刘坤一奏江西各军剿贼大胜，嘉应余匪弃城宵遁。本日复据左〈宗棠〉、瑞麟[一]、郭嵩焘[二]奏截剿窜匪，连获大捷，余孽荡平各一折。嘉应踞城发逆自汪逆伏诛后，伪偕王谭体元代统其众，与贼目胡瞎子等负隅死拒，图扑东路营垒。经刘典[三]、高连升[四]等联营进扎，贼不敢犯。上年十二月十九日，方耀等军败贼于州西之七树径。二十日，贼犯鲍超营盘，经鲍超督率唐仁廉等军分路截杀，毙匪四千余名，生擒老贼二百余名。逆贼胆落，于二十二日夜潜启西南门，由小密出黄砂嶂而遁。经刘明灯[五]、简桂林、赖长等立率所部疾追，毙贼二千余名，生擒五百余名。高连升、黄少春[六]、刘清亮[七]等闻贼宵遁，即率队入城搜剿余贼。伪佐将刘廷贵等遂分各营乞降。维时高连升、王德榜[八]、康国器、鲍超等军均向黄砂嶂继进。贼之过黄砂嶂者，刘明灯等缘崖冲击，乘胜痛剿，势等拉朽摧枯，斩擒不可数计。高连升、鲍超等军复及贼于大田，奋勇掩杀，贼尸枕藉，降其胁从万余人，搜斩叛勇头目欧阳辉[九]，及逆首赖裕新[十]（即赖剥皮）之母，枭首军前。悍贼犹越岭狂窜，我军四路搜杀，又毙贼二千余名。丁贤发复生擒伪总统胡瞎子，即胡永祥，余众悉降。王德榜军及贼于北溪，贼无去路，降者四万余人。鲍超所部追贼至白砂坝，贼目何明亮、黄矮子等抗拒，败溃。唐仁廉等绕出贼前，鲍超亲率十营合兵截杀，贼尸遍地，积械如山。二十三四两日，共毙贼八千余名，堕崖死者难以数计。逆众见四面被围，罗拜求生，当将二万余众一律兜擒。查出伪天将何明亮等，叛勇头目黄矮子等，陆续诛磔。其伪侯丁德泰等大小头目七百三十四名，亦经讯明，军前正法。逆首谭体元于黄砂嶂北枪伤，坠马落崖身死。汪麻子亦中枪殒命，歼除殆尽，无一漏网。粤逆自由闽窜江西入广东，复有叛勇合并为一，肆行凶悖，各将士踊跃用命，一旬三捷，将十余年发逆余孽一鼓荡平，实足以伸天讨而快人心。闽浙总督左〈宗棠〉，督办军务、调度有方，着赏戴双眼花翎。署两广总督广州将军瑞麟，着赏还花翎、三品顶戴。署广东巡抚郭嵩焘，着赏给二品顶戴。江西巡抚刘坤一，着赏给头品顶戴。浙江提督一等子爵鲍超，着赏加一云骑尉世职、二品顶戴。前浙江按察使刘典、广东提督高连升，均着赏给云骑尉世职，刘典并赏给三代一品封典。记名提督娄云庆，着以提督遇缺尽先提奏，仍交部从优议叙。提督唐仁廉、谭胜达、曾成武、黄少春，福建布政使王德榜，均着赏穿黄马褂。总兵孙开华，着交军机处记名，遇有提督总兵缺出，请旨简放。邓训诰，着以提督遇缺提奏。提督萧得龙，着赏换博奇巴图鲁名号。刘清亮，着赏换西林巴图鲁名号。李运胜，着赏换法什尚阿巴图鲁名号。总兵黎荣钧，着赏换爱星阿巴图鲁名号。刘明灯，着赏给斐凌阿巴图鲁名号。简桂林等六员，均着赏加提督衔。内丁贤发，并赏给伊乐达蒙额巴图鲁名号。齐兰礼，着赏给该员三代二品封典。马骏发，着赏给直勇巴图鲁名号。方耀，着开覆革职处分。副将龚占鳌、张志公、曹光德，均着以总兵记名请旨简放。龚占鳌并赏加提督衔，张再胜等四员均着以总兵补用，张再胜并赏给彦勇巴图鲁名号，赖光斗并赏给俊勇巴图鲁名号，喻名扬并赏给冲勇巴图鲁名号，涂祖昌并赏给确勇巴图鲁名号。副将赖长，着赏换刚安巴图鲁名号，并赏加总兵衔。徐连升等三员，均着免补副将，以总兵补用。徐连升并赏给勋勇巴图鲁名号，江自康并赏给强勇巴图鲁名号，易进春并赏给勤勇巴图鲁名号。副将宋定元，着赏给果勇巴图鲁名号。陈集贤，着赏给靖勇巴图鲁名号。甘大有等四员，均着赏加总兵衔。黄北海，着赏给杰勇巴图鲁名号。谭胜清，着赏给信勇巴图鲁名号。黄喜光，着赏给锋勇巴图鲁名号。谢复云，着赏给资勇巴图鲁名号。眭金城，着赏给志勇巴图鲁名号。邹玉林，着赏给安勇巴图鲁名号。戴清辉，着赏给佐勇巴图鲁名号。杜登云，着赏给硕勇巴图鲁名号。吴茂轩，着赏给绰勇巴图鲁名号。参将唐得胜，着赏给励勇巴图鲁名号。柳玉清，着赏给爽勇巴图鲁名号。叶善明，着赏给制勇巴图鲁名号。朱长林，着赏给胜勇巴图鲁名号。陈道亨，着赏给彰勇巴图鲁名号。戴荣升，着赏给敢勇巴图鲁名号。邓荣佳，着免补参将，以副将尽先补用，并赏加总兵衔。曾善国[十一]，着以副将仍留福建尽先推补。陈得林等三员，均着以副将留于浙江尽先补用。张介和等三员，均着以副将仍留浙江补用。黎东溪，着以副将留于福建补用。姜南金，着以副将改留广东尽先补用。萧佑飞等四员，均着以副将留于浙江补用。张金榜等四员，均着以副将仍留福建、浙江补用。游击张复顺，着以参将留于福建补用，并赏加副将衔。刘甫田，着以参将仍留福建补用，并赏加副将衔。张逢春等四员，均着以副将补用。孙永忠等二员，均着以参将留于福建补用。都司彭惟贵等五员，均着以参将补用。彭锡芝，着以游击仍留福建尽先补用，并赏换花翎。赵焕驰，着以游击尽先补用，并赏加参将衔。喻经魁，着以游击补用，并赏换花翎。江同恩等三员，均着以游击即补。守备吴起顺等四员，均着以游击即补。都司邓安邦，着赏加游击衔。守备朱芳遂，着以游击留于福建尽先补用。桂顺传，着以都司留于福建尽先推补。守备衔丁太洋，着以都司留于福建尽先补用，并赏戴花翎。千总宛干元，着以都司仍留福建尽先补用。聂章寿等四员，均着以都司即补，并赏换花翎。把总黄承佐，着以千总即补。军功王荩臣等三名，均着以千总尽先拔补，并赏加守备衔，赏戴蓝翎。陈顺和，着以千总留于福建尽先补用，并赏戴蓝翎。道员李耀南，着赏给奋勇巴图鲁名号。朱明亮，着赏给二品顶戴。魏光邴，着赏加盐运使衔。知县丁华先，着免补知县，以同知直隶州知州留于福建遇缺尽先补用。从九品谭成章，着以府经历县丞仍留浙江遇缺先补，并赏加盐提举衔。其余在事出力各员弁，着左〈宗棠〉查明，择尤汇案保奖，候旨施恩。因伤殒命之拟保副将宋成祥，着交部照副将阵亡例从优议恤。并鲍超所部阵亡之蓝翎守备钟福春，守备衔千总章邦俊，蓝翎千总余胜才，蓝翎把总萧大春、方惠林，蓝翎外委王与志，蓝翎军功王锡坤，军功王金玉、查成巷、顾洪平、汪心田、朱福才、何福兴、谢光辉、汪炳林、李桂芳、李正洪、傅松亭、梁大发、梁英阶、张有登、叶得胜、刘亮顺、黄谦益、桂明东、李振义、何上交、萧连升、李国才、周泰和、朱进达、吕士之、温同胜、潘文盛、黄荣富、蒋崇祺、陈德贵、刘炳荣、戴双福、杜善功，及追贼阵亡之拟保守备顾惟奇，蓝翎千总李贤连，均着交部从优议恤。顾惟奇，并着照拟保官阶从优议恤，以慰忠魂。该部知道。钦此。相应恭录咨会，为此合咨贵爵军门，烦为查照钦遵施行。须至咨者。右咨浙江提督军门一等子爵鲍〈超〉。

同治五年二月二十六日。

注

[一] 瑞麟（？—1874），字澄泉，叶赫那拉氏，满洲正蓝旗人。咸丰三年（1853）调署户部侍郎，曾协助僧格林沁同太平天国北伐军作战。英法联军入侵时奉命防守。同治二年（1863）调任广州将军。同治四年（1865）兼署两广总督。

[二] 郭嵩焘（1818—1891），号筠仙，湖南湘阴人。道光二十七年（1847）进士。咸丰三年（1853）入曾国藩幕，协助创办湘军。咸丰六年（1856）年末离湘入京，任翰林院编修。同治元年（1862）授苏松粮储道，旋迁两淮盐运使，次年（1863）任广东巡抚，剿办境内太平军残部。同治五年（1866）罢官回籍，在长沙城南书院及思贤讲舍讲学。光绪元年（1875）经军机大臣文祥举荐进入总理衙门，不久出任驻英公使。光绪四年（1878）兼任驻法使臣，次年（1879）称病辞归。

[三] 刘典（1820—1879），字伯敬，又字克庵，湖南宁乡人。县学生员出身，咸丰初在家乡创办团练，后参左宗棠戎幕，在江西等地与太平军作战，败太平军李秀成部于浮梁、乐平，累升至知州。同治元年（1862）克遂安，授知府，后在花园岗之战后，超授浙江按察使，援剿衢州。同治二年（1863）克兰溪，复屯溪、黟县。同治三年（1864）败太平军汪海洋部。次年（1865）克龙岩、南靖，与左宗棠会师嘉应（今梅县），会剿太平军残部。同治五年（1866）授甘肃布政使。七年（1868）署陕西巡抚，进驻三原，调度诸军，协助左宗棠剿办陕甘回民起义军。同治八年（1869）乞归回籍。光绪元年（1875），受命佐助征西军务。次年（1876）至兰州参谋平定新疆方略。光绪四年（1878）病逝于甘肃军营。谥果敏。

[四] 高连升（1834—1869），字果臣，湖南宁乡人。咸丰四年（1854）投湘军罗泽南部，随军转战江西、湖北与太平军作战，参与攻克江西义宁州、湖北通城、蒲圻、崇阳等城战斗。咸丰六年（1856）参加武昌之战，旋奉命赴广西参与镇压龙胜县兵变，累功升都司。咸丰八年（1858）奉命回湘募勇，建果勇营，随蒋益澧入广西剿办罗华观和陈开的两支农民起义军，授任广西左江镇总兵。同治元年（1862）率部从蒋益澧援浙，在金华、杭州、湖州等地与太平军作战，升浙江提督。

同治四年（1865）调任广东陆路提督，参与围剿太平军汪海洋部。同治六年（1867）赴西北协助左宗棠围剿回民起义军，改任甘肃提督。同治八年（1869）驻军陕西宜君县，奉命查办惩治营内哥老会组织时，被哥老会士兵反抗所杀。

[五]刘明灯（1838—1895），字照远，湖南大庸（今张家界）人。武举出身，投左宗棠楚军，同治元年（1862）升参将，统楚军新左三营，攻占金华后，升副将。同治三年（1864）升福宁镇总兵，加提督衔。同治五年（1866）任台湾总兵。次年发生美国商船"罗发号"外交事件，台北名胜"雄镇蛮烟"碑、虎字碑、金字碑皆为其所立。同治九年（1870）奉左宗棠命回湖南募兵，赴西北剿办回民起义军，升任提督。光绪四年（1878）解甲归乡。

[六]黄少春（1833—1912），字芍岩，湖南宁乡人。原为湘军分统，隶左宗棠。同治三年（1864）五月以记名提督授湖南提督，同治六年（1867）八月调浙江提督。光绪七年（1881）乞养归，十九年（1893）授福建陆路提督。次年（1894）调长江水师提督。二十七年（1901）调福建陆路提督，后病免。

[七]刘清亮，字楚臣，籍贯不详。湘军将领，官至署浙江处州镇总兵，记名提督。

[八]王德榜（1837—1893），字朗青，湖南江华（今永州）人。监生出身，咸丰二年（1852）与其兄吉昌公办团练，后随湘军转战江西、安徽、江苏、浙江等地。咸丰十年（1860）归左宗棠节度。同治四年（1865）参与剿办太平军汪海洋部，后迁福建布政使。同治十年（1871）随左宗棠赴西北剿办回民起义军。光绪十一年（1885）中法战争期间，参与镇南关之战。光绪十五年（1889）出任贵州布政使，后卒于任。

[九]欧阳辉，原为鲍超霆营参将，同治四年（1865）在湖北哗变后，转入江西、福建境内，加入太平军。

[十]赖裕新（？—1863），籍贯不详，太平军石达开部将领。早年加入太平军，随军在安徽、湖北、江西等地作战。咸丰七年（1857）随石达开出走。咸丰九年（1859）在湖南、广西等地作战。同治元年（1862）转战四川、云南。同治二年（1863）在四川越西县中州坝战死。

[十一]曾善国，《左宗棠全集》《郭嵩焘全集》等录作"曾华国"。

八一 清同治五年二月二十九日 闽浙总督左宗棠移鲍军门公文

提要

同治五年（1866）二月，朝廷谕令左宗棠查明克复嘉应州出力各员弁的保奖人员，左宗棠咨会鲍超尽快详细查明上报奏保、请恤人员名单。

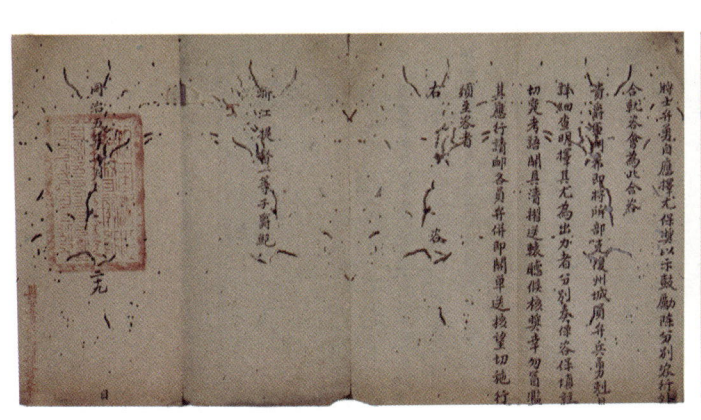

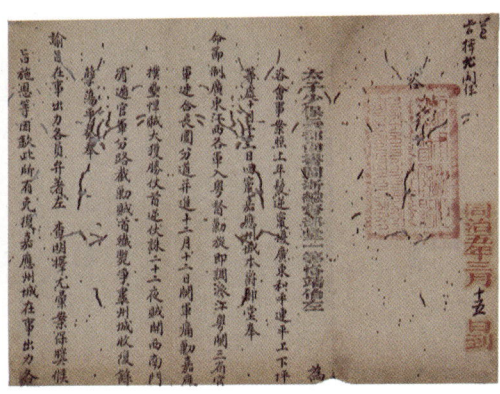

图片

录文

太子少保兵部尚书闽浙总督部堂一等恪靖伯左〈宗棠〉为咨会事。

案照上年发逆窜扰广东和平、连平、上下坪等处，十月二十一日回窜嘉应州城[一]。本爵部堂奉命节制广东、江西各军入粤督剿，旋即调派江、粤、闽三省官军连合长围，分道并进。十二月十二日，闽军痛剿嘉应扑垒悍贼，大获胜仗，首逆伏诛。二十二夜，贼开西南门宵遁，官军分路截剿，贼首歼毙净尽，州城收复，余孽荡平。奏奉谕旨，在事出力各员弁，着左〈宗棠〉查明，择尤汇案保奖，候旨施恩等因。钦此。所有克复嘉应州城在事出力各将士弁勇，自应择尤保奖，以示鼓励。除分别咨行外，合就咨会，为此合咨贵爵军州，希即将所部克复州城员弁兵勇，克日详细查明，择其尤为出力者，分别奏保、咨保，填注切实考语，开具清折送辕，听候核奖，幸勿冒滥。其应行请恤各员弁，并即开单送核。望切施行。须至咨者。右咨浙江提督一等子爵鲍〈超〉。

同治五年二月二十九日。

注

[一] 嘉应州城，即今广东梅州。

清同治五年四月十三日两江总督李鸿章移鲍超爵文

提要　同治五年（1866）四月，曾国藩檄调鲍超北上剿捻，李鸿章筹备了霆军军饷，解赴襄阳粮台备放。霆军马队口粮以及火药、军械等，则在四月份起拨付。时霆营积欠饷银已达二百万两。

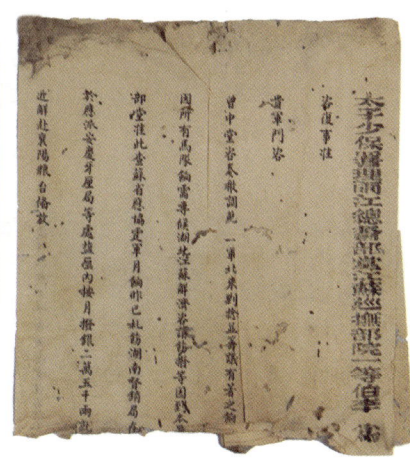

图片

录文

太子少保署理两江总督部堂江苏巡抚部院一等伯李〈鸿章〉为咨复事。

准贵军门咨，曾中堂咨奏，檄调鲍〈超〉一军北来剿捻，并筹议有着之饷□因所有马队饷需，专候湖北、江苏解济，咨请饬拨等因。到本署部堂，准此。查苏省应协霆军月饷，昨已札饬湖南督销局在□于应派安庆牙厘局等处，盐厘内按月拨银二万五千两，就近解赴襄阳粮台备放。贵军门马队口粮及制造洋火药、军械等用在案。准咨前因，应即查照。贵军门来咨，从四月分起，由局源源拨解，毋稍迟误。除再札湖南督销局遵照外，相应咨复，为此合咨贵军门，请烦查照施行。须至咨者。右咨统领诸军浙江提督军门一等子爵鲍〈超〉。

同治五年四月十三日。

清同治五年六月初四日 湖北巡抚部院移鲍爵军门公文

提要

同治五年（1866）六月初，捻军张总愚等股在河南上蔡、汝阳、西平一带窜扰，并有南窜光州、信阳之势，曾国荃饬令周边府州县加意严防，并命周边各营预备剿办。

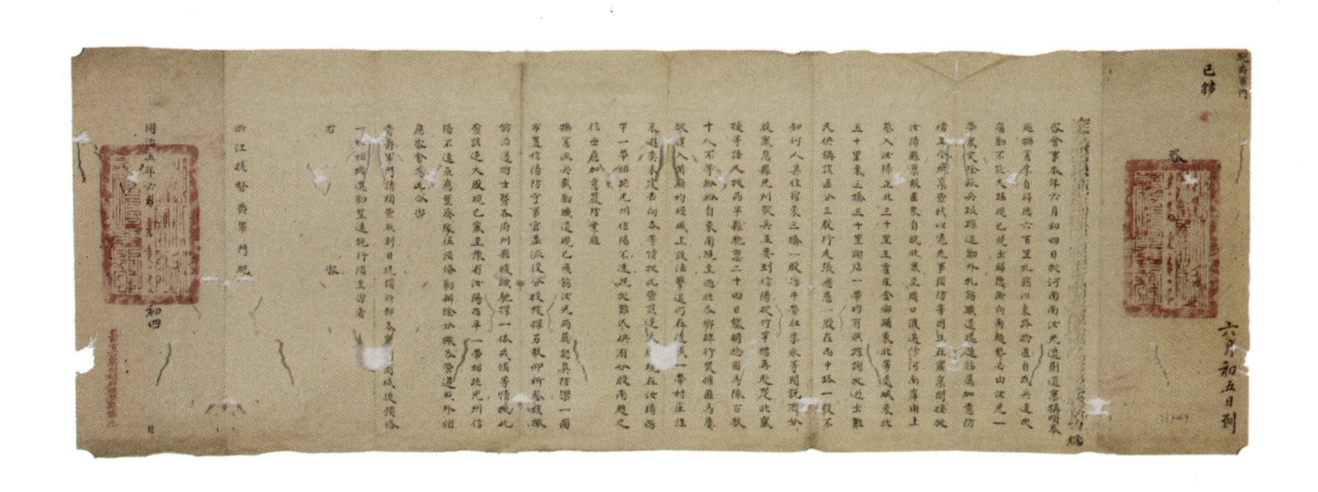

图片

录文

太子少保头品顶戴兵部侍郎兼都察院右副都御史巡抚湖北武昌等处地方提督军务一等威毅伯曾〈国荃〉为咨会事。

本年六月初四日据河南南汝光道蒯道[一]禀称，顷奉巡抚宪李〈鹤年〉自归德[二]六百里札饬，以东路捻匪，自我兵连次痛剿，不能久踞，现已绕出归德，渐向南趋，势必由汝、光一带窜突。除派兵跟踪追剿外，札饬职道迅速饬属，加意防堵，并令飞禀查核，以凭先事预防等因。正在肃禀间，接据汝阳县禀报，匪众自皖北窜至周口，渡过沙河南岸，由上蔡入汝阳正北三十里王霍庄、金乡铺东北等处，城东北五十里东三桥、三十里谢店一带，均有贼踪。询据逃出难民供称，该匪分三股行走，张总愚一股在西中路；一股不知何人，其住宿东三桥；一股系牛洛红[三]、李永等。闻说有分股窜息县、光州歇兵，并要到信阳砍竹竿标，再赴楚北窜扰等语。又据西平县驰禀，二十四日黎明，捻匪马队百数十人不等，纷纷自东南绕至西北各乡，肆行焚掳，匪马屡欲扑入关厢，均经城上设法击退，仍在近城一带村庄往来游奕，未定去向各等情。据此查，该逆□□现在汝阳、西平一带，相距光州、信阳不远。既据难民供，有分股南趋之信，亟应加意严防。业经抚宪派兵截剿，职道现已飞饬汝、光两属认真防御，一面布置信阳防守事宜，并派役分投梭探另报，仰祈鉴核，檄饬沿边将士暨各府州县梭织驰探，一体戒备等情。据此查，该逆大股现已窜至豫省汝阳、西平一带，相距光州、信阳不远，亟应整齐队伍，预备剿办。除分檄各营遵照外，相应咨会，为此合咨贵爵军门，请烦查照，刻日统领所部各□□□城后预备，一切相机进剿，望速施行。须至咨者。右咨浙江提督爵军门鲍〈超〉。

同治五年六月初四日。

注

[一] 河南南汝光道蒯道，即蒯士香，字廉访。（清）俞樾撰《俞樾全集》中收录有《蒯士香同年廉访七十寿联》："廉访由知县起家，官河南光州牧时，战功甚著，张朗斋军门，以姻家子为帐下健儿，今官至提督，立功塞外，为当代班定远矣。余与廉访，甲辰同年也，故以此联寿之。"

[二] 归德，今河南省商丘市。

[三] 牛洛红，底本原作"牛劳红"，径改。

清同治五年六月十三日湖北巡抚移鲍爵军公文

提要　同治五年（1866）六月中旬，捻军继续西进，窜扰河南舞阳、南阳等地，曾国荃饬令湘军各营按战略部署驻扎，并随时侦探捻军动向，及时具报。

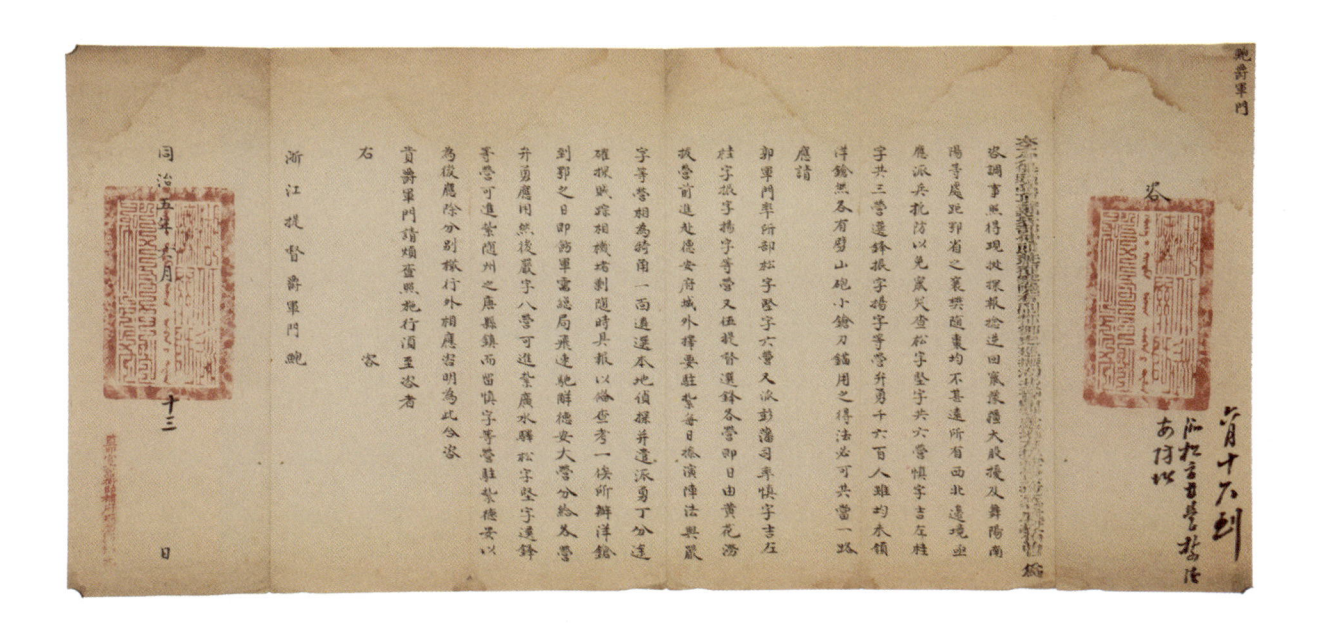

图片

录文

太子少保头品顶戴兵部侍郎兼都察院右副都御史巡抚湖北武昌等处地方提督军务一等威毅伯曾〈国荃〉为咨调事。

照得现据探报，捻逆回窜豫疆，大股扰及舞阳、南阳等处，距邻省之襄、樊、随、枣均不甚远。所有西北边疆亟应派兵扼防，以免窜突。查松字、坠字共六营，慎字、吉左、桂字共三营，选锋、振字、扬字等营弁勇千六百人，虽均未领洋枪，然各有劈山炮、小枪、刀锚，用之得法，必可共当一路。应请郭军门率所部松字、坠字六营，又派彭藩司率慎字、吉左、桂字、振字、扬字等营，又伍提督选锋各营，即日由黄花涝拔营前进，赴德安府城外择要驻扎，每日操演阵法，与严字等营相为犄角，一面遴选本地侦探，并遣派勇丁分途确探贼踪，相机堵剿，随时具报，以备查考。一俟所办洋枪到鄂之日，即饬军需总局飞速驰解德安大营，分给各营弁勇应用。然后严字八营可进扎广水驿[一]，松字、坚字、选锋等营可进扎随州之唐县镇，而留慎字等营驻扎德安，以为后应。除分别檄行外，相应咨明，为此合咨贵爵军门，请烦查照施行。须至咨者。右咨浙江提督爵军门鲍〈超〉。

同治五年六月十三日。

注

[一]广水驿，在今湖北省随州市广水市广水街道。东南濒广水河，西南临长胜河，处鄂豫边界，北临武胜关。原为南北商贾及官吏停歇处，明洪武八年（1375）建广水驿，曾设巡检司。

八五 清同治五年六月十四日闽浙总督左宗棠移鲍超公文

提要 同治五年（1866）六月，左宗棠尚未收到各营在克复广东嘉应州出力各员弁的保奖人员、请恤人员名单，饬令催促各营尽快详细查明上报。

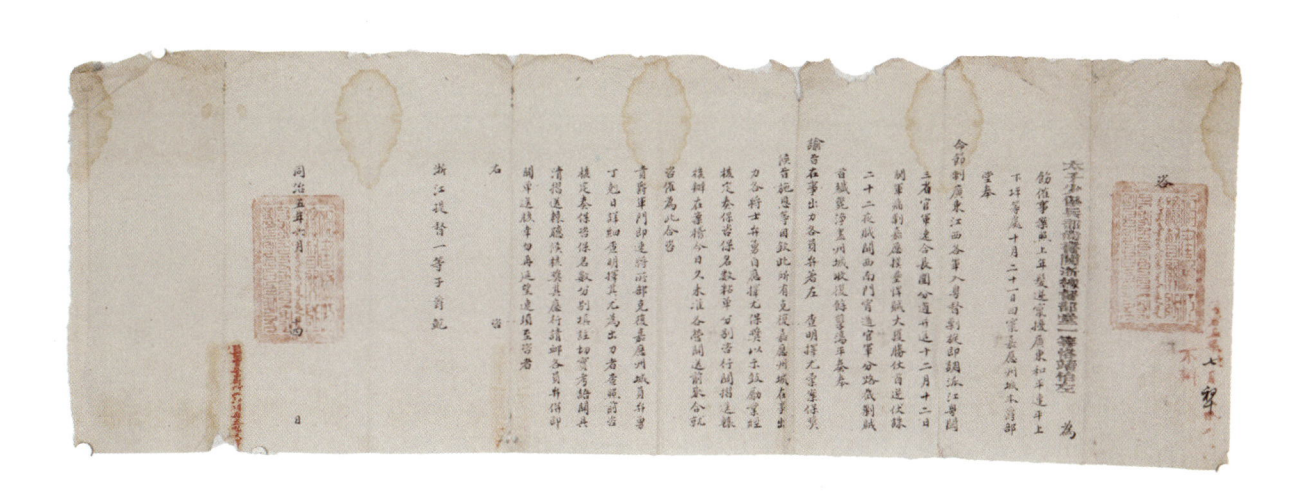

图片

录文

太子少保兵部尚书闽浙总督部堂一等恪靖伯左〈宗棠〉为饬催事。

案照上年发逆窜扰广东和平、连平、上下坪等处，十月二十一日回窜嘉应州城。本爵部堂奉命节制广东、江西各军入粤督剿，旋即调派江、粤、闽三省官军速合长围，分道并进。十二月十二日，闽军痛剿嘉应扑垒悍匪，大获胜仗，首逆伏诛。二十二夜，贼开西南门宵遁，官军分路截剿，贼首歼毙净尽。州城收复，余孽荡平。奏奉谕旨，在事出力各员弁，着左〈宗棠〉查明，择尤汇案保奖，候旨施恩等因。钦此。所有克复嘉应州城在事出力各将士弁勇，自应择尤保奖，以示鼓励。业经核定奏保、咨保名数粘单，分别咨行，开折送辕核办在案。稽今日久未准各营开送前来，合就咨催，为此合咨贵爵军门，即速将所部克复嘉应州城员弁勇丁，克日详细查明，择其尤为出力者，查照前咨，核定奏保咨保名数，分别填注切实考语，开具清折，送辕听候核奖。其应行请恤各员弁，并即开单送核，幸勿再延，望速。须至咨者。

右咨浙江提督一等子爵鲍〈超〉。

同治五年六月十四日。

清同治五年六月二十二日湖北巡抚移鲍爵军公文

提要

同治五年（1866）六月，捻军张宗禹部与牛洛红部会合，在上蔡一带活动。河南巡抚李鹤年认为正是一鼓歼除的最佳时机。曾国荃等遵旨知照所属各统兵大员并力追剿。时鲍超已抵达河南光州、固始一带。文中还提及左宗棠、鲍超奏报使用独轮车载炮与捻军作战的提议。

图片

录文

太子少保头品顶戴兵部侍郎兼都察院右副都御史巡抚湖北武昌等处地方提督军务一等威毅伯曾〈国荃〉为钦奉事。

同治五年六月二十一日准兵部火票递到军机大臣字寄——钦差大臣大学士湖广总督一等果威伯官〈文〉、钦差大臣协办大学士两江总督一等毅勇侯曾〈国藩〉、湖北巡抚一等威毅伯曾〈国荃〉、河南巡抚李〈鹤年〉。

同治五年六月初九日奉上谕，李鹤年奏匪踪折窜西南，移营许州督剿一折。张总愚股匪因被官军追蹑，由宁陵等处南窜陈州、周家口。牛洛红[一]一股亦由亳州窜往，与张逆合股，均由上蔡一带奔窜。贼踪麇集一隅，正可厚集兵力，一鼓歼除。曾国藩所派之潘鼎新[二]、刘松山、张诗日等军已抵陈州，即着饬令该员等并力追剿，毋令互相观望，致该匪肆行奔突，扰及鄂境，李鹤年现已移营许州，着就近督催马德昭[三]、宋庆等军跟踪追蹑，与潘鼎新等军并力兜剿，不得以尾斩数贼敷衍塞责。河洛空虚，亟宜预筹堵截，南阳郡县作何布置，并着李鹤年相机调派，勿稍大意。鲍超一军，前据曾国荃奏报，由麻城取道商城，以达光、固，现在贼匪已向上蔡一带奔窜，鲍超由光、固进兵，正可确探贼踪，迎头截击。着官文、曾国荃严饬该提督，迅赴戎机，毋得任意迁延，自干咎戾。前据御史佛尔国春[四]奏，记名提督何绍彩，前在皖省军营剿办发捻，颇能得力，该员现回湖南本籍，请饬赴军营等语。着官文行知李瀚章[五]，查明该员现在何处，饬令前赴曾国藩军营听候差遣。又据左宗棠奏剿捻之法，利用车战等语，日前鲍超曾有拟用独轮车放炮之奏，与左宗棠所见略同。军事因地制宜，左宗棠所奏能否合用制胜，着曾国藩揆度情形，酌量办理。原片着抄给曾国藩阅看，将此由六百里各谕令知之。钦此。遵旨寄信前来等因。承准此。相应恭录咨会，为此合咨贵爵军门，请烦钦遵查照施行。须至咨者。右咨统领诸军浙江提督爵军门鲍〈超〉。

同治五年六月二十二日。

注

[一]牛洛红（？—1867），又名牛宏升，安徽亳州人。早年参加捻军起义，曾与苗沛霖团练作战。同治二年（1863）与张宗禹等配合太平军陈德才、赖文光部作战，被封为荆王。天京陷落后，参加东捻军，在赖文光率领下转战鄂豫皖鲁等地。同治六年（1867）在山东日照境内阵亡。

[二]潘鼎新（？—1888），字琴轩，安徽庐江人。清道光二十年（1840）举人，咸丰七年（1857）在安徽同太平军作战，因功擢同知。咸丰十一年（1861）募集乡勇，建鼎字营，编入李鸿章淮军。同治元年（1862）随李鸿章赴上海，在苏南、浙北一带同太平军作战，同治二年（1863）擢道员，次年加布政使衔。同治四年（1865）奉命率军北上，调任山东按察使，在山东同捻军赖文光等部作战。同治六年（1867）升山东布政使，同治十一年（1872）在天津办理海防。后历任云南布政使、署湖南巡抚等职。中法战争前擢广西巡抚，率军驰援谅山，后因弃城而走被革职。

[三]马德昭（1824—1890），号自明，四川阆中人。初从向荣军同太平军作战，由参将署固原提督，后迁肃州（今甘肃酒泉）提督。同治元年（1862）回民起义军攻西安，奉调援陕，失利后被夺职。善书法，今西安碑林博物馆藏其"魁星点斗""虎"字等书法作品。

[四]佛尔国春，字芝林，满洲正白旗人。清咸丰六年（1856）进士，同治初任桂平郁梧道守，参与镇压黄鼎凤领导的天地会起义。同治五年（1866）迁广西按察使。同治十一年（1872）召回京。

[五]李瀚章（1821—1899），又名章锐，字敏斾，号筱泉，安徽合肥人，李鸿章之兄。道光拔贡，曾任湖南永定、益阳、善化（今长沙）知县，江西吉南赣宁道和广东督粮道、按察使、布政使。同治四年（1865）任湖南巡抚，六年（1867）署湖广总督，七年（1868）任浙江巡抚，次年再署湖广总督。光绪元年（1875）任四川总督，次年又回任湖广。光绪十五年（1889）由漕运总督调任两广总督兼署广东巡抚，光绪二十一年（1895）告归。

八七　清同治五年七月十七日两江总督李鸿章移鲍超公文

提要　同治五年（1866）七月，鲍超霆军在河南剿办，急需火药。曾国藩饬商李鸿章先行采买购置，解赴到湖北霆营支应局应急之用。李鸿章在上海等地多方凑拨火药二万磅，派员解赴到湖北。

路承买每磅接济不及嗽需而存有洋康饬金陵外军械所先行浚拨粗细洋药二万磅柰请浓员解邢由所核明原买价值闰报以洗防由湖北督销局

去在於月拨运军糈支一万五千两项内挨数分两月扣解归款以符原案等

仍由上海采买陆续解济合行札饬到该所即便会同外军械所凑拨查请

委解仍运细壹报毋逛等因奉此卑职等各存洋药会

商议拟定由内两拨出细洋药一万五千磅其馀再由外两撙出粗

洋药五千磅凑足粗细洋药二万磅之数合亟会同申覆仰祈宪台

派员分赴卑两暨数领解两有此项洋药原买价值现已函知沪局候

准查覆咨再申请鉴核等情到本署部堂据此项洋药应即

饬派知府衔候补同知滕嗣洪领解前赴湖北围风一案文委辨运军

须运局吴丞候儀验收转解滕丞嗣洪领外相应咨会为此

合咨

贵爵军门请烦查照俟验收后示提祗行须至咨者

统领马步全军浙江提督军门一等子鲍

太子少保讚頭頂戴兵部侍郎江蘇巡撫部院一等肅毅伯李　為

咨會事據金陵行營內軍械所呈梅啟本批准

欽差大臣兩江督辦部堂曾　咨為無現在

鮑壽軍門建軍入粵剿賊擬為洋葯四萬磅善急而有廣東協撥之欽南木薛到

我越後不需急應請李爵部堂屬台借撥洋葯四萬磅即日查員解起

潮北又運營天應局照狀以應急需將未廣東薛到頒批式倘如數俗

還或在萬五千金離項欽項下撥兄冒價由責壽部堂的本咨請查照

飭解等用到本署部堂淮兄查現在前敵合台而萬用洋葯甚鄰後

鮑壽軍門

同治　　年　　月　　日

署理官江蘇帥補知縣鮑

录文

太子少保署理两江总督部堂江苏巡抚部院一等肃毅伯李〈鸿章〉为咨会事。

据金陵行营内军械所呈称：窃奉札准钦差大臣两江爵阁部堂曾〈国藩〉咨，为照现在鲍爵军门霆军入豫剿贼需用洋药甚急，所有广东协拨之款尚未解到，诚恐缓不济急。应请李爵署部堂饬台借拨洋药四万磅，即日委员解赴湖北交霆营支应局经收，以应急需。将来广东解到头批，或饬如数拨还，或在万五千金杂款项下拨充买价，由贵爵署部堂酌夺咨请查照饬解等因。到本署部堂，准此。查现在前敌各台所需用洋药甚伙，后路采买每虑接济不及，苏宁所存有限，应饬金陵内外军械所先行凑拨粗细洋药二万磅，禀请派员解鄂。由所核明原买价值开报以凭，饬由湖北督销局在于月拨霆军杂支一万五千两项内，按数分两月扣解归款，以符原案。余仍由上海采买陆续解济。合行札饬，札到该所，即便会同外军械所凑拨。禀请委解，仍逐细查报，毋迟等因。奉此。卑职等遵即细查卑所各存洋药，会商凑拨，拟定由内所拨出细洋药一万五千磅，其余再由外所拨出粗洋药五千磅，凑足粗细洋药二万磅之数。合亟会同申覆，仰祈宪台派员分赴卑所，照数领解。所有此项洋药原买价值，现已函知沪局，俟准查覆，容再申请鉴核。等情到本署部堂，据此查，此项洋药应即饬派知府衔候补同知滕嗣洪领解，前赴湖北团风一带，交委办霆军□运局吴丞葆仪[一]验收转解。除札滕丞嗣洪遵照外，相应咨会，为此合咨贵爵军门，请烦查照，俟验收示复施行。须至咨者。右咨统领马步全军浙江提督军门一等子鲍〈超〉。

同治五年七月十七日。

注

［一］吴葆仪，字觐臣，吴灏之子。廪生出身，多次乡试不中，遂投胡林翼，任职于粮台。因军功保任天门县通判，在任组织乡勇防御太平军，后以调解教案提升知府。

清同治五年八月初五日两江总督咨鲍超文

八八

提要

同治五年（1866）七月，朝廷根据李鹤年、鲍超等人的奏折，饬令各军势必将捻军合力剿办，且严防其抢渡黄河北窜。特别严饬鲍超视贼所向，迎头截击。时鲍超驻扎麻城。

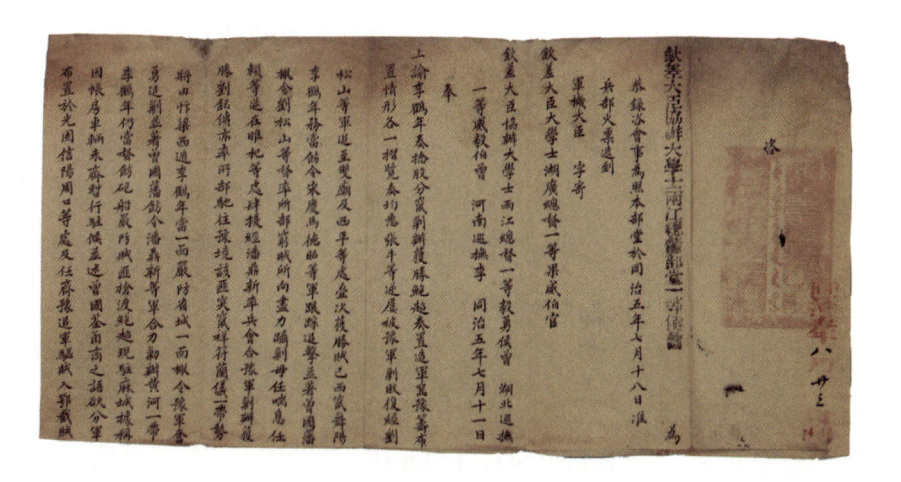

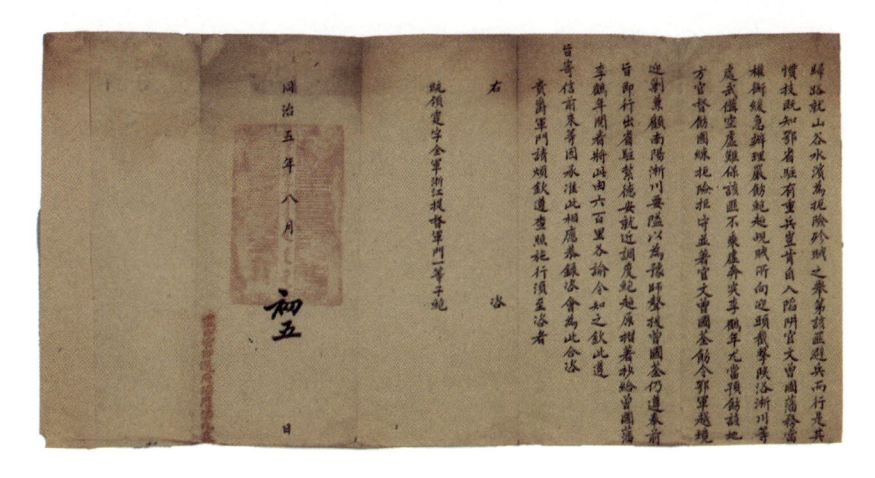

图片

录文

钦差大臣协办大学士两江总督部堂一等侯曾〈国藩〉为恭录咨会事。

为照本部堂于同治五年七月十八日准兵部火票递到军机大臣字寄——钦差大臣大学士湖广总督一等果威伯官〈文〉、钦差大臣协办大学士两江总督一等毅勇侯曾〈国藩〉、湖北巡抚一等威毅伯曾〈国荃〉、河南巡抚李〈鹤年〉。

同治五年七月十一日奉上谕：李鹤年奏捻股分窜，剿办获胜。鲍超奏置造军器，豫筹布置情形各一折。揽奏均悉。张、牛等逆屡被豫军剿败，复经刘松山等军追至双庙及西平等处，叠次获胜，贼已西窜舞阳，檄令刘松山等督率所部，穷贼所向，尽力蹙剿，毋任喘息。任、赖等逆在睢、杞等处肆扰，经潘鼎新率兵会合豫军剿办获胜，刘铭传亦率所部驰往豫境，该匪突窜祥符、兰仪[一]一带，势将由汴梁西遁。李鹤年当一面严防省城，一面檄令豫军奋勇追剿，并着曾国藩饬令潘鼎新等军合力剿办。黄河一带，李鹤年仍当督饬炮船严防贼匪抢渡。鲍超现驻麻城，据称因账房车辆未齐，暂行驻候，并述曾国荃函商之语，欲分军布置于光、固、信阳、周口等处，及任齐、豫追军驱贼入鄂，截贼归路，就山谷水滨为扼险殄贼之举。第该匪避兵而行，是其惯技，既知鄂省驻有重兵，岂肯自入陷阱。官文、曾国藩务当权衡缓急办理，严饬鲍超觇贼所向，迎头截击。陕洛、淅川等处武备空虚，难保该匪不乘虚奔突。李鹤年尤当预饬该地方官督饬团练，扼险拒守。并着官文、曾国荃饬令鄂军越境迎剿，兼顾南阳、淅川要隘，以为豫师声援。曾国荃仍遵奉前旨，即行出省驻扎德安，就近调度鲍超。原折着抄给曾国藩、李鹤年阅看，将此由六百里各谕令知之。钦此。遵旨寄信前来等因。承准此。相应恭录咨会，为此合咨贵爵军门，请烦钦遵查照施行。须至咨者。右咨统领霆字全军浙江提督军门一等子鲍〈超〉。

同治五年八月初五日。

注

[一] 兰仪，古地名，清道光四年（1824）由兰阳县、仪封县合并为兰仪县，属开封府。宣统元年（1909）因避溥仪讳，更名为兰封县。一九五四年，兰封、考城二县合并为兰考县。

清同治五年八月十一日德安行营移鲍爵军门公文

八九

提要　同治五年（1866）七月，霆军由湖北应山进攻河南南阳，急需大量军火与军饷。霆军的军火、军饷原本由江西、湖北等省供应，但该年入夏以后，湖北遭受水灾，税收锐减，难以供应军饷。经核商后，霆军的军火、军饷、粮饷由湖南、河南、江西等省分别接济供应。

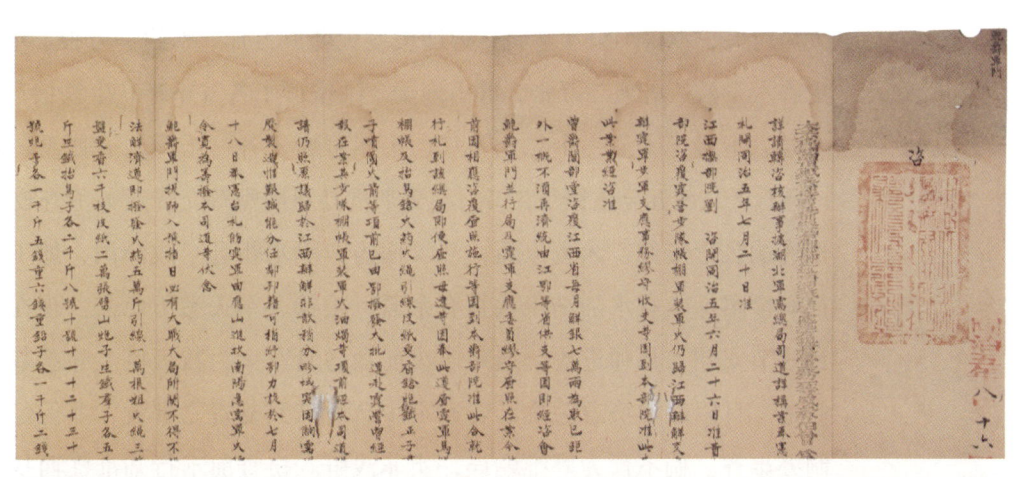

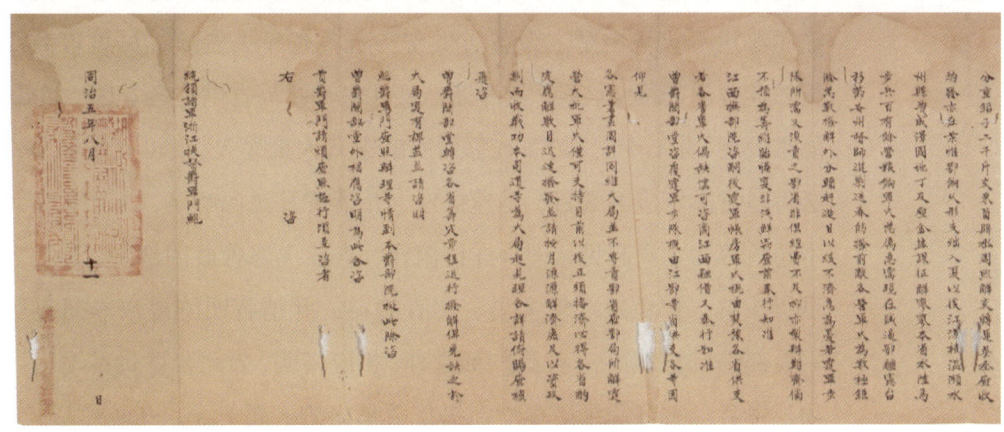

图片

录文

太子少保头品顶戴兵部侍郎兼都察院右副都御史巡抚湖北武昌等处地方提督军务一等威毅伯曾〈国荃〉为详请转咨核办事。

据湖北军需总局司道详称，案奉宪台札开：同治五年七月二十日准江西抚部院刘〈坤一〉咨开：同治五年六月二十六日准贵爵部院咨覆，霆营步队帐棚、军装、军火仍归江西办解，交专办霆军步军支应事务缪守收支等因。到本部院，准此。查此案业经咨准曾爵阁部堂，咨覆江西省每月解银七万两，为数已巨，此外一概不须再济，统由江、鄂等省供支等因。即经咨会鲍爵军门，并行局及霆军支应委员缪守查照在案。今准前因，相应咨覆查照施行等因。到本爵部院，准此。合就札行，札到该总局，即便查照毋违等因。奉此遵查，霆军马队棚帐及抬鸟枪、火药、火绳、引线、皮纸、更香、枪炮、铅铁正子、群子、喷筒、火箭等项前，已由鄂拨发，大批运赴霆营。曾经呈报在案，其步队棚帐、军装、军火、油烛等项，前经本司道详请，仍照原议归于江西办解，非敢稍分畛域。实因饷需，竭蹙制造惟艰，诚能分任邻邦，借可稍纾鄂力。旋于七月二十八日，奉宪台札饬霆军由应山进攻南阳，急需军火，行令宽为筹拨，本司道等伏念鲍爵军门提师入豫，指日必有大战，大局所关，不得不设法解济，遵即拨发火药五万斤、引线一万根、粗火绳三万盘、更香六千枝、皮纸二万张，劈山炮子、生铁群子各五千斤，生铁抬鸟子各二千斤，八号、十号、十一、十二、十三、十四号炮子各一千斤，五钱重、六钱重铅子各一千斤，二钱五分重铅子二千斤，交来员县丞周煦解交转运吴丞查收酌发，亦在案。惟鄂饷久形支绌，入夏以后，江汉横溢，濒水州县半成泽国，地丁及厘金、盐课征解寥寥。本省水陆马步兵百有余营，粮饷、军火悉厉急需。现在贼逼鄂疆，宪台移节安州，督师进剿，迭奉饬拨前敌各营军火为数极巨。除悉数拨解外，分头赶造，日以缓不济急为忧。若霆军步队所需又复责之鄂省，非但经费不足，抑亦制办难齐。倘不预为筹维贻误，实非浅鲜。窃查前奉行知准江西抚部院咨，嗣后霆军账房军火概由楚、豫各省供支。若各省军火偶缺，尽可咨商江西融借。又奉行知准曾爵阁部堂咨覆，霆军步队概由江、鄂等省供支各等因。仰见各宪□画周详，同维大局，并不专责鄂省。查鄂局所解霆营大批军火，仅可支持目前，以后正须接济，必得各省酌定应解数目，迅速拨发，并请按月源源解济，庶足以资攻剿而收战功。本司道等为大局起见，理合详请俯赐，查核飞咨曾爵阁部堂，转咨各省筹定章程，迅行拨解，俾免缺乏于大局，实有裨益，并请咨明鲍爵爵军门查照办理，等情到本爵部院，据此除咨，曾爵阁部堂外，相应咨明，为此合咨贵爵军门，请烦查照施行。须至咨者。右咨统领诸军浙江提督爵军门鲍〈超〉。

同治五年八月十一日。

清同治五年八月十八日湖北巡抚移鲍爵军公文

九○

提要　同治五年（1866）八月，霆军由湖北赴河南剿办，但军需总局的库存军火无多，念及鲍超霆军出征关系大局，遂拨出火药五万斤及其他军火弹药，交付解运，并呈请曾国荃核查。

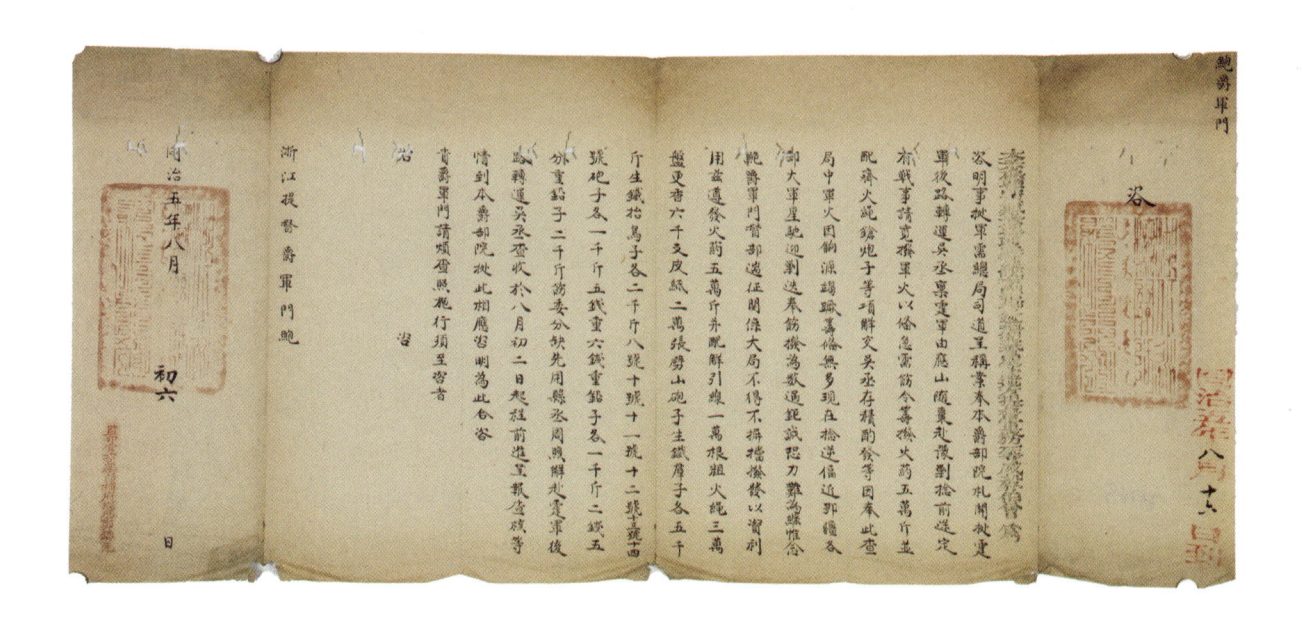

图片

录文

太子少保头品顶戴兵部侍郎兼都察院右副都御史巡抚湖北武昌等处地方提督军务一等威毅伯曾〈国荃〉为咨明事。

据军需总局司道呈称，案奉本爵部院札开，据霆军后路转运吴丞禀，霆军由应山、随、枣赴豫剿捻，前途定有战事，请宽拨军火以备急需。饬令筹拨火药五万斤，并配齐火绳、枪炮子等项解交吴丞存积酌发等因。奉此查局中军火因饷源竭蹶，筹备无多。现在捻逆逼近鄂疆，各部大军星驰迎剿，迭奉饬拨，为数过巨，诚恐力难为继。惟念鲍爵军门督部遄征，关系大局，不得不摒挡拨发，以资利用。兹遵发火药五万斤，并配解引线一万根，粗火绳三万盘，更香六千支，皮纸二万张，劈山炮子、生铁群子各五千斤，生铁抬鸟子各二千斤，八号、十号、十一号、十二号、十三号、十四号炮子各一千斤，五钱重、六钱重铅子各一千斤，二钱五分重铅子二千斤，饬委分缺先用，县丞周煦解赴霆军后路转运吴丞查收。于八月初二日起程前进，呈报查核等情，到本爵部院，据此相应咨明，为此合咨贵爵军门，请烦查照施行。须至咨者。右咨浙江提督爵军门鲍〈超〉。

同治五年八月初六日。

九一 清同治五年八月初五日 河南抚部院李鹤年移鲍爵军文

提要　同治五年（1866）八月，河南舞阳县城被捻军围攻多日，情形危急，豫军难以应援。河南巡抚李鹤年知照曾国荃，请求派遣鲍超霆军前来援剿。曾国荃命鲍超前往迎剿，并派另外数军截击，意图围剿聚歼。

图片

录文

太子少保头品顶戴兵部侍郎兼都察院右副都御史巡抚湖北武昌等处地方提督军务一等威毅伯曾〈国荃〉为飞咨事。

同治五年八月初四日准河南抚部院李〈鹤年〉咨开，窃照任柱[一]、赖汶洸[二]股匪，前由禹、密南窜襄、许一带，经本部院调回马军门一军探踪截击，迭有擒斩，该匪纷纷肆窜。本月二十三日，连据舞阳县知县杨元祜禀称，十五日夜，该逆马步匪众全窜北舞、渡劝集及上澧河店、卸店等处，分踞肆扰，县城附近尽系贼营。十六日黎明，马贼数十人执火掌号突入西南土郭，意图扑城，当经城上开炮轰击，毙匪多名，匪始却退。惟在城瞭望，四面皆贼，势甚鸱张。十七日黄昏并十八日申刻，两次纠众呐喊，直扑城濠，均经开放枪炮随时击退。逆势过炽，计城寨被围、被困已经五日五夜，饬探该逆大股尚踞西北澧河一带，绵亘蔓延，久踞不退，情形危急，请兵援剿各等情。本部院接阅之余，不胜焦愤，查匪势众多，马军门所部现在襄城，自已为其牵制，且该军不及十营，大股狂氛力难分布援应，而城守紧要，北舞渡[三]滨临沙河，为商贾辐辏之所，万一贼情诡悍，城寨一有疏失，关系匪轻。除批饬该县，激励绅民设法严守，并咨曾大臣爵阁督部堂外，相应飞咨查照，转咨鲍爵军门飞速援剿，望切施行等因。到本爵部院，准此。查捻逆在河南邓州地方被豫军击败，四面狂奔，诚恐蔓延秦、楚。前经咨商，贵爵军门统师出境拦头截击在案。兹准前因，相应咨会，为此合咨贵爵军门，请烦查照，希即一面屏蔽豫省西路空虚之处，一面觇贼所向，迅速相机迎剿。本爵部院即当会札刘镇、唐道两军，合并为继进之师，遥为贵军声援。并另会咨郭军门檄饬彭藩司，两军合并，即从桐柏、唐县一带间道横截而出，以期共图聚歼之效。盼切施行。须至咨者。右咨统领诸军浙江提督爵军门鲍〈超〉。

同治五年八月初五日。

注

[一]任柱，即任化邦（？—1867），小名柱，安徽蒙城人。早年参加捻军，咸丰七年（1857）与太平军联合，转战江淮间，被封为鲁王。同治三年（1864），偕张宗禹等率转战豫南等地，与太平军赖文光会合后，率骑兵入山东，在曹州（今菏泽）歼灭僧格林沁军队。后进入湖北，在安陆（今京山）尹隆河之战中大败湘军和淮军。同治六年（1867）在江苏赣榆战死。

[二]赖汶洸，即赖文光（1827—1868），广西人。早年参加金田起义，咸丰八年（1858）随陈玉成转战皖、鄂，后封遵王。同治元年（1862）西征攻占陕西汉中，

同治三年（1864）奉命援救天京，天京陷落后，与张宗禹所率捻军合并。同治四年（1865）五月在山东曹州歼灭僧格林沁军队，后与张宗禹分领东西捻军作战。同治七年（1868）在江苏扬州被俘杀。

　　[三]北舞渡，位于舞阳县城北五十里处的沙河南岸。古时称定陵镇、北舞镇、沙河渡，是重要的水陆交通要道和大宗货物的集散地。

清同治五年八月十九日两江总督咨鲍超文

九二

提要

同治五年（1866）八月，曾国藩决定利用河道构筑长墙，阻碍捻军机动，意图将捻军围困在一定区域内歼灭。捻军探明其围堵意图后，星夜奔袭，突破淮军刘铭传、潘鼎新所修筑的沂河北长墙，往山东方向突奔。曾国藩立即调集湘、淮各军跟踪追剿。时鲍超被调往周家口听候调度。

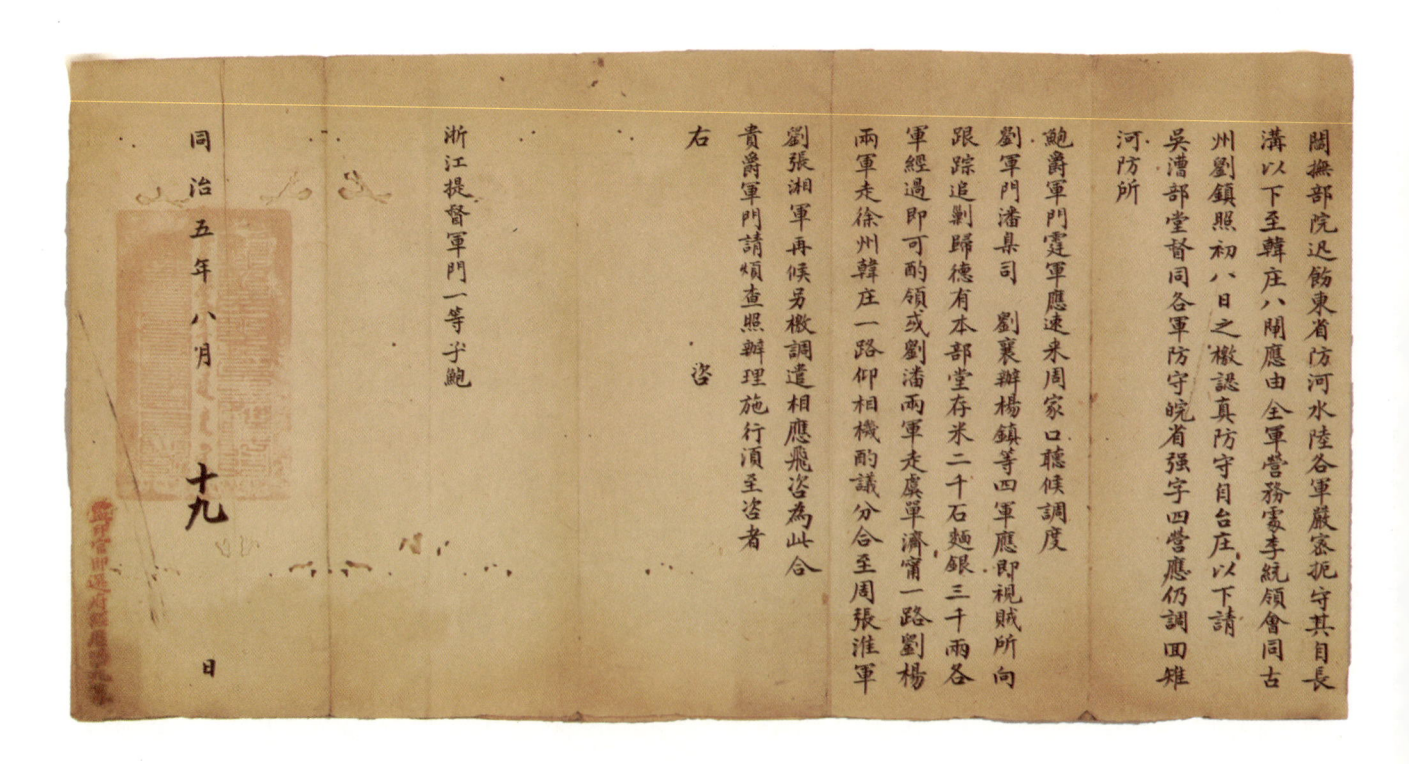

图片

> 闽抚部院迅饬东省防河水陆各军严密扼守其目长
> 沟以下至韩庄八闸应由全军营务李统领会同古
> 州刘镇照初八日之撤退真防守目台庄以下请
> 吴漕部堂督同各军防守皖省强字四营应仍调四维
> 河防所
>
> 鲍爵军门震军应速来周家口听候调度
> 刘军门潘桌司刘襄办杨镇等四军应即视贼所向
> 跟踪追剿归德有本部堂存米二十石麵银三十两各
> 军经过即可酌领或刘潘两军走虞单济宁一路杨
> 两军走徐州韩庄一路仰相机酌议分合至周张淮军
> 刘张湘军再候另檄调遣相应飞咨为此合
> 贵爵军门请烦查照办理施行须至咨者
>
> 右
>
> 咨
>
> 浙江提督军门一等子鲍
>
> 同治五年八月
> 十九
> 日

欽差大臣協辦大學士兩江總督部堂二等毅勇侯曾 為

飛咨事項准銘字營

劉軍門鼎字營潘臬司會同文欄竊銘傳等兩軍代修
汴北牆工及探報捻逆情形業已稟陳鈞鑒十四日銘
傳囘至尉氏鼎新囘至樊寨仍飭各營凖備行糧將至
中牟尉氏銘傳等當相機迎剿十五日馬隊捻賊供稱張任各逆
欲乘中秋夜搶寬汴城左右摩股膽集中牟銘傳等當
晚各昏隊囘扎朱仙鎮十六日甲兩軍至鎮西北十餘
里暫紮行營藉為豫防韋制賊勢兼顧朱仙鎮以下汎
地時飭馬隊勤探該逆尚未寬動適接劉楊兩軍來信
牆當被冲破賊已寬逞東去等語銘傳等得信後應賊
已抵尉氏銘傳等當以後顧無應擬於十七日前赴中
牟迎剿是夜火光漸近而北通近長牆立飭張景春等
帶馬隊馳行至省南堤外一路見牆已毀塌歡震當
過余鎮承恩據云二鼓時賊股掩至撫標三營所守長
抄後路空營當由鎮西北馳還各本營仍派烏張兩部
馬隊跟剿查河防一局既已敗失全功盡棄士卒徒勞
銘傳等實深懷愧理宜整飭隊伍作速追剿即請飛飭
山東防央早為凖備等因前來查該逆各股既在朱仙
鎮以上寬過東路運河防務又形喫重應請

录文

钦差大臣协办大学士两江总督部堂一等毅勇侯曾〈国藩〉为飞咨事。

顷准铭字营刘军门、鼎字营潘臬司会同文称，窃铭传等两军代修汴北墙工及探报捻逆情形，业已禀陈钧鉴。十四日，铭传回至尉氏，鼎新回至樊寨，仍饬各营准备行粮，将至中牟、尉氏，相机迎剿。十五日，马队擒贼供称，张、任各逆欲乘中秋夜抢窜汴城，左右群股麕集中牟。铭传等当晚各督队回扼朱仙镇。十六日，卑两军至镇西北十余里，暂扎行营，借为豫防，牵制贼势，兼顾朱仙镇以下泛地。时饬马队勤探，该逆尚未窜动。适接刘、杨两军来信，已抵尉氏。铭传等当以后顾无虑。拟于十七日前赴中牟迎剿。是夜，火光渐迤而北，逼近长墙。立饬张景春等带马队驰探，行至省南堤外一段，见墙已毁塌数处。当遇余镇承恩，据云：二鼓时，贼股掩至，抚标三营所守长墙当被冲破，贼已窜逸东去等语。铭传等得信后，虑贼抄后路空营，当由镇西北驰还各本营，仍派乌、张两部马队跟剿。查河防一局，既已败失，全功尽弃，士卒徒劳。铭传等实深惭愧，理宜整饬队伍作速追剿，即请飞饬山东防兵，早为准备等因。前来，查该逆各股既在朱仙镇以上窜过，东路运河防务又形吃重。应请阎抚部院[一]迅饬东省防河水陆各军，严密扼守，其自长沟以下至韩庄八闸，应由全军营务处李统领会同古州刘镇照初八日之檄，认真防守。自台庄以下，请吴漕部堂督同各军防守。皖省强字四营应仍调回雉河防所。鲍爵军门霆军应速来周家口，听候调度。刘军门、潘臬司、刘襄办、杨镇等四军应即视贼所向，跟踪追剿。归德有本部堂，存米二千石、面银三千两，各军经过即可酌领。或刘、潘两军走虞单、济宁一路，刘、杨两军走徐州、韩庄一路。仰相机酌议，分合至周、张淮军，刘、张湘军，再候另檄调遣。相应飞咨，为此合贵爵军门，请烦查照办理施行。须至咨者。右咨浙江提督军门一等子鲍〈超〉。

同治五年八月十九日。

注

[一] 阎抚部院，时任山东巡抚阎敬铭（1817—1892），字丹初，陕西朝邑（今大荔）人。清道光二十五年（1845）进士，咸丰九年（1859）由胡林翼调赴湖北，总管湖北前线粮台营务。咸丰十一年（1861）迁湖北按察使。同治元年（1862）署布政使。同治二年（1863）与曹州总兵保德、按察使丁宝桢镇压宋景诗起义，次年（1864）实授山东巡抚。同治四年（1865）僧格林沁战死曹州后，率军防御捻军。同治六年（1867）因疾归乡，光绪八年（1882）升任户部尚书，次年（1883）充军机大臣。光绪十一年（1885）因反对修建圆明园被革职留任。

清同治五年八月二十八日湖北巡抚移鲍爵军公文

九三

提要 　同治五年（1866）八月，曾国荃得知捻军东逃之后，上奏朝廷，因湖北边界防务压力减轻，在布置好襄阳、樊城等地防务后，将返回湖北省城筹备军饷、粮饷。

图片

录文

太子少保头品顶戴兵部侍郎兼都察院右副都御史巡抚湖北武昌等处地方提督军务一等威毅伯曾〈国荃〉为咨送事。

窃照本爵部院于同治五年八月二十六日在随州行营会同钦差大臣爵阁督部堂官〈文〉由驿具奏：行抵随州，知捻逆东窜，即日由襄、樊回省料理饷项，布置东路防剿事宜一折。除俟奉到谕旨恭录另咨外，所有折稿相应咨送，为此合咨贵爵军门，请烦查照施行。须至咨者。计抄送折稿一纸。右咨统领诸军浙江提督爵军门鲍〈超〉。

同治五年八月二十八日。

附抄送折稿：捻逆东窜、回省布置疏

奏为行抵随州，知捻逆东窜，即日由襄、樊回省，料理饷项，布置东路防剿事宜，恭折驰陈，仰祈圣鉴事：窃臣钦奉帮办湖北军务之命，当经专弁赍折恭谢天恩在案。嗣于十三日自德安启行至应山县，旋抵广水驿察看武胜关一带。于二十三日抵随州，途次接两江督臣曾国〈藩〉咨称，捻逆各股于八月十六夜突由朱仙镇以上窜过东路，业已饬令各军跟踪追剿，并催浙江提臣鲍超率霆字全军迅赴周家口，听候调遣等语。臣查从前贼势四趋，本图锐意犯鄂，乃游骑甫至襄阳、光化[一]边境，知我军有备，无隙可乘，于是张、牛等逆退回襄、禹，任、赖各股窜及长新，方期进兵，上下夹击。不意狡贼又复东窜，是鄂省筹备防剿，便当移步换形。鲍超之军行至樊城，馈粥不继，幸江西协饷解到，该军即星驰前赴周口。福建提臣郭松林一军，制齐寒衣，雇备车辆，亦可出境。臣即日驰往樊城、襄阳，布置定妥，由水路回省料理饷项。如果东路有警，仍当亲赴黄州、麻城，周历东北隘口，务令守境之兵各扼要害，毋许寇氛阑入。即出征之军亦必筹划接济，方免饥溃之忧。庶可仰酬高厚生成之恩于万一。所有〈微臣〉行抵随州，知捻逆东窜，即日由襄、樊回省，料理饷项，布置东路防剿事宜各缘由，谨会同大学士、湖广督臣官〈文〉恭折由驿驰奏，伏乞皇太后、皇上圣鉴训示。谨奏。

注

[一] 光化，唐改阴城县为阴城镇，入谷城县。宋以阴城镇建光化军，设干德县。元改干德县为光化县，历明、清、民国未变。一九八三年撤光化县，并入老河口市。治所在今老河口市袁冲区古城水库淹没区内。

九四 清同治五年八月二十八日湖北巡抚移鲍爵军门公文

提要 同治五年（1866）八月，霆军马队十二营成立四个月以来，均为各营垫支，鲍超申请领取霆军马队油烛银两。曾国荃核查后，饬令军需总局照数拨发。

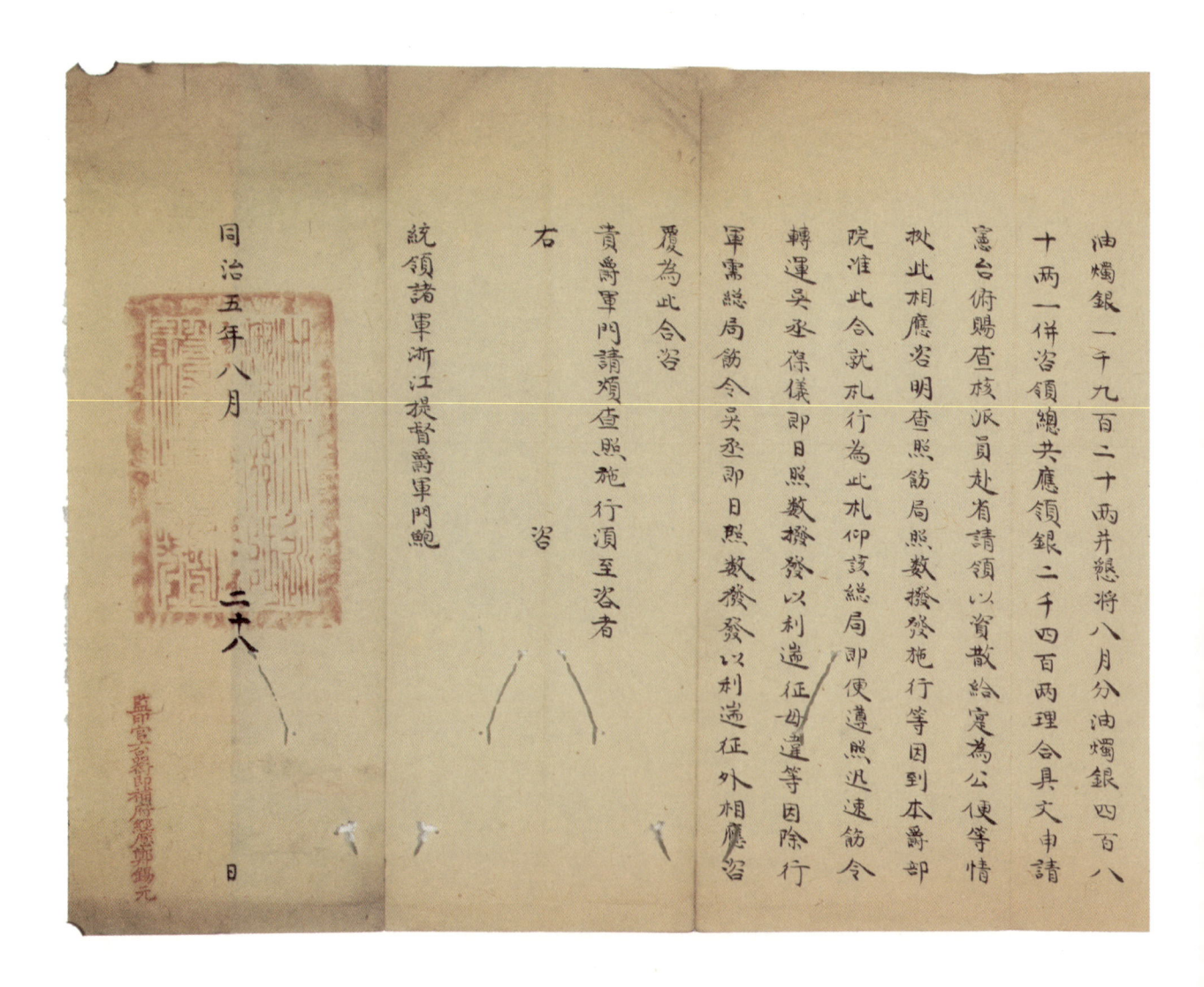

油烛银一千九百二十两并悬将八月分油烛银四百八十两一併咨领总共应领银二千四百两理合具文申请

宪台俯赐查核派员赴省请领以资散给定为公便等情

拟此相应咨明查照饬局照数拨发施行等因到本爵部

院准此合就札行为此札仰该总局即便遵照迅速饬令

军需总局饬令吴丞保仪即日照数拨发以利远征此除行

转运吴丞保仪即日照数拨发以利远征外相应咨

贵爵军门请烦查照施行须至咨者

右 咨

覆为此合咨

统领诸军浙江提督爵军门鲍

同治五年八月 二十八 日

鮑爵軍門

咨覆事同治五年八月二十七日准
貴爵軍門咨開同治五年八月初一日據本軍營務處申
稱為申請咨領事案奉憲台札開准湖北爵撫部院曾
咨本軍馬隊油燭悉照楚軍馬隊營制每營月折銀四
十兩由各該營自行採辦等因到本爵軍門准此合行札
飭札到該營務處即便遵照辦理等因奉此轉行各營在
案本軍馬隊係於同治五年四月初一日成軍油燭銀兩
即應於是日起支現屆七月終旬已歷四月之久前項銀
兩分厘未領皆係各營籌欵墊辦刻下進攻在即待用孔
殷捌項亟應歸欵未便久懸伏查本軍馬隊十二營每營
每月應領油燭銀四十兩每月共應領銀四百八十兩自
四月初一成軍之日起至七月底止四個月共應領前項

太子少保头品顶戴兵部侍郎兼都察院右副都御史巡抚湖北武昌等处地方提督军务一等威毅伯曾〈国荃〉为咨复事。

同治五年八月二十七日准贵爵军门咨开，同治五年八月初一日据本军营务处申称，为申请咨领事，案奉宪台札开，准湖北爵抚部院曾〈国荃〉咨本军马队油烛，悉照楚军马队营制，每营每月折银四十两，由各该营自行采办等因。到本爵军门，准此。合行札饬，札到该营务处，即便遵照办理等因。奉此转行各营在案。本军马队系于同治五年四月初一日成军，油烛银两即应于是日起支，现届七月终旬，已历四月之久，前项银两分厘未领，皆系各营筹款垫办。刻下进攻在即，待用孔殷，挪项亟应归款，未便久悬。伏查本军马队十二营，每营每月应领油烛银四十两，每月共应领银四百八十两。自四月初一成军之日起，至七月底止，四个月共应领前项油烛银一千九百二十两。并恳将八月分油烛银四百八十两一并咨领，总共应领银二千四百两。理合具文申请，宪台俯赐查核，派员赴省请领，以资散给，实为公便等情。据此相应咨明，查照饬局照数拨发施行等因。到本爵部院，准此。合就札行，为此札，仰该总局即便遵照，迅速饬令转运。吴丞保仪即日照数拨发，以利遄征，毋违等因。除行军需总局饬令吴丞即日照数拨发，以利遄征外，相应咨覆，为此合咨贵爵军门，请烦查照施行。须至咨者。右咨统领诸军浙江提督爵军门鲍〈超〉。

同治五年八月二十八日。

清同治五年九月初三日 两江总督曾国藩咨鲍超文

提要　同治五年（1866）八月，御史卢士杰上奏，请求饬令各统兵大臣督兵合力追剿捻军，认为北方平原适合跟踪追击，不适合遏制围剿。朝廷命官文、曾国荃、李鹤年等人督率淮湘各军，视贼所向，前截后追，不可仅仅以河道扼守围堵。

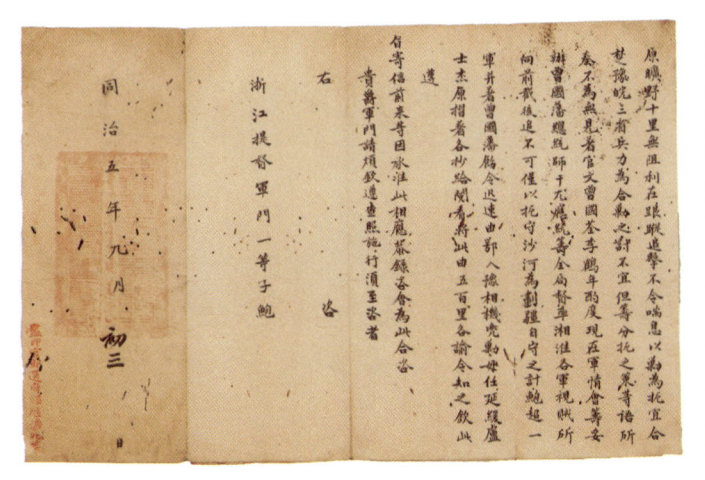

图片

录文

钦差大臣协办大学士两江总督部堂一等毅勇侯曾〈国藩〉为恭录咨会事。

为照本部堂于同治五年八月二十六日准兵部火票递到军机大臣字寄——钦差大臣大学士湖广总督一等果威伯官〈文〉、钦差大臣协办大学士两江总督一等毅勇侯曾〈国藩〉、湖北巡抚一等威毅伯曾〈国荃〉、河南巡抚李〈鹤年〉。

同治五年八月二十一日奉上谕：御史卢士杰[一]奏，请饬统兵大臣迅督各路兵勇合力剿贼一折。据称，南方水道纷歧，稻田交错，利在以扼为剿。北方平原旷野，十里无阻，利在跟踪追击，不令喘息，以剿为扼，宜合楚豫皖三省兵力，为合剿之计，不宜但筹分扼之策等语。所奏不为无见。着官文、曾国荃、李鹤年酌度现在军情，会筹妥办。曾国藩总统师干，尤应统筹全局，督率湘淮各军，视贼所向，前截后追，不可仅以扼守沙河为划疆自守之计。鲍超一军并着曾国藩饬令，迅速由鄂入豫，相机兜剿，毋任延缓。卢士杰原折，着各抄给阅看，将此由五百里各谕令知之。钦此。遵旨寄信前来等因。承准此。相应恭录咨会，为此合咨贵爵军门，请烦钦遵查照施行。须至咨者。右咨浙江提督军门一等子鲍〈超〉。

同治五年九月初三日。

注

[一] 卢士杰，字子英，河南光州（今潢川）人。咸丰三年（1853）进士，由庶吉士在籍办理团练，同治元年（1862）免散馆。光绪十一年（1885）任江西布政使，官至漕运总督。

九六 清同治五年十月十八日湖北巡抚移鲍爵军公文

提要

同治五年（1866）十月，顺天府府尹卞宝认为，海运官员升阶太易、补缺较快，请求严定章程，对于海运出力人员均按照寻常劳绩章程核减，且概不准补地方紧要之缺。曾国荃奉旨转达所属各部知照。

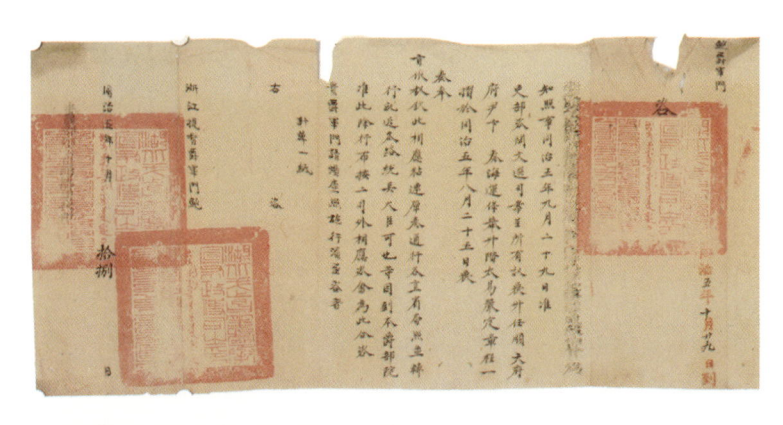

图片

录文

太子少保头品顶戴兵部侍郎兼都察院右副都御史巡抚湖北武昌等处地方提督军务一等威毅伯曾〈国荃〉为知照事。

同治五年九月二十九日准吏部咨开文选司案呈，所有收复升任顺天府府尹卞〈宝第〉奏海运保举升阶太易，严定章程一折。于同治五年八月二十五日覆奏，奉旨依议。钦此。相应粘连原奏，通行各直省查照，并转行就近各路统兵大臣，可也等因。到本爵部院，准此。除行布、按二司外，相应咨会，为此合咨贵爵军门，请烦查照施行。须至咨者。计单一纸。右咨浙江提督爵军门鲍〈超〉。

同治五年十月十八日。

附抄单：

吏部谨奏为遵旨议奏事，内阁抄出同治五年七月二十七日奉上谕：顺天府府尹卞宝第奏，海运委员升阶太易，请严定补缺章程，并京外各官保举、升衔请示限制各等语。着吏部议奏。钦此。钦遵抄出到部。臣等查，升任该府尹原奏内称，海运以来，保奖极优、极滥，即如州县一官，今年保同知，明年保知府，后年保道员，不过三年便登崇秩。又有报捐杂职，指省直隶希阁海运进身，该员等一经海运差委保举，多属正官，捐资既省，补班亦优，诚为取巧便径。拟请海运保举正印各官，凡系监生、吏员出身，以道府州县留省补用者，无论曾任实缺与否，俱仍归试用班补用，借资考察等语。查海运之初，任事出力人员有保举免补本班以升官补用及保归候补班者，补缺较速，兼可酌补要缺。嗣因保举太滥，所有海运出力人员均按照寻常劳绩章程核减，只准保加本班尽先及保补缺后，以何项官阶补用，概不准保□补，并保归候补班次，且从前海运劳绩所保候补知县初任人员，只准挨次轮补选缺后，尚须试署一年，始准实授。概不准题补地方紧要之缺。定章本不准保候补班，已系从严，似无庸再行核减。至从前海运出力保归候补班补用人员，该督等不难随时考察甄别，酌补自不必再改班次，致涉纷更。又另片所称，寻常劳绩每多躐等，保奖属员不独加至本管上司衔，且等而上之各部司官头衔，直与堂官相埒，并有崇于堂官者，请示限制而别尊卑等语。应请嗣后除襄办典礼，军机处及军功劳绩各馆、议叙总理各国事务衙门，仍准照章保请。越级升衔外，其余寻常劳绩应如所奏，外官五六品以下仍不得加本管上司衔，衔京官五六品仍不得过四品，以示限制。谨将臣等遵旨议奏缘由缮折具奏，是否有当，伏乞皇上圣鉴训示遵行。谨奏。

清同治五年十月十九日两江总督曾国藩咨鲍超文

九七

提要 同治五年（1866）十月，捻军张宗禹部逃至南阳一带。探明踪迹后，曾国藩命鲍超等部前往迎剿。时捻军突破曾国藩围堵长墙后，在河南陈留分为二支，其中张宗禹带领一支前往西北，计划与回民起义军会合。

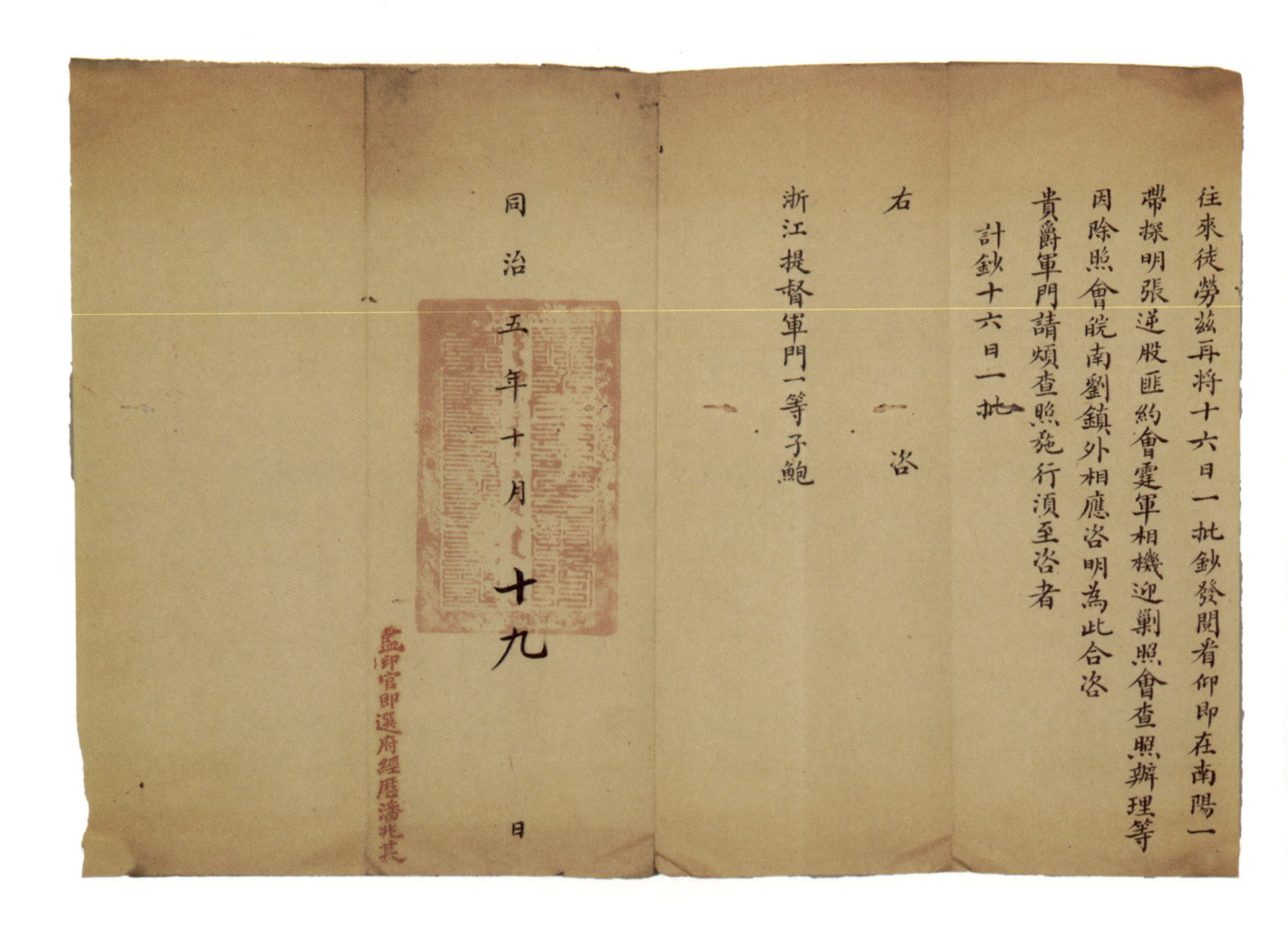

往来徒劳兹再将十六日一批钦发阅者仰即在南阳一带探明张逆股匪约会霆军相机迎剿照会查照办理等因除照会皖南刘镇外相应咨明为此合咨贵爵军门请烦查照施行须至咨者

计钦十六日一批

右　咨

浙江提督军门一等子鲍

同治五年十月　十九　日

监印官即选府经历潘兆其

批

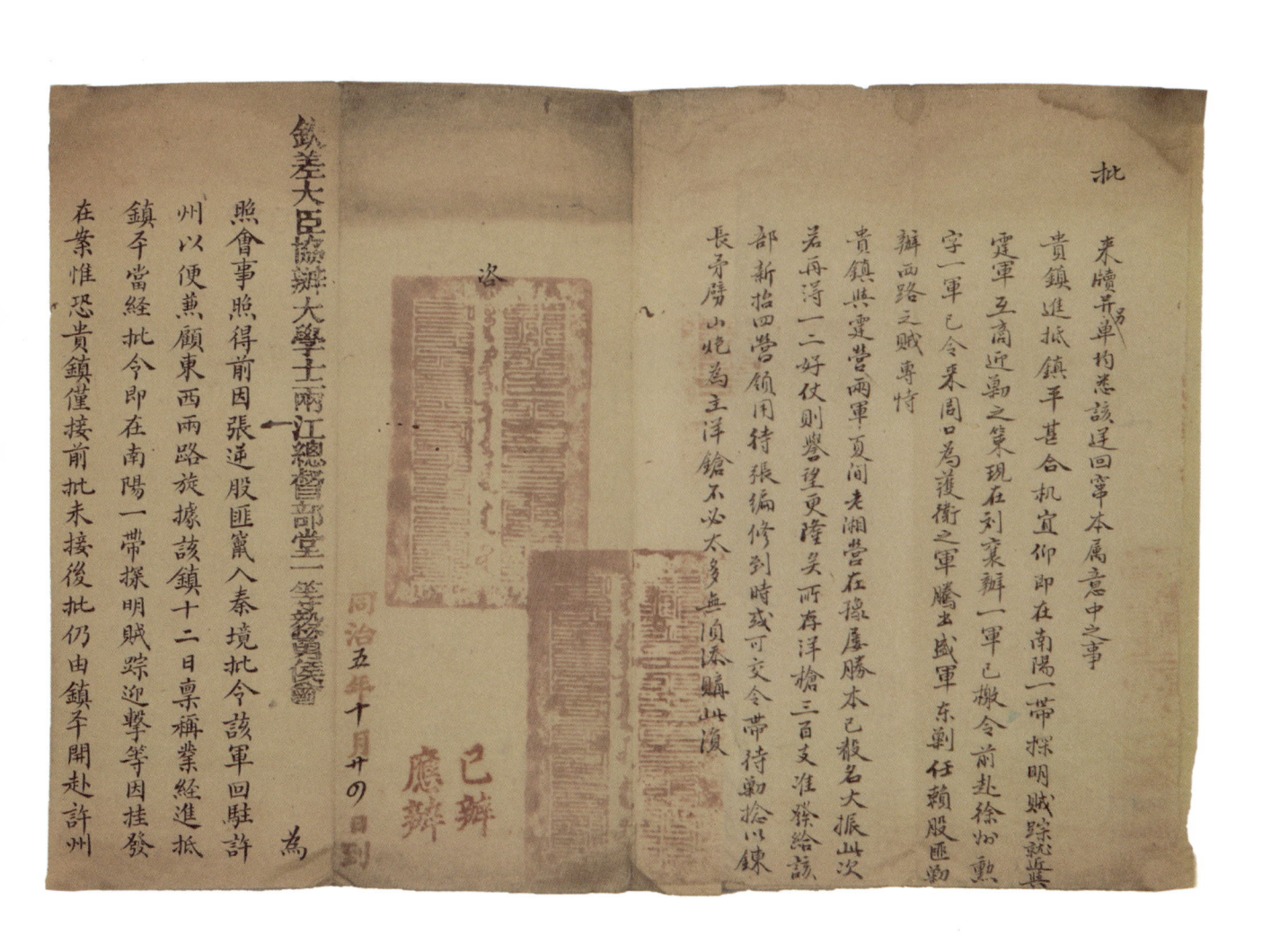

来牍并单均悉該逆回竄本屬意中之事

貴鎮進抵鎮平甚合機宜仰即在南陽一帶採明賊蹤 就近兜

霆軍五商近勦之策現在刻襄辦一軍已撤令前赴徐州勦

字一軍已令朱周口為護衛之軍騰出盛軍東剿任賴股匪勦

辦兩路之賊專恃

貴鎮與霆營兩軍夏間夫湘營在瑯屢勝本已殺名大振山次

若再浮一二好仗則聲望更隆矣所存洋槍三百支准察給該

部新招四營領用待張編修到時或可交令帶待勦拾以鍊

長者擘山炮為主洋鎗不必太多無須添購此次

洛

同治五年十月廿〇日到

已辦
應辦

欽差大臣協辦大學士兩江總督部堂〇〇〇〇〇〇〇〇〇 為

照會事照得前因張逆股匪竄入秦境批令該軍回駐許

州以便兼顧東西兩路旋據該鎮十二日稟稱業經進抵

鎮平當經批令即在南陽一帶探明賊蹤迎擊等因挂發

在案惟恐貴鎮僅接前批未接後批仍由鎮平開赴許州

录文

钦差大臣协办大学士两江总督部堂一等毅勇侯曾〈国藩〉为照会事。

照得前因张逆股匪窜入秦境，批令该军回驻许州，以便兼顾东西两路。旋据该镇十二日禀称，业经进抵镇平，当经批令即在南阳一带探明贼踪迎击等因。挂发在案。惟恐贵镇仅接前批，未接后批，仍由镇平开赴许州，往来徒劳。兹再将十六日一批钞发阅看，仰即在南阳一带探明张逆股匪，约会霆军相机迎剿。照会查照办理等因。除照会皖南刘镇外，相应咨明，为此合咨贵爵军门，请烦查照施行。须至咨者。计钞十六日一批。右咨浙江提督军门一等子鲍〈超〉。

同治五年十月十九日。

附批钞：

来牍另单均悉。该逆回窜，本属意中之事。贵镇进抵镇平，甚合机宜，仰即在南阳一带探明贼踪，就近与霆军互商迎剿之策。现在刘襄办[一]一军，已檄令前赴徐州。勋字一军[二]，已令来周口为护卫之军，腾出盛军[三]东剿任、赖股匪。剿办西路之贼，专恃贵镇与霆营两军。夏间，老湘营在豫屡胜，本已声名大振，此次若再得一二好仗，则誉望更隆矣。所存洋枪三百支，准发给该部新招四营领用，待张编修到时，或可交令带。待剿捻以铼长矛、劈山炮为主，洋枪不必太多，无须添购。此复。

注

[一]刘襄办，即刘秉璋(1826—1905)，字仲良，安徽庐江人。清咸丰十年(1860)进士，选翰林院庶吉士，授编修。同治元年(1862)从李鸿章赴上海同太平军作战，后自领一军，转战江、浙、鲁、豫等地。同治四年(1865)授江苏按察使，统军驻徐州，从曾国藩同捻军作战。光绪八年(1882)任浙江巡抚。光绪十二年(1886)任四川总督。光绪二十年(1894)因重庆教案被革职。

[二]勋字一军，淮军将领杨鼎勋统领的部队。

[三]盛军，即淮军盛字营，由淮军将领周盛波、周盛传兄弟统领，是淮军主力部队之一。

清同治五年十月二十五日两江总督移鲍超文

九八

提要 同治五年(1866)十月，曾国藩因剿捻无功，多次被责备、弹劾，遂决定称病辞职。朝廷下发谕旨，命曾国藩在营休养一月，由李鸿章代替指挥湘、淮各军。

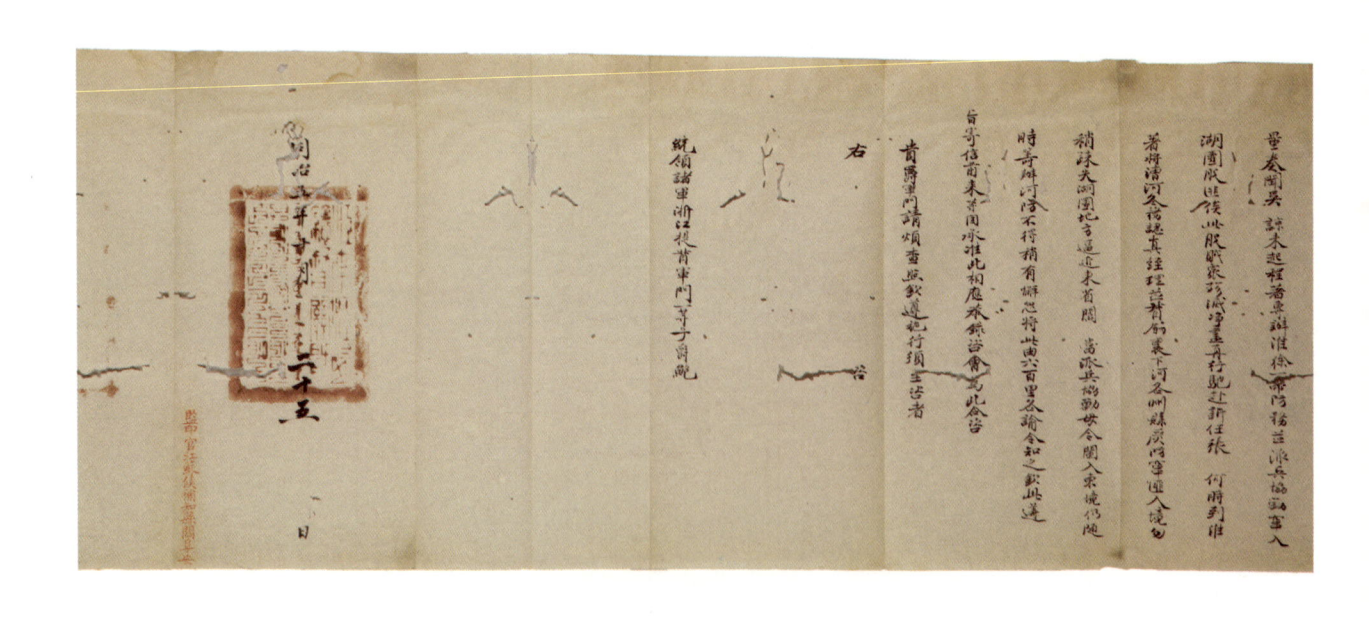

图片

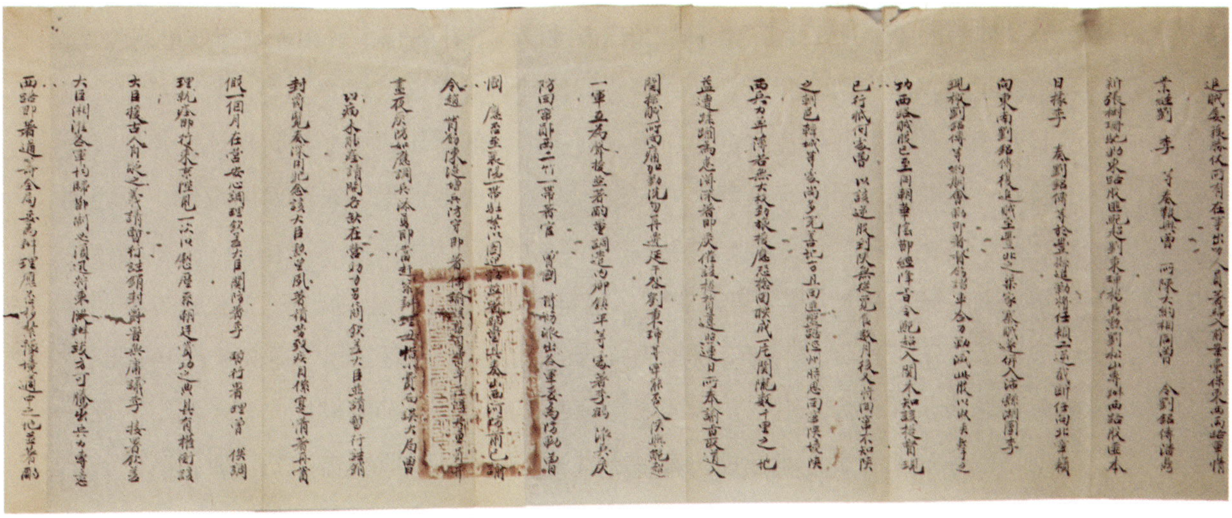

录文

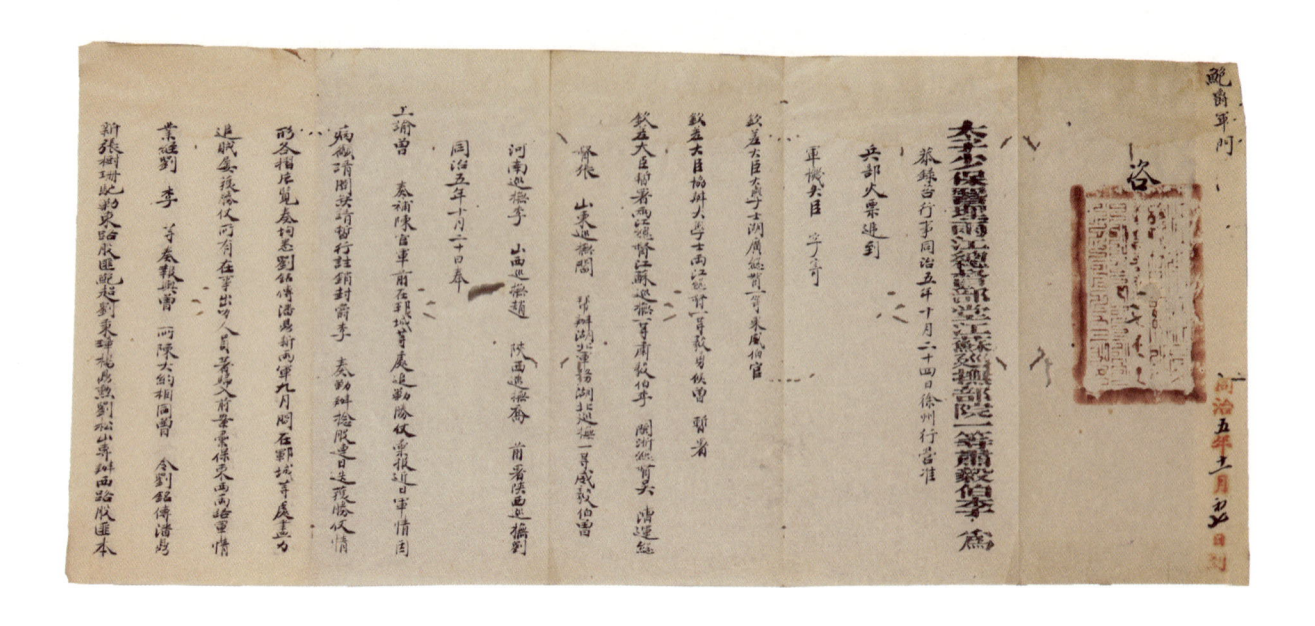

太子少保署理两江总督部堂江苏巡抚部院一等肃毅伯李〈鸿章〉为恭录咨行事。

同治五年十月二十四日徐州行营准兵部火票递到军机大臣字寄——钦差大臣大学士湖广总督一等果威伯官〈文〉、钦差大臣协办大学士两江总督一等毅勇侯曾〈国藩〉、暂署钦差大臣暂署两江总督江苏巡抚一等肃毅伯李〈鸿章〉、闽浙总督吴〈棠〉[一]、漕运总督张〈之万〉[二]、山东巡抚阎〈敬铭〉、帮办湖北军务湖北巡抚一等威毅伯曾〈国荃〉、河南巡抚李〈鹤年〉、山西巡抚赵〈长龄〉[三]、陕西巡抚乔〈松年〉、前署陕西巡抚刘〈蓉〉[四]。

同治五年十月二十日奉上谕：曾〈国藩〉奏，补陈官军前在郓城等处追剿胜仗，汇报近日军情；因病吁请开缺，请暂行注销封爵。李〈鸿章〉奏，剿办捻股，连日迭获胜仗情形各折片。览奏均悉。刘铭传、潘鼎新两军九月间在郓城等处尽力追贼，屡获胜仗，所有在事出力人员，着归入前案汇保。东西两路军情，业经刘〈蓉〉、李〈鸿章〉等奏报，与曾〈国藩〉所陈大约相同。曾〈国藩〉令刘铭传、潘鼎新、张树珊[五]驰剿东路股匪，鲍超、刘秉璋、杨鼎勋[六]、刘松山专办西路股匪。本日据李〈鸿章〉奏，刘铭传等于丰县追剿，将任、赖二逆截断，任向北窜，赖向东南，刘铭传复追贼至丰北之渠家寨，贼遂并入沛县湖团。李〈鸿章〉现檄刘铭传等约期会剿，即着督饬诸军合力剿灭此股，以收夹击之功。西路贼股已至同、朝、华阴，节经降旨令鲍超入关，未知该提督现已行抵何处。曾〈国藩〉以该逆股到陕无从觅食，数月后又将回窜，不知陕之朝邑、韩城等处尚多完善地方，且回匪盘踞泾州，时思回窜陕境。陕西兵力单薄，若无大支劲旅援应，恐捻、回联成一片，关陇数千里之地益遭蹂躏，为患滋深，着即严催该提督遵照连日所奉谕旨，取道入关，探贼所向，痛加剿洗，勿再迁延干咎。刘秉璋等军能否入陕与鲍超一军互为声援，并着酌量调遣。内乡、镇平等处，着李鹤〈年〉派兵严防回窜，郧西、二竹[七]一带，着官〈文〉、曾国〈荃〉督饬派出各军，妥为防剿。曾国〈荃〉应否至襄阳一带驻扎，以图迎剿，并着酌量具奏。山西河防前已谕令赵〈长龄〉督饬陈湜增兵防守，即着传谕该臬司督率在防兵勇员弁昼夜严防，如应调兵添勇，即当赶紧办理，毋惜小费而缺大局。曾〈国藩〉病未能痊，请开各缺，在营效力，另简钦差大臣，并请暂行注销封爵。览奏深用驰念。该大臣勋望夙著，积劳致疾，自系实情。着再赏假一个月，在营安心调理，钦差大臣关防着李〈鸿章〉暂行署理。曾〈国藩〉俟调理就痊，即行来京陛见一次，以慰廑系。朝廷赏功之典，具有权衡，该大臣援古人自贬之义，请暂行注销封爵，着毋庸议。李〈鸿章〉按署钦差大臣，湘、淮各军均归节制，必须迅将东股办竣，方可腾出兵力专意西路，即着通筹全局，妥为办理，应否移扎豫境适中之地，并着酌量奏闻。吴〈棠〉谅未起程，着专办淮、徐一带防务，并派兵协剿窜入湖团股匪，俟此股贼众歼灭净尽，再行驰赴新任。张〈之万〉何时到淮，着将漕河各务认真经理，并督饬裹下河各州县严防窜匪入境，勿稍疏失。湖团地方逼近东省，阎〈敬铭〉当派兵协剿，毋令阑入东境。仍随时筹办河防，不得稍有懈忽。将此由六百里各谕令知之。钦此。遵旨寄信前来等因。承准此，相应恭录咨会，为此合咨贵爵军门，请烦查照钦遵施行。须至咨者。右咨统领诸军浙江提督军门一等子爵鲍〈超〉。

同治五年十月二十五日。

注

[一]吴棠(？—1876)，字仲宣，安徽盱眙(今属江苏)人。清道光二十九年(1849)举人，初授县令。咸丰二年(1852)署邳州知州。咸丰十年(1860)补淮徐道，帮办江北团练。咸丰十一年(1861)擢江宁布政使兼漕运总督，督办江北粮台。同治三年(1864)署江苏巡抚。同治五年(1866)任闽浙总督。次年(1867)调任四川总督，镇压川黔苗民起义。同治十年(1871)署成都将军，后以病乞归回籍。著有《望三益斋诗文集》《望三益斋存稿》刊行于世。

[二]张之万(1811—1897)，字子青，直隶南皮(今属河北)人。道光二十七年(1847)丁未科进士第一名，初授翰林院修撰。咸丰十一年(1861)支持祺祥政变，擢兵部左侍郎兼工部左侍郎。次年(1862)升礼部右侍郎。同治二年(1863)任河南巡抚，参与同太平军、捻军的作战。同治四年(1865)署河东

道总督。同治九年（1870）调任江苏巡抚，次年（1871）补闽浙总督。光绪八年（1882）拜兵部尚书，后调任刑部尚书。光绪十年（1884）入军机大臣兼吏部尚书，后拜体仁阁大学士、东阁大学士。因甲午战争中倾向主和，被免。卒赠太保，谥文达。工书法、善画山水，后人辑有《张文达公遗集》行世。

［三］赵长龄（1797—1872），字怡山，山东利津人。清道光十二年（1832）进士，先后任都察院左副都御史、广东肇庆府太守等职。道光二十四年（1844）受两广总督耆英推荐协办五口通商。道光二十七年（1847）补粮道，后又改任盐运使，次年（1848）升按察使。同治四年（1865）任四川按察使，次年（1866）升陕西巡抚，因与捻军作战失利，被罢免。著有《元善堂制艺》等，已佚。

［四］刘蓉（1816—1873），字孟容，号霞仙，湖南湘乡人。生员出身，早年助罗泽南协办团练，咸丰四年（1854）随曾国藩在江西与太平军作战，次年（1855）与罗泽南回援湖北，旋入四川解涪州之围，晋知府，后授四川布政使。同治元年（1862）围歼太平军石达开部，因功升陕西巡抚。同治五年（1866）以病辞职，仍留陕西襄办军务，后因与捻军作战失利，被革职归乡。著有《养晦堂诗文集》《思辨录疑义》等刊行于世。

［五］张树珊（1826—1866），字海柯，安徽合肥人。早年与其兄在乡创办团练，咸丰五年（1855）先后由外委、千总擢都司。同治元年（1862）随李鸿章赴上海，统率树字营，与程学启、刘铭传等联合攻破嘉定、江阴、无锡、常州诸城，因功擢总兵。同治五年（1866）在湖北德安杨家河战死。

［六］杨鼎勋（？—1868），字少铭，四川华阳人。咸丰二年（1852）应募从军，初隶湖北按察使李孟群部，咸丰七年（1857）投效鲍超霆营，后因功擢千总、都司。同治元年（1862）在上海投奔李鸿章淮军，累擢副将，后募淮勇组建勋字军。同治四年（1865）与郭松林援福建，授江苏苏松镇总兵，同治五年（1866）调赴河南镇压捻军，次年（1867）擢浙江提督。同治七年（1868）从山东赴援京畿，在战斗中旧伤复发猝死。卒赠太子少保衔，谥忠勤。

［七］二竹，系指湖北竹溪、竹山二县。

清同治五年十一月初四日两江总督曾国藩移鲍超文

九九

提要 同治五年（1866）十一月，曾国藩上奏朝廷，檄调鲍超、刘松山两军分别前往商州和陕州两地，防止捻军窜入陕西或山西境内。因鲍超进入陕西境内，曾国藩担心霆军粮米不继，滋生事端，故要求鲍超若缺粮米，可中途折回。

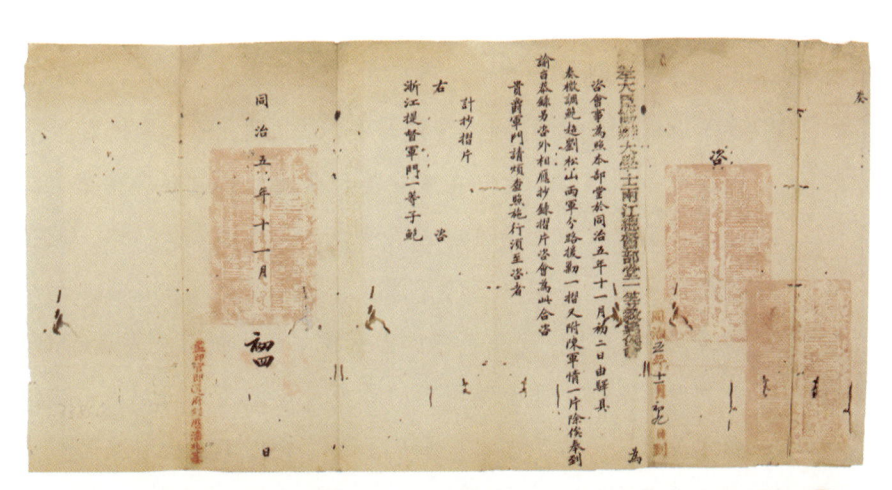

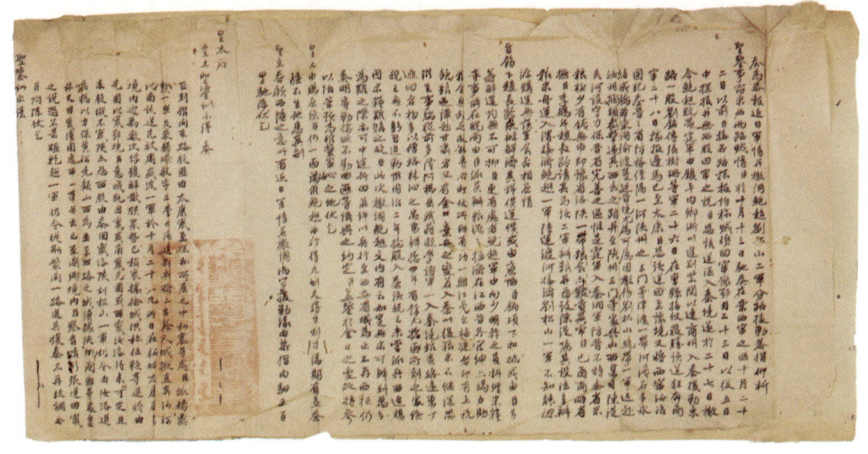

图片

录文

钦差大臣协办大学士两江总督部堂一等毅勇侯曾〈国藩〉为咨会事。

为照本部堂于同治五年十一月初二日由驿具奏，檄调鲍超、刘松山两军分路援剿一折。又附陈军情一片。除俟奉到谕旨恭录另咨外，相应抄录折片咨会，为此合咨贵爵军门，请烦查照施行。须至咨者。计抄折、片。右咨浙江提督军门一等子鲍〈超〉。

同治五年十一月初四日。

附抄折：

奏为恭报近日军情，并檄调鲍超、刘松山二军分路援剿，恭折仰祈圣鉴事。

窃东西两路贼情，臣于十月十三日驰奏在案。西窜之匪，十月二十二日以前，臣接各路探报，均称贼将回窜豫、鄂。自二十三日以后，五日中探报并无西股回窜之说。臣恐该逆深入秦境，遂于二十七日檄令鲍超统带霆军由镇平、内乡、淅川进荆紫关，以达商州，入秦援剿。东路一股刘铭传、张树珊等军，二十六日在曹县接仗获胜，该逆狂奔南窜。二十八日，据报边马已至太康。臣恐该逆回至豫境，又将西窜汝、洛，图犯秦晋。晋省防务仅隔一河，陕州之三门茅津渡[一]一带，河浅石多，冰结成桥。若乘间偷渡，蔓延晋境，尤属可虑！因檄饬刘松山统带一军迅赴汝州，拦头截击，遏其西去之路。并至陕州三门等处，与山西臬司陈湜，夹河设守，力保晋省完善之区。惟是霆军入秦，湘军防晋，不特秦省米粮极少，有钱无市。即豫省洛、陕一带，粮食亦艰贵异常。臣已函商两省抚臣李鹤年、赵长龄，请其为该二军办粮。并函致陈湜，嘱其设法多办粮米，舟运入渭，接济鲍超一军。陆运渡河，接济刘松山一军。不知能源源购运，无误军食否？相应请旨饬下赵长龄采办解济，其粮价、运价，或由应协臣饷项下扣抵，或由臣另筹解还，均无不可。

抑臣更有虑者：鲍超军中向少明干之员料理米粮等事，前在皖南，由臣派员办粮，源源接济。在江西时，各官绅亦竭力助粮，全无缺乏，故能专心打仗，所向有功。一离江、皖，至福建者，即有上杭缺粮之哗[二]，赴甘肃者，又有金口弃舟之变[三]。若入秦以后，粮米不继，深恐滋生事端。从前多隆阿、杨岳斌、蒋凝学[四]诸军，一入秦境，粮贵路远，勇丁逃回者极多。以僧格林沁之忠勇，办捻四年有余，凡捻匪所到之处，该亲王无不躬自追剿。惟同治二年捻股入秦，该亲王未尝派兵西追，想因米粮难购之故。臣此次檄调鲍超文内有云：如实无米可办，到万分为难之际，亦可中途折回。并许以兵行至西安省城为止，不再西征。仍奏明"专剿捻匪，不剿回匪"等语与之约定，臣盖鉴于金口之变，故特参以活笔，预为维系军心之地。伏乞皇上曲赐原谅！臣仍一面□催鲍超西行，得尺则尺，得寸则寸，总期有益秦疆不生他患，冀副圣主眷顾西陲之意。所有近日军情，并檄调两军援剿缘由，恭折由驿五百里驰陈。伏乞皇太后、皇上圣鉴！训示！谨奏。

附抄片：

正封折间，东路股匪由太康窜至陈州所属之中和寨等处，臣派杨鼎勋一军及张锡荣敬字三营出队追剿，斩擒二百余人。贼踪直奔沙河以南，该逆先被周盛波一军于十月二十八、九两日，在柘城、太康、鹿邑境内迎剿数次，俘获解散颇众，势已稍衰。据擒贼供称：任、赖等逆将由光、固以窜鄂境。臣意贼既回窜，或南窜光、固，或西窜汝、洛，均未可定。且东股纵不窜陕，亦恐西股由秦回窜洛、陕。刘松山一军仍令由汝、洛进兵，总以力保黄河，先顾山西为主。至西路之贼续据陕州。阌乡[五]等处禀称：又回窜潼关、迤西一带，并云已至阌乡境内。臣察看情形，张逆回窜之说，恐不甚确。鲍超一军仍令从荆紫关一路进兵援秦，不再改调，合并附陈。伏乞圣鉴训示。谨奏。

注

[一]茅津渡，原名沙涧渡，明代更名。位于山西平陆县南，黄河北岸，对岸即河南三门峡，是晋、豫两省的交通要津。与风陵渡、大禹渡并称为黄河三大古渡。

[二]上杭缺粮之哗，系指同治四年（1865）四月，鲍超返回四川原籍服丧之时，在江西由娄云庆所统领的一支霆军，因欠饷发生哗变，江西方面及时发饷后方才平息。受此影响，其后五月，湘军驻休宁的金国琛部、驻徽州的唐义训部也哗变索饷，此后驻防安徽石埭的朱品隆部、驻湖北麻城的成大吉部、驻汉阳的蒋凝学部相继哗变。成大吉部哗变后，将成大吉打伤，并迎接太平军进入湖北。

[三]金口弃舟之变，系指同治四年（1865）四月，鲍超返回四川原籍服丧之际，清廷决定将霆军调往西北，由宋国永带领的部分霆军，行至湖北金口时突然哗变，由黄矮子、欧阳辉领导，登岸入咸宁，抵达江西义宁州时，叛乱后的霆军已扩充至三万余人。此后猛扑袁州府城，被击败后转而从湖南进入广东，投奔了太平军汪海洋部。

[四]蒋凝学（？—1878），字先民，湖南湘乡人。清咸丰初在乡办团练，咸丰五年（1855）随罗泽南转战湖北，继领李续宾部左营在武昌、黄州、大冶等地同太平军作战。咸丰八年（1858）攻克九江后，累官至知府，转战安徽。咸丰十一年（1861）回援湖北，以道员记名、加布政使衔，后又回援安徽。同治五年（1866）后随杨岳斌在甘肃各地镇压回民起义。光绪元年（1875）授陕西布政使，兼理西征粮台。卒赠内阁学士。

[五]阌乡，本汉代湖县乡名。后周置郡及县，隋初俱废，开皇十六年（596）又置县。1954年并入河南省灵宝市。

清同治五年十一月初七日湖北巡抚移鲍爵军公文

提要

同治五年（1866）十一月，东路捻军被剿，逃窜至河南正阳县一带，曾国荃饬令霆军军饷解送路线改道湖北境内的随州、枣阳，然后入境河南唐县到南阳大营，并命鲍超派员在唐县、枣阳一带迎接。

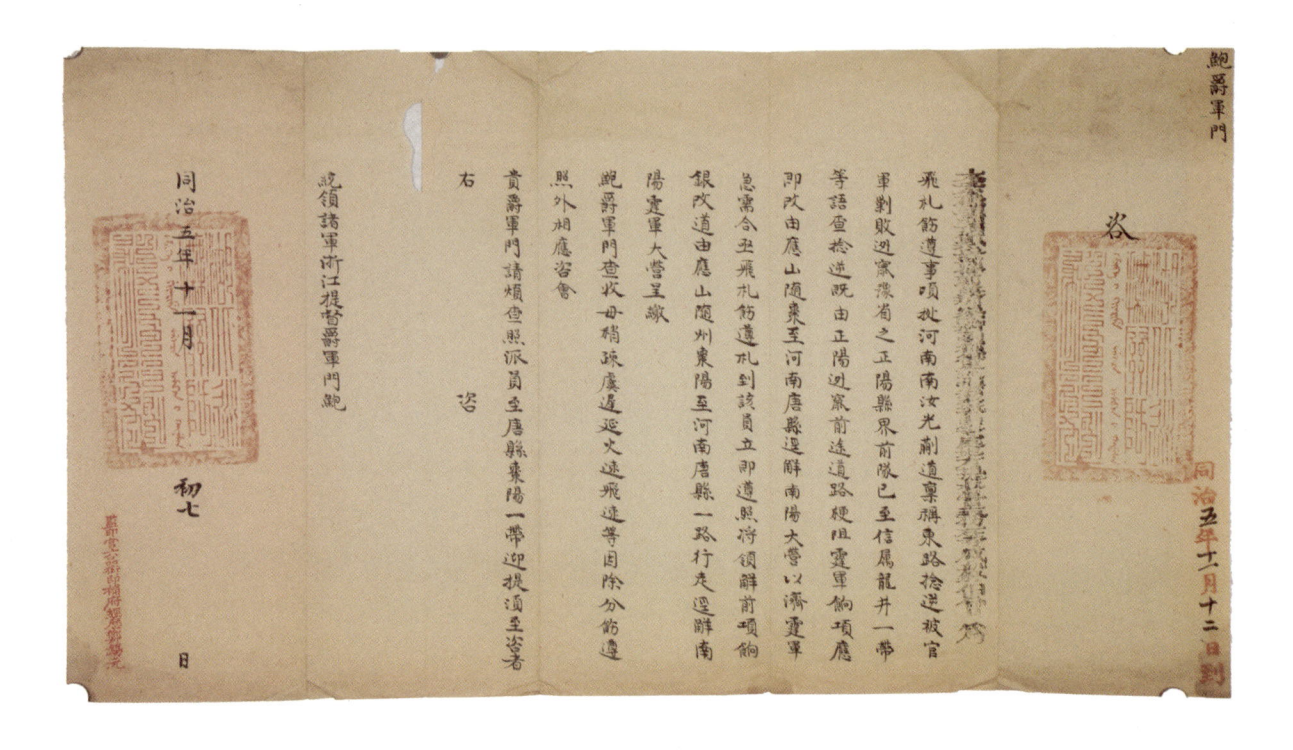

图片

录文

太子少保头品顶戴兵部侍郎兼都察院右副都御史巡抚湖北武昌等处地方提督军务一等威毅伯曾〈国荃〉为飞札饬遵事。

项据河南南汝光觐道禀称,东路捻逆被官军剿败,逃窜豫省之正阳县界。前队已至信属龙井一带等语。查捻逆既由正阳逃窜,前途道路梗阻。霆军饷项应即改由应山、随、枣至河南唐县[一],径解南阳大营,以济霆军急需。合亟飞札饬遵,札到该员,立即遵照,将领解前项饷银,改道由应山、随州、枣阳至河南唐县一路行走,径解南阳霆军大营,呈缴鲍爵军门查收。毋稍疏虞迟延,火速飞速等因。除分饬遵照外,相应咨会,贵爵军门请烦查照,派员至唐县、枣阳一带迎提。须至咨者。右咨统领诸军浙江提督爵军门鲍〈超〉。

同治五年十一月初七日。

注

[一] 河南唐县,系河南省唐河县旧称。明洪武十三年(1380)改唐州置唐县,属南阳府,治今河南唐河县。民国二年(1913)改为沘源县,民国十二年(1923)改为唐河县。

清同治五年十一月初八日
两江总督李鸿章移鲍超爵公文

提要

同治五年（1866）十一月，朝廷发下谕旨，命曾国藩暂缓赴京面圣，仍然回两江担任总督，以李鸿章代钦差大臣，办理剿捻事宜。

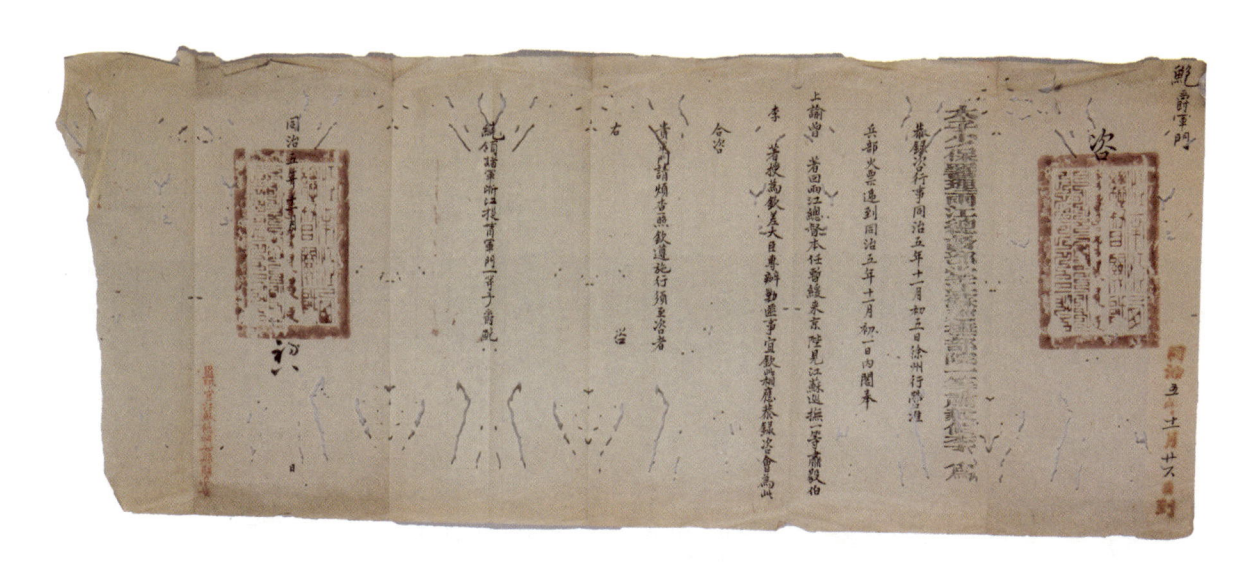

图片

录文

太子少保署理两江总督部堂江苏巡抚部院一等肃毅伯李〈鸿章〉为恭录咨行事。

同治五年十一月初五日，徐州行营准兵部火票递到同治五年十一月初一日内阁奉上谕：曾〈国藩〉着回两江总督本任，暂缓来京陛见。江苏巡抚一等肃毅伯李〈鸿章〉着授为钦差大臣，专办剿匪事宜。钦此。相应恭录咨会，为此合咨贵军门，请烦查照钦遵施行。须至咨者。右咨统领诸军浙江提督军门一等子爵鲍〈超〉。

同治五年十一月初八日。

一○二 清同治五年十一月十二日两江总督曾国藩咨鲍超文

提要　同治五年（1866）十一月，鲍超率霆军进入陕西境内剿捻，曾国藩命其就近采办所需粮饷，并委任前任苏州知府薛书常帮忙筹措霆军粮饷。

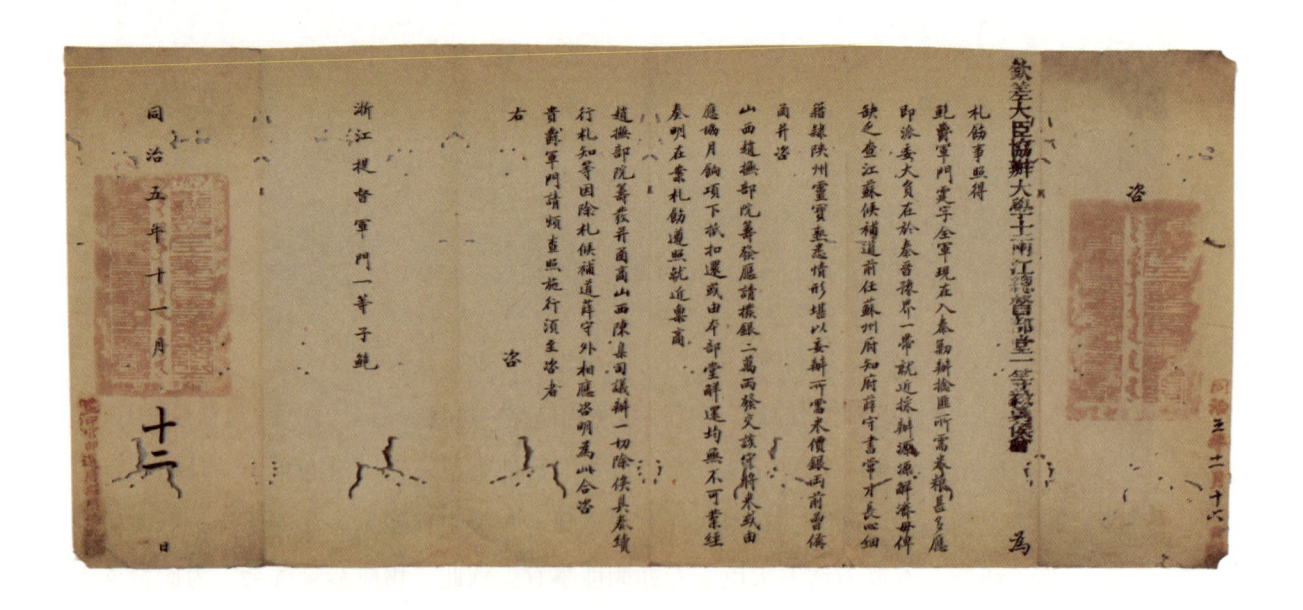

图片

录文

钦差大臣协办大学士两江总督部堂一等毅勇侯曾〈国藩〉为札饬事。

照得鲍爵军门霆字全军现在入秦剿办捻匪，所需米粮甚多，应即派委大员在于秦、晋、豫界一带就近采办，源源解济，毋俾缺乏。查江苏候补道、前任苏州府知府薛守书常[一]，才长心细，籍隶陕州灵宝，熟悉情形，堪以委办。所需米价银两，前曾备函并咨山西赵抚部院筹发，应请拨银二万两，发交该守。将来或由应协月饷项下抵扣还，或由本部堂解还，均无不可。业经奏明在案，札饬遵照，就近禀商赵抚部院筹发，并函商山西陈臬司议办。一切除俟具奏，续行札知等因。除札候补道薛守外，相应咨明，为此合咨贵爵军门，请烦查照施行。须至咨者。右咨浙江提督军门一等子鲍〈超〉。

同治五年十一月十二日。

注

[一]薛守书常，即薛书常（1815—1880），字世香，河南灵宝人。咸丰二年（1852）进士，初授翰林院庶吉士。咸丰九年（1859）复任苏州知府，摄江安徽宁池太庐凤淮扬十府粮储道。

清同治五年十二月初七日德安行营移鲍爵军门公文

提要 同治五年（1866）十二月，东路捻军赖文光等部南侵湖北黄安、麻城一带，朝廷谕令曾国藩、李鸿章等督兵大臣务须合力堵剿，毋任流窜。

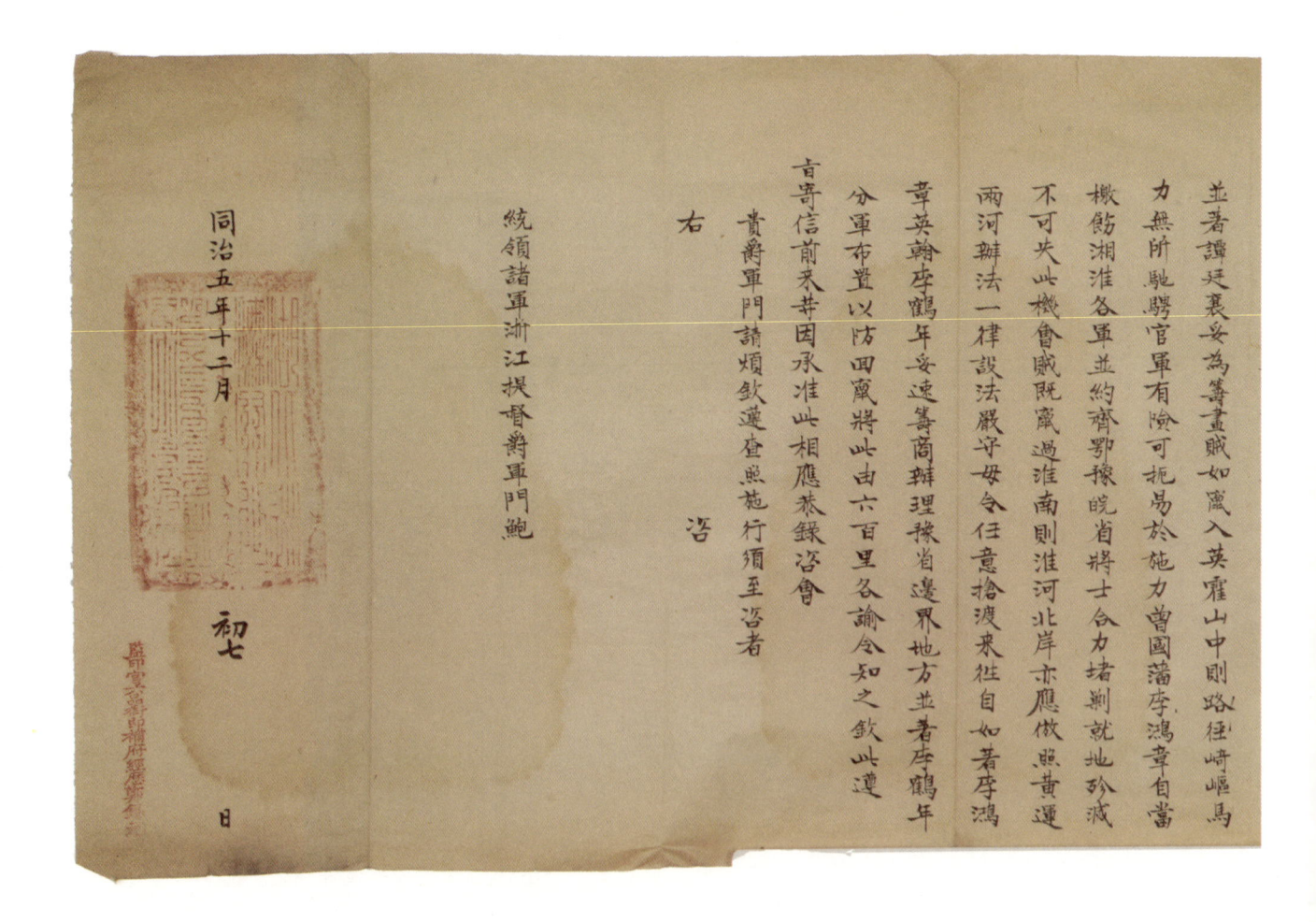

并著谕廷襄妥为筹画贼如窜入英霍山中则路径岖崎马力无所驰骋官军有险可扼易于施力曾国藩李鸿章自当檄饬湘淮各军并约齐鄂豫皖省将士合力堵剿就地歼灭不可失此机会贼既窜过淮南则淮河北岸亦应倣照黄运两河办法一律设法严守毋令任意抢渡来徙自如著鸿

右

贵爵军门请烦钦遵查照施行须至咨者

旨寄信前来并因承准此相应恭录咨会

分军布置以防回窜将此由六百里各谕令知之钦此遵

章英翰李鹤年妥速筹商办理豫省边界地方並著庆鹤年

统领诸军浙江提督粤军门鲍

咨

同治五年十二月　初七　日

鲍鹖军门

咨

同治五年十二月二十日到

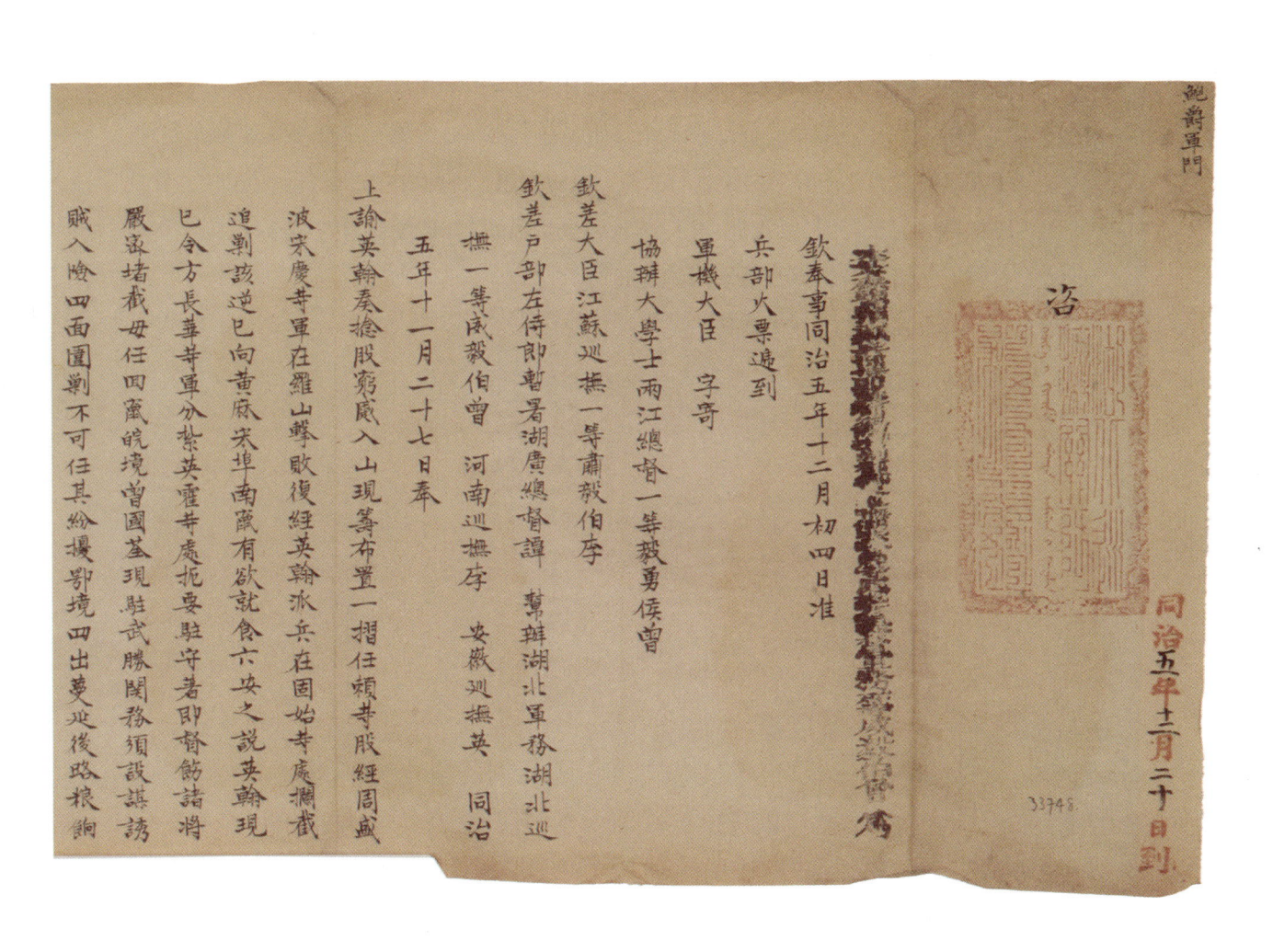

钦奉事同治五年十二月初四日准
兵部火票递到
军机大臣 字寄
协办大学士两江总督一等毅勇侯曾
钦差大臣江苏巡抚一等肃毅伯李
钦差户部左侍郎暂署湖广总督谭 帮办湖北军务湖北巡
抚一等威毅伯曾 河南巡抚李 安徽巡抚英 同治
五年十一月二十七日奉
上谕英翰奏捻股窜入山现筹布置一摺任柱赖股经同盛
波宋庆等军在罗山击败复经英翰派兵在固始等处拦截
迫剿该逆已向黄麻宋埠南蕲有欲就食六安之说英翰现
已令方长华等军分紫英霍等处扼要驻守倘即督饬诸将
严密堵截毋任四窜皖境曾国荃现驻武胜关务须设谋诱
贼入险四面围剿不可任其纷扰鄂境四出蔓延後路粮饷

录文

太子少保头品顶戴兵部侍郎兼都察院右副都御史巡抚湖北武昌等处地方提督军务一等威毅伯曾〈国荃〉为钦奉事。

同治五年十二月初四日准兵部火票递到军机大臣字寄——协办大学士两江总督一等毅勇侯曾〈国藩〉、钦差大臣江苏巡抚一等肃毅伯李〈鸿章〉、钦差户部左侍郎暂署湖广总督谭〈廷襄〉[一]、帮办湖北军务湖北巡抚一等威毅伯曾〈国荃〉、河南巡抚李〈鹤年〉、安徽巡抚英〈翰〉[二]。

同治五年十一月二十七日奉上谕：英翰奏，捻股穷蹙入山，现筹布置一折。任、赖等股经周盛波、宋庆等军在罗山击败，复经英翰派兵在固始等处拦截追剿，该逆已向黄、麻、宋埠南窜，有欲就食六安之说。英翰现已令方长华等军，分扎英、霍[三]等处扼要驻守。着即督饬诸将严密堵截，毋任回窜皖境。曾国荃现驻武胜关[四]，务须设谋诱贼入险，四面围剿，不可任其纷扰鄂境，四出蔓延。后路粮饷并着谭廷襄妥为筹划，贼如窜入英霍山中，则路径崎岖，马力无所驰骋，官军有险可扼，易于施力。曾国藩、李鸿章自当檄饬湘淮各军，并约齐鄂、豫、皖省将士，合力堵剿，就地殄灭，不可失此机会。贼既窜过淮南，则淮河北岸亦应仿照黄、运两河办法，一律设法严守，毋令任意抢渡来往自如。着李鸿章、英翰、李鹤年妥速筹商办理。豫省边界地方，并着李鹤年分军布置，以防回窜。将此由六百里各谕令知之。钦此。遵旨寄信前来等因。承准此。相应恭录咨会贵爵军门，请烦钦遵查照施行。须至咨者。右咨统领诸军浙江提督爵军门鲍〈超〉。

同治五年十二月初七日。

注

[一] 谭廷襄（？—1870），字竹崖，浙江山阴（今绍兴）人。清道光十三年（1833）进士，历任刑部主事、郎中、顺天府尹、刑部侍郎等职。咸丰六年（1856）任陕西巡抚，七年（1857）授直隶总督。咸丰八年（1858）英法联军进攻大沽口、天津时，力主和议，被革职充军。咸丰九年（1859）释回后，署陕西巡抚。咸丰十一年（1861）任山东巡抚，同治三年（1864）后历任刑部、工部、户部侍郎。同治五年（1866）署湖广总督，七年（1868）任刑部尚书兼署吏部尚书。辛赠太子少保，谥端恪。

[二] 英翰（？—1876），字西林，萨尔图氏，满洲正红旗人。清道光二十九年（1849）举人。咸丰四年（1854）在安徽历任知县、同知、知府，在皖北督办团练同太平军作战。同治三年（1864）率军在鄂、豫、皖同太平军、捻军作战，因功升安徽布政使。同治五年（1866）擢安徽巡抚。同治十年（1871）在亳州捕杀黑旗军将领宋景诗。同治十三年（1874）任两广总督，会同闽浙清军，擒杀太

平军将领杨辅清。光绪二年（1876）任乌鲁木齐都统，未几病卒，赠太子少保，谥果敏。

[三] 英、霍，系指大别山脉的英山、霍山一带。

[四] 武胜关：位于河南信阳与湖北广水的交界处，北屏中原、南锁鄂州，是古义阳三关之一，古代大别山脉与桐柏山脉之间的重要隘口。春秋时期称直辕、澧山，秦统六国后改为武阳关，南宋时更名武胜关。

清同治五年十二月初九日湖北巡抚移鲍爵军门公文

一〇四

提要 同治五年（1866）十二月，朝廷下发谕旨，对新疆、阿拉善、甘肃、宁夏、陕西、湖北、河南等地的叛乱分别饬令加快剿办。其中，严饬鲍超入陕剿捻，不可中途迁延逗留，并饬令陕西乔松年、刘蓉等督催鲍超全军妥筹防剿。

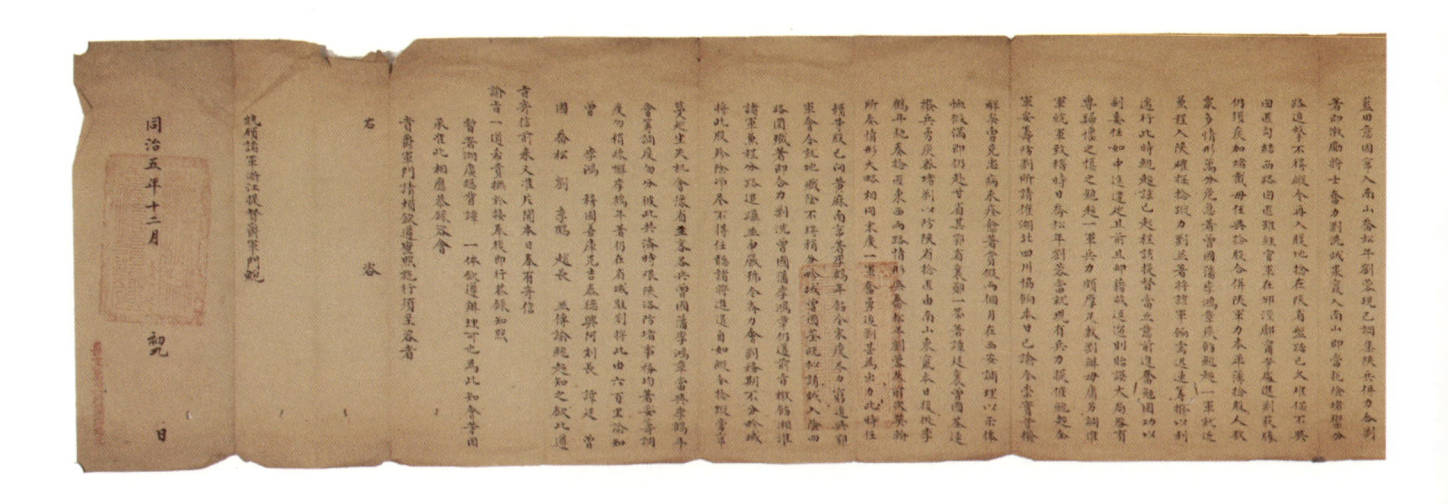

图片

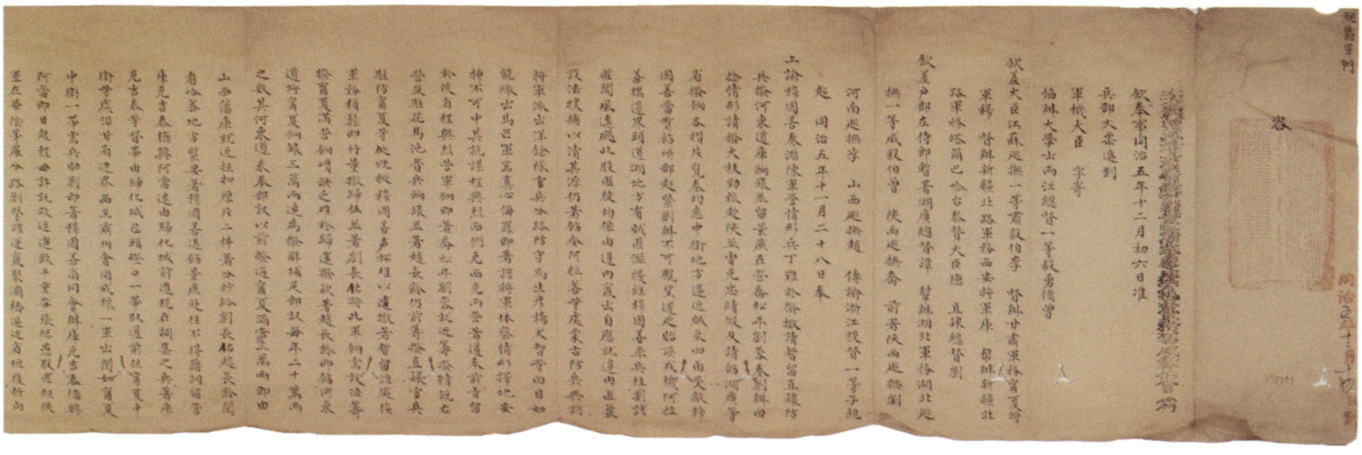
[illegible]
欽奉寄同治五年十二月初六日准
兵部火票遞到
軍機大臣 字寄
協辦大學士兩江總督一等毅勇侯曾
欽差大臣江蘇巡撫一等肅毅伯李 督辦甘肅軍務寧夏將
軍穆 督辦新疆北路軍務西安將軍庫 幫辦新疆北
路軍務塔爾巴哈台參贊大臣德 直隸總督劉
欽差戶部左侍郎署湖廣總督譚 督辦湖北軍務湖北巡
撫一等威毅伯曾 陝西巡撫喬 前署陝西巡撫劉
河南巡撫李 山西巡撫趙 傳諭浙江提督一等子鮑
超 同治五年十一月二十八日奉
上諭穆圖善奏酌陳軍營情形兵丁難於籌撥請暫留直隸防
兵撥河東道庫銅價並留景廉在營喬松年劉蓉奏劉典回
籍情形請撥大枝勁旅赴陝並曹克忠請假及請飭湖廣等
省撥餉各摺片覽奏均悉中衛地方逼近賊氛回匪受撫穆
圖善當督飭所部趕緊剿辦不可觀望遷延以貽誤戎機阿拉
善旗連界鄂托克旗地方有賊匪竄擾經穆圖善率兵往剿該
匪聞風遠颺北股匪徒均係由達內竄出自應設法兩面兼
籌設法搜捕以清其源仍著飭令阿拉善[illegible]防兵與該
將軍派出洋槍隊官兵分路防守馬步隊文智等回日如
能繳出馬匹器械真心悔罪即著穆將軍妥籌情形擇地安
插不可中其詭謀致與賊回聯絡西寧回匪向營乞撫前曾
於陝省糧與糧營軍餉即著喬松年劉蓉設法籌給該省
營及鄂托克馬隊需兵餉銀並著趙長齡仍前籌撥直隸官兵
駐防寧夏等處既據穆圖善聲稱難以遠撤著暫留該處俟
軍務稍鬆即行量撤歸伍並著劉長佑將此項餉需設法籌
撥寧夏滿營餉項缺乏殊形支絀著趙長齡酌撥河東
道所存寧夏餉銀三萬兩迅為撥解補發部款每年二十萬兩
之款其河東道未奉部款以前撥過寧夏滿營三萬兩即由
山西藩庫就近按扣歸還二件著分別給劉長佑趙長齡閱
看於各地方緊要著穆圖善迅飭景廉赴任不得藉詞留營
庫克吉泰務與阿富迅由歸化城前進現在調集之兵著庫
克吉泰等督率由歸化城迅抵口一帶取道前往寧夏中
衛等處[illegible]之界西至肅州會同威[illegible]一軍出關如寧夏
中衛一帶賊氛稍戢即著穆圖善商同會辦庫克吉泰務與
阿富即日趕[illegible]迅速致干重咎[illegible]赴陝
[illegible]

录文

太子少保头品顶戴兵部侍郎兼都察院右副都御史巡抚湖北武昌等处地方提督军务一等威毅伯曾〈国荃〉为钦奉事。

同治五年十二月初六日、准兵部火票递到军机大臣字寄——协办大学士两江总督一等毅勇侯曾〈国藩〉、钦差大臣江苏巡抚一等肃毅伯李〈鸿章〉、帮办甘肃军务宁夏将军穆〈图善〉、督办新疆北路军务西安将军库〈克吉泰〉，帮办新疆北路军务塔尔巴哈台参赞大臣德〈兴阿〉、直隶总督刘〈长佑〉、钦差户部左侍郎暂署湖广总督谭〈廷襄〉、帮办湖北军务湖北巡抚一等威毅伯曾〈国荃〉，陕西巡抚乔〈松年〉、前署陕西巡抚刘〈蓉〉、河南巡抚李〈鹤年〉、山西巡抚赵〈长龄〉，传谕浙江提督一等子鲍超。

同治五年十一月二十八日奉上谕：穆图善奏沥陈军营情形，兵丁难于拨撤，请暂留直隶防兵，拨河东道库饷银，并留景廉在营。乔松年、刘蓉奏剿办回、捻情形，请拨大支劲旅赴陕。并曹克忠[一]续假及请饬湖广等省拨饷各折片。览奏均悉。中卫地方逼近贼氛，四面受敌，穆图善当督饬所部赶紧剿办，不可观望迁延，贻误戎机。阿拉善旗边界头道湖地方有贼匪滋扰，经穆图善率兵往剿，该匪闻风远扬。此股匪徒均系由边内窜出，自应就边内匪巢设法搜捕，以清其源，仍着饬令阿拉善等处蒙古防兵与该将军派出洋枪队官兵分路防守。马生彦、杨文智等回目如能缴出马匹军器，真心悔罪，即着该将军体察情形，择地安插，不可中其诡谋。程兴烈、西们克西克两营，着遵奉前旨留于陕省。程兴烈营军饷即着乔松年、刘蓉就近筹拨。精锐右营及驻花马池晋兵饷银，并着赵长龄仍前筹拨。直隶官兵驻防宁夏等处，既据穆图善声称难以遽撤，着暂留该处，俟军务稍松，即行量撤归伍，并着刘长佑将此军饷需设法筹拨。宁夏满营饷项缺乏，难于归还拨款，着赵长龄即饬河东道将宁夏饷银三万两速为拨解，补足部议每年二十万两之数。其河东道未奉部议以前拨过宁夏满营银三万两，即由山西藩库就近抵扣。原片二件着分抄给刘长佑、赵长龄阅看。哈密地方紧要，着穆图善迅饬景廉[二]赴任，不得借词留营。库克吉泰[三]、德兴阿当速由归化城前进，现在调集之兵着库克吉泰等督带，由归化城[四]、包头、碛口一带取道，前抵宁夏中卫等处，沿甘省边界西至肃州，会同成禄[五]一军出关。如宁夏中卫一带需兵助剿，即着穆图善商同会办，库克吉泰、德兴阿当即日起程，毋许托故逗留，致干重咎。张总愚股匪经陕军在华阴等处分路剿击，该逆窜聚灞桥，逼近省垣，复折向蓝田，意图窜入南山。乔松年、刘蓉现已调集陕兵并力合剿，着即激励将士，奋力剿洗，贼果窜入南山，即当扼险堵御，分路追击，不得纵令再入腹地。捻在陕省盘踞已久，难保不与回匪勾结，西路回匪虽经官军在邠、泾、鄜、宁等处进剿获胜，仍须严加堵截，毋任与捻股合并。陕军力本单薄，捻股人数众多，情形万分危急。着曾国藩、李鸿章严饬鲍超一军就近兼程入陕，确探捻踪力剿，并着将该军饷需迅速筹拨，以利遄行。此时鲍超谅已起程，该提督当立意前进，奋勉图功，以副委任，如中途迁延，且前且却，借故逗留，则贻误大局，咎有专归，懔之慎之。鲍超一军兵力颇厚，足敷剿办，毋庸另调淮军、皖军，致稽时日。乔松年、刘蓉当就现有兵力提催鲍超全军妥筹防剿。所请催湖北、四川协饷，本日已谕令崇实等拨解矣。曹克忠病未痊愈，着赏假两个月，在西安调理，以示体恤，假满即仍赴甘省。其鄂省襄、郧一带，着谭延襄、曾国荃速拨兵勇，严密堵剿，以防陕省捻匪由南山东窜。本日复据李鹤年驰奏，捻匪东西两路情形，与乔松年、刘蓉及前次英翰所奏情形大略相同。宋庆一军奋勇追剿，甚为出力。此时任、赖等股已向黄、麻南窜，着李鹤年饬令宋庆尽力穷追，与鄂军会合，就地歼除，不得稍分畛域。曾国荃既拟诱贼入险，四路围歼，着即合力剿洗。曾国藩、李鸿章仍遵前旨檄饬湘、淮诸军兼程分路追蹑，并申严号令，齐力会剿，务期不分畛域，将此股殄除净尽，不得任听诸将进退自如，纵令捻踪旁窜蔓延，坐失机会。豫省主客各兵，曾国藩、李鸿章当与李鹤年会筹调度，勿分彼此，共济时艰。陕、洛防堵事务，均着妥筹调度，勿稍疏懈。李鹤年着仍在省城驻扎。将此由六百里谕知曾〈国藩〉、李鸿〈章〉、穆图善、库克吉泰、德兴阿、刘长〈佑〉、谭廷〈襄〉、曾国〈荃〉、乔松〈年〉、刘〈蓉〉、李鹤〈年〉、赵长〈龄〉，并传谕鲍超知之。钦此。遵旨寄信前来。又准片开本日奉有寄信谕旨一道，希贵抚于接奉后即行恭录知照。暂署湖广总督谭〈廷襄〉一体钦遵办理。可也。为此知会等因。承准此，相应恭录咨会贵爵军门，请烦钦遵查照施行。须至咨者。右咨统领诸军浙江提督爵军门鲍〈超〉。

同治五年十二月初九日。

[一] 曹克忠（1826—1896），直隶天津人。初投效湘军，后从多隆阿，累功至都司。咸丰十年（1860）受命募兵创立忠字营，因功升参将、副将、记名总兵。同治元年（1862）随多隆阿西征，次年（1863）以提督记名，授河州镇总兵。同治四年（1865）在金积堡战败，因功免罪，授甘肃提督。同治十年（1871）接统淮军，专防肃州（今甘肃酒泉、高台）。同治十一年（1872）署甘肃提督。光绪九年（1883）防山海关，十年（1884）授广东水师提督，次年（1885）病罢。

[二] 景廉（1824—1885），字秋坪，颜扎氏，满洲正黄旗人。清咸丰二年（1852）

进士，由编修五迁至内阁学士。咸丰八年（1858）授伊犁、叶尔羌参赞大臣等职。同治十年（1871）沙俄侵占伊犁，受命出任乌鲁木齐都统，筹划西北边务。光绪元年（1875）授都察院左都御史，次年（1876）入命军机，充总理各国事务衙门大臣。后署工部尚书，调户部，补内阁学士，再迁兵部尚书。光绪十一年（1885）卒于官。

[三]库克吉泰(？—1873)，字仁龛，额哲特氏，蒙古正黄旗人。咸丰九年（1859）任凉州副都统，旋调广州满洲副都统，署广州将军。同治四年（1865）任西安将军，同治八年（1869）调热河都统。同治十二年（1873）卒于任。

[四]归化城，即呼和浩特旧城。

[五]成禄，满洲人，时任乌鲁木齐提督、督办新疆军务钦差大臣，驻军高台，同治十一年（1872）为左宗棠所劾。

一〇五 清同治五年十二月二十一日湖北巡抚移鲍爵军门公文

提要

同治五年（1866）十二月，东股捻军任化邦、赖文光等在湖北境内流窜，曾国荃饬令湘淮各军追剿夹击，并提及霆军即将抵达安陆府，安陆府、枣阳一带将交由霆军拦击。

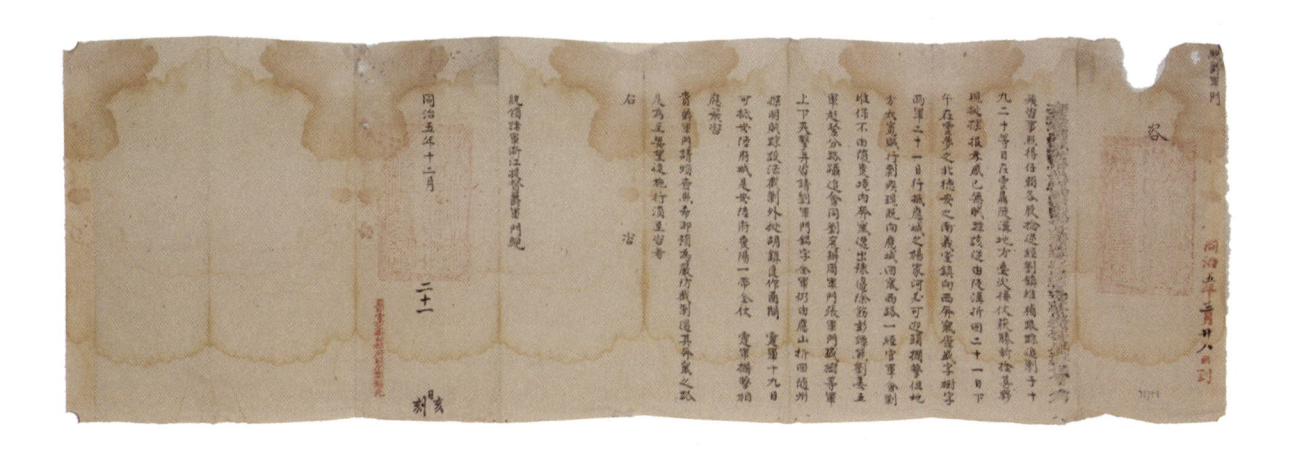

图片

录文

太子少保头品顶戴兵部侍郎兼都察院右副都御史巡抚湖北武昌等处地方提督军务一等威毅伯曾〈国荃〉为飞咨事。

照得任、赖各股捻逆经刘镇维桢跟踪追剿，于十九、二十等日在云属陡沟地方叠次接仗获胜，斩擒甚伙。现据探报，孝感已无贼踪。该逆由陡沟折回，二十一日下午在云梦之北、德安之南义堂镇向西奔窜。查盛字、树字两军二十一日行抵应城之杨家河，必可迎头拦击。但地方太宽，贼行剽疾，现既向应城回窜，西路一经官军会剿，难保不由随、枣境内奔窜逸出豫边。除饬彭、谭、熊、刘、姜五军赶紧分路蹑追，会同刘襄办、周军门、张军门、盛、树等军上下夹击，并咨请刘军门铭字全军，仍由应山折回随州，探明贼踪，设法截剿外，据胡镇良作[一]函开：霆军十九日可抵安陆府[二]城，是安陆府、枣阳一带，全仗霆军拦击。相应飞咨贵爵军门，请烦查照，希即预为严防截剿，遏其奔窜之路，是为至要。望速施行。须至咨者。右咨统领诸军浙江提督爵军门鲍〈超〉。

同治五年十二月二十一日。

注

[一] 胡良作（？—1868），湖南郴州人。历随曾国荃、鲍超征剿江西、安徽、湖北等地，累功至记名提督，授刚安巴图鲁称号。同治七年（1868）随郭松林在山东商河追剿捻军时战死。

[二] 安陆府，即今湖北省钟祥市。

清同治五年十二月二十二日湖北巡抚移鲍爵军门公文

提要

同治五年（1866）十二月，东股捻军在湖北随州向西窜扰，曾国荃檄饬湘淮各军追剿，咨请曾国藩、李鸿章、李鹤年派兵围剿，并饬令鲍超由安陆拔营赶赴枣阳一带拦击。

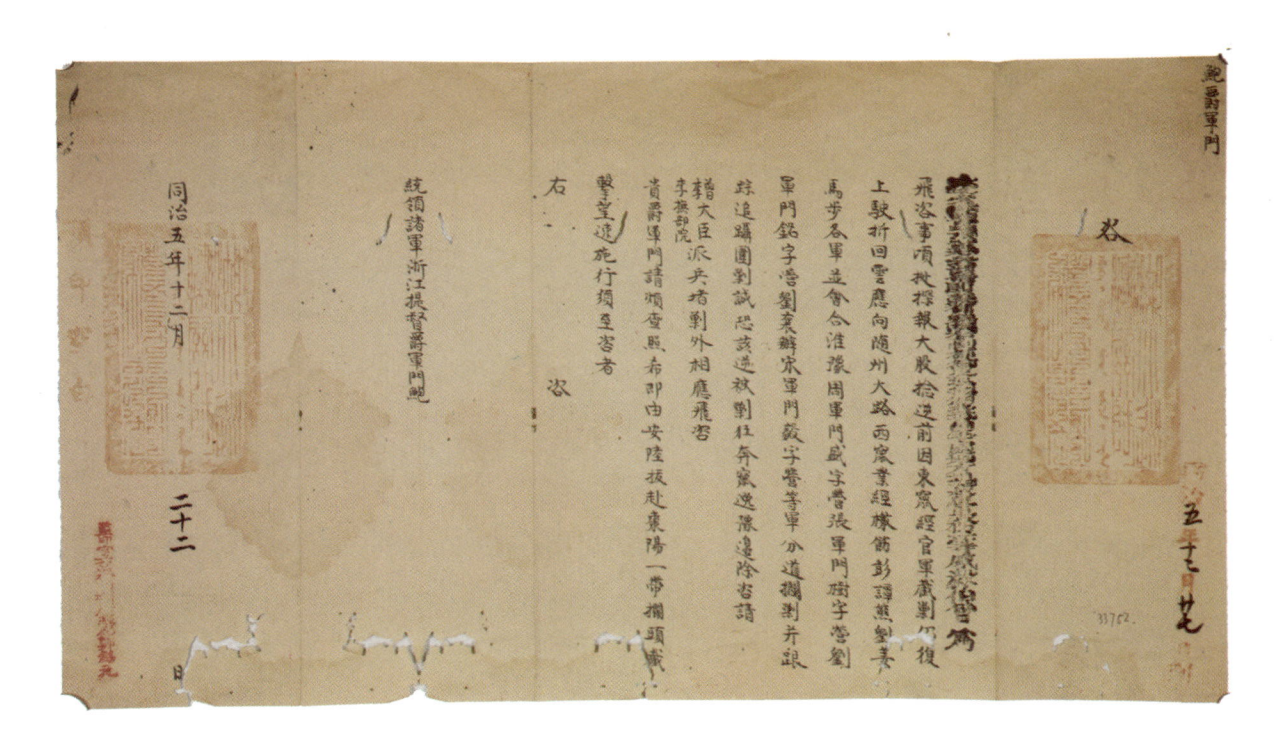

图片

录文

太子少保头品顶戴兵部侍郎兼都察院右副都御史巡抚湖北武昌等处地方提督军务一等威毅伯曾〈国荃〉为飞咨事。

顷据探报，大股捻逆前因东窜，经官军截剿，仍复上驶折回，云应向随州大路西窜。业经檄饬彭、谭、熊、刘、姜马步各军，并会合淮豫周军门盛字营、张军门树字营、刘军门铭字营、刘襄办、宋军们毅字营等军分道拦剿，并跟踪追蹑围剿，诚恐该逆被剿狂奔，窜逸豫边。除咨请曾大臣、李大臣、李抚部院派兵督剿外，相应飞咨贵爵军门，请烦查照，希即由安陆拔赴枣阳一带，拦头截击。望速施行。须至咨者。右咨统领诸军浙江提督爵军门鲍〈超〉。

同治五年十二月二十二日。

一〇七 清同治五年十二月二十三日德安行营、湖北巡抚曾国荃移鲍超公文

提要

同治五年（1866）十二月，朝廷谕旨下发，责备陕西刘蓉等剿办捻匪不甚积极，并谕令鲍超同时兼顾剿办湖北、陕西两地的捻军。对不能作战之营，要求曾国荃会商裁汰。

图片

录文

太子少保头品顶戴兵部侍郎兼都察院右副都御史巡抚湖北武昌等处地方提督军务一等威毅伯曾〈国荃〉为钦奉事。

同治五年十二月二十三日准兵部火票递到军机大臣字寄——钦差户部左侍郎暂署湖广总督谭〈廷襄〉、帮办湖北军务湖北巡抚一等威毅伯曾〈国荃〉、陕西巡抚乔〈松年〉、前署陕西巡抚刘〈蓉〉，传谕浙江提督一等子鲍超。

同治五年十二月十六日奉上谕：谭廷襄奏，体察现在军情，分别督催防剿，并请饬鲍超等筹办陕匪各折片。贼匪在钟祥之旧口一带，郭松林等叠次获胜，前已据曾国荃奏报。现在旧口囤聚之贼，由高家集一带向西北窜至蒿湖及随州地界。曾国荃前奏，派总兵刘维桢一军扼险于枣阳、南山一带，贼如由随枣窜去，自可前截后追。着谭廷襄、曾国荃懔遵前旨，迅饬诸军奋力合剿，勿任再回豫疆，又成不了之局。鲍超一军现已拔队入鄂，即着该提督视贼所向，认真剿办，先将此股歼除，则陕贼势孤，不难扑灭。勿再迁延瞻顾，与贼相左，徒劳跋涉也。各路饷需着谭廷襄悉心经理，以期无误军食。其有疲乏不整、万难得力之营，着与曾国荃会商裁汰，以节縻费。陕西贼股闻已袭陷临潼，扰至灞桥等处。又，附近西安省城之引驾回、牛犊、杜曲等镇，及孝义、镇安等处俱有贼营。是此股贼众已窜南山，希图直达汉滨。该处棚民签匪已属不少，设令勾结引导，西逼川疆，东扰楚境，皆意中事。而商洛之长岭关、竹林关、漫川关等处，紧与郧西接壤，其势尤易波及。陕省兵勇营数不少，叠次谕令刘蓉出省督剿。该前抚置若罔闻，高卧省城，养贼自重，以致军无统率，任贼纷窜，不知是何居心？近半月以来，奏报杳然，殊深焦灼。刘蓉如不能出省，即着乔松年亲赴前敌调度各军，设法痛剿。省城防务交潘司、林寿图[一]，会同署西安将军穆隆阿[二]妥为办理，务臻周密。其襄、郧等处，界连陕境之地，着谭廷襄、曾国荃派兵严防，勿任窜突将此由六百里谕知谭延〈襄〉、曾国〈荃〉、乔松〈年〉、刘〈蓉〉并传谕鲍超知之。钦此。遵旨寄信前来，又准片开：本日奉有寄信谕旨一道，贵抚接奉后，希即恭录知照浙江提督鲍〈超〉一体钦遵，可也。为此知会等因。承准此，相应恭录咨会贵爵军门，请烦钦遵查照施行。须至咨者。右咨统领诸军浙江提督爵军门鲍〈超〉。

同治五年十二月二十三日。

注

[一]林寿图（1809—1885），名英，字恭三、颖叔，福建闽县人。道光二十五年（1845）进士，累官工部主事。同治元年（1862）任顺天府尹，二年（1863）任陕西布政使，四年（1865）兼司军营转运、督办庆阳粮台，后改督办全甘后路粮台。同治十年（1871）任山西布政使，后免职，主讲钟山书院、鳌峰书院。

[二]穆隆阿（1815—1886），佟佳氏，满洲镶黄旗人。咸丰四年（1854）任密云副都统，旋调署察哈尔都统。同治五年（1866）署西安将军，光绪二十年（1894）调任熊岳副都统。

清同治五年十二月二十四日两江总督李移鲍爵公文

提要 同治五年（1866）十二月，东路捻军在湖北钟祥、安陆一带周旋，意图摆脱围追，并击败了湘军郭松林等部。朝廷下发谕旨，谕令霆军、淮军、豫军各路将帅务必在唐白河、襄河之间歼除。

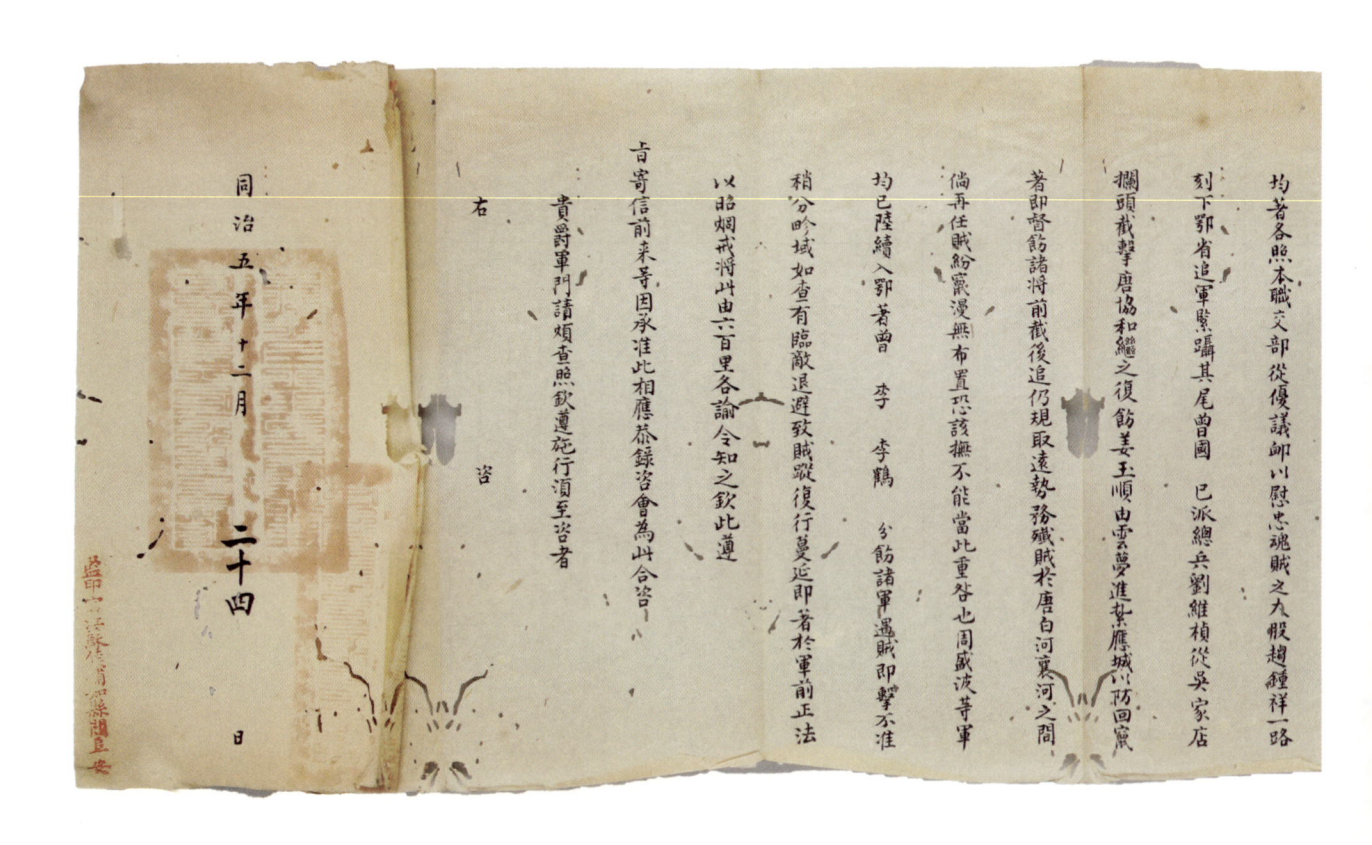

均著各照本职文部从优议卹以慰忠魂贼之九股赵钟祥一路
刻下鄂省追军紧蹑其尾曾国荃已派总兵刘维桢从吴家店
拦头截击唐协和继之复饬姜玉顺由云梦进紥应城川防回窜
著即督饬诸将前截后追仍规取远势务殄贼于唐白河襄河之间
倘再任贼纷窜漫无布置恐该抚不能当此重咎也周盛波等军
均已陆续入鄂曾　李　李鹤年　分饬诸军遇贼即擊不准
稍分畛域如查有临敌退避致贼踪复行蔓延即著于军前正法
以昭烟戒将此由六百里各谕令知之钦此遵

　　旨寄信前来等因承准此相应恭录咨会为此合咨

　　贵爵军门请烦查照钦遵施行须至咨者

　　　右　　咨

同治五年十二月　　二十四　日

鮑爵軍門

欽差大臣太子少保轉理兩江總督部堂江蘇巡撫部院等為

咨

恭錄咨行事同治五年十二月二十二日准

兵部火票遞到

軍機大臣 字寄

協辦大學士兩江總督一等毅勇侯曾

欽差大臣江蘇巡撫一等肅毅伯李

欽差戶部左侍郎暫署湖廣總督譚 幫辦湖北軍務湖北巡撫一

等威毅伯曾 河南巡撫李 同治五年十二月十九日奉

上諭譚 曾國 奏官軍連日屢戰獲勝並建軍淮軍豫軍

次第入鄂現在布置合圍一摺賊由口出竄譚仁芳等軍無日不

戰各獲小勝初六日之戰郭松林先勝後挫受傷甚重覽奏曷勝

屋系所有力戰陣亡之記名總兵張鳳鳴總兵銜副將鍾光斗

遊擊楊爵發都司謝寶城熊復勝彭品六周東美千總任連陞

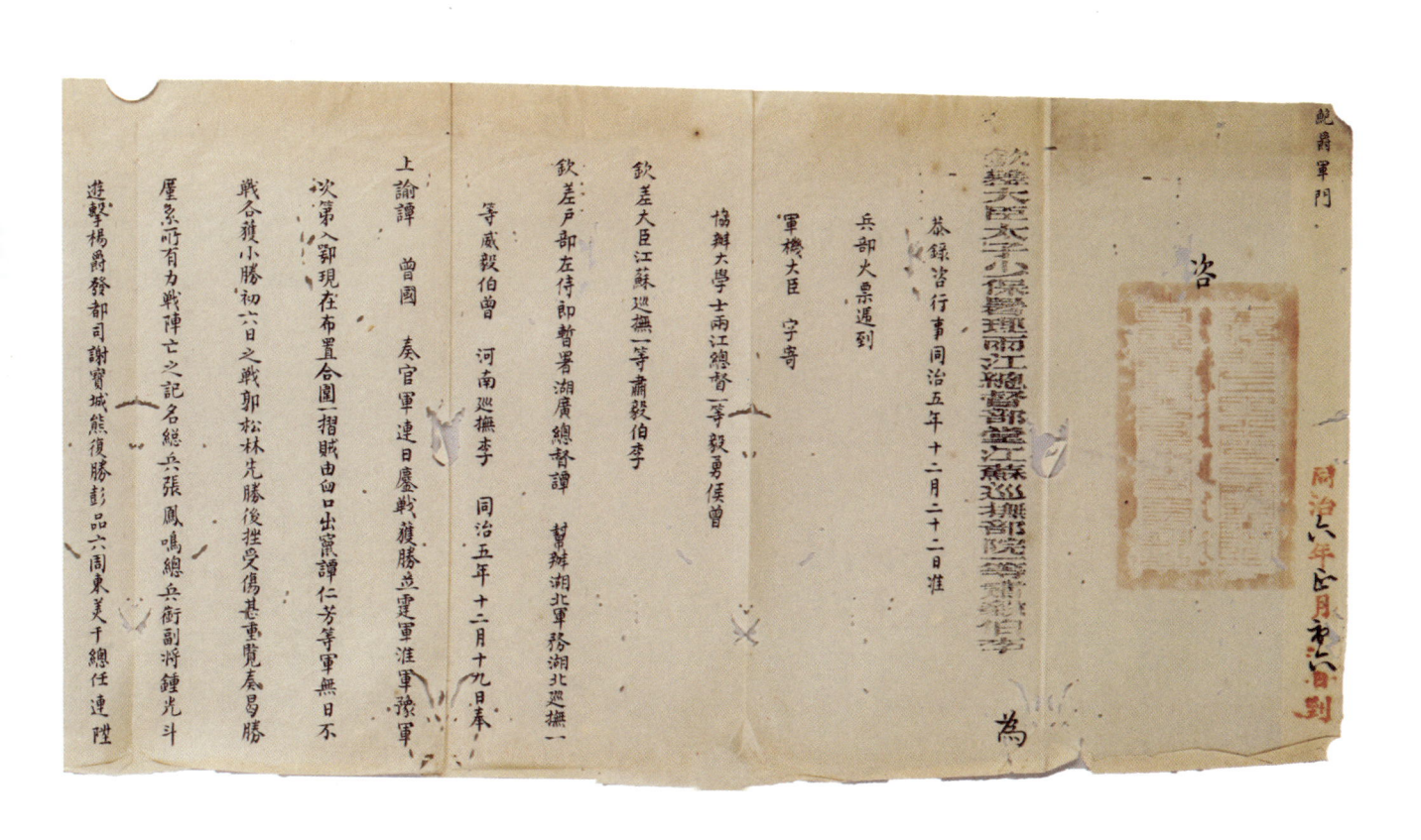

录文

钦差大臣太子少保署理两江总督部堂江苏巡抚部院一等肃毅伯李〈鸿章〉为恭录咨行事。

同治五年十二月二十二日准兵部火票递到军机大臣字寄——协办大学士两江总督一等毅勇侯曾〈国藩〉、钦差大臣江苏巡抚一等肃毅伯李〈鸿章〉、钦差户部左侍郎暂署湖广总督谭〈廷襄〉、帮办湖北军务湖北巡抚一等威毅伯曾〈国荃〉、河南巡抚李〈鹤年〉。

同治五年十二月十九日奉上谕：谭〈廷襄〉、曾国〈荃〉奏，官军连日鏖战获胜，并霆军、淮军、豫军次第入鄂，现在布置合围一折。贼由臼口出窜，谭仁芳等军无日不战，各获小胜。初六日之战，郭松林先胜后挫，受伤甚重。览奏曷胜廑系。所有力战阵亡之记名总兵张凤鸣，总兵衔副将钟光斗，游击杨爵发，都司谢宝城、熊复胜、彭品六、周东美，千总任连升，均着各照本职交部从优议恤，以慰忠魂。贼之大股趋钟祥一路，刻下鄂省追军紧蹑其尾。曾国〈荃〉已派总兵刘维桢从吴家店拦头截击，唐协和继之。复饬姜玉顺由云梦进扎应城，以防回窜。着即督饬诸将前截后追，仍规取远势，务歼贼于唐白河、襄河之间。倘再任贼纷窜，漫无布置，恐该抚不能当此重咎也。周盛波等军均已陆续入鄂，着曾〈国藩〉、李〈鸿章〉、李鹤〈年〉分饬诸军，遇贼即击，不准稍分畛域。如查有临敌退避，致贼踪复行蔓延，即着于军前正法，以昭炯戒。将此由六百里各谕令知之。钦此。遵旨寄信前来等因。承准此，相应恭录咨会，为此合咨贵爵军门，请烦查照钦遵施行。须至咨者。

右咨【缺】。

同治五年十二月二十四日。

一〇九 清同治五年十二月三十日 两江总督李移鲍超文

提要　同治五年（1866）十二月底，东股捻军任化邦、赖文光等在湖北境内周旋，意图摆脱围追，李鸿章据谭廷襄、曾国荃等咨照，饬令湘淮各军追剿夹击。另外，将安陆府、枣阳一带交由霆军拦击。

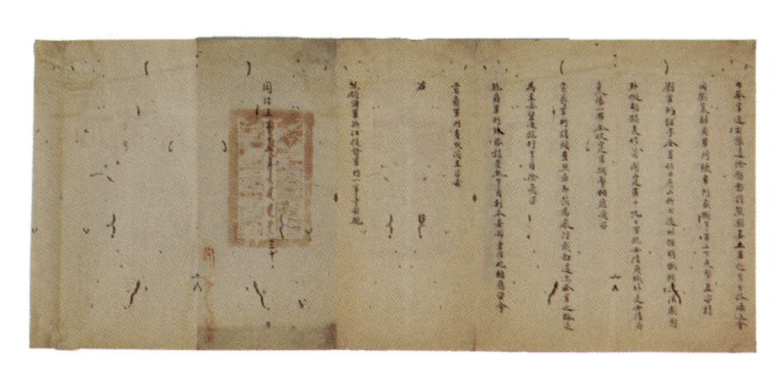

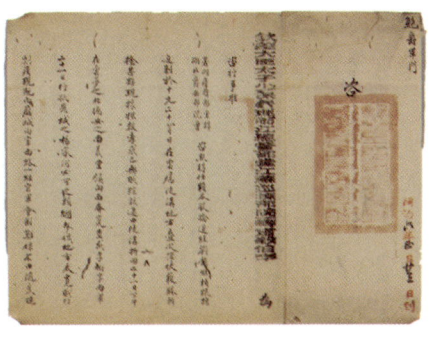

图片

录文

钦差大臣太子少保署理两江总督部堂江苏巡抚部院一等肃毅伯李〈鸿章〉为咨行事。

准署湖广督部堂谭〈廷襄〉、湖北爵抚部院曾〈国荃〉咨照得，任、赖各股捻逆经刘镇维桢跟踪追剿，于十九、二十等日在云属陵沟地方叠次接仗获胜，斩擒甚伙。现据探报，孝感已无贼踪。该逆由陵沟折回，二十一日下午在云梦之北、德安之南义堂镇向西奔窜。查盛字、树字两军二十一日行抵应城之杨家河，必可迎头拦击。但地方太宽，贼行剽疾，现既向应城回窜，西路一经官军会剿，难保不由随、枣境内奔窜，逸出豫边。除饬彭、谭、熊、刘、姜五军赶紧分路蹑追，会同刘襄办、周军门、张军门、盛、树等军上下夹击，并咨请刘军门铭字全军，仍由应山折回随州，探明贼踪，设法截剿。外据胡镇良作函开：霆军十九日可抵安陆府城外。是安陆府、枣阳一带，全仗霆军拦击。相应飞咨贵爵军门，请烦查照，希即预为严防截剿，遏其奔窜之路。是为至要，望速施行等因。除飞咨鲍爵军门外，咨请查照等因。到本署部堂，准此。相应咨会，贵爵军门查照。须至咨者。右咨统领诸军浙江提督军门一等子爵鲍〈超〉。

同治五年十二月三十日。

一一〇 清同治六年正月初五日 两江总督曾国藩移鲍超文

提要 此为曾国藩复鲍超的信件。曾国藩责备鲍超在近一年时间里，追剿路线上与捻军没有一次遭遇，入陕返鄂又没有理智的计划安排，终年没有丝毫战绩，更令朝廷对霆军失望生厌。

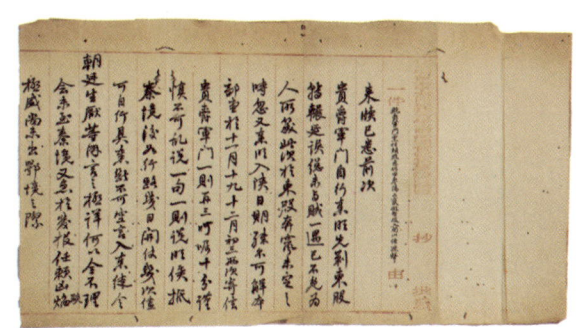

图片

钦差大臣太子太保协办大学士两江总督部堂一等毅勇侯曾〈国藩〉抄批发：

鲍爵军门禀，任、赖股匪仍由枣阳上窜，拟暂缓入关，以便迎击。

来牍已悉。前次贵爵军门自行东往，先剿东股，转辗延误，总未与贼一遇，已不□为人所笑。此次于东股奔窜未定之时，忽又东往入陕，日期殊不可解。本部堂于十一月十九、十二月初三两次寄信贵爵军门，一则再三叮嘱十分谨慎、不可乱说一句，一则说明俟抵秦境后如行路几日、开仗几次，尽可自行具禀，断不可空言入东，纵令朝廷生厌等因。言之极详，何以全不理会？未至秦境，又急于发报任、赖凶焰极盛，尚未出鄂境之际，曾爵部院不候准信，于十七日咨请贵军入秦，本犹太速，贵爵军门又不候准信，遽行入秦。现在贼踪蔓延鄂境，霆军又不能西行，终年未做一事，而禀报忽东忽西，自相矛盾，宜外间纷纷议霆军难与共事也。此复。

正月初五日。

清同治六年二月二十一日湖北巡抚移鲍爵军公文

提要　同治六年（1867）二月，曾国荃探知东股捻军由巴河奔窜至白口一带，遂令湘军水师迅速腾挪上驶，逐段严防，保证荆州、襄阳等地不受窜扰。同时饬令各军堵剿、各地严防。

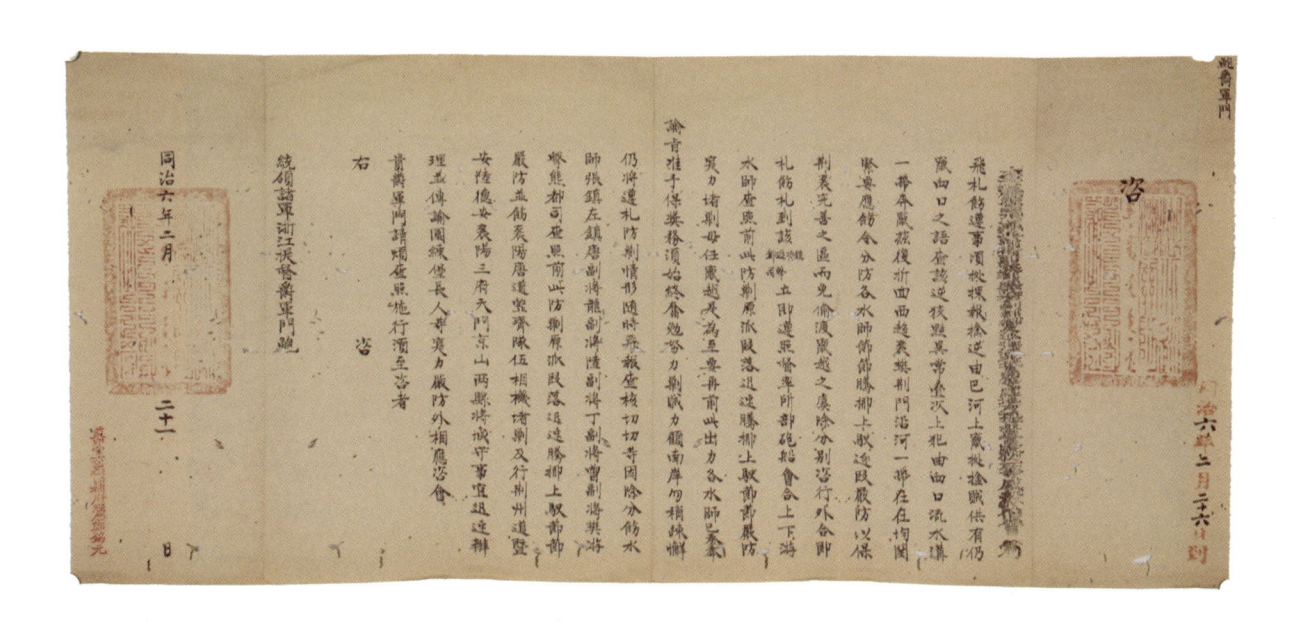

图片

录文

太子少保头品顶戴兵部侍郎兼都察院右副都御史巡抚湖北武昌等处地方提督军务一等毅勇侯曾〈国荃〉为飞札饬遵事。

顷据探报，捻逆由巴河上窜。据擒贼供有仍窜臼口之语。查该逆狡黠异常，叠次上犯，由臼口流水沟一带奔窜，兹复折回，西趋襄、樊、荆门沿河一带。在在均关紧要，应饬令分防各水师节节腾挪上驶，逐段严防，以保荆襄完善之区，而免偷渡窜越之虞。除分别咨行外，合即札饬，札到该镇、将、游击、都司，立即遵照，督率所部炮船会合上下游水师，查照前此防剿原派段落，迅速腾挪上驶，节节严防，实力堵剿，毋任窜越，是为至要。再，前此出力各水师，已奏奉谕旨，准予保奖，务须始终奋勉，努力剿贼，力顾南岸，勿稍疏懈。仍将遵札防剿情形随时飞报查核，切切等因。除分饬水师张镇、左镇、唐副将、龙副将、陆副将、丁副将、曾副将、樊游击、熊都司查照，前此防剿原派段落迅速腾挪上驶，节节严防。并饬襄阳唐道整齐队伍，相机堵剿。及行荆州道暨安陆、德安、襄阳三府，天门、京山两县，将城守事宜迅速办理。并传谕团练、保长人等实力严防外。相应咨会，贵爵军门请烦查照施行。须至咨者。右咨统领诸军浙江提督爵军门鲍〈超〉。

同治六年二月二十一日。

清同治六年二月二十八日 湖北巡抚部院移鲍爵军门公文

提要

同治六年（1867）二月，东股捻军任化邦、赖文光在湖北黄冈团风一带活动，在六神港击败湖北军。湖北军不能剿灭，曾国荃饬催鲍超迅速前往黄陂、黄冈一带剿办捻军。

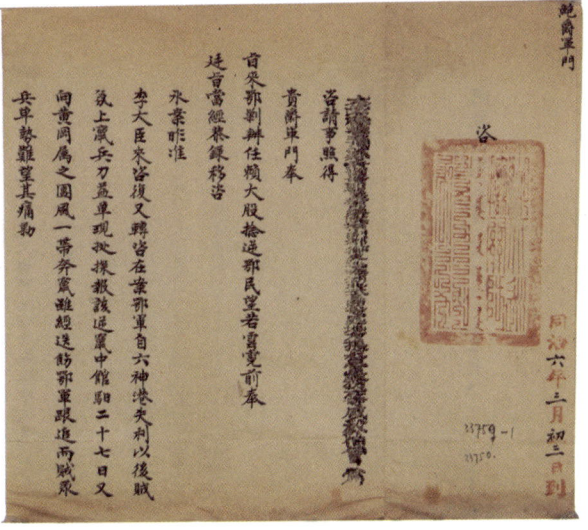

图片

录文

太子少保头品顶戴兵部侍郎兼都察院右副都御史巡抚湖北武昌等处地方提督军务一等威毅伯曾〈国荃〉为咨请事。

照得贵军门奉旨来鄂剿办任、赖大股捻逆，鄂民望若云霓。前奉廷旨，当经恭录移咨永按。昨准李大臣来咨，复又转咨在案。鄂军自六神港[一]失利以后，贼氛上窜，兵力益单。现据探报，该逆窜中馆驿，二十七日又向黄冈属之团风一带奔窜。虽经迭饬鄂军跟追，而贼众兵单，势难望其痛剿。贵爵军门威望素着，且臼口、永滌河各路胜仗迭次大捷，洵足以寒贼胆而遏凶锋。鄂民万口宣传，莫不焚香感戴。刻下东路军情万分吃紧，专盼大军速来黄陂、黄冈一带拯救百姓。相应飞催，为此合咨贵爵军门，请烦查照现在军情，希即督率雄师拔队东来，觇贼所在，相机痛剿，惠救鄂民。祷切盼切，仍望见覆施行。须至咨者。右咨统领诸军浙江提督爵军门鲍〈超〉。

同治六年二月二十八日。

注

[一]六神港，在今湖北浠水县西南。

一一三　清同治六年二月三十日湖广总督李鸿章移鲍超爵公文

提要

同治六年（1867）二月，东股捻军在湖北黄冈、孝感一带活动，后又西至白口、安陆等地。曾国荃咨会李鸿章，湖北境内的湘军不足以剿灭东捻军，需要淮军、霆军前来援剿。

图片

录文

钦差大臣太子少保湖广总督部堂一等肃毅伯李〈鸿章〉为咨行事。

准湖北爵抚部院曾〈国荃〉咨准贵大臣咨开：光山、罗山有豫军、宋镇等分扼，商城、固始有皖军驻守，刘襄办与凉州周镇由罗田进英山绕截，李副郎由光、商前进，六安会合，相继扼剿等由，准此。查此次捻回窜两蕲，刘镇维桢、谭提督仁芳于十四、十五等日截击于龙鼎寨、五里墩等处。虽两次获胜，而彭藩司于十八日扼贼于六城港，迎头接仗，追贼过河失利，统将阵亡。现在鄂兵益形单薄，该逆已于十九日由巴河扰及黄冈属之团风、新洲一带，锐意上窜黄、孝，且有西趋白口、安陆之语。刘襄办、周军门十九日已抵张家榜，霆军是能否来鄂境，自西击下，尚未得信。似此贼踪剽疾，其锋甚锐，断非鄂省刘、谭、姜、熊、伍马步三十余营可能击退，全仗淮、霆各军来鄂援剿，乃可以遏寇氛。相应飞咨贵大臣，俯念鄂省警急，请烦查照。现在贼情迅速，添催大兵，分道来鄂援剿。叨纫无既等因。到本大臣，准此。相应咨会，贵爵军门请烦查照施行。须至咨者。右咨统领诸军浙江提督军门一等子爵鲍〈超〉。

同治六年二月三十日。

一一四 清同治六年三月初一日陕甘总督左移鲍军门公文

提要　同治六年（1867）三月初，东股捻军任化邦、赖文光等四处侵扰，追剿各军较多失利，曾国荃咨商左宗棠，督催霆军尽快赴援黄安、麻城一带拦击会剿。

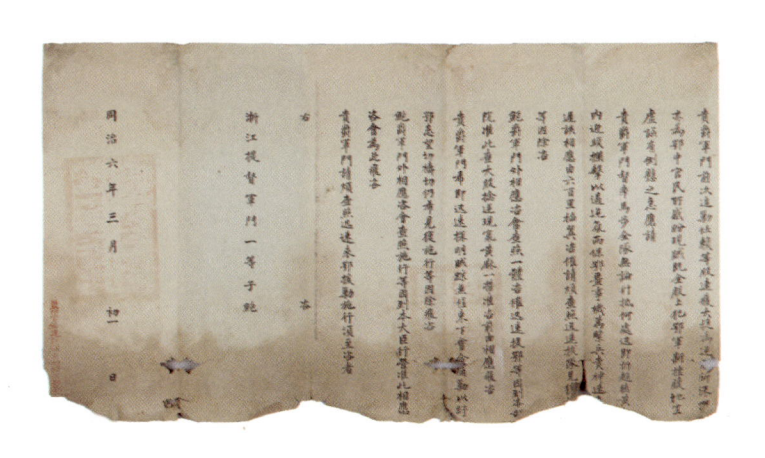

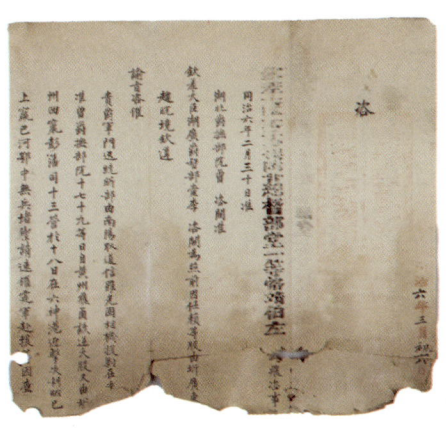

图片

钦差大臣太子少保陕甘总督部堂一等恪靖伯左〈宗棠〉为飞咨事。

同治六年二月三十日准湖北爵抚部院曾〈国荃〉咨开，准钦差大臣湖广爵督部堂李〈鸿章〉咨开，为照前因任、赖等股由圻、广东趋皖境，钦遵谕旨咨催贵爵军门迅统所部，由南阳取道信罗、光固，相机援剿在案。□准曾爵抚部院十七、十九等日，自黄州飞函，该逆大股又由圻州回窜。彭藩司十三营于十八日在六神港迎击失利，贼已上窜巴河、鄂中，无兵堵御，请速催霆军赴援等因。查贵爵军门前次追剿任、赖等股，连获大捷，为逆□所深惮，亦为鄂中官民所盛盼。现贼既全股上犯，鄂军新挫，腹地空虚，诚有倒悬之急，应请贵爵军门督率马步全队，无论行抵何处，迅即折趋德黄□内，迎头拦击，以遏逆氛，而保鄂疆。事机万紧，兵贵神速，□□迟误。相应由六百里插翼咨催，请烦查照，迅速拔队，见复□□等因。除咨鲍爵军门外，相应咨会查照，一体咨催，迅速援鄂等因。到本部院，准此。查大股捻逆现窜黄、麻一带，准咨前由，相应飞咨贵爵军门，希即迅速探明贼踪，兼程东下，会合痛剿，以纾鄂患。望切祷切，仍希见复施行等因。除飞咨鲍爵军门外，相应咨会查照施行等因。到本大臣行营，准此。相应咨会，为此飞咨贵爵军门，请烦查照，迅速来鄂援剿施行。须至咨者。右咨浙江提督军门一等子鲍〈超〉。

同治六年三月初一日。

一一五　清同治六年三月初六日陕甘总督移鲍超公文

提要

同治六年（1867）三月，朝廷下发谕旨，命李鸿章、曾国荃与库克吉泰、德兴阿等部协同调度兵力，西顾陕西，杜绝捻军与西北回民起义军会合，并谕令左宗棠调度兵力前往陕西镇压。时鲍超在湖北境内剿办东股捻军，多次获胜，特别是尹隆河之战中重挫了东路捻军。

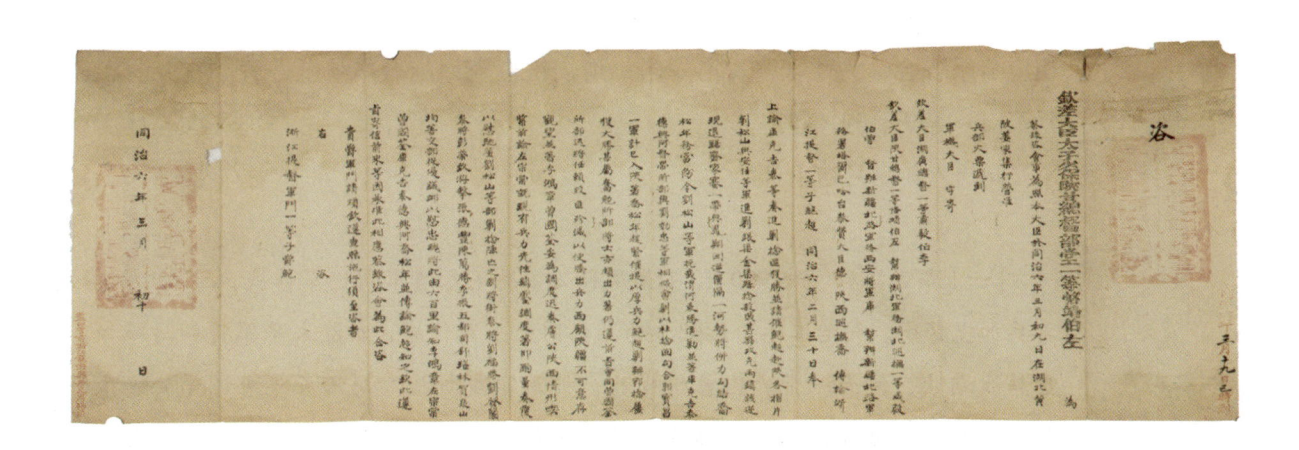

图片

录文

钦差大臣太子少保陕甘总督部堂一等恪靖伯左〈宗棠〉为恭录咨会事。

为照本大臣于同治六年三月初九日在湖北黄陂姜家集行营，准兵部火票递到军机大臣字寄——钦差大臣湖广总督一等肃毅伯李〈鸿章〉、钦差大臣陕甘总督一等恪靖伯左〈宗棠〉、帮办湖北军务湖北巡抚一等威毅伯曾〈国荃〉、督办新疆北路军务西安将军库〈克吉泰〉、帮办新疆北路军务署塔尔巴哈台参赞大臣德〈兴阿〉、陕西巡抚乔〈松年〉、传谕浙江提督一等子鲍超。

同治六年二月三十日奉上谕：库克吉泰等奏，进剿捻匪获胜，并请催鲍超赴陕各折片。刘松山与安住等军进剿银渠、金渠踞捻，杀贼甚伙，攻克两镇。该逆现退踞齐家寨一带，与凤翔回逆仅隔一河，势将并力勾结。乔松年务当饬令刘松山等军扼截渭河，乘胜进剿，并着库克吉泰、德兴阿督带所部，与刘效忠等军相机会剿，以杜捻、回勾合。郭宝昌[一]一军计已入陕，着乔松年赶紧催提，以厚兵力。鲍超剿办鄂捻，屡获大胜，甚属奋勉，所部将士亦颇出力，着仍遵前旨，会同曾国荃所部迅将任、赖股匪殄灭，以便腾出兵力西顾陕疆，不可意存观望。并着李鸿章、曾国荃妥为调度，迅奏肤公。陕西情形吃紧前，谕左宗棠就现有兵力先往镇压调度，着即酌量奏覆，以慰驰廑。刘松山等部剿捻阵亡之副将衔参将刘福胜、刘发兰，参将彭荣致，游击张德丰、陈万胜、李振五，都司舒瑶琳、贺泉山，均着交部从优议恤，以慰忠魂。将此由六百里谕知李鸿章、左宗棠、曾国荃、库克吉泰、德兴阿、乔松年，并传谕鲍超知之。钦此。遵旨寄信前来等因。承准此。相应恭录咨会，为此合咨贵爵军门，请烦钦遵查照施行。须至咨者。右咨浙江提督军门一等子爵鲍〈超〉。

同治六年三月初十日。

注

[一]郭宝昌（？—1900），安徽凤阳人。早年入清军同捻军作战，因功升副将、总兵加提督衔。同治二年（1863）赴湖北同太平军作战，劝降太平军将领马融和，后转战湖北、河南一带。因曹州战败，被革职戍新疆。同治五年（1866）随乔松年赴陕西，同提督刘松山在临平镇压回民起义。同治六年（1867）驰援直隶，受伤返乡。后随左宗棠赴陕西镇压回民起义。

清同治六年三月二十九日 湖广总督李鸿章移鲍爵军公文

一一六

提要

同治六年（1867）三月，朝廷下发谕旨，命李鸿章、曾国荃等调度水师炮船截堵，督促陆军追剿。并命鲍超若已痊愈，则督兵前进，若未痊愈，则派得力干将前去会剿。时鲍超在尹隆河之战中战功卓越，歼灭东路捻军万余人，救出淮军将领刘铭传，原本冀望获得褒奖，却因李鸿章袒护反诬，鲍超反受朝廷严厉斥责，遂于二月上疏称病请假调养。

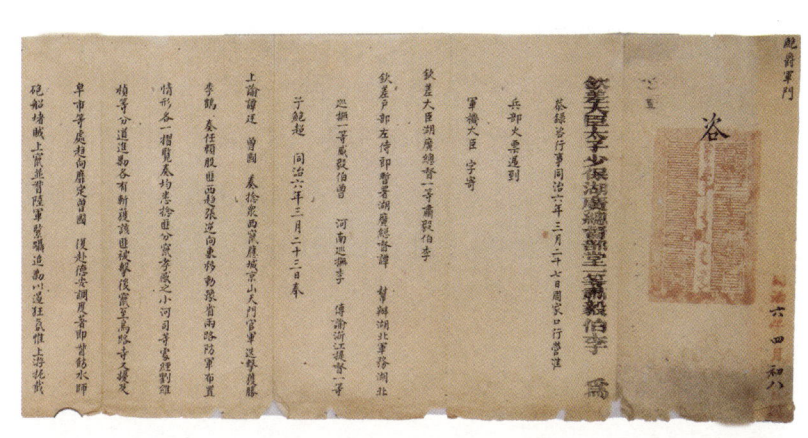

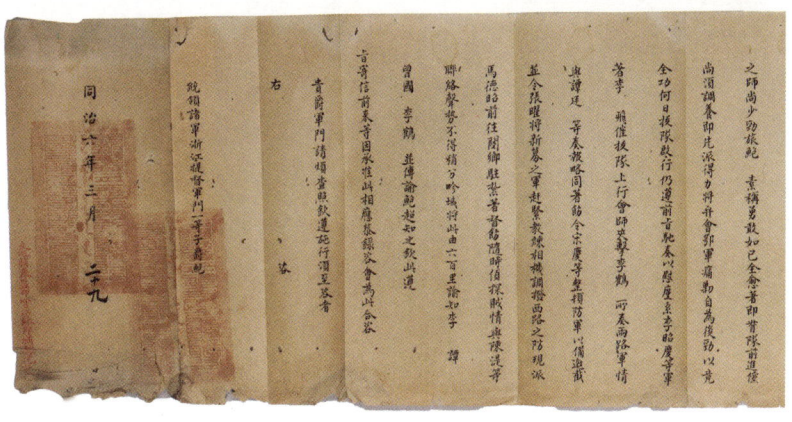

图片

录文

钦差大臣太子少保湖广总督部堂一等肃毅伯李〈鸿章〉为恭录咨行事。

同治六年三月二十七日周家口行营准兵部火票递到军机大臣字寄——钦差大臣湖广总督一等肃毅伯李〈鸿章〉、钦差户部左侍郎暂署湖广总督谭〈廷襄〉、帮办湖北军务湖北巡抚一等威毅伯曾〈国荃〉、河南巡抚李〈鹤年〉，传谕浙江提督一等子鲍超。

同治六年三月二十三日奉上谕：谭廷〈襄〉、曾国〈荃〉奏，捻众西窜应城、京山、天门，官军迭击获胜。李鹤〈年〉奏，任、赖股匪西趋，张逆向东移动，豫省两路防军布置情形各一折。览奏均悉。捻匪分窜，孝感之小河司等处经刘维桢等分道进剿，各有斩获。该匪被击后，窜至乌路寺，又扰及皂市等处，趋向靡定。曾国〈荃〉复赴德安调度，着即督饬水师炮船堵贼上窜，并督陆军紧蹑追剿，以遏狂氛。惟上游扼截之师尚少劲旅，鲍〈超〉素称勇敢，如已全愈，着即督队前进。倘尚须调养，即先派得力将弁，会鄂军痛剿，自为后劲，以竟全功。何日拔队启行，仍遵前旨驰奏，以慰廑系。李昭庆等军，着李〈鸿章〉飞催拔队上行，会师夹击。李鹤〈年〉所奏两路军情，与谭廷〈襄〉等奏报略同。着饬令宋庆等整顿防军，以备邀截，并令张曜将新募之军赶紧教练，相机调拨。西路之防，现派马德昭前往阌乡驻扎，着督饬随时侦探贼情，与陈湜等联络声势，不得稍分畛域。将此由六百里谕知李〈鸿章〉、谭〈廷襄〉、曾国〈荃〉、李〈鹤年〉，并传谕鲍超知之。钦此。遵旨寄信前来等因。承准此。相应恭录咨会，为此合咨贵爵军门，请烦查照钦遵施行。须至咨者。右咨统领诸军浙江提督军门一等子爵鲍〈超〉。

同治六年三月二十九日。

一一七 清同治六年五月初六日 湖广总督李鸿章移鲍爵军公文

提要　同治六年（1867）五月，李鸿章听闻捻军中有外国流氓参与其中，遂密饬所属各部，以后在战斗中遇到外国流氓，可当场击毙，在盘查中抓获的须先明确是否捻军从贼，然后取得口供再按条约处理。另外严饬各部严禁私自买卖外洋军火。

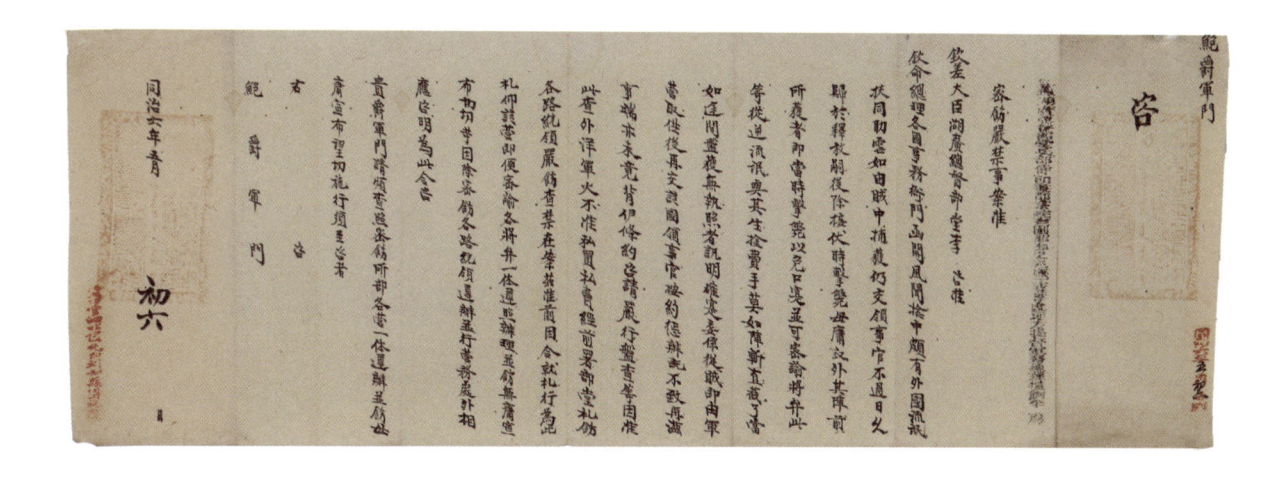

图片

录文

署理湖广总督部堂兵部侍郎兼都察院右副都御史巡抚江苏等处地方提督军务总理粮饷李〈鸿章〉为密饬严禁事。

案准钦差大臣湖广总督部堂李〈鸿章〉咨准，钦命总理各国事务衙门函开，风闻捻中颇有外国流氓扶同助虐，如由贼中捕获，仍交领事官。不过日久归于释放，嗣后，除接伏时击毙，毋庸议外。其阵前所获者，即当时击毙，以免口实。并可密谕，将弁此等从逆流氓与其生擒费手，莫如阵斩直截了当。如途间盘获无执照者，训明确实委系从贼，即由军营取供后，再交该国领事官按约惩办，既不致再滋事端，亦未竟背伊条约。咨请严行盘查等因。准此。查外洋军火不准私买私卖，经前署部堂札饬，各路统领严饬查禁在案。兹准前因，合就札行，为此札仰该营，即便密谕各将弁一体遵照办理，并饬无庸宣布，切切等因。除密饬各路统领遵办并行营务处外，相应咨明，为此合咨贵爵军门，请烦查照，密饬所部各营一体遵办，并饬毋庸宣布。望切施行。须至咨者。右咨鲍爵军门。

同治六年五月初六日。

一一八 清同治六年六月十八日 湖广总督李鸿章移鲍超爵文

提要 　同治六年（1867）六月，曾国藩会同李鸿章专折代奏鲍超因病势过重，请求恩准回籍养病，所部霆军马、步各营由曾国藩、李鸿章会商撤留事宜。

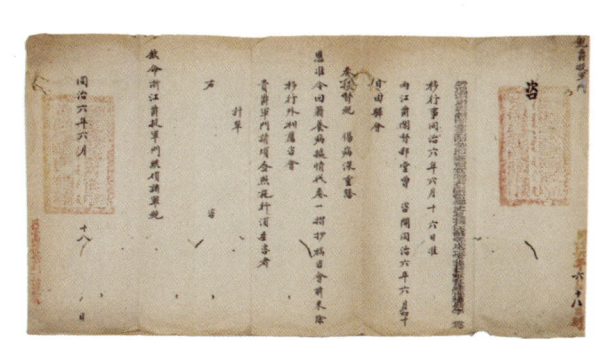

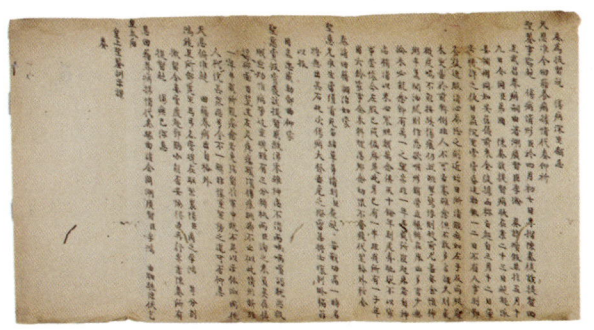

图片

录文

署理湖广总督部堂兵部侍郎兼都察院右副都御史巡抚江苏等处地方提督军务总理粮饷李〈鸿章〉为移行事。

同治六年六月十六日准两江爵阁督部堂曾〈国藩〉咨开：同治六年六月初十日由驿会奏提督鲍〈超〉伤病深重，恳恩准令回籍养病，据情代奏一折。抄稿咨会前来。除移行外，相应咨会，贵爵军门请烦查照施行。须至咨者。计单。右咨钦命浙江爵提军门统领诸军鲍〈超〉。

同治六年六月十八日。

附：

奏为提督鲍〈超〉伤病深重，吁恳天恩，准令回籍养病，据情代奏，仰祈圣鉴事。

窃鲍〈超〉伤病情形，臣于四月初七日专折陈奏。后该提督回至武昌养病，嗣由署湖广督臣李瀚〈章〉奏请续假，并于五月十九日会同臣弟曾国〈荃〉陈奏该提督病状在案。二十三日，鲍超派委补用同知吴葆仪前来金陵，据函称云："超自三月十二日晕去时许之后，日益沉重，常常昏迷，动辄一二日不省人事。到鄂省后，连服清心养阴之剂，近始日渐清醒，无如左手及两腿麻木更甚于前，转侧非人不可。舌蹇虽愈，但不敢多言，话久则气微痰喘，不能接续。伤痕仍然跳掣，惊悸则较前尤甚，每食惟稀粥半盏，闻油腻则作恶欲呕。形销骨立，辗转在床，凶多吉少。无论未必能愈，即有万一之望，亦非一年半载所能起床者。自神志稍清以来，心寒胆颤，万念俱灰。十余年到处奔驰，从不以家事萦怀。今左股已成偏废，是此身已有一半非我所有。一子年甫六龄，家事全未料理，思乡念切，恨不奋飞，伏望格外矜全，奏请回籍调治。如蒙圣慈允准，生当陨首，死当结草。"等情到臣。查鲍〈超〉苦战功高，一时名将无出其右。此次伤病大发，垂危之际，曾集将士环列卧榻，勖以报国尽忠，感动部曲。仰蒙圣慈赏假赏参，该提督感激涕零，虽神志不清，而喃喃呓语，犹思杀贼立功。惟病势过重，现虽有三分转机，而臣询之来员吴葆仪，据称面目黧黑，左足痹痿，头顶伤痕跳踯不止。似此情形，断非一年半载所能痊愈，若勉强留于军中，既不足以示体恤，而他人代统其众，恐号令不一，转非慎重军务之道。可否仰恳天恩，俯准鲍〈超〉回籍养病，出自格外鸿施。至所部霆军马、步各营，现在驻扎襄阳，臣商之李鸿〈章〉等分别撤留，令娄云庆赴鄂酌办。能否妥协得力，再行专案陈奏。所有提督鲍〈超〉伤疾已深，恳恩回籍养病，据情代奏缘由，谨会同湖广督臣李鸿〈章〉由驿驰陈，伏乞皇太后、皇上圣鉴训示。谨奏。

一一九 清同治八年七月初一日四川总督吴棠咨鲍超文

提要 同治八年（1869）七月，成都将军崇实、巡抚吴棠奉谕旨查询鲍超病情，传知鲍超病体痊愈、精力复原后赴京面圣。时霆军已全部撤销遣散。

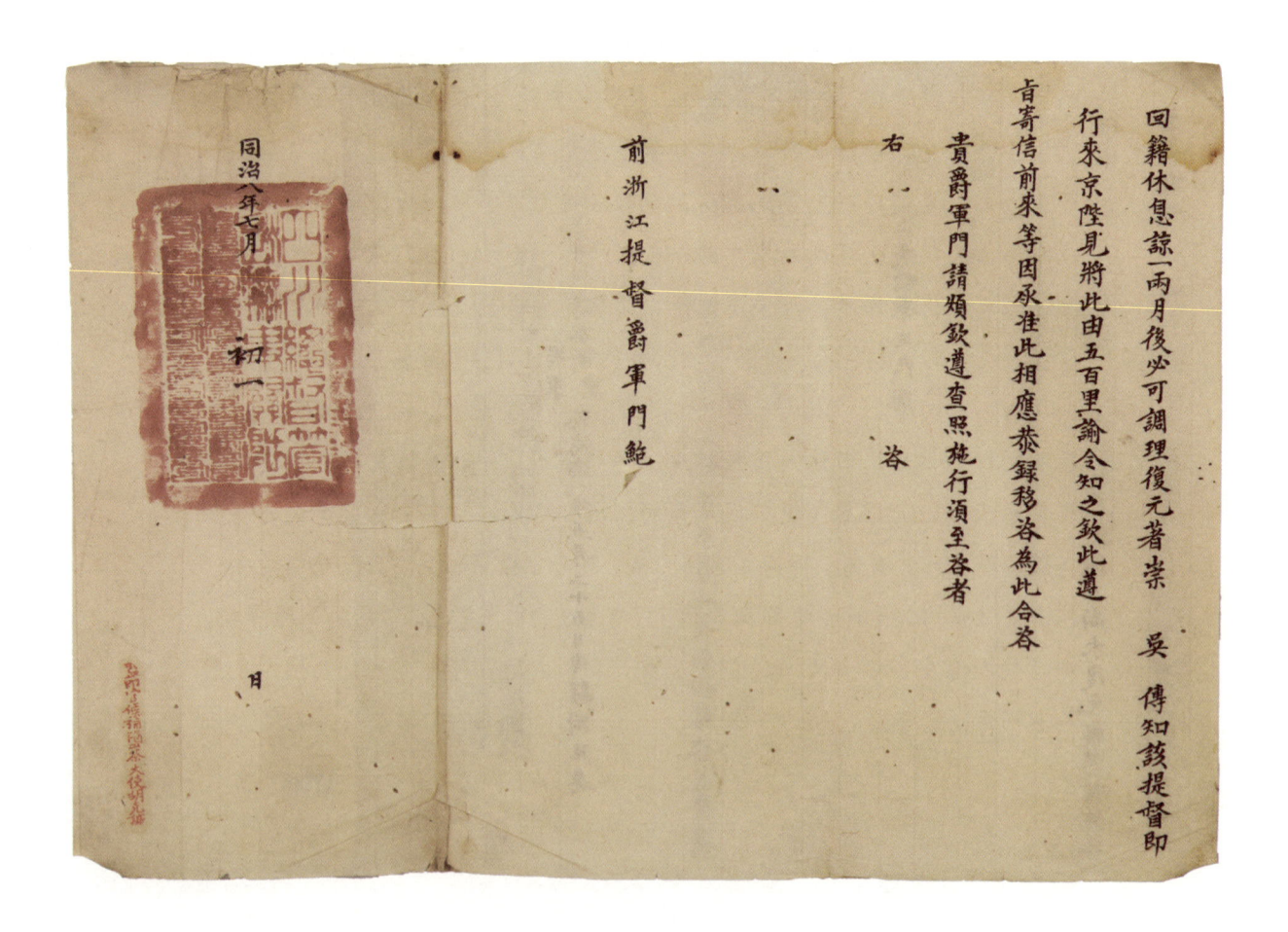

图片

回籍休息谅一两月后必可调理复元著崇 吴 傳知該提督即行来京陛見將此由五百里諭令知之欽此遵

旨寄信前来等因承准此相應恭錄移咨爲此合咨

貴爵軍門請煩欽遵查照抛行須至咨者

右一

咨

前浙江提督爵軍門鮑

同治八年七月 初一 日

录文

镇守四川成都等处将军统辖松建文武提调汉土官兵管八旗事崇〈实〉、头品顶戴兵部尚书兼都察院右都御史总督四川等处地方提督军务兼理粮饷管巡抚事吴〈棠〉为恭录移咨事。

照得本将军/部堂于同治八年五月二十五日由驿附片具奏,奉旨查询贵爵军门病体曾否就痊缘由一片。当经片稿抄录咨送在案。兹于本年六月二十九日准兵部火票递回原片后开军机大臣奉旨:"另有旨。"钦此。同日奉到同治八年六月十一日奉上谕崇〈实〉、吴〈棠〉片奏鲍〈超〉病已就痊,惟精力尚未复元,恳稍假休息等语。鲍〈超〉病体痊愈,可为国家宣力,深慰廑念。伊现由省城回籍休息,谅一两月后必可调理复元。着崇〈实〉、吴〈棠〉传知该提督,即行来京陛见。将此由五百里谕令知之。钦此。遵旨寄信前来等因。承准此。相应恭录移咨,为此合咨贵爵军门,请烦钦遵查照施行。须至咨者。右咨前浙江提督爵军门鲍〈超〉。

同治八年七月初一日。

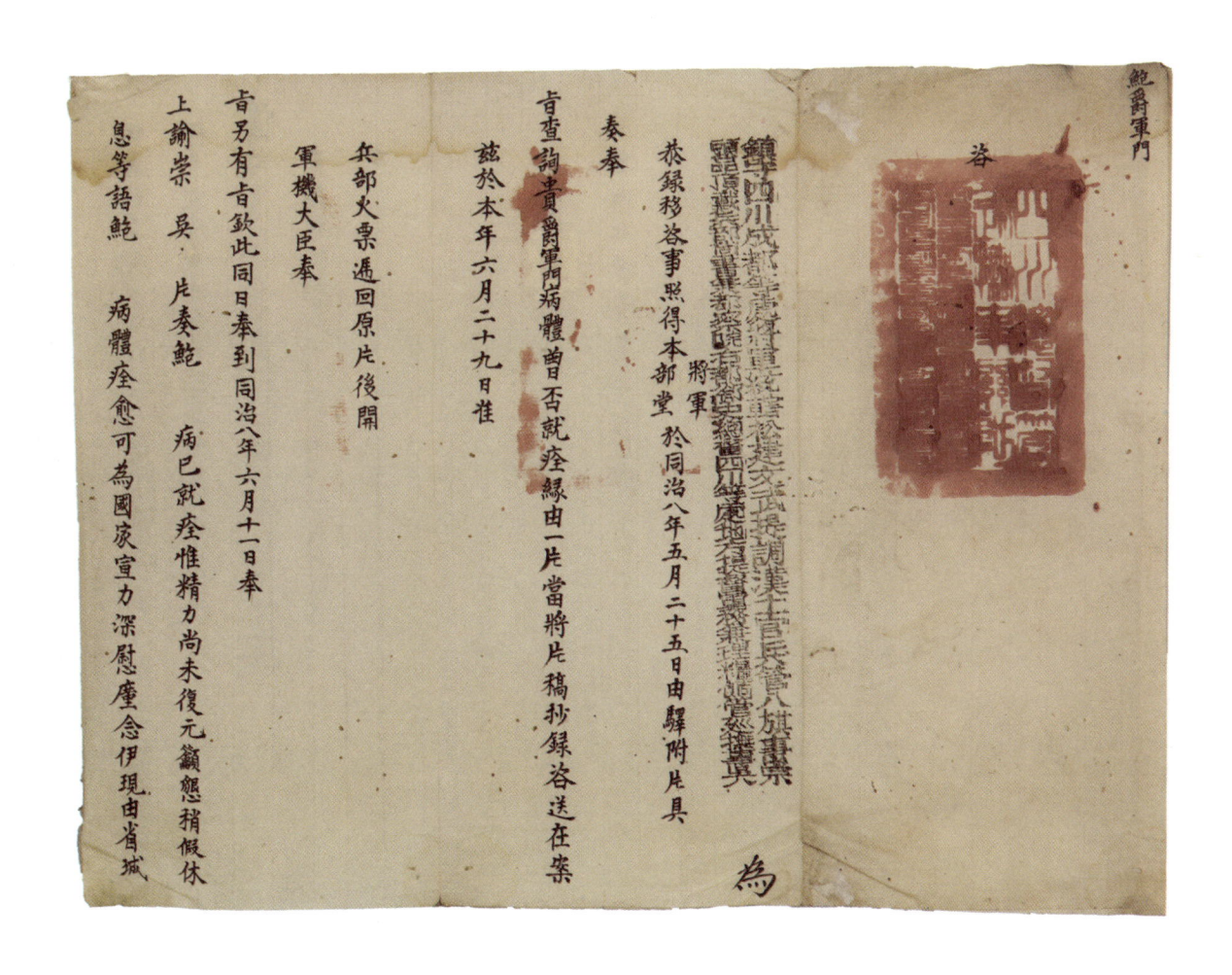

一二○ 清同治八年七月初四日四川总督吴移鲍超文

提要

同治八年（1869）七月，陕甘总督穆图善上奏朝廷，请求饬令鲍超前往甘肃襄办甘省南路军务。时左宗棠在陕西剿办叛乱军，认为甘肃南部必须由名望素著的大员统率防剿事宜，而鲍超最为相宜。

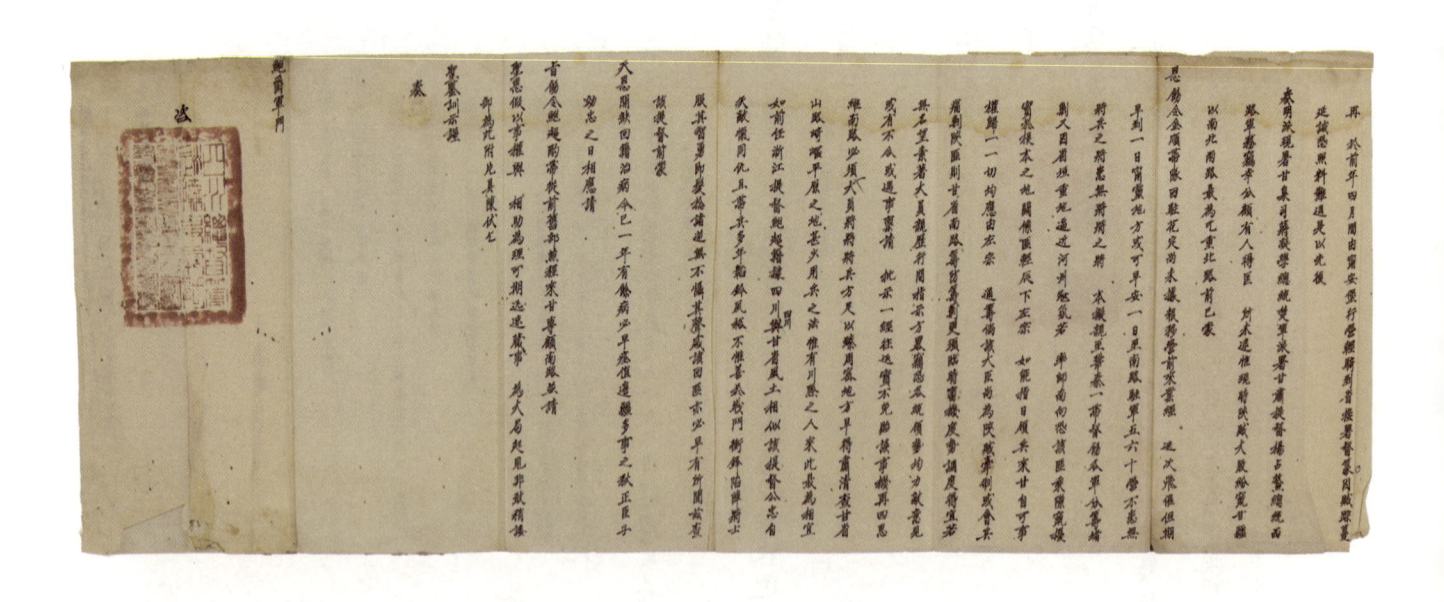

图片

头品顶戴兵部尚书兼都察院右都御史总督四川等处地方提督军务兼理粮饷管巡抚事吴〈棠〉为咨明事。

同治八年七月初三日准署陕甘督部堂穆〈图善〉咨，案照本署督部堂于同治八年五月初六日附奏甘省南路军务现乏大员统属，请饬前浙江提督鲍〈超〉来甘襄办一片。除俟奉到谕旨另为恭录咨明并分咨外，惟鲍〈超〉提督带队，由川起程经费银两在所必需，应请在于四川应协甘饷项下酌量拨发，以利遄行。除咨明鲍〈超〉提督外，所有片稿相应咨送，请烦查照，俟鲍〈超〉提督起队之时酌拨银两，在于应协甘饷项下抵扣。仍冀见覆。望切施行等因。准此。除行防剿局遵照办理并咨覆外，相应咨会，为此合咨贵军门，请烦遵照施行。须至咨者。计抄送片稿一纸。右咨前浙江提督爵军门鲍〈超〉。

同治八年七月初四日。

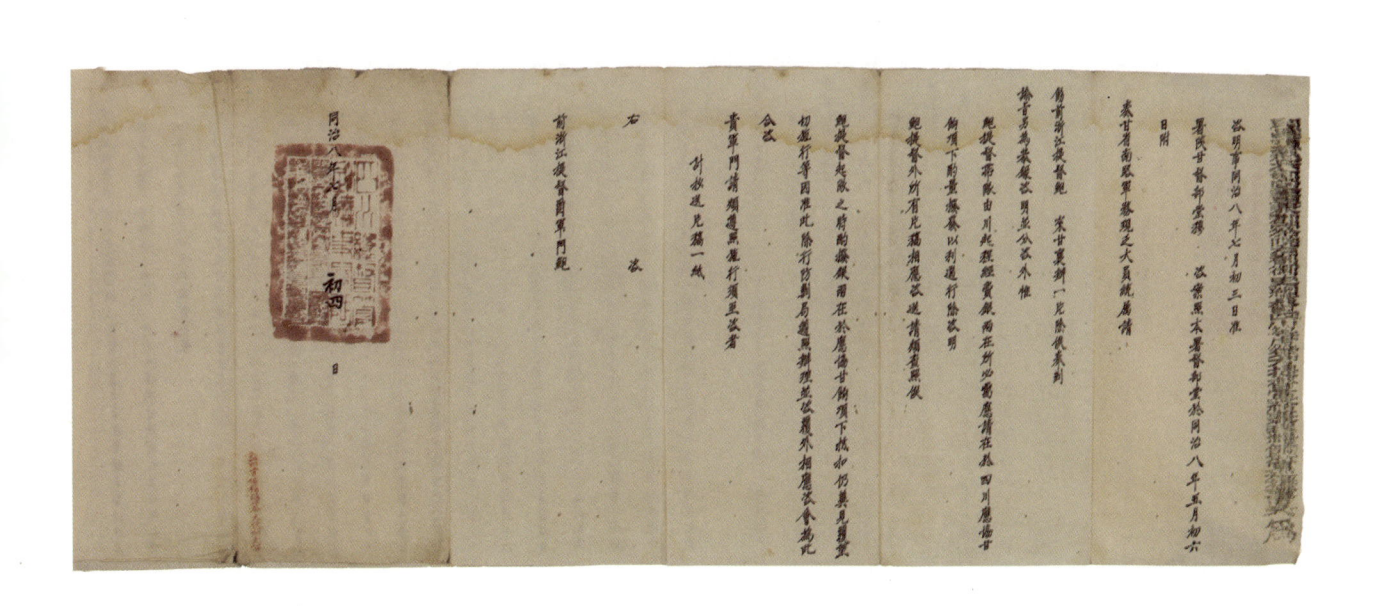

附片稿：

再，于前年四月间，由宁安堡行营轻骑到省接署督篆。因贼踪蔓延，诚恐照料难周。是以先后奏明，派现署甘臬司、蒋凝学总统楚军，派署甘肃提督杨占鳌总统西路军务。窃幸分顾有人，得匪所未逮。惟现时陕贼大股纷窜甘疆，以南北两路最为吃重。北路前已蒙恩，饬令金顺带队回驻花定，尚未据报移营前来。业经迭次飞催，但期早到一日，宁、灵地方或可早安一日。至南路驻军五六十营，不患无将兵之将，患无将将之将。本拟亲至巩、秦一带，督饬各军分筹堵剿，又因省垣重地，逼近河州，寇氛若率师南向，恐该匪乘隙窜扰。实于根本之地，关系匪轻。辰下。左宗〈棠〉如能指日领兵来甘，自可事权归一，一切均应由左宗〈棠〉通筹。倘该大臣尚为陕贼牵制，或会兵痛剿陕匪，则甘省南路筹防筹剿，更须临时审机度势，调度得宜，若无名望素著大员亲历行间指示方略，窃恐各统领势均力敌，意见或有不合，或遇事禀请、批示，一经往返，实不免贻误事机。再四思维，南路必须大员将将、将兵，方足以臻周密，地方早得肃清。查甘省山路崎岖，平原之地甚少用兵之法，惟有川黔之人来此最为相宜。如前任浙江提督鲍超，籍隶四川，四川与甘省风土相似，该提督公忠自矢，敌忾同仇，且带兵多年，韬钤夙裕，不惟善于战斗冲锋陷阵，将士服其智勇，即发、捻诸逆无不慑其声威，该回匪亦必早有所闻。兹查该提督前蒙天恩开缺回籍治病，今已一年有余，病必早瘥。值边疆多事之秋，正臣子效忠之日，相应请旨，饬令鲍超酌带从前旧部兼程来甘，专顾南路。并请圣恩，假以事权与相助为理，可期迅速蒇事。为大局起见，非敢稍诿卸。为此附片具陈，伏乞圣鉴训示。谨奏。

清光绪六年六月初九日兵部给鲍超答夏

一二二

提要   光绪六年（1880）四月，因沙俄滋事、伊犁事件爆发，清廷重新起用鲍超，授以湖南提督，命其承领赴任。鲍超奉命召集旧部、招募兵勇，北上驻守直隶乐亭（今河北省乐亭县）。次年（1881）初，中俄改订条约二十条，战事暂告缓解，各路备防军队被遣散裁撤，鲍超遂辞归回籍。

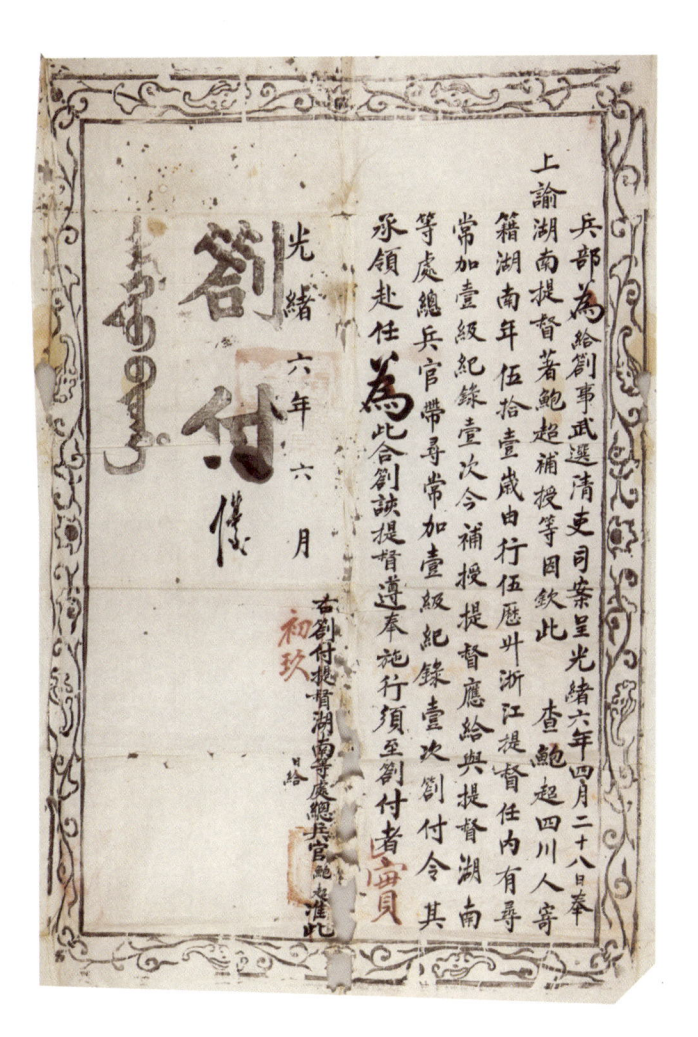

图片

兵部为给札事。

武选清吏司案呈光绪六年四月二十八日奉上谕：湖南提督着鲍超补授等因。钦此。查：鲍超，四川人，寄籍湖南，年伍拾壹岁。由行伍历升浙江提督，任内有寻常加壹级纪录壹次。今补授提督，应给与提督湖南等处总兵官带寻常加壹级纪录壹次。札付，令其承领赴任。为此合札，该提督遵奉施行。须至札付者。右札付提督湖南等处总兵官鲍超。准此。

光绪六年六月初九日给。

清光绪十年六月三十日
四川总督部堂丁宝桢咨鲍超文

> **提要**
>
> 光绪十年（1884）六月，中法战争激烈进行，四川巡抚丁宝桢遵旨将四川兵勇交给鲍超统带，驰赴云南驻扎。鲍超召集旧部、招募兵勇后，驰赴云南马白关（今马关）外驻防。后清廷与法国议和，鲍超撤防回籍。

> **图片**

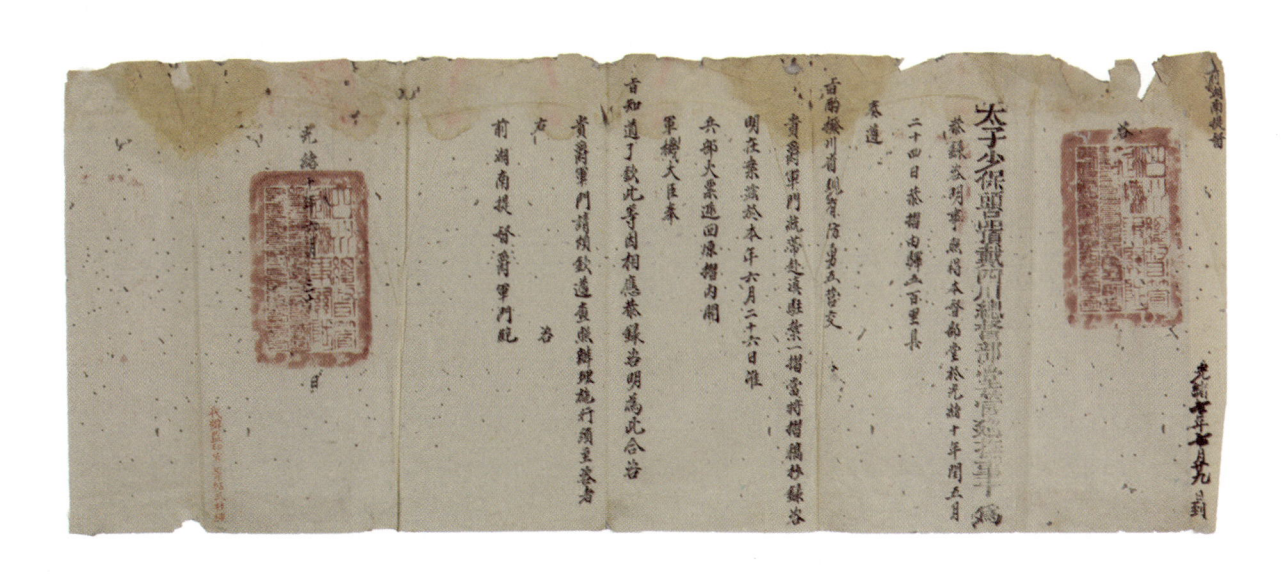

录文

太子少保头品顶戴四川总督部堂管巡抚事丁〈宝桢〉[一]为恭录咨明事。

照得本督部堂于光绪十年闰五月二十四日恭折由驿五百里具奏，遵旨酌拨川省现有防勇五营，交贵爵军门统带，赴滇驻扎一折。当将折稿抄录咨明在案。兹于本年六月二十六日准兵部火票递回原折，内开军机大臣奉旨："知道了。"钦此。等因。相应恭录咨明，为此合咨贵爵军门，请烦钦遵查照办理施行。须至咨者。右咨前湖南提督爵军门鲍〈超〉。

光绪十年六月三十日。

注

[一] 丁宝桢（1820—1886），字稚璜，贵州平远人。咸丰三年（1853）进士，授翰林院庶吉士，后任湖南岳州、长沙等地知府。同治二年（1863）任山东按察使、布政使、山东巡抚等职，协助僧格林沁同捻军作战。后以诛杀慈禧宠信太监安德海、修治黄河等诸多显著政绩，光绪二年（1876）升任四川总督。光绪十二年（1886）卒于任，赠太子太保，谥文诚。并在山东、四川、贵州建祠祭祀。

清光绪十一年三月二十九日
广东督办移鲍军门文

提要 光绪十一年（1885）三月，清廷与法国议和，中法战争结束后，彭玉麟疏请朝廷严备战事，以防后患。彭玉麟咨会鲍超知照。

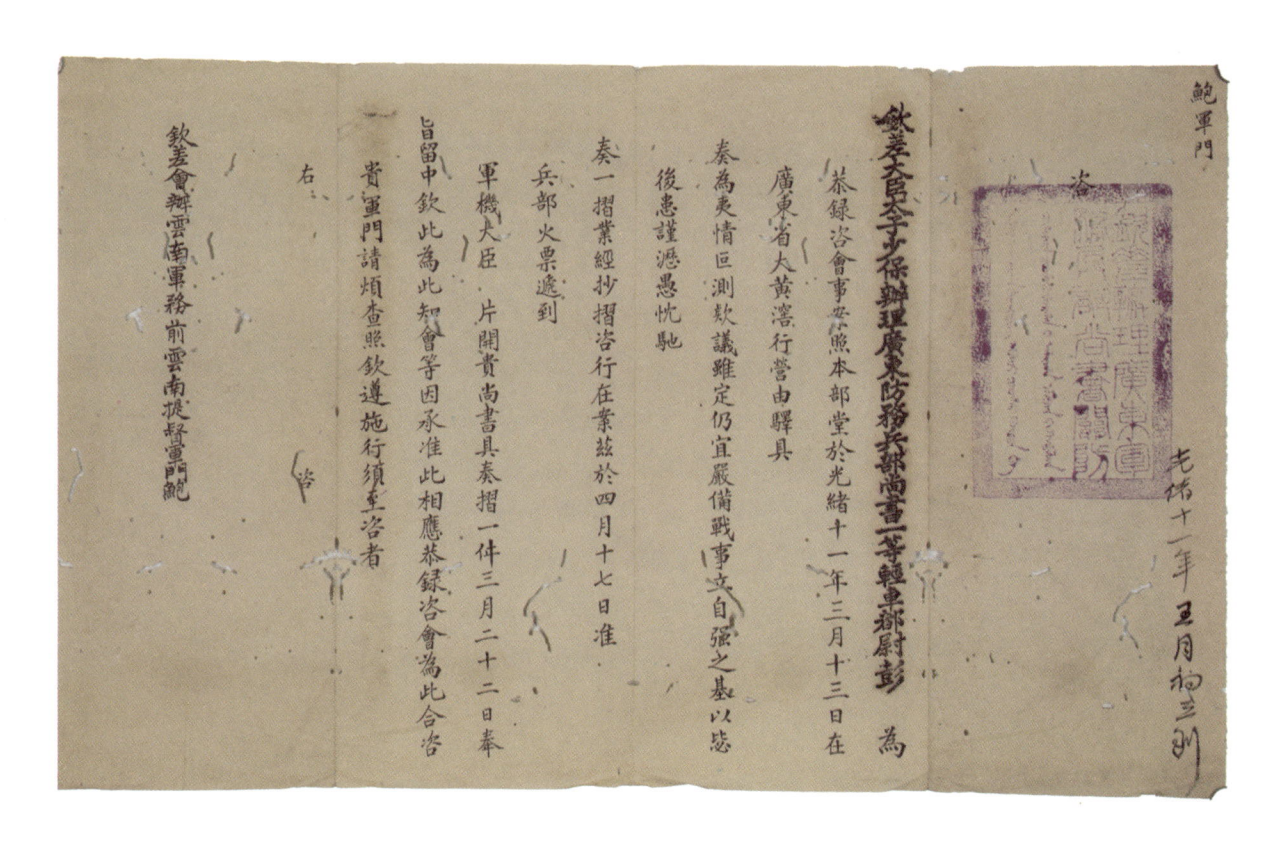

图片

钦差大臣太子少保办理广东防务兵部尚书一等轻车都尉彭 为

恭录咨会事案照本部堂於光绪十一年三月十三日在广东省大黄滘行营由驿具

奏为夷情叵测款议虽定仍宜严备战事立自强之基以泯后患谨沥愚忱驰

奏一摺业经抄摺咨行在案兹於四月十七日准

兵部火票递到

军机大臣 片開貴尚書具奏摺一件三月二十二日奉

旨留中欽此為此知會等因承准此相應恭錄咨會為此合咨

贵军门请烦查照钦遵施行须至咨者

右 咨

钦差会办云南军务前云南提督军门鲍

录文

钦差大臣太子少保办理广东防务兵部尚书一等轻车都尉彭〈玉麟〉为恭录咨会事。

案照本部堂于光绪十一年三月十三日在广东省大黄滘行营，由驿具奏，为夷情叵测，款议虽定，仍宜严备战事，立自强之基，以惩后患，谨沥愚忱驰奏一折。业经抄折咨行在案。兹于四月十七日准兵部火票递到军机大臣片开贵尚书具奏折一件。三月二十二日奉旨留中。钦此。为此知会等因。承准此。相应恭录咨会，为此合咨贵军门，烦请查照钦遵施行。须至咨者。右咨钦差会办云南军务前云南提督军门鲍〈超〉。

清张荫清致鲍超书信

一二四

提要

内有信笺二封，均系张荫清致鲍超书信。无年月，但从书信中所言"现在法夷震慑，振旅凯旋"之语，可知第一封是在鲍超前往云南边境与法军作战期间所书，是向鲍超致函问候的书信。另一封则是中法议和、鲍超撤防回籍时所书，是向鲍超推荐后路人员保奖名单的书信。书信时间应在光绪十一年（1885）三月前后，时张荫清在鲍超军里办营务。

图片

录文

自隔云麾，屡更月琯，望蜺旌之远指，随鹭堞以驰思。兹当蛮貊摅诚，从此狼烽息警，敬维春霆世伯大人鸿威雷厉，虎节霜飞。马伏波铭柱据鞍，建殊勋于白马；羊太傅轻裘缓带，消浩劫于红羊。翘觇牧野，鹰扬不七旬而有苗即格；更卜桃林，牛放统百粤而乃粒同歌。万户荣膺，三军凯唱，侄赞襄营务，栗碌徒劳，虚度韶华，樗材难植。喜甲兵之雨洗，寰海镜清；仰荣戟之星回，寸心香爇。肃薰拜手，敬颂奏肤，虔请勋安，伏惟霁照。

世愚侄张荫清[一]顿首。

敬再启者。

去岁蒿目时艰，随营襄办。嗣以军书旁午，致疏笺牍；遥申驰系之怀，常萦痞瘵。现在法夷震慑，振旅凯旋，凡隶骈蒙，莫不称庆。闻贵帐下劳绩营员，指日荣登荐牍，惟东省从戎员弁，尚未得列刻章。兹谨缮拟保单一纸，将后路各员，衔名分列，寄呈台览。在侄自办营务以来，日无暇晷，幸赖诸公佐侄襄理，不辞若瘁，得收指臂之助。自未便没其苦劳，且均系侄世好旧交，谊尤关切，伏求附入荐章，仰邀懋赏。在诸公渥沐，湛恩比露；在秋中之润，荷蒙慈照。如月明分外之光，异日弹冠，必不忘当年推毂，则感激如同身受也。专泐布悃，企候恩施，伏祈俯俞，不胜悚切之至。肃此并颂，秋禧诸惟。垂鉴不备。

小侄荫清再顿。

注

[一] 张荫清，广东高要人，系晚清名将张国梁之子。

清守廉致鲍超书信

一二五

提要 该信笺系守廉致鲍超书信，无年月。守廉，未知何人，惟信中有"承示转运军械、粮饷，业已转饬"等语，可知守廉为鲍超办理后勤军需军务，且在鲍超率军奔赴战场之时所书，时间当在光绪十一年（1885）三月。

图片

春霆爵帅大人阁下：

叠奉瑶章，傃承雕饰，浣诵之下，惭感交萦。恭维节钺凝辉，戎旃辑祜。作三军之勇气，敌胆先摧；瞻六纛之飞扬，士心弥壮。叱咤则风云变色，顾盼则山岳动摇。将使鬼蜮潜迹，四海之波涛永息，惟赖将军抵柱九天之日月重光，时盼红旗，风驰黄钺，有苗乃格，我武维扬，此固率土人民所愿望，岂独守廉之私心切祷已哉？承示转运军械、粮饷，业已转饬沿途经过地方官预筹。经费随到随运，刻不停留。守廉以军务紧要，又屡次函告所属，虽地瘠缺苦，亦须设法先筹垫款，以运军械。不得置身自外，致误军需。昨又接稚帅札知，通饬各属在案，藉抒锦廑。守廉前以节麾莅至，东道未伸，殊深歉仄。至贵部各营过此，未能部署周至，尚蒙齿及，益觉惭恧无地矣。惟愿功成马到，扫尽锋烟，唱凯还师，守廉当洒道以待，肃泐芜简。敬叩崇禧，伏乞垂鉴。

守廉谨肃。

清鲍超致刘晓岚书信

一二六

提要 该信笺无年份，系潘焕、鲍超致刘晓岚书信。仅提及有要事相商，希刘晓岚尽早到城中面谈。此信当是鲍超返回奉节老家养伤之时所书。

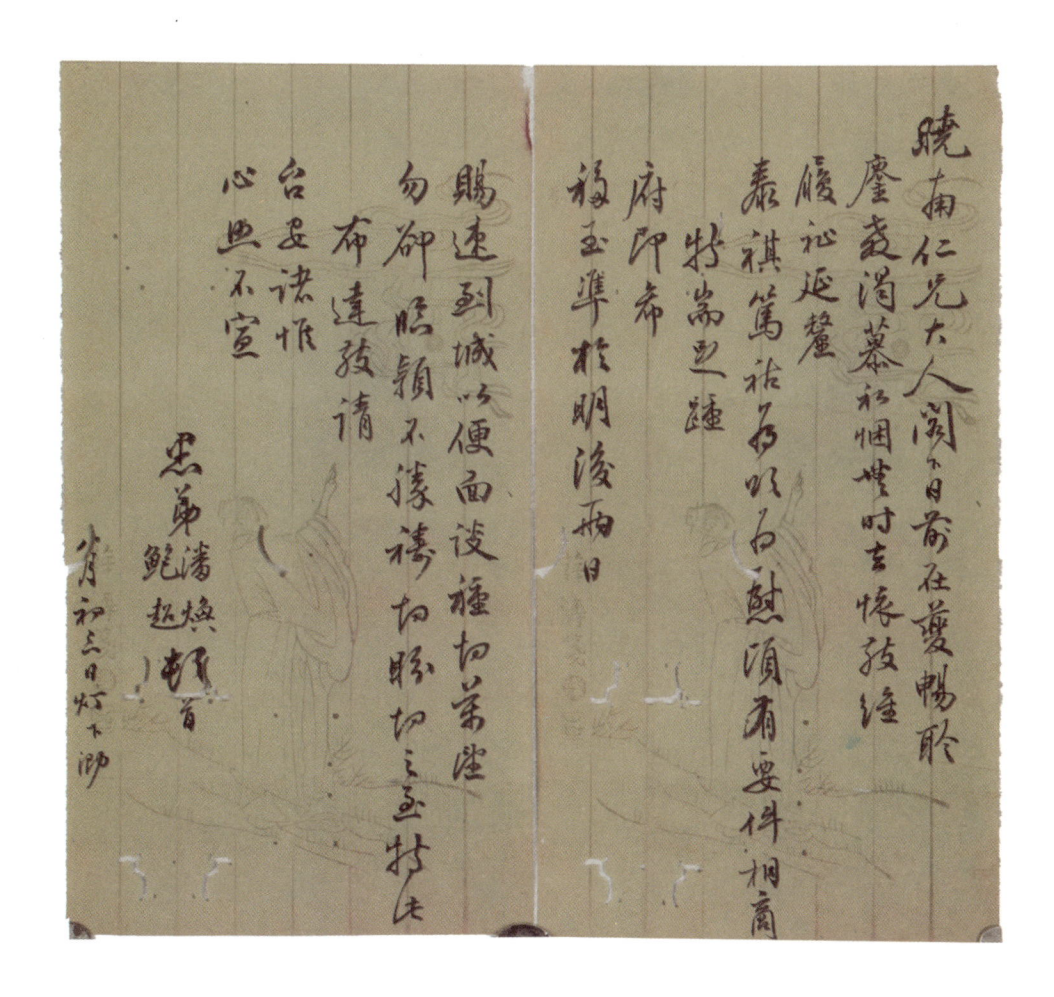

图片

晓甫仁兄大人阁下：日前在蒙畅聆
麈教渴慕积悃曾时吉怀孜经
履祉延釐
嘉祺笃祜无所不慰顶有要件相商
府卸希
拨玉莅于明浚两日
特专邑趋
赐速到城以便面谈稭切至坐
勿御睇颖不豫祷切照切又至祈玉抃氏
布达孜请
台安诸惟
心照不宣
    忠弟潘焕
        鲍超顿首
  肖初三日灯下泐

录文

晓岚仁兄大人阁下：

日前在夔，畅聆麈教。渴慕私悃，无时去怀。□维履祉延厘，泰祺笃祜，为颂为慰。顷有要件相商，特专之踵府，即希移玉，准于明后两日，赐速到城，以便面谈。种切万望勿却。临颖不胜祷切盼切之至。特此布达，敬请台安，诸惟心照，不宣。愚弟。潘焕[一]、鲍超顿首。

八月初三日灯下泐。

注

[一]潘焕，奉节人，拔贡出身，曾于光绪十九年（1893）参与纂修过《奉节县志》。

清鲍超致刘晓岚书信

提要　内有信笺二封，均系鲍超致刘晓岚书信，无年月。第一封仅为简单问候。第二封则提及鲍超回籍返乡后，与刘晓岚之间的田土租佃情况。

图片

晓岚仁兄大人阁下：

月前临夔，获亲雅教，主谊未尽，抱愧殊深。顷间接读华函，复蒙齿益，令人汗颜无既矣。籍稔萱庭，笃祜文祉，延厘翘企，卿云忭颂永日。弟家园伏处，碌碌如恒。迩来感冒风寒，时常咳嗽，药饵调理，想亦易为却除也。知关锦注，附此以闻，肃此布复，敬请台安，诸惟心照不宣。

愚弟鲍超顿首。许世福、吴文炯附笔请安。

再启者

前承谫嘱来，令亲增租一事。弟回籍以来，一切家政诸未谙练。昨据二家兄言及，令亲之田，当日写时钱每百串只合得二石四斗之数，较别人已觉多增，若再加钱伍佰串，则仅合二石之数矣。他处之田多有三石者，或有三石零者，倘一增租，恐彼等亦复随声效尤也。弟与阁下非泛泛，方命之愆，谅蒙鉴原。格外闻令亲外有租八担零，弟之祖茔即在彼田内。二家兄曾与令亲谭及，情愿佃写，而令亲欲佃与别人为辞。若从中融商，亦免众口嚣嚣，与副阁下谫嘱之至意也。尚祈向令亲转达为幸。此复。再请台安，不具。

超又及。

清鲍超致刘晓岚书信

一二八

提要　该信笺系鲍超、潘焕二人致刘晓岚的书信，无年月。内容为祈请刘晓岚进城面商要事。

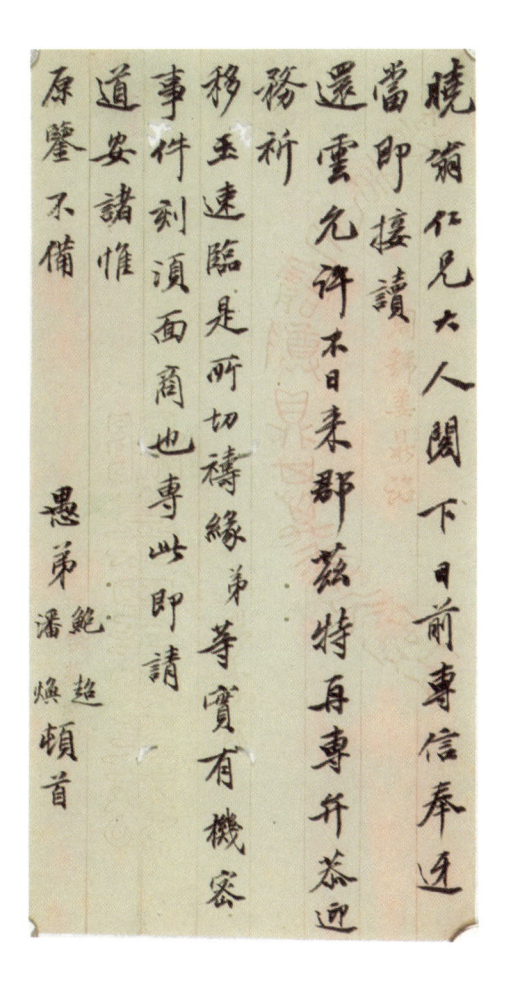

图片

晓菊仁兄大人阁下日前专信奉迓
当即接读
还云允许不日来郡兹特再专开恭迎
务祈
移玉速临是所切祷缘弟等实有机密
事件刻须面商也专此即请
道安诸惟
原鉴不备

愚弟 鲍　超
　　　潘　焕 顿首

录文

晓岚仁兄大人阁下：

　　日前专信奉迓，当即接读。还云允许，不日来郡。兹特再专弁恭迎，务祈移玉速临。是所切祷，缘弟等实有机密事件，刻须面商也。专此即请道安。诸惟原鉴不备。

　　愚弟鲍超、潘焕顿首。

一二九　民国拓奉节白帝城鲍超对联石刻拓片

巫山峡锁全川水
白帝城排八阵图

大清光绪十年冬刊白帝城
春霆鲍超题

录文

巫山峡锁全川水,白帝城排八阵图。

大清光绪十年冬,刊白帝城。春霆鲍超题。[一]

注

[一]此联石刻存白帝城,分嵌于凤凰碑左右,题款:"大清光绪十年冬,刊白帝城。春霆鲍超题。"

一三○ 民国拓清
鲍超白帝城题画拓片

图片

录文

白帝城，公孙述所建也，因井内现白气如龙，僭号白帝。与汉光武构兵，乃建斯城。嗣昭烈帝伐东吴，驻兵此地。武侯逆知有吴将陆逊上犯，预设八阵图以制逊，真神算也。超隐归林泉，游览至此，留连久之，走笔书画，以勒诸石。

大清光绪十年冬春霆鲍超跋。

现代拓清
鲍超凤凰碑拓片

图片

录文

白帝城，公孙述所建也，因井内现白气如龙，僭号白帝。与汉光武构兵，乃建斯城。嗣昭烈帝伐东吴，驻兵此地。武侯逆知有吴将陆逊上犯，预设八阵图以制逊，真神算也。超隐归林泉，游览至此，留连久之，走笔书画，以勒诸石。

大清光绪十年冬春霆鲍超跋。